游仙年鉴

YOUXIAN YEARBOOK

·2022·

中共绵阳市游仙区委党史研究室（绵阳市游仙区地方志办公室） 编

方志出版社
Publishing House of Local Records

图书在版编目（CIP）数据

游仙年鉴. 2022 / 中共绵阳市游仙区委党史研究室（绵阳市游仙区地方志办公室）编. — 北京 ：方志出版社，2022.10

ISBN 978-7-5144-5360-7

Ⅰ. ①游… Ⅱ. ①中… Ⅲ. ①区(城市)－绵阳－2022－年鉴 Ⅳ. ①Z527.13

中国版本图书馆 CIP 数据核字(2022)第 226203 号

责任编辑：罗滔
责任校对：刘玉霞
责任印制：梅中英
出 版 者：方志出版社
地　　址：北京市朝阳区潘家园东里 9 号（国家方志馆 4 层）
邮　　编：100021
网　　址：http://www.zgfzcb.cn
发　　行：方志出版社图书营销中心（010-67110500）
印　　刷：北京中科印刷有限公司
开　　本：889 毫米×1194 毫米　1/16
印　　张：18 印张　插页：2.25 印张　地图：1幅
字　　数：592 千字
版　　次：2022 年 10 月第 1 版
印　　次：2022 年 10 月第 1 次印刷
定　　价：268.00 元

《游仙年鉴（2022）》编纂委员会

顾　　问： 陈华斌　韩晓清　何守君　杨守贵

主　　任： 姚　军　李　响

副 主 任： 杨　鹏　陈　静　唐黄鸿

委员单位：

区委办	区人大办	区政府办	区政协办	区纪委监委机关
区法院	区委组织部	区委宣传部	区委统战部	区委政法委
区委编办	区委军民融合办	区委目标绩效办	区委巡察办	区发改局
区工信局	区教体局	区科技局	区公安分局	区民政局
区司法局	区财政局	区人社局	区自然资源局	区住建局
区交通运输局	区农业农村局	区商务局	区文广旅局	区卫生健康局
区退役军人事务局	区应急管理局	区审计局	区统计局	区市场监管局
区信访局	区经济合作局	区医保局	区行政审批局	区检察院
区综合行政执法局	区委党校	区融媒体中心	区委党研室	区方志办
游仙高新区	经济试验区	游仙街道	涪江街道	富乐街道
石马镇政府	魏城镇政府	新桥镇政府	忠兴镇政府	盐泉镇政府
信义镇政府	小枧镇政府	仙鹤镇政府		

《游仙年鉴（2022）》编辑部

主　　编： 唐黄鸿

副 主 编： 代　立　刘　丁

编　　辑： 孟世琴

图片协作单位： 区融媒体中心

编辑说明

一、《游仙年鉴（2022）》（以下简称本年鉴）以马克思列宁主义、毛泽东思想、邓小平理论、“三个代表”重要思想、科学发展观、习近平新时代中国特色社会主义思想为指导，坚持辩证唯物主义和历史唯物主义的立场、观点和方法。全面记述中共绵阳市游仙区委、绵阳市游仙区人民政府带领全区人民围绕“全面建设社会主义现代化游仙”这一总体取向，紧扣提升“三大目标”，实施“三大战略”，开展“三大攻坚”的新部署、新举措、新成果，充分展现2021年全区经济社会事业发展新貌，为科学发展、加快发展提供决策依据和借鉴，为广大读者了解和研究游仙提供资料和信息。

二、本年鉴记载时限为2021年1月1日至2021年12月31日。为保持事件的连续性，部分内容有所上溯和下延。

三、本年鉴采用分类编辑，主体由类目、分目、条目组成。设特载、大事记、专题纪事、区情概览、中共绵阳市游仙区委员会、绵阳市游仙区人民代表大会、绵阳市游仙区人民政府、政协绵阳市游仙区委员会、纪检监察、民主党派·工商联、群众团体、法治·军事、农业与农村、工业产业、商贸、金融、综合监管、城乡建设·环境保护、交通运输、科学技术、文化·旅游、教育·体育、卫生与健康、社会民生、镇（街道）、附录、索引等。

四、本年鉴条目标题统一用黑体字加【】表示，“简略语”随条目注释；在排版上，双页书眉为书名，单页书眉为类目标题，书中单位名称，法律法规名称第一次出现的用全称，再次出现用简称，部分单位机构名称采用简称。

五、本年鉴所载游仙区2021年党政群团机关及工作部门领导名录，由中共绵阳市游仙区委组织部提供。本年鉴收录的2021年度获绵阳市级及以上表彰的先进集体和个人，主要由各单位提供。

六、本年鉴文字资料、正文图片及数据均由各党政机关、企事业单位、园区、街道、镇提供，所用统计资料主要由区统计局提供。由于统计口径等原因，有关部门单位所用个别数据与统计资料中的数据不尽一致，引用时请以《游仙统计年鉴（2021）》为准。

七、本年鉴数字用法、标点符号、计量单位分别执行国家标准《出版物上数字用法》（GB/T 15835—2011）、《标点符号用法》（GB/T 15834—2011）、《国际单位制及其应用》（GB 3100—1993）和《有关量、单位、符号的一般原则》（GB 3101—1993）。考虑到社会使用习惯，全书中“亩”不统一换算。

游仙区行政区划图

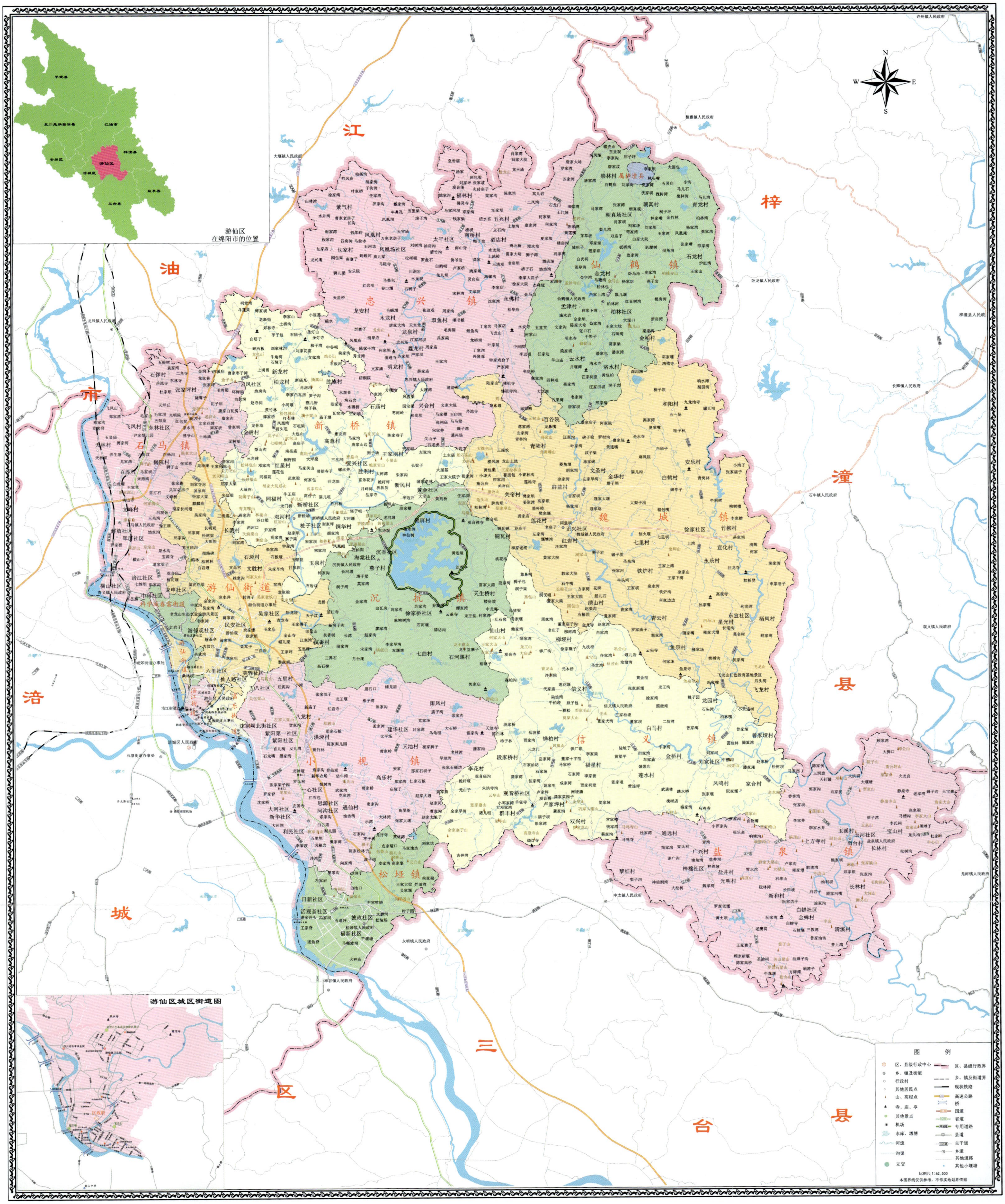

绵阳市游仙区民政局监制　审图号：川S（2021）06008号　2021年11月

数字游仙 2021

数说游仙五年（2016—2021 年）

区属地区生产总值，2021 年达 417.4 亿元，从 2016 年的 200 亿元到 300 亿元再突破 400 亿元，游仙连跨三个百亿台阶，是 2016 年的 2.1 倍，辖区地区生产总值在全省排名从 64 位上升到 34 位。

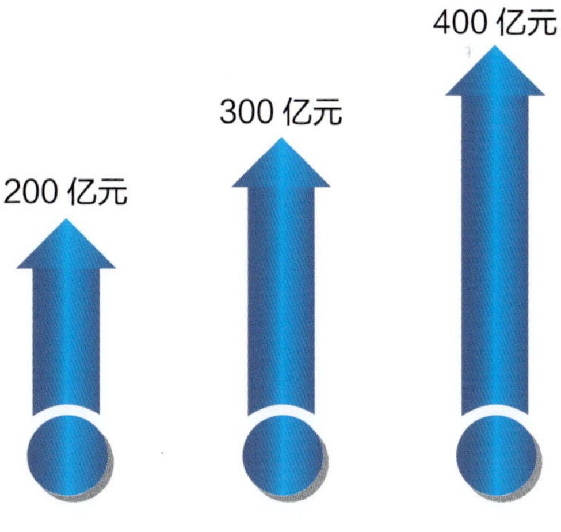

引进亿元以上项目 152 个。实现到位资金 323.9 亿元，规模工业企业达 129 家，荣获全省“工业强县”示范区称号。绿水青山就是金山银山。打好蓝天、碧水、净土三大保卫战，投入 1.2 亿元

完成仙鹤湖等饮用水源地规范化整治，中央、省环保督察反馈问题全部整改完毕。

1229项政务服务事项全部实现“最多跑一次”，政务诚信综合水平位列全国百强县第25名，四川省第4名。

在民生支出方面，五年里全区民生支出占一般公共预算支出比重一直稳定在70%以上。新建成富乐二中、富乐二小。

无省定脱贫攻坚任务，游仙自加压力，开展脱贫攻坚，累计帮扶10866人脱贫，60个区定贫困村成功摘帽，6个村被确定为省级乡村振兴重点帮扶村。

实施交通攻坚战，新改建农村公路379.46千米，城乡公交通达全区所有镇村。

整饬“四风”，查处群众身边腐败和作风问题369件，政治巡察实现全覆盖，确保党的惠民政策落地生根，把制度优势转化为治理效能。

数说游仙 2021

- 地区生产总值（GDP）417.4亿元
- 常住人口56.61万人
- 城镇居民人均可支配收入50674元
- 农村居民人均可支配收入22805元
- 一般公共预算收入11.92亿元
- 固定资产投资同比增长17.7%
- 社会消费品零售总额152.71亿元

- 国内省外招商引资履约项目30个
- 协议引资179.18亿元
- 国内省外到位资金110.29亿元
- 金融机构人民币各项存款余额370.86亿元
- 人民币各项贷款余额290.2亿元
- 空气质量优良天数320天
- 优良率92.0%

▲ 2021 年，乡村旅游环线游仙街道金山村段 （董成兴　摄）

▲ 2021 年，科学家公园　（区委宣传部供图）

▲ 2021 年，魏城镇铁炉村百年土屋群 （魏城镇供图）

▲ 2021 年，魏城镇群益村枫清湾红叶 （区融媒体中心供图）

▲ 2021 年，芙蓉溪畔 （董成兴 摄）

▲ 2021 年，魏城镇徐家场鹤林山庄荷花池　　（董成兴　摄）

▲ 区委宣传部

▲ 富乐实验中学

▲ 新桥镇胜利村

2021 年 7 月 1 日，游仙区各界收看庆祝中国共产党成立 100 周年大会直播　（区融媒体中心供图）

▲ 区人民检察院

▲ 区妇幼保健院

▲ 兴事发集团

▲ 2021 年 3 月 2 日，剑南路小学庆祝中国共产党成立 100 周年暨 2021 春季学期开学典礼举行
（区融媒体中心供图）

▲ 2021 年 3 月 31 日，游仙区“学党史 感党恩 跟党走”党史学教文明实践进万家活动启动仪式在石马小学举行
（区融媒体中心供图）

▲ 2021 年 5 月 28 日，富乐街道庆祝中国共产党成立 100 周年暨好书荐读活动举行

（区融媒体中心供图）

▲ 2021 年 6 月 17 日，区委统战部“喜迎华诞·同心向党”主题演讲比赛举行

（区融媒体中心供图）

▲ 2021 年 6 月 23 日，游仙区庆祝中国共产党成立 100 周年群众歌咏展演举行

（李培基　摄）

▲ 2021 年 6 月 29 日，绵阳市游仙区直机关庆祝中国共产党成立 100 周年主题党日活动举行

（区融媒体中心供图）

▲ 2021 年 6 月 29 日，忠兴镇庆祝中国共产党成立 100 周年活动举行（区融媒体中心供图）

▲ 2021 年 6 月 29 日，富乐街道李杜祠社区庆祝中国共产党成立 100 周年活动举行　　（区融媒体中心供图）

▲ 2021 年 6 月 30 日，绵阳市游仙区“学党史 感党恩 跟党走”万名党员党史知识竞赛决赛举行

（区融媒体中心供图）

▲ 2021 年 2 月 12—16 日，游仙区群众文艺大舞台迎春舞蹈作品在线上展演。图为慧慧舞蹈团的《扇舞戏韵》（区文化馆供图）

▲ 2021 年 4 月 15 日，绵阳市游仙区魏城镇张勇精神文化展示基地被授予绵阳市中共党史宣传教育示范点（魏城镇铁炉村供图）

▲ 2021 年 5 月 8 日，富乐街道仙人路社区“军工情　忆朝阳”文化墙作为党史学习教育参观点对外参观学习

（富乐街道仙人路社区供图）

▲ 2021 年 5 月 14 日，苏易简纪念馆开馆　（权秋鸣　摄）

▲ 绵阳市首届李杜文化节在游仙区举行　（区融媒体中心供图）

▲ 2021 年 10 月 23 日至 11 月 22 日，2021 年绵阳市第 40 届暨富乐山第 34 届秋季菊花展举行（区融媒体中心供图）

▲ 2021 年 11 月 29 日，游仙区第七届群众广场舞大赛举行　　（区融媒体中心供图）

▲ 2021 年 12 月 7 日，游仙区 2021 年送文化下乡活动走进信义镇　　（区文广旅局供图）

▲ 2021 年，仙鹤镇优质粮油现代农业园区　　（区农业农村局供图）

▲ 2021 年，仙鹤镇果满山川现代农业园区　（仙鹤镇供图）

▲ 2021 年，新桥镇万亩田现代农业园区　（区农业农村局供图）

▲ 2021 年，魏城镇葡萄 + 青梅现代农业园区　　（区农业农村局供图）

▲ 2021 年 11 月 30 日，魏城镇科技育苗 （王健　摄）

▲ 2021 年，小枧镇雨凤村高标准农田 （区农业农村局供图）

▲ 2021 年 12 月，中国科技城大数据中心建成投入使用　（区大数据服务中心供图）

▲ 2021 年，游仙区城市运营指挥中心（IOC）　（区大数据服务中心供图）

▲ 2021 年，游仙区道路交通安全综合执法管理平台　　　　（区大数据服务中心供图）

▲ 2021 年，新桥镇社会治理指挥中心大数据分析平台　　　　（区大数据服务中心供图）

▲ 2021 年，绵阳科技城航空动力科技创新中心 （区融媒体中心供图）

▲ 2021 年 12 月 16 日，四川嘉泰工业产品设计有限责任公司研发的智能调酒机器人在首届科创中国·天府科技云服务大会上亮相 （区科协供图）

▲ 2021 年 12 月 6 日，中广核核医疗产业基地项目开工动员会召开　　（区融媒体中心供图）

▲ 2021 年 5 月 1 日，游仙高新区城市运动公园开园　　（区发改局供图）

▲ 2021 年 8 月 31 日，富乐二中投入使用 （区教体局供图）

总目录

目录

特 载

大事记

专题纪事

区情概览

中共绵阳市游仙区委员会

绵阳市游仙区人民代表大会

绵阳市游仙区人民政府

政协绵阳市游仙区委员会

纪检监察

民主党派·工商联

群众团体

法治·军事

农业与农村

工业产业

商贸

金融

综合监管

城乡建设·环境保护

教育·体育

卫生与健康

社会民生

镇（街道）

附 录

特载

勇担新使命　启航新征程
为全面建设社会主义现代化游仙不懈奋斗

——在中国共产党绵阳市游仙区第七次代表大会上的报告

中共游仙区委书记　陈华斌

（2021年9月22日）

过去五年工作回顾

在市委、市政府的坚强领导下，六届区委团结带领全区人民，全面贯彻上级各项重大决策部署，深入实施“四大兴区战略”，着力建设“五个游仙”，完成区六次党代会确定的各项目标任务，为全面建设社会主义现代化游仙奠定坚实基础。

*过去的五年，我们保持定力、专注发展，活力游仙的势头澎湃强劲。*坚持把加快发展作为第一要务，全区经济稳中快进。预计到2021年年底，完成区属地区生产总值413亿元，五年连跨三个百亿台阶，是2016年的2.1倍，地区生产总值在全省的排名从2016年的第64位升至2020年的第34位；全社会固定资产投资210亿元、一般公共预算收入11.29亿元、社会消费品零售总额141.9亿元，分别是2016年的1.46倍、1.45倍、1.8倍；城镇居民和农村居民人均可支配收入分别是2016年的1.46倍、1.55倍。院地协同创新深入推进，转化科技成果50项，高分通过国家知识产权强县工程示范区建设验收。现代产业体系加快构建，累计引进亿元以上项目152个、实现到位资金323.9亿元，规模工业企业达128家，规模工业增加值年均增速10.5%，获全省第二批“工业强县”示范区称号，游仙经开区升格为省级高新技术产业园区，被认定为四川省新型工业化产业示范基地、全省首批院士（专家）产业园。科技服务业占服务业增加值比重达34.35%，通过省级电子商务产业发展示范县验收，获评四川省促进服务业发展先进单位，创建为“四川省旅游强区”。创新打造山湾农庄60个，“芙蓉花溪”乡村振兴综合项目基本建成，蔬菜种业园区被纳入省级现代种业园区培育项目，被认定为西南地区唯一的国家区域性蔬菜良种繁育基地，获评四川省实施乡村振兴战略工作先进区。土地托管、投资审计“三个转变”等改革经验在全国、全省推广，被列为

全省成渝地区双城经济圈县域集成改革试点区。

过去的五年，我们坚守底线、保护环境，生态游仙的底板更加坚实。秉持“绿水青山就是金山银山”的理念，严格落实环境保护“党政同责”和“一岗双责”，探索建成全国首个乡镇党政领导干部自然资源资产管理离任（任中）审计评价指标体系并在全省推广。依托产业结构调整推动生态环境治理，单位 GDP 能耗降低 0.53%。坚决打好污染防治“三大战役”，投入 1.2 亿元完成仙鹤湖等饮用水源地规范化整治，中央、省环保督察反馈问题全部整改完毕。通过国家生态文明建设示范区省级预审验收，办理生态环境和资源保护类公益诉讼案件 69 件，环境教育“六进”课题获环境教育实践大赛全国特等奖，创建国家森林乡村 4 个、森林康养基地 1 个。全面实施“美丽绵阳·宜居乡村”建设行动，农村卫生厕所普及率达 99.2%，农村生活垃圾有效治理率达 100%。

过去的五年，我们坚持依法治理、德法共济，法治游仙的大局基本形成。覆盖城乡的公共法律服务体系基本建成，获评全国“七五”普法中期先进区、四川省第二批“省级法治示范区”，创建国家级“民主法治示范村（社区）”2 个、“全国模范司法所”1 个，被省委确定为 14 个全面依法治县示范试点县之一。探索推广“1+3+N”矛盾纠纷多元化解机制，化解历史遗留问题 60 件，治重化积工作中央交办件化解率 100%，坚持发展“枫桥经验”实现矛盾不上交试点工作受到司法部通报表扬，诉源治理工作经验在全国推广。平安游仙建设扎实推进，治安刑事案件发案量逐年下降，先后 3 次获评全省“平安建设先进区”。两项改革“后半篇”文章高质推进，完成全部村规民约（居民公约）修订，获评“四川省村民自治模范区”，城乡接合部“楼栋长 + 房东”治理模式被《人民日报》刊发，“村网共建”模式获省委书记彭清华肯定性批示，政府购买社会服务经验在全省推广。

过去的五年，我们重信重义、传承精髓，信义游仙的理念深入人心。响亮喊出建设“说话算话”的诚信政府，1229 项政务服务事项全部实现“最多跑一次”，政务诚信综合水平位列全国百强县第 25 名、全省第 4 名。深入培育和践行社会主义核心价值观，广泛开展富有“仪式感”的传承家风家训活动，全域开展“两大一好”爱国卫生运动，大力弘扬家庭美德和职业道德，央视七套“送文化 走基层 向祖国致敬”特别节目、中宣部第 66 场“核心价值观百场讲坛”在游仙区举办，乡风文明和“信义游仙”建设经验被中央文明办宣传推广，“花开游仙·爱满家园”文明小区创评活动获中央文明委肯定并列入省委宣传部案例选编，高质量通过全国文明城市建设复核，新时代文明实践中心纳入全国试点，全区 18 个单位分获全国、全省文明单位、文明村镇荣誉称号，2 人获“全国自强模范”称号并得到习近平总书记、李克强总理接见，16 人分别被评为“中国好人”“四川好人”。

过去的五年，我们改善民生、共享成果，幸福游仙的感受更加强烈。全区民生支出占一般公共预算支出比重一直稳定在 70% 以上。坚持教育优先发展，新建富乐二中、富乐二小等学校，新增学位 13000 余个，富乐实验小学作为全省唯一代表获评“第十五届宋庆龄少年儿童发明奖先进学校”称号，教育综合评价连续七年获全市第一。全面落实大健康理念，探索建设“八区三中心”医合体，家庭医生签约服务工作获全国通报表扬，残疾人康复健身体育器械进社区工作经验在全国推广，建成全国健康促进区、省级慢性病综合防控示范区。深入开展脱贫攻坚，累计帮扶 10866 人脱贫，60 个区定贫困村摘帽，1 人被评选为第十一届“全国农村青年致富带头人”，6 个村被确定为全省乡村振兴重点帮扶村。社会救助、医疗保障、住房保障、食品药品安全等民生事业全面提升，城镇登记失业率始终控制在 4% 以内。大力实施“城建攻坚”“交通攻坚”，辖区内一环得到重构、二环实现贯通，绵西高速、九绵高速、省道 205、科学城快速通道建成通车，新（改）建农村公路 379.46 千米，城乡公交通达所有镇村。布局推进数字新基建，中国科技城大数据中心建成投入使用。全区应急体系全面建立，刘家社区获评“全国综合减灾示范社区”，全区未发生重大安全生产事故。

过去的五年，我们建强组织、整饬“四风”，良好的政治生态持续巩固。牢牢掌握意识形态工作的领导权、管理权、话语权，常态化推行集中学习制度，扎实开展党史学习教育，“不忘初心、牢记使命”主题教育特色做法被中央主题教育办简报刊载，融媒体建设经验在全省推广。创造性开展区级部门向街道、社区、小区述职评议，韩家脊社区党委被中共中央授予“全国先进基层党组织”称号，村（社区）“两委”换届“统筹选”模式在全省推广。开发建成“游仙区领导干部人事相宜智能评价系统”，全区新提拔重用干部85%来自急难险重任务一线。在全市率先出台激励干部勇于担当十条措施。推行校地、院地“柔性引才”，获评全省首批“人才工作备案先行区”。深化运用监督执纪“四种形态”，探索打造“阳光监督平台”，创新推行“基层听音”“院坝问廉”，累计向48个单位颁发“三大负面奖项”，查处群众身边腐败和作风问题369件，政治巡察实现全覆盖。深入推进基层民主政治建设，“人大代表建议”办理情况评议工作在全市推广，基层协商民主受到全国政协副主席张庆黎调研。坚持基层治理“大党建引领，大群团、大统战协同”模式，“新英汇·创新工场”被中央统战部确定为全国新的社会阶层人士统战工作实践创新基地，游仙东路社区被命名为全省民族团结进步示范社区，工会基层组织建设、妇联“1+N”维权模式等经验在全省推广。党管武装工作取得长足进步，被表彰为省级“改革强军先进单位”。党委系统各项工作取得新成绩。

这五年，最难忘的是，新冠肺炎疫情发生后，全区各级党员干部响应区委号召，放弃春节休假，迅速集结到岗，全身心投入新冠肺炎疫情防控中，探索推行“村落物业化”防控模式，创新实施“5+1”服务，在全省率先进入低风险区。特别是全区广大医务工作者义无反顾逆向而行、不畏牺牲，驰援湖北、日夜奋战，为打赢新冠肺炎疫情防控阻击战筑起生命防线、提供专业支撑。最艰辛的是，面对拆迁这一“天下第一难事”，奋战在拆迁一线的党员干部发扬特别能吃苦、特别能战斗、特别能奉献的精神，创新“阳光拆迁”模式，确保重大项目建设有序推进。最可贵的是，在全区党政机构改革和乡镇行政区划调整改革中，各级领导干部讲政治、顾大局，高风亮节，不计个人得失，自觉服从组织安排，全区减少党政机构44个、科级领导职数135个，34名科级以上领导干部到区委决咨委等部门任职，继续发光发热、奉献力量，为新时代改革发展稳定营造良好氛围，为新一代游仙干部干事创业作出榜样示范。

五年的发展实践，饱含着奋斗的艰辛和成功的喜悦，蕴含着深刻的启示和宝贵的经验：必须坚持党对一切工作的领导，这是我们开展一切工作的根本遵循，任何时候都不能削弱；必须坚持以人民为中心的发展思想，这是开展一切工作的出发点和落脚点，任何时候都不能背离；必须坚持四套班子精诚团结，这是各项事业成功的前提和基础，任何时候都不能偏离；必须坚持工业强区不动摇，大抓项目、抓大项目，大力建设专业园区，这是加快发展的有力抓手，任何时候都不能忽视。

未来五年的发展目标和工作重点

今后五年，是开启全面建设社会主义现代化游仙新征程的首个五年，是游仙攻坚突破、转型提升、跨越赶超的关键五年。立足承前启后、继往开来的历史新起点，需要以时代的高度、战略的眼光辩证审视所面临的形势。纵观大势，世界百年未有之大变局加速演进，世界格局“东升西降”，中国日益走近世界舞台中央，“双循环”新发展格局正加快形成。审视自身，经过近30年的艰苦奋斗，游仙区属地区生产总值即将突破400亿元大关，县域综合实力进入全省50强，为全面建设社会主义现代化游仙积蓄强大势能、奠定坚实基础。成渝地区双城经济圈建设，成绵乐经济带建设，国家支持科技城建设科技创新先行示范区，省委、省政府对科技城新区出台“一对一”支持政策等，带来重大发展机遇。同时，还要清醒地认识到，新征程中还存在不少挑战，对标社会主义现代化建设目标，游仙最核心的问题是经济实力偏弱，经济总量偏小，可用财力较少；最根本的问题是发展质量不高，科技创新与产业化脱节，工业发展不充分，生活性服务业发展滞后，重大项目支撑不足；最现实的问题是民生欠账较多，城市空间拓展不足，基础设施和公共服务设施还比较落后；最关键的问题是一些党员干部的作风和能力与加快建设社会主义现代化游仙的新要求还不相适应。总的判断，游仙正处于不进则退、非进不可的重要关口。

基于上述判断，今后五年，游仙必须坚定以习近平总书记关于新发展阶段、新发展理念、新发展格局以及高质量发展的重要论述为指引，以共富裕为根本，以强产业为核心，以科技创新、先进制造业、城乡融合为战略发力方向，继承和发扬敢闯敢干、埋头苦干、与时俱进、团结奋进、求真务实的游仙精神，强化争先创优工作导向，提振精气神，在全区上下形成“比学赶超、奋勇争先”的工作新常态，推动游仙高质量发展、赶超发展、跨越发展！

未来五年，游仙的指导思想

是：坚持以习近平新时代中国特色社会主义思想为指导，坚决贯彻中国共产党的基本理论、基本路线、基本方略，增强“四个意识”、坚定“四个自信”、做到“两个维护”，立足新发展阶段，贯彻新发展理念，融入新发展格局，坚持稳中求进工作总基调，以推动高质量发展为主题、以高质量党建为引领，紧紧围绕“全面建设社会主义现代化游仙”这一总体取向，紧扣“经济实力、科技实力、群众三感”大幅提升三大目标，大力实施“科技创新、制造升级、城乡融合”三大战略，扎实开展“项目建设、招商引资、作风能力”三大攻坚，坚守底线、与时俱进、奋勇争先，努力把游仙建设成为全市乃至全省科技创新的标杆、先进制造的高地、城乡融合的样板、依法治理的典范、共同富裕的先锋。

区委提出这一指导思想，综合考虑当前中央的战略部署和省委、市委的安排要求，聚焦游仙当前迫切需要解决的突出矛盾和核心问题。其中，“三大目标”是对标建设社会主义现代化总体要求提出的阶段性目标，“三大战略”是实现“三大目标”的根本路径，“三大攻坚”是落实“三大战略”的关键抓手。

未来五年，游仙必须锚定三大目标，分别为到2026年，全区经济实力大幅提升：区属地区生产总值年均增速高于全市平均水平，服务业增加值年均增长9.5%，规模以上工业增加值年均增长9%，全社会固定资产投资年均增长15%，社会消费品零售总额年均增长8%，地方一般公共预算收入年均增速与经济发展同步；科技实力大幅提升：全社会R&D经费投入高于全市平均水平，每万人有效发明专利拥有量达40件，科技服务业占服务业增加值比重超过40%，科技创新综合水平指数居于全市前列；群众获得感、幸福感、安全感大幅提升：城镇居民人均可支配收入年均增长7%，农村居民人均可支配收入年均增长8.5%，社会保障体系更加健全，人民精神文化生活日益丰富，社会大局更加和谐稳定。

未来五年，游仙必须坚定实施三大战略：大力实施科技创新战略，坚持以科技创新引领高质量发展，大力推进以科技创新产业化体制机制改革为牵引的县域集成改革试点，主动对接服务保障国防科研院所，全力发展科技服务业，加大人才招引力度，助力绵阳加快建设国家科技创新先行示范区；大力实施制造升级战略，坚持工业强区不动摇，聚焦电子信息、先进材料、智能装备、核技术应用、激光技术应用、航空与燃机等主导产业，加快建设专业化园区，不断围绕产业链精准招大引强，着力提升先进制造业对经济的支撑作用；大力实施城乡融合战略，瞄准建设高品质生活宜居地，做深做实两项改革“后半篇”文章，高质量推进乡村振兴，狠抓城乡基础设施建设和公共服务均等化，促进城乡资源要素合理有序流动，加快构建城乡融合一体化发展格局。

未来五年，游仙必须扎实开展三大攻坚：扎实开展项目建设攻坚，就是要坚持以项目为中心组织经济工作，不断完善项目推进机制，解决项目建设中存在的突出问题，确保省市区重点项目尽快建成投产，为经济发展提供强有力支撑；扎实开展招商引资攻坚，就是要持续优化营商环境，创新招商引资机制，破解新形势下招商难、成本高等难题，招引更多大项目、好项目落户游仙，解决经济增量不足的突出问题；扎实开展作风能力攻坚，就是要激发全区各级党员干部斗志，解放思想、增强本领，不断提升抓落实的能力，形成人人奋勇争先当标杆、雷厉风行抓落实的良好局面。

未来五年，游仙的发展布局是：加快构建“一主一副、一极多支、全域协同”的区域发展新格局。“一主”即以涪江、富乐、游仙三个街道和经济试验区为腹心地带，向小枧镇、石马镇、新桥镇南北东三向拓展主城区空间，聚焦科技创新和服务保障国防科研院所，大力发展现代服务业，不断完善城市功能配套，打造高品质宜居现代公园城市。“一副”即以魏城镇为游仙东向发展核心，依托其区位交通优势和现有经济基础，打造全市县域副中心城镇和游仙区域副中心，拓展游仙经济发展空间，带动周边镇村高质量发展。“一极”即把游仙高新区作为经济核心增长极，围绕“3+3”工业产业和科技城新区产业布局，用好省道205沿线新增发展空间，加快提升园区产业承载能力，持续推进产城一体、园城一体，推动游仙高新区高质量建设产城融合示范区，争创国防科工特色国家级开发区。“多支”即强化乡镇多点支撑，立足3年内形成“高速出口覆盖所有镇、二级以上国省干线串联所有镇”新格局，推进魏城镇、新桥镇创建首批省级百强中心镇，支持忠兴镇、仙鹤镇以特色粮果、道地药材为重点，连片发展特色农产品生产加工及康养、农旅等产业；信义镇、盐泉镇以特色乡土文化为重点，连片发展特色农旅产业。“全域协同”即加强党对经济社会发展的统筹领导，根据资源禀赋和产业经济发展规律，分片区开展跨镇域国土空间规划，推动形成产业协同发展、基础设施协同建设、城乡协同治理的良性发展格局。

围绕以上发展思路目标，游仙要重点抓好六个方面工作。

一、深入推进全面创新改革，着力打造科技创新的标杆

大力实施科技创新战略，加快推进以科技创新产业化体制机制改革为牵引的县域集成改革试点，争当建设国家科技创新先行示范区的排头兵，肩负起服务国家科技自立自强的光荣使命。

一是建设高能级科技创新平台。持续深化院地交流协作，探索军地、院（所）地联建工作机构，促进军地公共服务资源有效衔接。围绕新兴产业关键环节和核心技术，推动区内外院所、高校、企业组建产业技术创新战略联盟。鼓励科研院所、企业跨区域共建共享重点（工程）实验室、企业技术中心等创新载体，支持科技领军企业牵头整合集聚创新资源，建设跨领域、大协作、高强度的创新基地。搭建并完善院地人才交流合作平台，加快建设省级院士（专家）产业园。

二是持续完善科技创新体制机制。承接国家、省、市全面创新改革任务，深入推进科技管理体制改革。深化国家知识产权强县工程示范区建设，建立知识产权侵权快速反应机制。深化人才发展体制机制改革，创新柔性引才用才模式，实施“富乐英才”“揭榜挂帅”“游仙工匠”等人才项目，广泛吸引战略科技人才、科技领军人才和重点关键领域拔尖创新人才。探索“飞地经济”园区利益分配模式，推动形成“总部在成渝、平台在绵阳、配套在游仙”的科研成果转移转化链条。

三是着力推进科技创新产业发展。建立完善科研资源库、项目政策库等，加快构建“环科学城创新产业带”，大力支持院所科技成果就地就近转化，促进民营企业参与院所配套。聚焦前沿技术和产业变革重点领域，前瞻布局人工智能、量子互联网等未来产业，加快发展数字经济核心产业。全力服务保障在游国防科研院所重大装置、重大工程、重大设施等项目建设。大力发展科技服务业，加快建立全区创新产业投资基金，开展高科技产品应用场景示范体验。

二、始终坚持工业强区不动摇，着力打造先进制造的高地

大力实施制造升级战略，扎实开展项目建设攻坚、招商引资攻坚，集中精力大抓工业、大抓项目，全力推动工业高质量发展。

一是持续加强企业培育和服务。深入实施高新技术企业数量规模“双提升”行动、大企业领航计划、制造业单项冠军培育“登峰计划”、中小企业培育“涌泉计划”、专精特新“小巨人”企业培育计划，集中资源大力支持本土扎根型、成长型企业发展、中小企业升规入统，培育一批产业链“链主”企业。坚持“围着企业转、企业有事马上办”，深化“最多跑一次”改革，推行“告知承诺”“一业一证”“证照分离”等举措，加快社会信用体系建设，构建亲清政商关系，加快营造良好营商环境。

二是大力发展先进制造业。做优做强电子信息、先进材料、智能装备三大重点产业，聚力发展核技术应用、激光技术应用、航空与燃机三大新兴产业，加快构建“3+3”现代工业产业体系。实施新一轮大规模企业技术改造，推动互联网、大数据、人工智能和实体经济深度融合，促进全产业链技术升级。全力推进核医疗健康产业园、激光产业基地等重大项目建设，着力打造高技术产业集群，力争到2026年高新技术产业主营业务收入达200亿元。

三是坚定不移大抓项目。探索建立利益共享、成本共担的招商引资利益联结机制，发挥科研院所富集的比较优势，紧紧围绕重大项目、重点企业，加强产业链上下游企业招引，提高本地产业配套率，提升产业链、供应链的稳定性。健全重点招商项目落地服务机制，探索建立政策项目申报快速响应机制和“策划包装、申报争取、落地实施、自查验收”项目全程服务机制，不断提升项目履约率、开工率和资金到位率，确保项目早落地、早开工、早建成、早达效。

四是不断强化生产要素保障。坚持盘活存量激活增量，加快推进城乡建设用地增减挂钩工作，持续开展“清闲促建”和“退城入园”，破解产业发展用地瓶颈，引导土地、人才、资金等要素向新兴产业、重点产业和项目汇聚。推行工业用地“标准地”改革，完善用地服务机制，运行“拿地即开工”审批模式，推动项目加快落地。大力完善交通、通信、能源、污水处理等基础设施，不断夯实产业发展基础。坚持服务实体经济的导向，加强已出台政策措施的系统集成运用，促进减税降费、金融支持等政策协同实施，落实各类创业贷款优

惠扶持政策。

五是加快建设国防科工特色园区。深度参与科技城新区建设，持续完善园区运行机制，整合各类规划及资源优势，拓展园区发展空间，着力建设具有鲜明特色的中国科技城游仙国防科工高新技术产业开发区。大力实施“三千三万”建设工程，扎实做好园区建设“三个配套”，高层次引育、高标准建设专业园区。完善园区综合考评体系，推动园区提档升级，争创国家级新型工业化产业示范基地和智慧园区。力争到2026年，园区产业集中度达95%，主营业务收入超过2000亿元，基本建成国防科工特色国家级开发区。

三、加快建设高品质宜居地，着力打造城乡融合的样板

大力实施城乡融合战略，全面推进乡村振兴，加快现代服务业提档升级，推动城乡人口布局重构、要素配置优化、产业发展相融、基础设施共享、公共服务均等。

一是深入推进乡村振兴。坚持经济区、产业功能区划分原则编制乡村国土空间规划，优化农村生产生活生态空间布局。坚持以产业振兴为根基，加快发展现代农业，落实最严格的耕地保护制度，大力发展“花果桑田种药菜”特色产业，加快建设现代农业产业园，着力打造农产品公共区域品牌。纵深推进两项改革“后半篇”文章，盘活用好农村闲置宅基地和闲置住宅，深入实施村级集体经济三年“消薄”计划，促进合并镇村资源要素优化配置和整合利用。依托乡村旅游环线，深化农旅、文旅、森旅、水旅融合，倾力打造城市人周末生活第二空间。

二是不断提升城市品质。深入实施城市更新行动，加快城市智慧化转型，依托小枧镇南拓建设高品质宜居新区，依托石马镇特色小镇北拓建设城北新城。开展绵梓路城区段沿线整治，做靓游仙城东门户。以市国土空间规划编制为契机，高标准编制城市新区、新组团规划，依托辖区山水自然本底，推动建设疏密有致、城绿交融、科技铸魂的公园城市。坚持以高品质城市建设和新型城镇化为承载，大力发展现代服务业，构建“7+3”服务业产业新体系。加快越王楼片区、小枧片区、沈家坝片区、经济试验区片区等特色商圈发展，不断提升购物消费品质，鼓励餐饮业特色化发展，着力打造特色鲜明的商业集聚区、特色商业街区、地标性服务街区。

三是加快改善基础设施。实施交通基础设施畅通成网工程，支持G5成绵广高速扩容、绵苍高速、国道108改线等项目建设，启动科技城大道东延线建设，全面建成省道416南段、省道210等干道，逐步构建“四横三纵”现代综合交通网络体系，形成全区乡镇“半小时交通圈”。大力完善农村基础设施，整合物流资源，建立大型共享仓储配送基地，加快构建区、镇、村三级智慧“交邮快”体系。打造智慧水利，建设水工程运行管护、水资源优化配置、水旱灾害防御“大数据高速平台”。紧跟信息技术最新发展，依托中国科技城大数据中心，加快推进新型基础设施布局建设，打造川西北数字智慧示范新高地。

四是大力优化生态环境。严格落实生态红线保护制度，统筹区域山水林田湖草系统保护与建设，推进跨区域跨流域生态环境保护联合执法，加强生物多样性保护，争创国家生态文明示范区。全面实施“重点水源、城乡供水、现代灌区、流域治理、河湖联通、智慧水利”六大工程，构建芙蓉溪、魏城河流域生态涵养带，加快建设“水美游仙”。坚决打好污染防治攻坚战，全面推行城市空气质量达标管理，加快建设“无废城市”。着力完善环境应急管理体系，提升应对重大突发环境事件的能力。

四、建设和谐稳定社会环境，着力打造依法治理的典范

统筹好发展与安全，构建与实现高质量发展相适应的社会治理和安全保障体系。

一是深入推进全面依法治区。深化全面依法治区示范试点，纵深推进司法体制改革，延伸司法服务职能，为建设法治社会提供强力支撑。深化行政执法体制改革，开展行政执法跨区域协作，健全行政执法与刑事司法衔接机制，全面推进“智慧法治”信息平台建设应用。全面实施“八五”普法，持续开展法治示范创建活动，加强法治文化阵地建设。完善法律顾问制度，加快构建覆盖城乡、便捷高效、均等普惠的现代公共法律服务体系，争创“全国法治政府建设示范区”。

二是改进提升城乡基层治理水平。进一步向镇、街道扩权赋能，优化配置机构编制资源，健全运行机制，努力推动基层治理体系和治理能力现代化。加强和创新社会治理，坚持和发展新时代“枫桥经验”，扎实推进全科网格，打造诉源治理全省示范点，有效推进治重化积。健全立体化智能化社会治安防控体系，推动扫黑除恶常态化，争创“全国平安建设先进区”。全面推进应急体系和能力现代化建

设，加快游仙区城市运营中心和区域性消防站建设，大力提升防灾减灾和突发事件应对能力。

三是筑牢夯实重点领域安全防线。牢固树立总体国家安全观，大力推进国家安全人民防线全域创建。强化辖区科研生产单位周边环境治理，构筑国防科研院所周边安全屏障。持续强化风险隐患源头预警排查，降低公共安全领域和重大活动安全风险。加强经济安全风险预警、防控机制和能力建设，强化政府债务管理，防范地方金融风险。强化和全面落实生产经营单位主体责任与政府监管责任，深入实施安全生产专项整治“三年行动”，确保安全生产形势持续稳定。

五、踏实办好各项民生实事，着力打造共同富裕的先锋

坚持“发展是根本、惠民是核心”理念，千方百计增进民生福祉，不断提升公共服务能力，持续提升群众的获得感和幸福感。

一是持续保障和改善民生。把稳就业保就业放在突出位置，做好重点人群就业援助和帮扶工作，确保城镇登记失业率控制在4%以内。加大民生欠账解决力度，力争3年内实现城乡供水一体化，解决群众饮水安全问题。实施中等收入群体壮大行动，推动城乡居民总体增收。完善社会保险制度和社会救助体系，加大城乡困难群众、孤寡老人、留守群体、残疾人等特殊群体的救助力度，坚决兜住基本生活底线。落实好巩固脱贫攻坚“四个不摘”要求，建立健全防返贫动态监测和帮扶机制，坚决守住不发生规模性返贫的底线。

二是提高公共服务水平。优先发展教育事业，全面落实“双减”政策，进一步抓好师德师风建设，做优做强“富乐教育”品牌，推动优质教育全域覆盖和城乡均衡发展。推进“健康游仙”建设，完善城乡医疗卫生健康服务体系。深入落实优生优育政策，强化养老服务设施建设，提升“一老一小”和妇女健康服务能力。深化社会心理服务体系建设，逐步构建起“社会心理健康全程服务链”。推动未成年人关爱保护体系建设，保障未成年人权益。推进社会工作服务体系建设，建成覆盖全域的三级社会工作服务平台。

三是提升社会文明程度。强化社会主义核心价值观引领，持续深化公民道德建设，突出抓好未成年人思想道德建设，推进农村移风易俗，推动网络综合治理体系建设，促进人民精神生活共同富裕。围绕绵阳争创全国文明典范城市目标，深化全国第二批新时代文明实践中心建设，着力弘扬时代新风。健全区、镇（街道）、村（社区）三级公共文化设施体系，加快公共文化服务阵地标准化建设，强化非物质文化遗产传承保护。

六、全面加强中国共产党的建设，为高质量发展提供坚实政治保证

始终坚持从严管党治党，不断加强和改进中国共产党的建设，努力提高党建科学化水平，为经济社会发展提供坚强政治保证。

一是加强思想政治建设。全面加强党对思想政治工作的领导，持续深化理论学习，不断完善理论学习中心组学习制度，增强“四个意识”、坚定“四个自信”、做到“两个维护”。全面贯彻落实意识形态工作责任制，实施“习近平新时代中国特色社会主义思想教育培训计划”，着力抓好党员干部理想信念教育。加强网络、学校、宗教等领域阵地管控和建设，推进媒体融合发展，建强主流舆论阵地，巩固壮大主流思想，牢牢掌握意识形态工作的领导权、管理权、话语权。

二是锻造过硬干部队伍。扎实开展作风能力攻坚，以提高政治素质、增强党性修养为根本，以提升专业能力为中心，以转变作风、强化执行力为重点，实施“干部梯队培养计划”，选派优秀年轻干部“上挂下派”，鲜明“公道正派、群众公认、人岗相适”的选人用人导向，完善干部评价体系，加大急难险重一线干部提拔使用力度，用好用活激励干部勇于担当十条措施，锻造一支政治过硬、责任过硬、能力过硬、作风过硬的高素质专业化干部队伍。

三是筑牢基层战斗堡垒。建立完善党领导经济社会各方面重要工作的运行机制，健全党员干部联系群众、服务项目的平台载体。坚持以中国共产党的政治建设为统领，深入推进基层组织“五个基本建设”，全面建强基层组织。加强村（社区）年轻后备干部培养，大力实施村（社区）干部“头雁提能”行动，持续提升村级党组织的组织力、引领力。全覆盖推进党群服务中心体系建设，扎实推进“两新”组织“两个覆盖”动态清零，统筹推进机关、学校、医院等领域党建提档升级，努力实现中国共产党的组织和工作全覆盖。

四是坚定不移正风反腐。推动“三个责任”贯通联动、一体落实，拧紧党风廉政建设责任链条。开展落实中央八项规定精神“回头看”，深挖细查隐形变异“四风”问题，持续深化作风建设。探索规范村级“小微权力”运行机制，大

力开展“双听双问”活动，着力防治群众身边腐败和作风问题。严格落实“一案双查”“以案促改”，健全巡察监督格局，综合运用“四种形态”，健全警示教育长效机制，一体推进不敢腐、不能腐、不想腐。用好容错纠错实施办法，加大澄清正名力度，严厉打击诬告陷害行为。

五是加强民主政治建设。坚决贯彻民主集中制，坚持中国共产党的领导、人民当家做主、依法治国有机统一，发挥区委总揽全局、协调各方的领导核心作用，支持人大及其常委会依法行使权力，深化拓展代表工作。支持政协组织依照章程履行职能，发挥政协专门协商机构作用。支持民主党派加强自身建设，做好新的社会阶层人士、民族宗教、港澳台同胞、海外侨胞等各领域统战工作。健全党委统一领导下的“大群团”工作制度，支持工会、共青团、妇联等开展各具特色的群团活动。坚持党管武装，健全退役军人工作体系和保障制度，凝聚各方力量共同推动游仙发展。

名词解释

1. 投资审计“三个转变”：从数量规模向质量效益转变，从单一工程造价审计向全面投资审计转变，从传统投资审计向现代投资审计转变。

2. 环境保护“党政同责”和“一岗双责”：党政同责的党政指的是中央和地方各级党委和政府，包括从省一级到乡镇（街道）一级的党政机关；同责指的是无论是党委还是政府部门，在环境保护管理或者监管方面都同样承担职责。一岗双责是指各级党委、政府及其有关部门领导班子、领导干部除履行自己对应的业务岗位职责外，还要承担本业务岗位有关的环境保护职责。

3. 环境教育“六进”：环境教育进校园、进课堂、进家庭、进社区、进市场、进企业。

4. “1+3+N”矛盾纠纷化解机制：“1”是指综治中心，“3”是指派出所、司法所、法庭，“N”是指相关行政和社会资源。

5. “两大一好”爱国卫生运动：环境秩序大整治、家庭卫生大扫除和个人言行好习惯。

6. 八区三中心：“八区”是指通过组建 8 个镇域多点型医合体，形成以建制镇为核心的镇域医疗中心；“三中心”是指通过组建以区人民医院、区中医医院、区妇幼保健院为龙头单位的区域紧密型医共体，形成以区级公立医院为核心的片区（或专科）医疗中心，分别为区临床医疗中心、区中医药医疗中心、区妇幼保健医疗中心。

7. 监督执纪“四种形态”：第一种是指党内关系要正常化，批评和自我批评要经常开展，让咬耳扯袖、红脸出汗成为常态；第二种是指党纪轻处分和组织处理要成为大多数；第三种是指对严重违纪的重处分、作出重大职务调整应当是少数；第四种是指严重违纪涉嫌违法立案审查的只能是极少数。

8. 三大负面奖项：蜗牛奖、刺猬奖、鸵鸟奖。

9. 妇联“1+N”维权模式：即“1 个维权中心 +N 个维权站点”“1 个法律专业团队 +N 个法律志愿者团队”“1 个法律宣传队 +N 个法律宣传小分队”，力求将问题由大化小，将矛盾解决在基层、化解在萌芽状态。

10. “双循环”新发展格局：以国内大循环为主体、国内国际双循环相互促进的新发展格局，培育新形势下中国参与国际合作和竞争新优势。

11. 清闲促建：处置闲置土地，盘活利用存量土地，提升土地资源节约集约利用水平。

12. 工业用地“标准地”：依据法定规划，在先行完成相关区域评估、设定控制指标基础上，以出让等方式供应的国有建设用地。

13. “三千三万”建设工程：建设千亿级园区、培育千亿级企业、引进千名高端人才、建设万人名校、打造万人康养基地、建成万亩绿地公园。

14. 园区建设“三个配套”：生产性服务配套、生活性服务配套、政务服务配套。

15. 农村宅基地“三权分置”：农村宅基地所有权、资格权、使用权三权分置。

16. 村级集体经济三年“消薄”计划：用三年时间，全面消除村级集体经济年收入 3 万元以下的薄弱村。

17. “7+3”服务业产业新体系：“7”指科技服务业、农业生产性服务业、现代物流业、现代金融业、电子商务、人力资源服务、会展 7 大生产性服务业。“3”指文化旅游业、健康养老、商贸流通 3 大生活性服务业。

18. “四横三纵”现代综合交通网络体系：“四横”由西向东：第一横 X001、X029 金石路、安梓路，石马镇至仙鹤镇（梓潼界）；第二横 G108 绵梓路，游仙街道办至魏城镇徐家场（梓潼界）；第三横 X026、X027 小徐路、龙柏路，小枧镇至魏城镇东宣场（梓潼界）；第四横 X020、X024 中射路、梓观路，松垭镇至盐泉镇（梓潼界）。“三纵”由北向南：第一纵S205游仙段东林（江油界）至松垭（三台界），第二纵S416游仙段凤凰（江油界）至松垭（三台界），第三纵S210游仙段朝真（梓潼界）至梓棉（三台界）。

19. 智慧“交邮快”体系：构建具备以“路”为核心的功能完善基础设施网和综合交通枢纽的智慧交通体系，实现城乡物流双向流通，多领域共享交通发展成果。

20. 无废城市：以创新、协调、绿色、开放、共享的新发展理念为引领，通过推动形成绿色发展方式和生活方式，持续推进固体废物源头减量和资源化利用，最大限度减少填埋量，将固体废物环境影响降至最低的城市发展模式，也是一种先进的城市管理理念。

21. “双减”政策：规范校外培训，有效减轻义务教育阶段学生过重作业负担和校外培训负担。

22. 基层组织“五个基本建设”：一是选好班子，带好队伍，大力加强基本队伍建设；二是整合资源，搭建平台，大力加强基本阵地建设；三是接受教育经常化，发挥作用载体化，大力加强基本活动建设；四是整合完善制度，建立长效机制，大力加强基本制度建设；五是经费保障，正常运转，大力加强基本保障建设。

23. “两新”组织“两个覆盖”：中国共产党的组织覆盖和工作覆盖。

24. 三个责任：党委（党组）主体责任、书记第一责任人责任、纪委监委监督责任。

25. 双听双问：基层听作风，一线听民生；作风问诊，院坝问廉。

绵阳市游仙区人民代表大会常务委员会工作报告

——在绵阳市游仙区第七届人民代表大会第一次会议上

绵阳市游仙区人大常委会主任 何守君

（2021年9月27日）

过去五年工作回顾

区六届人大一次会议以来，在区委的坚强领导下，区人大常委会依法履职行权，扎实推进监督、决定、任免、代表等各项工作，为促进全区经济发展、民主法治、社会进步、民生改善作出贡献。

一、坚持中国共产党的领导，在围绕中心和大局上彰显人大本色

把坚持中国共产党的全面领导作为人大工作的生命线，推动中央、省委、市委、区委决策部署落地落实。

坚定正确的政治立场。深入学习贯彻习近平新时代中国特色社会主义思想、习近平总书记关于坚持和完善人民代表大会制度的重要思想，增强“四个意识”、坚定“四个自信”、做到“两个维护”，在思想上政治上行动上始终同以习近平同志为核心的党中央保持高度一致。

坚持正确的政治方向。区委高度重视和大力支持人大工作，出台《关于加强新时代人大工作和建设的实施意见》，区委印发《区人大常委会2021年工作要点》，召开区委人大工作会议，区委常委会会议定期听取和研究人大工作。区人大常委会紧扣“区委要求抓的事、政府重点干的事、群众有期盼的事”安排年度工作，及时向区委请示报告重大事项57项。

坚守正确的政治定位。自觉维护区委权威，推动区委的主张和决策通过法定程序转化为全区人民的共同意志和自觉行动。五年来，召开区六届人民代表大会会议7次、区人大常委会会议39次、主任会议83次，听取和审议“一府两院”专项工作报告107个，开展调研、视察、执法检查活动94次，作出决议、决定30项，制发审议意见47份，依法任免地方国家机关工作人员359人次。

二、建言献策，在助力脱贫和抗疫上展现人大担当

发挥人大制度优势，以高度的政治自觉和强烈的责任担当投身脱贫攻坚、新冠肺炎疫情防控。

全面助力决胜脱贫攻坚。开展《四川省农村扶贫开发条例》执法检查，听取审议决战决胜脱贫攻坚、巩固拓展脱贫攻坚成果同乡村振兴有效衔接工作情况报告，提出加大产业扶贫政策支持、抓好扶贫项目实施、加强扶贫资金争取和监管等审议意见16条。开展“脱贫攻坚——人大代表再行动”等活动，区人大常委会班子成员联系指导的54户118名贫困人口、区人大常委会机关联系帮扶的6户12名贫困人口全部脱贫。

依法助力抗击新冠肺炎疫情。有效发挥法治保障作用，组织开展《中华人民共和国传染病防治法》执法检查，听取审议贯彻落实《市人大常委会关于依法防控新冠肺炎疫情保障人民群众生命健康安全的决议》情况报告、新冠肺炎疫情常态化防控专项工作报告，支持和督促“一府一委两院”依法实施新冠肺炎疫情防控和应急处置措施。人大干部和人大代表响应倡议，坚守抗疫一线，踊跃捐款捐物400余万元，助力打赢新冠肺炎疫情防控阻击战。

三、强化监督支持，在服务发展和改革上体现人大作为

围绕实施“四大兴区战略”，聚焦“五个游仙”建设，寓支持于监督之中，全力服务保障全区经济社会高质量发展。

牢牢把握发展新要求，助推三次产业质效齐升。每年听取和审议一次国民经济和社会发展计划执行情况报告，提出意见建议17条，助推新型工业、现代农业、第三产业高质量发展。助力“十三五”

规划实施和“十四五”规划编制，听取审议“十三五”规划实施中期评估情况和完成情况报告，保障五年规划有效落地；组织召开“十四五”规划编制座谈会，从产业发展、空间布局、传承和创新等方面提出编制建议29条，依法审查批准“十四五”规划纲要。密切配合市人大常委会联动开展工业经济发展监督，专题听取科技型企业培育和发展情况报告，提出意见建议25条。促进乡村振兴与现代农业创新发展，组织调研乡村振兴推进情况，听取农业社会组织服务工作情况报告，扎实开展《中华人民共和国农产品质量安全法》执法检查，专题视察林业产业发展、蔬菜产业园建设情况，提出意见建议16条。推动文化旅游与服务产业融合发展，组织调研全域旅游、公共文化服务体系和限上商贸流通企业生产、经营、发展情况，开展《中华人民共和国文物保护法》执法检查，努力推动第三产业健康发展。

*发挥工作主动性，助推重大项目落地见效。*综合运用视察、调研、审议等方式，连续五年对重点项目建设、实施、运行情况和项目投资工作开展专项监督，从项目招引、要素保障、项目建设、过程管理等方面提出意见建议19条，推动全区项目投资快速增长。严格落实区级领导联系重点项目制度，主动协调解决要素保障、立项审批、拆迁安置等突出问题，有力促进石马特色小镇、核医疗健康产业园、芙蓉花溪乡村振兴综合项目等24个省市区重大项目加快建设。

*依法行使预算审查权，助推资金管理高效透明。*把财政预算监督作为人大监督工作的重点之一，加强全口径审查、全方位监督、全过程问效，常态化听取和审议预算编制、预算执行、预算调整、决算和预算执行及其他财政收支审计、审计查出问题整改等一系列情况报告，启动建设预算联网审查平台，依法批准年度财政决算报告，专题调研国有资产管理情况，加大“四本预算”审查监督力度，累计提出意见建议29条，为广大人民紧盯“钱袋子”。

*主动当好护航员，助推重大改革蹄疾步稳。*听取和审议农业供给侧结构性改革、农村宅基地“三权分置”改革试点、供销社综合改革等事项，为全面深化改革凝心聚力。发挥人大密切联系群众的优势，在推进乡镇行政区划和村级建制调整改革过程中广集民智、广聚民心，围绕优化空间布局、整合发展资源、增强服务功能、巩固基层基础、降低运行成本等方面，主动为区委决策献计出力，有力保障“两项改革”完成。

四、突出以人为本，在保障民利和民生上诠释人大情怀

始终坚持以人民为中心的发展思想，紧扣人民日益增长的美好生活需要，对关系民利民生的事项监督力度不断加大。

*致力于办成让群众更顺心的民生实事。*聚焦群众的烦心事、揪心事、操心事，从2019年起全区22个乡镇率先在全市开展“民生实事项目人大代表票决制”工作，2020年实现区、镇两级全覆盖。区人大常委会成立民生实事监督委员会，设置4个监督小组，落实13名监督专员，每月督进度、每季听汇报、年终搞测评，将人大监督贯穿于项目实施全过程。近两年，监督实施游仙高新幼儿园、沈家坝上街内涝整治、贫困人口医疗救助、政务大厅便民设施改造等项目18个，群众和代表广泛认可、反响积极。

*致力于提供让群众更安心的社会服务。*助推办好人民满意的基础教育，专项视察、调研幼儿园建设和初中办学情况，形成《提升富乐教育品牌》等调研报告，推动解决教育资源布局、教学力量配备、教师队伍建设等瓶颈问题。着眼提供便捷高效的医疗服务，审议基层医疗服务能力建设情况报告，提出并跟踪落实医疗队伍建设、规范医保基金管理等审议意见。推动营造安定有序的社会环境，听取审议《中华人民共和国就业促进法》贯彻落实情况、应急管理现代化体系建设、扫黑除恶专项斗争情况，专题视察和调研养老服务体系建设、农村留守和困境儿童关爱保护保障工作。坚持把接待群众来信来访作为联系群众的重要途径，累计受理来信来访197件次。

*致力于打造让群众更舒心的人居环境。*助力守护蓝天碧水净土，牢固树立“绿水青山就是金山银山”的理念，连续4年听取审议环境状况和环境保护目标完成情况的专项报告，专题视察魏城河综合治理、固体废物防治情况，组织开展《中华人民共和国环境保护法》《中华人民共和国水土保持法》执法检查，针对臭氧治理、水环境质量等问题，督促加快环保设施建设、落实治理措施，组建4个督查组助力整改环保督察反馈问题。促推建设宜居城市和美丽乡村，多次视察调研省道205改线工程、绵西高速、危旧房棚户区和老旧小区改造、山湾农庄建设、人居环境和城市社区治理情况，提出规划、土地、资金等方面意见建议19条，凝聚各方面力量共建美好家园。

五、弘扬法治精神，在维护公平和正义上发挥人大职能

自觉站位法治一线，全力保证法律法规在全区规范实施，依法行政、公正司法、全民守法的法治氛围更加浓厚。

促推法律监督实效化。定期听取审议法治游仙建设、法治政府建设、优化营商环境情况报告，促进政府转变职能、公正文明执法。修订《区人大常委会规范性文件备案审查办法》，累计备案区、镇行政规范性文件107件。专题调研“两院”司法体制改革、队伍建设情况，加强对法院解决“执行难”、检察院开展公益诉讼的监督，提出配强人员力量、加强保障供给、规范司法行为等意见建议7条，督促“两院”依法履职尽责。

促推法律实施规范化。制定《区人大常委会执法检查办法》，组织对《中华人民共和国人民调解法》《中华人民共和国文物保护法》《中华人民共和国禁毒法》等11部法律法规开展执法检查，听取和审议《中华人民共和国义务教育法》等12部法律法规贯彻落实情况，提出执法检查建议29条。协助开展《四川省古树名木保护条例》《绵阳市文明行为促进条例》等9部地方性法规立法调研，提出多条合理化建议均被采纳。

促推法治宣传常态化。依法作出开展“七五”普法的决议，助力开展宪法学习培训、领导干部述法和“国家宪法日”“宪法宣传周”等活动，有效促进学法、知法、守法、用法。建立全市首个任前法律知识考试网络平台，组织拟任命人员156人次参加任前法律知识考试，组织任命人员239人次进行宪法宣誓，有效树立起宪法意识、公仆意识和责任意识。

六、发挥代表作用，在为民代言和服务上汇聚人大力量

始终坚持代表的主体地位，不断拓展履职平台，加强履职保障，全力支持代表依法履职，代表工作实效进一步增强。

强化服务保障，让代表更尽责。举办人大代表异地培训5次、区内培训2次，邀请代表153人次参加调研、视察、执法检查等活动，代表权利得到保障。率先在全市出台《关于规范区、乡（镇）两级无固定工资收入人大代表履职补贴标准的实施意见》，严格落实代表执行职务各项保障措施，代表权益得到有力维护。依法完成区、镇两级人大代表换届选举，广大选民行使民主权利，选举产生区七届人大代表251名、镇新一届人大代表704名，综合素质更高、比例结构更优，代表素质得到全面提升。

搭建活动平台，让代表更尽力。人大代表“家、站、点”联络平台实现全覆盖，建成区、镇、村代表活动阵地285个，打造代表联络示范窗口，开通“游仙人大”微信公众号代表服务平台，率先在全市出台《人大代表履职考评办法》，精心组织代表小组活动，广泛开展“走访企业、走访群众”“坝坝会”“代表活动月”“群众接待日”等活动，帮助群众和企业解决问题323个。

加强建议督办，让代表更尽心。围绕“内容高质量”，会前组织专题培训、集中视察，严把代表建议质量关。围绕“办理高质量”，率先在全市开展代表建议、批评和意见办理工作评议，坚持每年听取审议代表建议办理情况报告，督促承办单位严格执行“办前查落实、办中查进度、办结查质量”的办理制度，累计收到代表建议522件，各承办单位全部按时办结，一批建议成果已经转化为推动发展的务实之举。

七、加强自身建设，在依法履职和行权上塑造人大形象

深入贯彻落实“两个机关”建设要求，坚定不移地加强人大自身建设，依法履职能力、服务群众水平进一步提升。

中国共产党强化理论武装，锻造担当有为的干部队伍。不断提升周三学习实效，以优良学风带动实干新风，被省人大常委会办公厅评为宣传工作先进单位。单独设立预算委员会、社会建设委员会、研究室，形成“一办四专委、一室四工委”的建制，人大工作力量进一步壮大。制定《乡镇人大主席团年度工作考核办法》，新设立区人大常委会派驻科学城春雷街道工委、派驻游仙街道工委，对各乡镇、街道、经济试验区人大工作的指导力度进一步加大，基层人大工作更加规范、更加高效。

强化纪律约束，营造干净清新的工作环境。坚持把党风廉政建设摆在首位、把纪律规矩挺在前面，严格落实全面从严治党要求，驰而不息纠“四风”，严格执行中央八项规定，不断加强纪律教育和意识形态工作，全面抓好省委巡视、区委巡察反馈问题整改落实，从严监督管理干部，树立知敬畏、存戒惧、守底线的行动自觉。

必须把坚持中国共产党的领导作为人大工作的立足点。五年来，始终把坚持和加强中国共产党的全面领导贯穿于人大工作各个方面，以区委的方向为方向，统筹安排监督、决定、任免、代表等各项工作和重要活动，在全面建设社会主义现代化游仙的征程中建功立业。

*必须把服务中心大局作为人大工作的着力点。*五年来，始终紧跟中央、省委、市委、区委决策部署，围绕中心大局推动人大工作，依法监督和支持“一府一委两院”各司其职、各负其责，凝聚起推动游仙经济社会高质量发展的人大力量。

*必须把坚持人民至上作为人大工作的出发点。*五年来，始终坚持把以人民为中心、把人民满意作为衡量和检验人大工作的基本标准，督促解决群众最关心、最直接、最现实的利益问题，让群众的获得感更加强烈、幸福感更可持续、安全感更有保障。

*必须把严格依法办事作为人大工作的支撑点。*五年来，始终自觉维护宪法法律，正确行使决定权、监督权、任免权，运用法治思维、法治方式履行职责，全力保证法律法规有效实施，推动各项工作在法治轨道上健康运行。

*必须把保障代表履职作为人大工作的切入点。*五年来，始终注重发挥人大代表的主体作用，通过邀请代表列席会议、组织代表视察调研等方式，为代表依法履职搭建活动平台、创造便利条件，激发人大代表的责任担当和为民情怀。

对新一届人大常委会工作的建议

今后五年，是开启全面建设社会主义现代化游仙新征程的首个五年，是游仙攻坚突破、转型提升、跨越赶超的关键五年。刚刚闭幕的区第七次党代会，准确把握游仙历史方位，提出努力把游仙建设成为全市乃至全省科技创新的标杆、先进制造的高地、城乡融合的样板、依法治理的典范、共同富裕的先锋，描绘未来五年游仙发展的宏伟蓝图。立足新起点、勇担新使命、启航新征程，新一届人大常委会要坚持以习近平新时代中国特色社会主义思想为指导，坚决贯彻中国共产党的基本理论、基本路线、基本方略，坚持中国共产党的领导、人民当家作主和依法治国有机统一，在区委的坚强领导下，认真贯彻落实加强新时代人大工作和建设的部署要求，发挥地方国家权力机关作用，依法履职、为民尽责，为全面建设社会主义现代化游仙贡献人大力量。

一、始终保持与区委同向，以更高的站位谋划人大工作，围绕中心大局体现新担当

牢牢把握政治机关属性，增强“四个意识”、坚定“四个自信”、做到“两个维护”，自觉在政治立场、政治方向、政治原则、政治道路上同以习近平同志为核心的党中央保持高度一致，自觉把中国共产党的全面领导贯穿人大工作始终，主动把人大工作置于区委的领导之下，坚决贯彻执行区委的各项决策部署和工作要求，确保人大工作始终沿着正确的方向前进。认真贯彻落实区第七次党代会提出的“支持人大及其常委会依法行使权力，深化拓展代表工作”的要求，紧紧围绕“实现三大目标、实施三大战略、开展三大攻坚”谋划人大工作，进一步加强对“一府一委两院”的监督，依法行使决定权、监督权、任免权，不断增强服务游仙发展、服务游仙人民的思想自觉和行动自觉。

二、始终保持与发展同频，以更大的格局献计出力，助推高质量发展实现新突破

紧紧围绕“全面建设社会主义现代化游仙”的总体取向，准确把握监督的切入点、支持的结合点，在推进高质量发展进程中体现新时代人大工作格局。进一步丰富监督内涵。聚焦科技创新、先进制造、城乡融合、依法治理、共同富裕等重点方向，围绕加强就业保障、优先发展教育、构建安全环境、优化医疗服务、维护生态环境等民生事项，加大监督和支持力度，助力构建“一主一副、一极多支、全域协同”的区域发展新格局。进一步突出监督重点。强化预决算执行、国有资产管理监督，建成预算联网审查平台，构建完善的全流程预算监督体系，增强公共财政资金的使用效益；强化国民经济和社会发展计划执行情况监督，定期组织视察、调研，注重发现问题、分析根源，提出可行性意见和建议，促进计划全面高质量完成。进一步拓展监督手段。建立清单式、台账式监督机制，用好询问、质询等刚性监督措施，对事关民生的热点问题开展全程跟踪监督，打造会前深度调研、会上审议、会后科学评议的“监督链条”，做到审议意见不落实的不放过、反馈问题不解决的不放手，以强有力的监督和支持，体现人大担当，助推工作落实，服务游仙发展。

三、始终保持与法治同行，以更实的举措提升监督质效，护航法律实施取得新进步

发挥人大在民主法治建设中的重要作用，坚决防止有法不依、执法不严、违法不究，依法推进各项事业。协助科学立法。全力配合上级人大开展立法前期调研工作，及时总结经验做法，力求提出更多、更科学的立法建议。监督依法行政。围绕《法治政府建设实施纲要（2021—2025年）》落实情况，

继续实行法治政府建设年度报告制度，紧盯听证、风险评估、合法性审查、重大行政决策公开等制度执行情况，开展“靶向”监督；加强对重大项目、重大民生实事等决策程序的跟进监督，进一步提升规范性文件备案审查工作水平。推进公正司法。持续深化司法监督，健全完善监督机制，创新监督方式，确保审判权、检察权得到正确行使，努力让人民群众在每一个司法案件中感受到公平正义。促进全民守法。定期审议“八五”普法落实情况，推动开展形式多样、内容丰富的普法活动，促进法治信仰、法治观念、法治思维深入人心；不断优化任前法律知识考试制度，探索开展“两院”拟任命人员任前考察，实现述职评议全覆盖，着力保证依法履职。

四、始终保持与人民同心，以更优的保障支持代表履职，真情服务群众展现新作为

有效发挥人大代表的主体作用，更好地保障和促进人大代表履行义务、依法行使权利。在拓展代表活动上下功夫。结合代表行业、职业、年龄、专长等特点，有针对性地组织参与视察调研、工作评议、执法检查等活动，加强闭会期间代表小组活动的指导和服务工作，建立重大决策部署、重点工作推进情况定期通报制度，拓宽代表知情知政渠道。在保障代表履职上下功夫。健全代表学习制度，定期开展专题培训，提升代表的政治素质、法律素养和履职能力；建立代表履职档案，健全履职评价、激励约束制度，定期评选优秀代表、优秀建议；持续推进人大代表“家、站、点”标准化、规范化建设，让代表工作更接地气、更有生气。在办好议案建议上下功夫。健全落实重点建议“政府领导负责办、人大领导督促办”工作机制，探索建立办理评价机制、公开机制，跟踪督办“正在解决”和“计划解决”的建议，不断提高办成率、满意率。在增进民生福祉上下功夫。深化人大常委会联系代表、代表联系群众制度，畅通社情民意反映渠道，做到民有所呼、我有所应；持续推进民生实事项目人大代表票决制工作，构建“群众提、代表定、政府干、人大评”系统机制，努力办成、办好一批更有力度、更有温度的民生实事。

五、始终保持与时代同步，以更严的标准推进自身建设，依法履职行权奋进新征程

准确把握新时代赋予人大工作的新使命，围绕建设“四讲四有”人大要求，努力锻造忠诚、干净、担当的人大干部队伍。凝聚对党忠诚的向心力。以政治建设为统领，把学习贯彻习近平新时代中国特色社会主义思想、习近平总书记关于坚持和完善人民代表大会制度的重要思想作为首要政治任务，做到政治上坚决拥护、组织上自觉服从、行动上紧紧跟随，不断推进人大工作高质量发展。保持朝气蓬勃的战斗力。推动“不忘初心、牢记使命”主题教育常态化制度化，抓实抓牢意识形态工作，以干部领学、专家讲学、领导评学引领“书香人大”建设，进一步加大对地方人大的指导力度，推进人大机构、工作制度、机关文化、履职能力建设齐头并进，时刻保持一线状态、追求一线作为。增强拒腐防变的免疫力。落实全面从严治党主体责任，始终把纪律规矩挺在前面，严格执行中央八项规定，定期开展警示教育和纪律教育，扎实推进“双听双问”活动，运用好监督执纪“四种形态”，把严的纪律、实的作风落实到人大工作各个环节，营造风清气正的人大机关政治生态。

绵阳市游仙区人民政府工作报告

——在绵阳市游仙区第七届人民代表大会第二次会议上

绵阳市游仙区人民政府区长　韩晓清

（2022年3月24日）

2021年工作回顾

2021年，坚持以习近平新时代中国特色社会主义思想为指导，认真贯彻落实市第八次党代会、市委八届二次全会、区第七次党代会决策部署，统筹新冠肺炎疫情防控和经济社会发展，全力做好"六稳""六保"工作，一体推进高质量发展、高效能治理。实现辖区地区生产总值446.7亿元、增长8.6%（区属地区生产总值417.4亿元、增长8.4%），辖区一般公共预算收入15.24亿元（本级一般公共预算收入11.92亿元、增长10.88%），城乡居民人均可支配收入分别增长8.8%、10.6%，较好地完成区六届人大七次会议确定的目标，实现"十四五"良好开局。

一年来，促转型、提质效，产业发展再上新台阶。

工业经济企稳向好。坚持工业强区不动摇，围绕构建"3+3"先进制造产业体系，强龙头、补链条、聚集群。规上工业增加值增长8.7%，其中高新技术企业增长21.24%。工业投资增长2.7%，技改投资增长47.9%。新增规上工业企业17户总数达143户，新增市级以上企业技术中心1个总数达34个。

现代服务业稳步复苏。建立企业梯次培育库，落实"一对一"培育专员，运用数字化手段助力新业态发展，促进消费市场加速回暖。社会消费品零售总额增长18.4%，服务业增加值增长9%，规上科技服务业主营业务收入增长116.4%。新培育规上服务业企业21户总数达62户，新增限上商贸企业和个体户42户总数达144户。"中国喜街""沸腾川里食创小镇""金山驿站""美乐品牌连锁"等4个项目纳入省级区域消费中心城市建设项目，电子信息配套物流园、智慧"交邮快"农商互联、冷链物流和城市配送项目加快建设。

现代农业蓬勃发展。坚持绿色、生态、有机发展路径，推进特色优势产业高质量发展，保障群众舌尖上的安全。农林牧渔业总产值增长7.9%，第一产业增加值增长7.2%。建成高标准农田2.3万亩，新认证"三品一标"农产品3个总数达135个。蔬菜种业园区纳入省级现代种业园区培育。新增农产品冷藏库13座。优化畜禽产业布局，规模养殖场粪污处理设施设备配套率达100%。建成全市首家土地托管中心。承办四川省"农机3·15"消费者权益日活动。通过全省农产品质量安全监管示范县资格复审，获评省级农业社会化服务工作、农经工作典型区。

一年来，谋创新、添动能，院地协同开创新局面。

创新主体增势强劲。深入实施高新技术企业培育计划，全年新增高新技术企业8户总数达50户，高新技术产业主营业务收入增长6.25%。扎实开展科技型中小企业数量质量双提升行动，认定国家科技型中小企业43户总数达125户，新增市级科技型中小企业73户总数达1160户。强化企业在科技创新中的主体地位，科学研究和技术服务业机构、企业达593户，新培育规上科技服务业企业5户。

协同创新发展迅速。坚持"一个科研院所一个工作专班一个创新平台一个产业园区"路径，深度融入成渝绵"创新金三角"建设，服务保障国防建设，促进科技成果就地就近转化。落实"三张清单"事项59项，协调解决院所需求40项。航空动力科技创新中心建成投运，天津大学、北京航空航天大学等13个研发团队入驻。与中物院激光聚变研究中心共建光子技术研究院，与科学城海天实业公司共建新材料创新孵化基地，与58所、绵阳建行共建智能制造产业园。

创新生态持续优化。出台支持科技创新、制造升级等文件，持续优化创新"生态环境"。举办游仙实施科技创新战略大会，兑现"菁英团队”扶持计划奖、地方经济特殊贡献人才奖、尖端科技领军人物奖、高新技术企业培育奖等540万元。推行科技创新专家库制度，首批聘请28名专家。企业研发经费投入达5.2亿元，全区有效发明专利拥有量2351件，均位居全市第一。

一年来，抓项目、稳投资，发展后劲得到新增强。

项目建设推进有力。紧紧围绕国省预算内资金投向、地方政府专项债券支持方向，优选储备产业项目、包装入库项目、加速推进在建项目、服务保障竣工项目。全社会固定资产投资增长17.7%，63个省市区重点项目完成年度投资计划的118.57%。核医疗健康产业园全面开工，激光产业基地稳步推进。全区项目建设连续3次、投资运行连续2次进入全市“红榜”，游仙经开区南区基础设施（二期）等3个项目获评全市第二、第三季度“骏马项目”。

招商引资成效明显。坚持把“五招五引”作为扩增量的主要抓手，组建专业招商队伍，建立健全招商引资机制，围绕“3+3”先进制造产业体系开展精准招商、专业招商。共签约招商引资项目30个，签约金额175.03亿元。国内省外到位资金、实际到位外资超额完成目标任务。省级平台签约项目履约率、开工率、资金到位率分别达90%、80%、30%。

对上争取成果丰硕。组建专班对接上级部门、科研院所、重点企业，全年对上争取各类资金41.18亿元，其中债券资金14.5亿元。优化专项债使用方向，发行专项债6个金额10亿元，审核通过新入库专项债券项目12个待发行金额35.51亿元，发行专项债项目额度、新入库专项债券数量均位居全市前列。聚焦重点领域，与市住建委、市交通运输局、市农科院等市级部门、科研院所签订合作共建协议14个，不断汇聚助力游仙高质量发展的要素资源。

一年来，补短板、强支撑，城乡面貌展现新变化。

城乡建设扎实推进。开展旧城更新和城市“双修”行动，完成内涝治理、背街小巷整治等城建攻坚项目20个，占年度投资计划的110.25%。建筑业总产值增长13%，房地产投资增长16.3%，销售面积增长29.7%，增速位居全市第一。石马电梯“智”造特色小镇入选四川省特色小镇（全市唯一）。魏城镇、新桥镇入围省级百强中心镇候选库。现代夯土技术农房建设经验在全省推广，魏城镇铁炉村作为全省宜居型农房建设现场会参观点受到一致好评。

交通攻坚成绩突出。加快构建交通“大动脉”、畅通“微循环”。G5成绵（含绵广）高速扩容、绵苍高速及S210、S306、S416、G108扩容改建纳入省“十四五”交通规划重点项目清单。完成新（改）建农村公路84千米，危桥改造11座，整治农村公路隐患120处。实施乡村客运“金通工程”，开通特色公交线路57条，实现镇、建制村公交全覆盖。加速构建三级物流体系，建成魏城综合运输服务站、7个镇物流节点、104个村金通邮快驿站。入围省级“乡村振兴交通先行”样板县培育县和“乡村运输金通工程”样板县候选县。

乡村振兴纵深推进。持续加大“三农”投入，“五个振兴”步伐不断加快。在全省乡村振兴先进县（市、区）“回头看”考核中获评优秀等次。盐泉镇盐井村、信义镇福星村、小枧镇遇仙村、忠兴镇酒店村被评为省乡村振兴示范村，魏城镇铁炉村获评省2021年度乡村振兴样板村，盐泉镇玉溪村被评为省乡村振兴重点帮扶优秀村。完成芙蓉溪、魏城河河道综合治理9.18千米，新建堤防10.81千米。在全市率先建立农村集体经营性建设用地入市制度，整理复垦土地512亩。经果林现代林业园区纳入省级园区培育。行政村生活垃圾有效治理率100%，农村卫生厕所普及率99.2%，生活污水得到有效处理的村达90.9%。新建基层供销社9家，获评省级基层示范社7家。新桥镇同福村、魏城镇创建为国家级文明村镇，魏城镇铁炉村、新桥镇创建为省级文明村镇。

生态环境持续改善。坚定不移走生态优先、绿色发展之路，高质量完成第二轮中央生态环保督察迎检工作。坚持山水林田湖草系统治理，湿地保有量达5.13万亩，森林覆盖率达31.29%。持续强化联合执法，扎实推进长江十年禁渔。全面完成全区九条河流划界工作，建立与周边地区相邻河湖联防联控机制，推动河湖长制工作提质增效。全区空气优良天数率达92%，城乡集中式饮用水水源地水质全面达标，市控断面水质优良率100%，水功能区劣V类水体全面清零，土壤环境质量总体保持稳定，辐射环境质量良好。获评首批省级生态县（全市唯一）。

一年来，兜底线、增福祉，民生事业谱写新篇章。

新冠肺炎疫情防控扎实有效。严格落实“四方责任”，坚持人物环境同防，有效构建起“应急反应有速度、联防联控有力度、患者救治有温度、工作保障有强度”的防疫格局。扎实做好7类风险人员来

（返）游仙动态网格化摸排管理，累计摸排、规范管理1.17万人。落实集中隔离场所17处房间1039间。累计接种新冠病毒疫苗94.17万剂次，完成核酸检测24.63万份。落实防疫经费1418.27万元。开展全域大规模封控应急处置演练。

民生保障坚强有力。民生支出占一般公共预算支出比重保持70%以上，省市区级人大代表票决43项民生实事稳步推进，城镇登记失业率控制在4%以内。建成1个社区养老服务综合体，完成7个农村公办养老机构适老化改造，政府购买居家养老服务惠及1.1万余名老人。建成112个村级“儿童之家”、60个社区儿童服务中心、2个未成年人关爱保护站。全面落实各项兜底政策，困难群众重特大疾病医疗救助覆盖率100%，城乡居民基本医疗保险参保率98%以上。新增认定“两病”（高血压、糖尿病）患者2.2万余人，1084个品种（规）药品降价幅度50%以上。创建为全省首个向辖区居民开放基本公共卫生电子健康档案的县（市、区），区医保局获“四川省医疗保障系统先进集体”。食品药品安全形势稳中趋好，区市场监督管理局获省级重大活动食品安全保障工作先进单位。

社会事业全面发展。坚持教育优先发展，富乐二中、富乐二小、游仙高新幼儿园、小枧幼儿园、开元中学综合楼建成投入使用，新增学位5300个，学前教育三年毛入园率达107%。“双减”工作稳妥推进，义务教育质量持续领跑全市，被教育部表彰为义务教育质量监测工作先进单位，职业技术教育通过省“双示范”中期验收，区教体局获全国群众体育工作先进单位。通过国家卫生城市复审验收。“八区三中心”医疗服务新体系改革经验在全省推广，基本公共卫生项目实施再获全市第一。探索建立经常性社会捐助体系，引导慈善资源资助或投资城乡基层治理、社会救助、教育医疗等领域。区慈善总会被省政府评为最具影响力慈善机构（全省唯一县区）。加快公共文化事业发展，坚持“两馆”免费开放，推动“一镇一品牌”文化品牌建设，区文化馆被命名为国家三级文化馆，《山湾农庄的笑声》入围政府社会文化最高奖项“全国群星奖”。《川说·民法典》被中宣部、司法部评为第十七届全国法治微视频大赛优秀奖。

基层治理全面加强。两项改革“后半篇”文章推进，承办全省两项改革“后半篇”文章现场会。完成首批省级城乡社区治理试点，开展省级社会工作服务体系建设全域试点，创建为省级社区治理服务创新实验区。社会公共服务体系建设“全科网格”工作经验在全省推广。提升公共法律服务水平，完善法律援助制度，建立普法联盟，全面依法治区示范试点工作走在全省前列，区司法局获“四川政法先锋”称号、省法治政府建设先进集体，小枧司法所获评省级“枫桥式司法所”，魏城镇铁炉村获评“全国乡村治理示范乡村”。全力推进“治重化积”工作，上级交办件办结率100%，信访件办结率100%，化解历史遗留问题37件。依法治访工作扎实推进，信访形势持续向好。完成庆祝中国共产党成立100周年等重大活动、重要会议安保任务。常态化防范和打击涉黑涉恶、通信网络诈骗等违法犯罪行为，不断提升社会治安防控体系现代化水平。加强安全生产和应急管理体系建设，全年未发生较大及以上安全生产事故。

一年来，转作风、提效能，自身建设呈现新气象。

政治引领作用增强。始终把政治建设摆在首位，坚持胸怀“两个大局”，坚决拥护“两个确立”，坚定践行“两个维护”。扎实开展党史学习教育，深入学习贯彻习近平总书记“七一”重要讲话和中共十九届六中全会精神，弘扬伟大建党精神，努力从中国共产党的百年奋斗重大成就和历史经验中汲取精神之钙、为民之情、奋进之力，把党史学习教育成果转化为办实事干成事的实效。严明政治纪律和政治规矩，驰而不息纠正“四风”，常态化开展“四不两直”督查，作风能力攻坚取得新成效。

权力运行规范透明。认真落实党风廉政建设责任制和领导干部廉洁从政若干准则，完善政府议事决策程序，提升科学决策、民主决策、依法决策水平。全面落实政府法律顾问制度，法治政府建设稳步推进。严格按照法定权限和程序行使权力、履行职责，自觉接受人大的法律监督、政协的民主监督和社会的舆论监督，高质量办理人大代表建议85件、政协委员提案177件，办结率100%。发挥审计监督作用，审结项目21个，提出审计意见52条。坚持政务公开，主动公开政府信息8520条。牢固树立宗旨意识，不断加强政府规范化、标准化、精细化管理，严格控制“三公”经费，压减一般性支出，节约型机关建设稳步推进。

营商环境持续优化。深化“放管服”改革，全面完成权力清单、责任清单、负面清单编制。中国科技城大数据中心建成投运，为推动游仙全域数字化发展奠定坚实基础。优化“一窗受理”服务，办理项目增加至1251项。开展“一网通办”能力提升百日攻坚行动，政务服务事项网上可办率100%。打造“绵企通”企业服务平台，跨省通办、川渝通办、绵碚通办窗口共办件3090件。新增市场主体5154家总数达34312家，减税9.17亿元、降费2865万元。优化营商环境获评全市先进，区公共资源交易中心获评省级“示范交易中心”。

国防动员、国家安全、决策咨询、民族宗教、退役军人、综合执法、外事侨务、机关事务、档案、保密、地方志等工作取得新成效，工会、妇女、儿童、青年、老龄、工商联、残疾人、红十字等事业实现新发展。

需要说明的是：游仙区服务业发展相对滞后，服务业增加值未完成年初确定的增长9.5%以上的目标，区属地区生产总值完成增长8%以上的目标，但增速低于全市平均水平0.3个百分点。

行之愈笃，则知之益明。一年来的实践证明，必须把中国共产党的全面领导作为最根本的发展保障，多干讲政治、顾大局的事，让绝对忠诚确保方向绝对正确；必须把统筹协调作为最重要的发展前提，坚持发展和安全相统一，坚持目标导向、问题导向、结果导向相统一，多干补短板、防风险的事，在稳与进的有机统一中实现量的合理增长和质的稳步提升；必须把改革创新作为最关键的发展动力，以思想之新、改革之勇、创新之力、开放之姿找到有效路径，多干打基础、利长远、强动能的事，实现市场活力、社会创造力和政府调控力各尽其能、相得益彰；必须把人民至上作为最执着的发展追求，勇于向“急难愁盼”问题开战，多干惠民生、合民意的事，在推动共同富裕中实现更高质量的发展。

同时，也清醒地认识到，游仙经济社会发展仍然存在一些困难和问题，主要表现在：经济总量还不够大，发展速度还不够快；市场主体依然偏弱，企业自主创新能力不强；民生领域还存在短板和弱项，推进乡村全面振兴任务艰巨；应对风险挑战的基础还不够牢，统筹发展和安全面临许多挑战等，需要高度重视、采取有效措施加以解决。

2022年工作建议

2022年是游仙追赶跨越的关键之年。从挑战看，宏观经济面临“需求收缩、供给冲击和预期转弱”三重压力，游仙也面临有效投资增长不足、居民消费回升乏力、部分中小微企业经营困难等严峻挑战，实现稳中求进和高质量发展任务艰巨，必须审时度势、科学应对、精准发力。从机遇看，双循环新发展格局提供转型发展新动能，区域经济一体化带来要素集聚新机遇，双碳战略触发绿色发展新动力，成渝地区双城经济圈建设叠加国家科技创新先行示范区建设战略机遇，省委省政府支持绵阳争创全省经济副中心、支持游仙实施县域集成改革，有利于进一步找准方向、蓄力起跳、跨越发展。从优势看，游仙是“扩张型”城市，经济发展正处于五年连跨三个百亿台阶的“成长期”。全区常住人口保持净流入，受高等教育人数占比19.5%，远高于全市12.96%的平均水平，院士人数雄冠巴蜀，人才红利优势明显，“聚才指数”持续上扬；市场主体增长16.56%，全社会售电量增长17.8%，商品房平均售价增长13.2%，“活力指数”全市领先；全社会存款余额增长15.13%，贷款余额增长16.32%，保费收入增长16.8%，“吸金指数”增势强劲。优越的区位条件、独特的资源禀赋、难得的发展机遇、优良的政治生态、巨大的发展潜力，完全有理由相信，游仙的腾飞指日可待。

知者善谋，不如当时。“十四五”期间游仙经济社会发展的主题词是“创新引领、转型升级、追赶跨越”，2021年全区经济社会发展的关键词是“加快、拼抢、专注”。只有锚定“加快”的发展状态，才能缩小与标兵的差距、拉大与追兵的距离。唯有以“拼抢”的奋斗姿态去招商引资、对上争取、推进项目，才能在日趋激烈的发展竞争中抓住机遇、聚集资源、提升能力。必须保持“专注”的定力心态，坚持一任接着一任干、一锤接着一锤敲，以“钉钉子”精神抓实抓牢项目投资、企业培育、社会治理、民生改善等重点任务，才能不断夯实高质量发展的基础。好风凭借力，奋进正当时。要实施“追赶计划”、开展“对标行动”，向最好的学、与最强的比、跟最快的赛，推动游仙经济社会发展“两年打基础、四年成先进、八年进百强”，在融入重大战略中提升区域发展能级，在对标追赶中探索跨越发展路径，在创新驱动中塑造特色发展模式，奋力为中国科技城建设打头阵、挑重担、当主力、作贡献。

2022年政府工作的总体要求是：坚定以习近平新时代中国特色社会主义思想为指导，深入贯彻中共十九大和十九届历次全会精神，以及习近平总书记对四川工作系列重要指示特别是对绵阳工作重要指示精神，全面落实中央、省委、市委、区委经济工作会议精神，省委十一届三次全会以来重大决策部署以及市第八次党代会、市委八届二次全会、区第七次党代会精神，大力弘扬伟大建党精神，坚持稳字当头、稳中求进，坚持创新驱动，推进高质量发展，深度参与成渝地区双城经济圈和国家科技创新先行示范区建设，统筹新冠肺炎疫情防控和经济社会发展，统筹发展和安全，牢固树立“起步就是冲刺、开局就要争先”的意识，紧扣“三大目标”，实施“三大战略”，开展“三大攻坚”，担当作为、奋勇争先，努力在科技创新、产业发展、城乡建设、改善民生、开放合作上取得更大突破，加快建设科技引领、产城融合的现代化游仙，以优异成绩迎接中共二十大和省第十二次党代会胜利召开。

2021年经济社会发展主要预期目标是：区属地区生产总值增长8%左右，第一产业增加值增长5.2%以上，规上工业增加值增长9%以上，服务业增加值增长9%以上，全社会固定资产投资增长10%以上，社会消费品零售总额增长9%以上，地方一般公共预算收入与经济发展趋势基本一致，城乡居民人均可支配收入分别增长8%、9%，节能减排和环境保护完成市上下达任务。

围绕上述目标，要重点抓好以下六个方面工作。

一、心系国之大者，在建设国家科技创新先行示范区上干在实处、走在前列

创新决胜未来。要进一步找准科技创新突破发展支点，加速释放科技创新潜能，努力把科技创新“关键变量”变成高质量发展“最大增量”。

开展平台赋能行动。支持科研院所建设技术转移类新型研发平台，做强航空动力创新中心，加快四川光子技术研究院建设，确保年内投入运营。推进高端核医疗装备技术创新中心、新材料协同创新中心、58所智能制造创新中心落地建设。精准扶持一批技术创新中心、工程研究中心、企业技术中心、制造业创新中心等创新平台。聚焦产业关键核心技术瓶颈开展联合攻关，建设院地企创新联合体，力争核医药研究院落地建设。实现高新技术产业主营业务收入140亿元以上。

开展主体培育行动。深入实施瞪羚企业培育计划、高新技术企业倍增计划、科技型中小企业培育计划，鼓励企业提升科学研究、技术开发能力。加大“招院引所”力度，吸引科研院所、知名高校和龙头企业迁入或在游仙设立分支机构。支持工业设计、工业自动化、知识产权服务等科技服务团队在游仙集聚发展。全年新增高新技术企业5家、科技服务业企业10家、省市企业技术中心2家、市级重点实验室1家、市级工程实验室1家，培育高新技术企业55户、国家科技型中小企业130户，企业研发经费支出总额、科技服务业营业收入增速等保持全市前列。实施孵化能力提升工程，大力支持民营企业投资建设孵化器。推进职业院校产教融合，支持绵阳职业技术学院专升本、校地共建大学科技园。

开展人才集聚行动。聚焦“高精尖缺”人才、战略科学家、青年科技人才，高质量推进“全省人才工作先行区”建设，实施“富乐人才乐创、人才团队智创、人才服务悦享”三项人才计划，加强“六类人才”引进培育。建立健全科技创新专家库、区领导联系高层次人才制度，开展经常性技术对话、学术评比、创新沙龙、技术经理人培训，举办“百名博士智在游仙”“青年科学家论坛”等人才交流活动。升级“富乐英才智享卡”服务事项，做好高层次人才安居、就医、子女就学、家属就业等服务保障，营造尊才爱才的浓厚氛围，增强对高端人才的吸引力、凝聚力。

开展资源整合行动。整合各级各类政策、资金等要素资源，支持重大科技创新项目。聚焦企业经营全周期服务，加快建设产业一体化公共服务、内外协作、数据集成、资源共享的“线上+线下”产业服务平台和高技术产业服务中心。规划建设绵阳科创谷，创建省级科技创新先行示范区、科技成果转化示范区。依托中国科技城大数据中心，加快推进公共服务数字化便捷化，打造“城市大脑”和“政务中枢”，为科技创新赋能。

二、呵护实体经济，在加速构建现代产业体系上干在实处、走在前列

实体兴则经济兴，实体强则经济强。要以实体经济健康发展为核心，加快构建现代产业体系，努力在新兴产业上占据主动、在传统产业上巩固优势、在未来产业上把握先机。

优先发展先进制造业。深入实施制造升级战略，巩固提升先进材料、电子信息、智能装备三大支柱产业，加快培育核技术应用、激光技术应用、航空与燃机三大新兴产业，运用“链长制”推进优势细分领域加快纵向成链、横向成群，培育一批优势产业集群。聚焦碳达峰碳中和，一手抓减污降碳协同增效，一手抓绿色低碳产业发展。实施企业梯次培育“倍增计划”，做大做强东材科技、兴事发集团、太极绵阳制药、雅化绵阳分公司等头部企业；支持“专精特新”企业发展，加强中小企业升规培育，开展困难企业脱困帮扶。坚持以企业需求为导向，推动定制化厂房、道路、能源等配套设施建设。支持游仙高新区加快创建国防科工特色鲜明的国家级高新区，支持新桥中小微产业园、魏城工业园加快发展。全年实施工业项目32个以上，完成工业投资77亿元、技改投资60亿元。

加快发展现代服务业。围绕“三区两组团、一带多节点”城市商圈布局，规划建设中央商务区、科创区、文博区、金融区、法务区，加快芙蓉汉城、渔人码头、金山驿站、新桥驿、街子驿等特色商业街区建设。加快建设芙蓉花溪重要节点餐饮民宿、研学基地，打造越王楼、碧水寺、李杜祠、芙蓉溪等文化旅游名片，创建省全域旅游示范区，力争进入天府旅游名县候选县。加大知名商超、品牌连锁、餐饮名店招引力度，力争新增规上服务业企业10户、限上商贸流通企业15户。开展服务业品牌宣传活动，筹备举办节事赛事、会展博览等15场次，夯实“能消费”的基础、完善“敢消费”的保障、营造“愿消费”的品牌。

大力发展现代农业。聚焦“米袋子”“菜篮子”等重要农产品有效供给，持续抓好重大动植物疫病防控，严格落实耕地保护责任，坚守粮食安全底线，坚决遏制耕地“非农化”，防止“非粮化”。力争建成高标准农田3万亩，生猪出栏量稳定在20万头左右，粮食播种面积稳定在58万亩以上，粮食总产稳定在24万吨左右。打造集中连片产业发展带，以园区建设促进一、二、三产融合发展，主动融入“渝遂绵”蔬菜产业带，启动“川菜硅谷·百里菜廊”建设。新增“三品一标”农产品5个，力争蔬菜种业园区创建为省级现代农业园区，建成市级现代农业园区1个，实现现代化农业园区总产值8亿元以上。

三、提振投资消费，在增强经济社会发展内生动力上干在实处、走在前列

投资和消费是经济社会发展的重要引擎。扩大有效投资，促进消费持续恢复，让各类市场主体活力涌流，不断累积推进高质量发展的内生动力。

抓实项目投资。围绕宏观政策走向，策划包装入库一批打基础、利长远、促发展的优质项目，抓紧开展项目前期工作。全力推进61个省市区重点项目，保持全社会固定资产投资两位数增长。强化要素资源保障，推进58所智能制造产业园等27个省市计划新开工项目、已争取上级资金项目尽早开工建设。落实“五个一”工作机制，推动激光和核技术应用产业基地、东材科技、太极绵阳制药等35个省市重点项目加快建设。做好竣工达产服务保障工作，促进重庆威诚捷重力离散器、五里梁科技创新孵化园等26个项目尽快建成投产。

强化招商引资。围绕科技创新、产业发展、城乡建设、民生改善，针对重点行业和优势产业领域延链补链强链需求，招大引强、招新引优。培养专业化招商队伍，抓好驻外分中心招商工作，发挥第三方专业机构咨询作用，推动招商工作精准化、专业化。加强区域合作和协同发展，承接长三角、珠三角、京津冀、成渝地区产业转移。创新开展资本招商模式，多渠道融资组建市场化运作的产业发展基金，探索市区两级国有平台公司参与重大招商引资项目投融资路径。筹备召开激光技术应用、核技术应用、航空与燃机、智能制造、城市更新等高水平论坛和专题推介会。力争全年新签约5亿元以上项目11个以上，完成国内省外到位资金90亿元以上，外资实际到位资金3000万美元以上。

优化营商环境。深入推进“放管服”改革，打造一流的市场化、法治化、国际化营商环境，提升园区配套服务和要素保障能力，大力实施“园区提质”“企业满园”行动，打造“游仙效率”“游仙服务”“游仙诚信”，年内实现企业“办事不出园区”。完善市场主体发展奖励政策，支持大企业大集团增强实力、中小企业做大规模、大中小微企业融通发展。创新“飞地经济”园区利益分配模式，鼓励社会资本参与建设和运营，探索行政许可跨区域互认，推进区域协同发展。强化财税金融支持，落实市场主体税费优惠政策，确保各项纾困政策直达基层、直达企业，进一步激发市场主体活力。力争全年新增市场主体增长11%以上，保持全市领先。

壮大民营经济。坚持两个“毫不动摇”，优化民营经济发展环境，依法保护各类市场主体产权和合法权益。弘扬企业家精神，让企业家在游仙创业更加安心、生活更为舒心、发展更有信心。清理政府采

购、招投标等领域不合理限制，建立民间资本投资“机会清单”。搭建银政企合作和投融资平台，着力缓解民营企业中小企业融资难。构建亲清政商关系，畅通诉求反映和权益维护通道，办好用好“同心会客厅”“绵企通”，及时解决困难问题，促进民营企业高质量发展。

四、走好融合之路，在持续提升城市和乡村品质上干在实处、走在前列

城乡融合发展是解决发展不平衡不充分的根本路径。要坚持区域协调发展，统筹生产生活生态，优化区域空间布局，全面建设“山水相融、人城和谐”的宜居游仙。

城市再升级。坚持以现代公园城市理念为指引，优化提升城市功能品质。有序推动游仙场镇片区、小枧片区、石马片区、芙蓉片区等区域更新改造，加快推进开元电厂家属小区、保险公司家属小区等15个老旧小区改造和东兴路8号片区、七姓坝片区、朝阳厂等棚户区改造，加强城市历史文化保护传承。加大绵梓、绵盐路游仙段沿线环境改造提升力度，优化提升科学城景观大道，贯通涪江东岸、芙蓉溪健康休闲绿道，打造一批口袋公园。持续培育省级中心镇，力争魏城镇首批命名。扎实推进违法建设整治工作，提升城市管理水平。拓展城市发展空间，建设绵阳东出“桥头堡”，助推绵阳向东发展，加快建设I型大城市。

交通再提速。围绕早日建成绵阳东部交通枢纽目标，加速构建“井”字形高速路网和“四横三纵”国省干线路网。支持绵苍高速建设，成绵高速、绵广高速扩容，加快推进G108改线和S210、S306、S416建设，启动绵梓路、绵盐路扩容改造前期工作，开展农村断头路整治。新（改）建农村公路150千米、桥梁8座、安全生命防护工程20千米以上。建成省级“四好农村路”示范县、“乡村振兴交通先行”及“金通工程”样板县，加速把枢纽优势转化为发展优势、竞争优势。

乡村再振兴。扎实推进巩固拓展脱贫攻坚成果同乡村振兴有效衔接，建立健全防止返贫动态监测和帮扶机制，坚决守住不发生规模性返贫底线。大力实施乡村建设行动，统筹建好乡村物流网、电网、水网、路网。抓好小型水库除险加固，启动涪江左岸石马段等防洪治理工程。着力解决群众饮水安全问题，集中式饮用水水源地水质达标率保持100%，城镇污水处理率达92%，确保城乡供水一体化项目年内开工建设。有序推进城乡建设用地增减挂钩、农村集体经营性建设用地入市。扎实开展农村人居环境整治五年提升行动，力争95%以上的行政村生活污水得到有效治理。用好片区划分成果，完成镇级国土空间规划编制，适时启动村级片区规划编制。

生态再改善。坚决打赢蓝天、碧水、净土保卫战，争创国家生态文明建设示范区。强化大气污染治理，完成全年空气质量约束性指标任务。加强重点流域水污染防治，加快城镇雨污管网改造升级，健全污水处理厂规范运行监管体系。加强农用地面源污染防控，引导群众开展垃圾分类，推进“无废城市”建设。严格执行长江十年禁渔举措，全面落实河湖长制，抓好芙蓉溪、魏城河等重点流域综合治理。扎实抓好第二轮中央生态环保督察反馈意见整改。

五、注重共建共享，在增强群众获得感幸福感安全感上干在实处、走在前列

悠悠万事，民生为大。要秉持“以人民为中心”理念，让发展成果更多更公平惠及全区人民，守护好这座城市的温度、守望好每个家庭的幸福，让民生“温度”标注幸福“刻度”。

更大力度促进居民就业增收。实施返乡人员创业行动，扩大公益性岗位安置，完善高校毕业生、农民工、退役军人、城镇困难群众等重点群体多渠道就业支持体系。力争城镇新增就业0.57万人以上，城镇登记失业率控制在4%以内，动态消除零就业家庭。精准了解用工需求，对接用工岗位，发挥能人引领作用，提高劳务输转的精准率和稳定率，力争农村劳动力转移就业11万人以上，创建返乡人员创业示范园1个、创新创业孵化基地1个，促进群众稳定就业增收。

更实举措强化基本民生保障。保持民生投入占公共财政支出比重70%以上，推进基本公共服务均等化，全力办好省市区民生实事。实施学前教育发展提升行动计划，抓好教育基础设施建设，筹建游仙二中、游仙三小，建设五里路小学综合楼、开元中学实验大楼等配套设施，新建职业技术学校产教融合大楼，支持游仙职业技术学校建成省“双示范”中职学校，巩固提升富乐教育品牌。加快体育基础设施建设，推进完善城市社区健身圈。抓实“一老一小”工作，组建9个镇（街道）养老服务中心、14个分中心，启动建设1个区域性养老服务中心、2个社区养老服务综合体、5个社区为老服务站。完善“双站双体系”模式，创建全国未成年人

保护示范区，保护妇女儿童合法权益。建成区妇女儿童医疗中心、区人民医院老年医学中心、区公共卫生医疗中心、公立婴幼儿照护和托育指导中心，完成区人民医院二级甲等综合医院、区疾控中心三级乙等疾控中心创建工作，推进忠兴、新桥区域医疗次中心建设。增强医疗保障功能，扩大异地就医联网结算，严格监管追缴违规医保基金，守好百姓“救命钱”。加快推进“三馆一中心”建设。参与国家食品安全示范城市创建。建设省政务服务一体化平台游仙分站点，在全省率先建成“掌上办”“指尖办”智慧政务服务平台。

更强担当统筹好安全与发展。坚持“外防输入、内防反弹”总策略和“动态清零”总方针，落细落实新冠肺炎疫情常态化防控措施，提升应急处置综合能力，强化“加强针”疫苗接种，持续巩固群体免疫屏障。严格落实“党政同责、一岗双责、齐抓共管、失职追责”和“三管三必须”的要求，深入推进安全生产整治三年行动，全面排查整治道路交通、建筑施工、危化品、城镇燃气等重点领域安全隐患，坚决杜绝较大及以上生产安全事故。推进森林防灭火常态化治理，健全群众参与防火保障机制。落实总体国家安全观，坚决维护政权安全、制度安全、意识形态安全，加强国家安全人民防线建设。强化平安游仙建设，完善社会治安防控体系，常态化开展扫黑除恶斗争，深入推进打击电信网络诈骗“飓风”行动、“治重化积”专项行动，全力做好重大节点、敏感时段平安稳定工作。加强财政金融风险防控，深化政府投融资改革，提升国有企业管理水平和经营能力。

六、强化自我革命，在推进治理体系治理能力现代化上干在实处、走在前列

打铁还需自身硬。要坚持为人民服务、对人民负责、受人民监督，通过自我革命让本领和新愿景相匹配，让能力和新要求相适应，努力建设人民满意的服务型政府。

坚持把政治建设放在首位。深入学习贯彻习近平新时代中国特色社会主义思想，坚持中国共产党的全面领导，坚决拥护“两个确立”，坚决做到“两个维护”，不断提高政治判断力、政治领悟力、政治执行力。严格执行《关于新形势下党内政治生活的若干准则》，着力提高党内政治生活质量。建立党史学习教育常态化长效化机制，做到忠诚干净担当。全面贯彻落实意识形态工作责任制，牢牢掌握意识形态工作的领导权、管理权、话语权。

坚持把法治建设作为基石。忠诚履行宪法和法律赋予的职责，持续深化法治政府建设，争创全国法治政府建设示范区。强化依法决策意识，坚持重大行政决策合法性审查，坚持重大事项集体议事决策。落实行政执法“三项制度”，深化行政复议体制改革，严格规范公正文明执法。健全行政权力制约和监督体系，深化政务公开，认真做好人大代表建议和政协委员提案办理，自觉接受人大法律监督、工作监督和政协民主监督，主动接受社会监督、舆论监督，强化审计、统计监督。持续抓好上级巡视巡察、审计反馈意见整改。

坚持把作风建设作为保障。严格落实中央八项规定和省市区贯彻实施细则，坚决整治群众身边腐败和不正之风问题。严控“三公”经费和一般性支出。扎实开展作风能力攻坚，强化纪律意识、规矩意识、责任意识，树立“勇于攀登、矢志不渝”的进取心，锤炼“立说立行、说干就干”的好作风，大力推行“一线工作法”，领导干部身先士卒、靠前指挥，争当“主攻手”“运动员”，以上率下，推动执行、推进落实。

名词解释

1. “3+3”先进制造产业：先进材料、电子信息、智能装备三大支柱产业和激光技术应用、核技术应用、航空与燃机三大新兴产业。

2. “三品一标”：无公害农产品、绿色食品、有机农产品和农产品地理标志。

3. “三张清单”：院所高校需求建议清单、可转移转化成果清单和促进民口企业参与国防建设配套项目清单。

4. “五招五引”：招商引资、招大引强、招新引优、招院引所、招才引智。

5. 城市“双修”：生态修复和城市修补。

6. “五个振兴”：乡村产业振兴、乡村人才振兴、乡村文化振兴、乡村生态振兴、乡村组织振兴。

7. “四方责任”：属地、部门、单位、个人的四方责任。

8. “双减”工作：有效减轻义务教育阶段学生过重作业负担和校外培训负担。

9. “八区三中心”医疗服务新体系：“八区”指结合乡镇行政区划调整，由原多家卫生院整合组建成的8个镇域多点型医合体；“三中心”指区临床医疗中心、区中医药医疗中心、区妇幼保健医疗

中心。

10.“两馆”：公共图书馆和文化馆。

11.两项改革：乡镇行政区划调整和村级建制调整改革。

12.“后半篇”文章：在完成乡镇行政区划和村级建制调整改革基础上，围绕优化资源配置、提升发展质量、增强服务能力、提高治理效能四大任务，加快基层治理体系和治理能力现代化建设，把改革成果转化为发展红利和治理实效，促进乡村全面振兴和县域经济高质量发展。

13.“全科网格”：以基层社会治理“一张网”为基石，逐步整合部门“网”“员”，建立一支全科网格员队伍，承担党建、综治、公安、民政、司法、环保、住建、食药等部门的基层网格管理巡查和问题上报工作，实现“一网统筹，一员多用，全域覆盖”。

14.“治重化积”：治理重复信访，化解信访积案工作。

15.“两个大局”：一个是中华民族伟大复兴的战略全局，一个是世界百年未有之大变局，这是谋划工作的基本出发点。

16.“两个确立”：确立习近平同志党中央的核心、全党的核心地位，确立习近平新时代中国特色社会主义思想的指导地位。

17.“两个维护”：是指坚决维护习近平总书记党中央的核心、全党的核心地位，坚决维护党中央权威和集中统一领导。

18.“四风”：形式主义、官僚主义、享乐主义、奢靡之风。

19.“四不两直”：不发通知，不打招呼，不听汇报，不用陪同接待，直奔基层，直插现场。

20.“三公”经费：财政拨款支出安排的出国（境）费、车辆购置及运行费、公务接待费等三项经费。

21.“一网通办”：依托一体化政务服务平台，推行政务服务事项网上办理，企业群众办事线上只登录一次即可全网通办。

22.追赶计划：绵阳市游仙区按照“跳出绵阳看绵阳 跳出四川看绵阳”的要求，在全国找坐标、争位次，以“两年打发展基础，四年成四川先进，八年冲全国百强”为目标，力争2026年成为四川省县域经济先进县（区）、2030年冲刺全国百强区，加快建设科技引领、产城融合、乡村振兴、开放合作的现代化游仙。

23.对标行动：绵阳市游仙区为有效实施追赶计划，以“向最好的学、与最强的比、跟最快的赛”为原则，确定若干领域在省内和省外分别选择一个对象进行对标对表、学习赶超，以促进各领域实现四川领先、全国一流的发展格局。

24.“三大目标”：紧扣“经济实力、科技实力、群众三感”大幅提升三大目标。

25.“三大战略”：实施“科技创新、制造升级、城乡融合”三大战略。

26.“三大攻坚”：开展“项目建设、招商引资、作风能力”三大攻坚。

27.“瞪羚企业”：创业后跨过死亡谷以科技创新或商业模式创新为支撑进入高成长期的中小企业。

28.“六类人才”：高级专家、领军企业家、技能技术人才、经济金融人才、科研辅助人才和高校毕业生。

29.“三区两组团、一带多节点”：三区指中央商务区、中央文博区、中央科创区，两组团指石马国防科工小镇组团、小枧公园城市示范组团，一带指芙蓉溪滨水游憩带，多节点指海悦银河城、红星美凯龙、沈家坝北街等服务业业态布局。

30.“五个一”工作机制：一个重点项目、一位牵头领导、一个责任单位、一个工作专班、一套推进方案。

31.“飞地经济”：即两个相互独立、经济发展存在落差的行政地区打破原有行政区划限制，通过跨空间的行政管理和经济开发，实现两地资源互补、经济协调发展的一种区域经济合作模式。

32.两个“毫不动摇”：毫不动摇巩固和发展公有制经济，毫不动摇鼓励、支持、引导非公有制经济发展，保证各种所有制经济依法平等使用生产要素、公平参与市场竞争、同等受到法律保护。

33.“I型”大城市：城区常住人口300万人以上500万人以下的城市。

34.“井”字形高速路网：东北西南走向的G5京昆高速成绵广段、G5京昆高速成绵广扩容段、绵苍高速。东南西北走向的九绵高速、G93绵遂高速、绵西高速、绵南高速。

35.“四横三纵”国省干线路网：四横由西向东包括第一横X001、X029金石路、安梓路，石马镇至仙鹤镇梓潼界；第二横G108绵梓路，游仙街道办至魏城镇徐家场梓潼界；第三横X026、X027小徐路、龙柏路，小枧镇至魏城镇东宣场（梓潼界）；第四横X020、X024中射路、梓观路，松垭镇至盐泉镇（梓潼界）。三纵由北向南包括第一纵S205游仙段东林江油界至松垭三台界，第二纵S416游仙段凤凰江油界至松垭三台界，第三纵S210游仙段朝真梓潼界至梓棉三台界。

36.“一老一小”：城镇无保障老人和在校学生及学龄前婴幼儿。

37.“双站双体系”：依托各社工站，运用社会工作服务体系，建设镇（街道）未成年人保护站，构建未成年人关爱保护体系。

38.“三馆一中心”：博物馆、图书馆、文化馆、非物质文化遗产保护中心。

39.“三管三必须”：管行业必须管安全，管业务必须管安全，管生产经营必须管安全。

40.行政执法“三项制度”：行政执法公示制度、执法全过程记录制度、重大执法决定法治审核制度。

41.“一线工作法”：干部在一线工作、领导在一线指挥、问题在一线解决、能力在一线提升、绩效在一线考核、奖惩在一线兑现。

中国人民政治协商会议 绵阳市游仙区第六届委员会常务委员会 工作报告

——在政协绵阳市游仙区第七届委员会第一次会议上

政协绵阳市游仙区党组书记　杨守贵

（2021年9月25日）

过去五年工作回顾

政协绵阳市游仙区第六届委员会任期的五年，是全区经济社会高质量发展迈出坚实步伐、取得重大成就的五年，也是区政协工作与时俱进、创新发展的五年。五年来，区政协常委会团结引领广大政协委员和各参加单位，坚持以习近平新时代中国特色社会主义思想为统揽，增强“四个意识”、坚定“四个自信”、做到“两个维护”；坚持围绕中心，把政协工作置于全区改革发展大局中思考、定位和推进，确保工作上同心勠力、节奏上同轴运转、目标上同向推进；坚持服务大局，在深入协商议政中助力党政决策科学性和施政有效性，在有效民主监督中发挥钉钉子抓落实的助推作用，在广泛团结联谊中增进共识、汇聚力量，有力推动政协协商民主在游仙的探索实践，在全区奋力推进“五个游仙”建设进程中彰显政协特色、展现政协担当、作出政协贡献。

五年来，区政协常委会主要做以下几个方面工作：

一、强化政治引领，始终保持人民政协事业正确政治方向

五年来，牢牢把握坚持中国共产党的领导这个“基本点”，坚定政治信仰，站稳政治立场，保持政治定力，确保政协工作始终沿着正确政治方向前进。

（一）强化思想理论武装建设。通过专题培训、研讨交流等形式，深入学习贯彻中共十八大、十九大及历次全会精神，深入学习贯彻习近平总书记系列重要讲话精神和党中央治国理政新理念新思想新战略，学习贯彻省委、市委、区委重要会议和重大部署，深刻理解和准确把握中国共产党关于统一战线和人民政协的一系列方针政策，筑牢思想根基，夯实理论基础，更加坚定地同以习近平同志为核心的中共中央保持高度一致，更加自觉地用习近平新时代中国特色社会主义思想武装头脑、指导实践、推动工作。

（二）坚持党对政协工作的领导。区委高度重视政协工作，出台《关于新时代加强和改进人民政协工作的实施意见》，统筹制定政协年度协商计划。区委常委会听取政协党组工作汇报、审议专题报告，及时研究解决政协工作中的重大问题，为做好新形势下政协工作指明方向、提供遵循。区委主要领导多次给政协出题目、交任务，批示督办重要提案和调研视察报告，区委、区政府领导坚持参加委员小组讨论会、联组讨论会和议政性常委会，与委员们共商大计、共谋发展，为政协工作提质增效注入不竭动力。区政协党组和常委会不折不扣地把区委的主张、要求贯彻落实到政协履职全过程、各方面，坚持重要工作、重要事项、重要会议向区委请示报告，讲政治、严纪律、守规矩意识进一步增强。

（三）全面加强中国共产党的建设。建立健全政协委员综合党委和政协机关党组机构设置和工作机制，把支部建在每个委员小组，实现党组织对党员委员全覆盖和中国共产党的工作对政协工作全覆盖。严格落实全面从严治党要求，深入开展“两学一做”学习教育、“不忘初心、牢记使命”主题教育、党史学习教育和庆祝中国共产党成立100周年系列活动，严格执行中央八项规定及其实施细则，扎实开展

省委第七巡视组反馈意见的整改落实，政协委员和政协机关中的党员干部进一步筑牢信仰之基，党内政治生活更加严肃规范，政治生态持续净化。

二、把握性质定位，发挥人民政协专门协商机构作用

五年来，始终将“发挥人民政协专门协商机构作用”作为首要工作任务，不断加强对协商民主建设的探索实践，共召开6次全委会议、33次常委会会议、69次主席会议，组织开展各类调研视察活动100余次，举行各类型各层次协商议政活动130余场次，向区委、区政府报送调研视察报告及协商专报60余份、提出意见和建议610余条，许多重要履职成果都转化成为党政决策和工作部署，做到政治协商有高度、参政议政有深度。

（一）协商议政格局趋于完善。认真贯彻落实习近平总书记在庆祝人民政协成立70周年大会上的重要讲话精神和中共中央《关于加强社会主义协商民主建设的意见》《关于加强人民政协协商民主建设的实施意见》及省委、市委、区委部署，依托省政协“有事来协商”平台，构建符合游仙区情实际的基层协商民主工作体系，形成以全体会议协商为龙头，以议政性常委会和专题协商会为重点，以提案办理协商、对口协商、界别协商为常态，以基层小微协商为延伸的“四梁八柱”协商议政格局。

（二）基层协商民主逐步深入。以改革创新精神，稳妥、循序渐进地推动基层协商民主工作深入开展。一是完善协商机制。制发《有事来协商平台建设工作实施方案》等文件，制定《“有事来协商”基层协商工作手册》，制作主题徽标、落实固定场所，明确协商主体、议题提出、程序形式以及成果运用等，为基层协商民主开展提供制度保障。二是规范协商内容。坚持“小切口、大格局”的选题原则，采用委员荐题、党委政府点题、向社会公开征题等方式，找准“党政所需、百姓所盼、政协所能”的结合点，精选协商议题纳入《年度协商工作计划》，有效保障协商民主务实有序高效开展。三是丰富协商形式。在确保“1+2+4”协商频次基础上，创新开展提案办理协商、界别协商、小微协商等协商形式，邀请政协委员、专家学者、基层干部和利益相关方共同参与协商，让委员及群众唱主角、提建议、出点子，区级领导及区直部门负责人现场听、现场询、现场评、现场答，真正用好政协话语权。

（三）协商议政效果更加显著。聚焦重大决策部署、重大改革事项、民生关键小事和基层社会治理四大主题开展协商议政。一是聚焦发展大事协商议政。围绕“五个游仙”建设、芙蓉溪水环境综合治理、农村产业发展、民营经济健康发展、游仙高新区东区工业园建设及新型功能材料产业高质量发展等问题，开展深入调研、协商讨论，提交区委、区政府的协商议政报告所提建议得到采纳，真正做到聚焦中心、建言发展、服务大局。二是聚焦改革要事协商议政。重点就全面创新改革、科技型中小微企业发展、三次产业转型升级、乡村振兴及现代农业园区建设等改革要事进行调研视察，先后报送区委、区政府20余个专题报告，提出的130余条建议被采纳，促进有关工作的开展。三是聚焦民生实事协商议政。呼应人民群众关心关注、急难愁盼的民生实事，组织委员下沉（村）社区，通过用心倾听、广泛协商，助推脱贫攻坚、棚户区改造、特殊教育、课后服务、未成年人心理健康、公共卫生防疫体系及物业管理等一批群众关切的民生问题解决。四是聚焦基层治理协商议政。组织开展牵线搭桥型协商、智力支持型协商、公益活动型协商等小微协商，推动委员深入基层联系服务群众，在构建基层社会治理新格局中发挥作用。探索开展市区同题协商，与市政协联合开展“小枧镇农村宅基地‘三权分置’改革利益分配办法”小微协商活动，促进农村宅基地“三权分置”改革工作实施。推动政协协商与基层协商有效衔接，指导、参与基层开展各类小微协商活动100余场次，参与界别群众7000余人次，为基层办实事协调到位资金400余万元，探索出“仙鹤夜话、枧爱·微协商、富乐议家社、信服理”等基层协商品牌。

三、坚持问题导向，不断加强和改进民主监督工作实效

五年来，始终以助推区委、区政府决策部署落地落实为着力点，集成运用视察、提案、大会发言、社情民意、民主评议等方式进行监督，力求寓监督于支持之中，在支持之中促进发展，在发展之中惠及民生。

（一）发挥提案在民主监督中的作用。制定和修订完善《提案工作条例》《主席、副主席督办重点提案工作制度》《协商议政质量评价》等制度，使政协提案办理工作有规可循。建立提案办理工作年度表扬激励机制，五年共评选出60件优秀提案、30个提案办理综合协调单位、60家提案办理先进单位

和72名先进个人。成立提案专题督办组，通过到提案人中了解提案缘由、到办案单位了解办理困难、到办理现场去了解办理进度的提案督办“三到位”方式，推动提升游仙特色农产品品牌质量、仙圣文化品牌建设、加快推进旧楼加装电梯等一批关乎发展、关切民生的问题得到及时解决。五年收到委员提案625件，立案574件，提案办结率、提案人满意率均达99%。

（二）发挥民主评议在民主监督中的作用。先后对区综合行政执法局、区商务局、区司法局等单位开展评议。在肯定被评单位成绩基础上，提出62条意见建议，监督被评单位面对问题、努力整改问题，推动工作进一步开展。支持推荐政协委员担任区纪委监委、法院、检察院、区行政审批局等单位的特邀行风监督员，监督窗口部门改作风、优行风。

（三）发挥社情民意在民主监督中的作用。五年累计收集社情民意信息440余条，采纳370余条，被上级政协采用80余条。其中《关于改进新冠肺炎疫情防控期间线上教学模式的建议》《关于加强人工繁育饲养野生动物检疫工作的建议》等被全国政协、省政协采用，一批诸如完善农村房屋租赁市场、改善城市绿道建设、规范背街小巷车辆停放等问题得到及时妥善解决，社情民意信息促进群众身边问题解决和上级政策完善的价值正逐步显现。

（四）发挥视察活动在民主监督中的作用。依托常委会视察、专委会及界别视察等形式，有序组织委员对家庭医生签约服务、农村人居环境整治、残疾人保障、学前教育、职业教育、“雪亮工程”、全域旅游等重要工作进行视察，并创新开展“回头看”视察，形成视察报告21篇，提出意见建议70余条，帮助有关部门改进工作。

四、秉承人民至上，全力践行人民政协为人民的初心使命

五年来，始终把关注民生、改善民生作为践行宗旨的出发点、履行职能的着力点，推动群众共享改革发展成果。

（一）在开展新冠肺炎疫情防控中诠释履职宗旨。新冠肺炎疫情发生后，政协机关干部、广大政协委员和各参加单位第一时间响应号召，立足本职参与治病救人、稳产稳岗、保障供应和社区防控等工作，捐款捐物370余万元。按照省市政协要求，以委员小组为单位，进园区、访企业，帮助纾解辖区企业防疫力量不足、复工复产资金短缺、招工用工难等问题18个。

（二）在助力脱贫攻坚中诠释履职宗旨。围绕助力脱贫攻坚主题，对贫困户住房安全保障、因病致贫返贫等情况开展专题调研，就巩固脱贫成效、打赢脱贫攻坚战建言献策，助推设立首期100万元游仙区因病致贫救助基金。主动做好贫困村联系帮扶工作，协助当地理清发展思路，协调落实项目和资金，解决群众生产生活中的实际困难，累计协调资金、捐款捐物100余万元，所联系的贫困村和贫困户均已脱贫。深入贯彻省市政协部署，把“我为脱贫攻坚做件事”作为履职尽责、服务大局的重要抓手，形成领导示范引领、委员主动参与的良好格局，涌现出一批政协委员参与脱贫攻坚的先进典型。全区210名委员全部参与，联系帮扶贫困村22个，结对帮扶贫困户480户，办实事好事1200余件，协调资金、捐款捐物1350余万元，有效助推游仙与全国同步实现全面小康。

（三）在推动民生改善中诠释履职宗旨。围绕教育、医疗、就业、住房、交通等方面，深入了解民情，关注低收入群体、困难群众的生产生活，提出意见建议120余条，推动有关部门解决社会各界普遍关注的热点难点问题。提出加强城市卫生环境管理、老旧小区改造、物业管理行业监管等建议，有效推动有关部门提升城市现代化管理水平。

五、注重团结联合，广泛凝聚助推改革发展稳定的强大合力

五年来，发挥人民政协作为统一战线组织的作用，通过有效工作，汇聚各方力量、听取各方声音、增进最大共识。

（一）深化党派团体合作共事氛围。健全完善各民主党派、工商联参加政协工作的交流机制，召开区政协与区各民主党派、工商联联席会议和迎新春各界人士座谈会。鼓励和支持区内各民主党派、工商联和无党派人士提出提案、反映社情民意，参与政协组织的调研视察、学习参观、座谈交流等活动。五年来，区内各民主党派、工商联和无党派人士参与政协协商活动300余人次，作大会交流发言15人次，报送社情民意信息100余篇，相关履职成果多次受到国家、省、市表彰。动员各民主党派基层组织、工商联等发挥自身优势，向困难群众、弱势群体送温暖、献爱心，开展产业扶贫、助医助学、帮教、扶贫济困、义诊等活动，累计协调区内外资金、设备（价值）4350余万元，受到社会广泛好评。同时，配合有关方面加大党外干部和党外知识分子的培养、选拔和使用力度。

（二）开展在外人才联谊工作。筹备并成立游仙区在外人才联谊会和3个分支机构，牵头组织到大湾区、京津冀、长三角、成渝西等地开展游仙籍在外人才联络工作，举办游仙区在外人才联谊会第一届第一次会员大会，组织召开各类活动10余场次，为游仙籍在外人才回乡创业兴业搭建交流平台。

（三）发挥文史资料的存史育人作用。编纂出版《美丽游仙全域旅游丛书》《游仙区国家级传统村落文化丛书》《北宋状元苏易简家风故事》等12部文史资料专辑，组织开展文史资料“七进”活动，响亮提出并助推游仙区“仙圣之乡”文化品牌建设，为本土文化的传承与发展作出贡献。举办庆祝人民政协成立70周年系列活动，展示游仙政协成立以来取得的辉煌成就和委员们的履职风采。

（四）加强政协系统间的沟通交流。完成14次市、区政协同题调研、视察工作，组织区政协各专委会和政协委员赴省内外考察学习50多次，接待外地政协来游仙区考察调研80余次，学习借鉴外地先进经验为我所用，提高政协工作质量。

六、深化改革创新，驰而不息提升政协自身建设水平

五年来，坚持把提高队伍素质、发挥委员作用作为一项重要职责，以改革创新精神推进政协经常性工作，进一步提升政协工作水平和委员履职水平。

（一）注重制度创新完善。创新制订区政协协商工作规范、提案审查立案实施细则等20多项制度，全面修订调研视察、提案信息、会议活动、公务接待等19项办文、办会、办事规章制度，汇编形成《游仙区政协工作规范》，规范工作流程，提升工作实效。强化互联网思维，全力建设、使用、推广游仙区智慧政协履职服务平台，推动委员履职和互联网深度融合。

（二）强化两支队伍建设。加强委员服务管理，制定实施委员履职综合考评、优秀委员评选、委员退出机制等系列工作规则，五年来共评选优秀政协委员52名、劝退不称职政协委员2名。着力提升委员履职能力建设，举办委员思想政治素质履职能力提升培训班3期，选派政协委员和机关干部参加全国政协、省市政协的业务培训32人次。坚持既严格要求、严格管理、严格监督，又悉心关怀爱护，大力营造爱岗敬业、担当有为，团结友爱、和谐融洽的良好工作氛围。加强协商文化建设，打造“书香政协·微讲堂”品牌，倡导读上一本好书、讲好一个故事、分享一段体会，用书香净化灵魂、升华境界。

（三）扩大政协履职影响。加强与中央和省政协平台主流媒体的合作，努力构建传统媒体与新媒体相融合的宣传格局，深化对政协重大活动、重要协商成果和委员履职风采的宣传报道。围绕政协重大理论与实践问题开展研讨研究，形成《政协协商民主助力基层善治的实践与思考》等一批高质量研究成果，为政协事业发展提供理论支撑。

五年来，区六届政协及其常委会始终秉承人民政协的本色初心和使命担当，履职尽责、奋发作为。完成全国政协党组副书记、副主席张庆黎到游仙区调研基层政协工作的任务。连续3年被省政协评为全省政协新闻宣传先进单位。自市政协开展“创先争优”综合考评以来，排名始终位居各区市县前列，连续5年被市政协评为全市政协系统信息宣传、联合调研视察、文史资料和办公室工作先进单位，连续3年被市政协评为“省政协开展助推全面创新改革专项活动”先进单位。《民参军企业发展困境及对策研究》等多篇报告被市政协评为优秀视察调研报告，《加快推进农村“宅基地”三权分置改革的建议》等提案被市政协评为优秀提案。《游仙民俗》《鎏金叠翠曾家垭》等8项文史成果获省社科奖、市政协优秀文史作品。

一届政协委员、一生政协情缘。回顾六届区政协五年来的工作实践证明：只有坚持中国共产党的领导，认真贯彻落实党的路线方针政策，始终做到与区委同心、同向、同行，才能确保人民政协工作的正确方向；只有坚持围绕中心履职尽责，紧扣经济社会发展大局协商议政，才能有所作为、体现价值；只有坚持发扬社会主义民主，最大限度调动一切积极因素，团结一切可以团结的力量，才能汇聚起共襄伟业的强大合力；只有坚持及时反映群众诉求和愿望，维护群众利益，才能更好地发挥桥梁纽带作用；只有坚持紧跟时代步伐，沉下身子、创新实干，才能在“商”中求同、在“协”中成事。

同时，也清晰地认识到，政协工作与新形势、新任务的要求相比，与广大政协委员和人民群众的期望相比，还存在一些差距和薄弱环节，主要是：政协协商与基层协商有效衔接有待进一步深化；协商议政的水平和质量有待持续提升；工作创新力度有待进一步加大；服务管理委员工作更需抓细抓深等。这些问题，都需要新一届政协给予高度重视，并加以改进和解决。

今后五年工作建议

今后五年，是游仙区勇担新使命、启航新征程，全面建设社会主义现代化游仙的奋发作为时期，也是七届区政协创造新业绩、谱写新篇章的大有可为时期。新一届区政协要高举习近平新时代中国特色社会主义思想伟大旗帜，认真贯彻落实区第七次党代会精神，牢牢把握团结和民主两大主题，发挥作为社会主义协商民主重要渠道和专门协商机构作用，坚持坚决维护核心、紧紧围绕中心、倾力服务大局、真情服务群众，广泛凝聚共识、凝聚人心、凝聚智慧、凝聚力量，继承和发扬历届区政协的好传统、好作风、好经验，用恪尽职守来诠释责任，用奋发有为来回应期望，不断把人民政协事业推向前进。

一、始终坚持区委全面正确领导

要深入学习领会习近平总书记系列重要讲话精神，在思想上政治上行动上同以习近平同志为核心的党中央保持高度一致。坚定不移地坚持中国共产党的领导，自觉做到与区委思想上同心同德，目标上同心同向，行动上同心同行。牢牢把握区七次党代会提出的重大使命，把智慧和力量凝聚到区委重大决策部署上来，凝聚到有更大担当的奋斗目标上来。发扬人民政协自愿学习、自觉实践的优良传统，深入学习贯彻中央和省委、市委、区委关于加强政协协商民主建设的新部署新要求，坚持政协性质定位，在区委的领导下不断推进政协协商民主制度化规范化程序化。

二、紧紧围绕全区大局献计出力

区第七次党代会对当前和今后一个时期全区的中心工作已经作出总体部署，明确今后五年游仙区要围绕“全面建设社会主义现代化游仙”这一总体任务，紧扣“经济实力、科技实力、群众三感”大幅提升三大目标，大力实施“科技创新、制造升级、城乡融合”三大战略，大力开展“项目建设、招商引资、作风能力提升”三大攻坚，把游仙建设成为全市乃至全省科技创新的标杆、先进制造的高地、城乡融合的样板、依法治理的典范、共同富裕的先锋。新一届区政协要按照区委确定的工作目标和发展方向，发挥人民政协的政治优势、组织优势、智力优势，对区委、区政府的重大决策部署提前协商、主动参与，搞好民主监督，建言献策，为区委、区政府科学决策提供参考依据。引导广大委员投身全面深化改革和经济建设主战场，在挑战中抓机遇，在改革发展中闯新路，争当创业创新的排头兵。

三、不断提高服务群众工作水平

深化“人民政协为人民”理念，坚持把促进民生改善常态化作为政协履职的重要内容，组织委员入基层、察民情、听民声、汇民智，使政协成为反映社情民意的“直通车”、集中群众智慧的“蓄水池”。把人民群众普遍关心的教育、医疗、就业、住房、养老等重大民生问题作为政治协商的重点议题、民主监督的重要内容、参政议政的重要领域，推动以改善民生为重点的和谐社会建设。深入推动新形势下政协协商与基层协商有效衔接，协助党委政府做好理顺情绪、化解矛盾、增进共识、促进和谐工作。广泛动员政协委员和社会各界力量，多谋民生之利，多解民生之忧，维护群众利益，以实际行动增强人民群众的幸福感。

四、广泛凝聚社会各界智慧力量

团结才有力量，民主焕发生机。要始终把加强团结和发扬民主贯穿于政协事业发展的全过程，认真搞好各党派团体和各界人士在政协的合作共事，探索新的社会阶层人士参加政协活动的方式方法，推动发展充满活力的政党关系、宗教关系、阶层关系，巩固和发展最广泛的爱国统一战线。注重发挥界别联系群众和代表群众的作用，加强公民有序参与人民政协履职的平台建设，以团结凝聚力量，以民主广集才智，最大限度地把各方面的积极性、主动性和创造性调动起来，为游仙区改革发展聚集新动力、增添正能量。

五、推进政协工作创新发展

深入贯彻落实中央和省委、市委、区委关于加强人民政协协商民主建设的部署要求，进一步规范协商议题的确定、协商形式的安排、协商建议的办理及协商成果的运用；进一步扩展协商渠道，研究和探讨专题协商、对口协商、界别协商、提案办理协商、小微协商的有效方式方法，确保参政参在点子上，议政议在关键处。坚持以高的标准、严的作风、实的举措，持之以恒转变作风，为推进政协工作高质量提供有力保障。加强常委会建设，健全工作机制，提升议政质量，提高新形势下领导政协工作的能力。拓展界别活动的方法途径，发挥专委会在重点课题调研、重点提案督办、联系界别和委员中的基础作用，提升履职能力。加强委员队伍建设，提升政治把握能力、调查研究能力、联系群众能力、合作共事能力。加强机关建设，提高工作人员服务委员的能力和水平，真正做到“懂政协、会协商、善议政，守纪律、讲规矩、重品行”。

大事记

1月

1日零时，九（寨沟）绵（阳）高速江油青莲互通至游仙张家坪枢纽，14千米路段正式通车。

15日，中国共产党绵阳市游仙区第六届委员会第九次全体会议召开。区委副书记、区长陈华斌代表区委常委会向全会作工作报告，并就《中共绵阳市游仙区委关于制定绵阳市游仙区国民经济和社会发展第十四个五年规划和二〇三五年远景目标的建议（讨论稿）》作说明。

26日，四川省委农村工作会议公布《中共四川省委、四川省人民政府关于命名2021年度四川省乡村振兴先进县（市、区）、成效显著县（市、区）、重点帮扶优秀县（市、区）、先进乡镇、示范村、重点帮扶优秀村的决定》，游仙区盐泉镇盐井村、信义镇福星村、小枧镇遇仙村、忠兴镇酒店村被命名为2021年度四川省乡村振兴示范村，盐泉镇玉溪村被命名为2021年度四川省乡村振兴重点帮扶优秀村。

2月

1日，游仙区启动“乡里货年味浓”幸福社区网上年货节活动。

同日，游仙区召开2020年全区经济工作会议，全面学习贯彻落实中央、省委、市委经济工作会议精神，总结2020年全区经济工作，表彰先进集体和先进个人，分析研判经济发展形势并安排部署2021年全区经济工作。

5日，四川省应对新冠肺炎疫情生活必需品市场保供应急处置示范演练在游仙区富乐实验中学举行。副省长李云泽，省政府副秘书长滕中平，省商务厅党组书记、厅长刘欣，绵阳市副市长郑志恒，游仙区委书记、区长陈华斌参加演练。

8日，游仙区举行学习贯彻中共十九届五中全会精神和省委十一届八次全会、市委七届十次全会、区委六届九次全会精神区委宣讲团宣讲报告会。区委书记、区长陈华斌作宣讲报告。

19日，四川省委农村工作会议宣布省委、省政府关于2020年度四川省乡村振兴先进县（市、区）、先进乡镇、示范村的决定，并予以表彰。游仙区获2020年度四川省乡村振兴先进县（市、区），新桥镇新民村、新桥镇柏龙村、仙鹤镇云水村获得2020年度四川省乡村振兴先进示范村。

3月

9日，游仙区举行人民武装部党委第一书记任职仪式。任命陈华斌为游仙区人武部党委委员、第一书记，绵阳军分区政治委员汪泽元为其颁发任职通知书。

同日，游仙区税务局税费服务支持中心正式挂牌。

15日，绵阳市委农村工作会议暨全市两项改革“后半篇”文章工作推进会召开，游仙区魏城镇被评为2020年度市级实施乡村振兴战略先进乡镇；游仙区新桥镇新民村、柏龙村、信义镇福星村、仙鹤镇云水村、魏城镇红岩村、忠兴镇酒店村被评为2020年度市级实施乡村振兴战略示范村。

同日，2021年四川省“农机3·15”消费者权益日活动在游仙

2021 年 3 月 15 日，四川省“农机 3 · 15”消费者权益日活动在游仙举行
（区融媒体中心供图）

举行。全省 20 余家农企一同签署承诺书。

24 日，成都平原经济区生态环境保护一体化发展联席会在游仙区仙鹤湖饮用水水源地召开现场会议，共同研讨饮用水水源地保护与规范化建设工作。

26 日，游仙区富乐实验小学举行“君韵 · 天籁”第二届班级合唱节总决赛。

29 日，游仙区召开全区乡镇领导班子换届工作会议和组织工作会议。

31 日，“学党史 感党恩 跟党走”游仙区党史学教文明实践进万家活动启动仪式在石马小学举行。

4 月

8 日，富乐街道社工周系列宣传活动暨沈家坝东街社区社工驿站启动仪式在康林水郡小区广场举行，标志全省首个社区级社会工作服务驿站正式投入使用。

9 日，游仙区“宣传贯彻条例，加强基金监管”宣传月启动仪式在游仙科技馆广场举行。

14 日，游仙团区委组织各“童伴之家”开展“百年恰是风华正茂，高举红旗永跟党走”主题活动。

16 日，游仙区召开 2020 年度见义勇为群体（公民）表扬大会，为 2 个见义勇为群体、4 名见义勇为公民颁发荣誉证书和奖金。

21 日，游仙区举行 2021 高功率光纤激光技术及其高端产业应用论坛，12 家行业优质企业参加论坛。

23 日，游仙区庆“五一”“五四”文艺会演暨第二届“游仙工人先锋”表扬大会召开。会议表彰工业制造类和民生服务类共计 10 名“游仙工人先锋”。

同日，绵阳市游仙区影视艺术协会成立。

25 日，“植根传统文化，献礼百年华诞”游仙区首届公益培训班结业作品展在市文联一楼大厅开展，至 5 月 6 日结束。

26—27 日，中国人民政治协商会议第六届绵阳市游仙区委员会第六次会议召开。大会应到委员 208 人，实到 197 人。大会听取并审议《政协绵阳市游仙区第六届委员会常务委员会工作报告》《政协绵阳市游仙区委员会常务委员会关于六届五次会议以来提案工作情况的报告》等。

28 日，绵阳市游仙区第六届人民代表大会第七次会议在区机关会议厅开幕。大会应到代表 210 人，实到 186 人。会议听取游仙区人民政府工作报告、游仙区人大常委会工作报告，审查《游仙区国民经济和社会发展第十四个五年规划和二〇三五年远景目标纲要（草案）》等。

30 日，绵阳市游仙区第六届人民代表大会第七次会议举行第二次全体会议。大会以无记名投票、电子计票的方式，等额选举产生区监察委员会主任 1 名、区人大常委会委员 5 名。冯科敏当选游仙区监察委员会主任。于术强、王云海、刘建、夏全松、徐晓当选区人大常委会委员。

5 月

1 日，2021 年绵阳市首届青少年轮滑冠军邀请赛在游仙区东山公园开幕。42 支队伍、818 名选手将按年龄和性别分组竞技，角逐 200 米、300 米和 500 米计时赛冠军。

8 日，游仙区在红星美凯龙广场举行 2021 年“民营企业招聘月”专场招聘会。兴事发集团、开元磁材、万欣测控、超越电子、金太阳畜牧饲料等 78 家民营企业进场招聘，发布工种 230 余个、岗位 3000 余个，各企业现场登记有意向就业人员数据 238 人，预约面试 85 人。

同日，全国第一个科研院所改制社区的富乐街道五八社区举行首届“5 · 8”社区节主题活动。表彰模范家庭、善心义举模范、孝老爱亲模范等，并通过微党课形式，回

2021 年 5 月 8 日，游仙区 2021 年民营企业专场招聘会举行

（区融媒体中心供图）

2021 年 5 月 8 日，富乐街道五八社区首届“5 · 8”社区节主题活动举行

（区融媒体中心供图）

顾“三线”建设历程和成就。

13 日，“一个人、一个月、一所学校”系列活动之“入团第一课”活动在富乐实验中学举行。

14 日，盐泉镇苏易简纪念馆开馆。该纪念馆建筑面积 330 平方米，以宋代建筑风格布置，展示苏易简生活成长、求学成才、治国理政等真实过程和历史功绩。同时，对苏氏的家族、家风、家训、家教等进行介绍。此外，馆中还有大量古代科举时代的蒙学读物、文房四宝、石碑拓印等展点供参观。

15 日，“川体集团杯”四川省第三届全民健身运动会暨“我要上全运”社区运动会轮滑比赛在游仙高新区东山公园开幕。

20 日，游仙区韩家脊社区组织开展“社区小广播”百姓宣讲团文明实践活动，以文明实践活动为载体，引导基层干部群众不断增强紧跟共产党、奋进新时代的自觉性和坚定性。

同日，游仙区职业技术学校举行 2021 年绵阳市第七届职业教育活动周活动。

6 月

1 日，《绵阳市文明行为促进条例》集中宣传月活动启动仪式在游仙区举行。

8 日，游仙区乡村振兴局、乡村振兴服务中心正式挂牌成立。

16 日，“在灿烂阳光下”群众文艺会演在游仙区科学家公园举行。

17 日，游仙区统一战线“喜迎华诞 · 同心向党”主题演讲比赛（决赛）举行。

18 日，绵阳市医疗电子健康卡宣传月活动在游仙区魏城镇举行。

23 日，游仙区举行庆祝中国共产党成立 100 周年群众歌咏展演活动。

28 日，游仙高新区大桥竣工，该桥位于游仙区宝山路东沿线，大桥全长 312 米，桥面宽 40 米，双向 6 车道。

同日，绵阳科技城新区 2021 年重大项目集中开工仪式举行，游仙区在东材科技技改扩能与搬迁项目施工现场设分会场。此次集中开工仪式采取视频连线的方式举行。区委副书记、代理区长韩晓清在游仙分会场向主会场汇报游仙重大项目集中开工情况。游仙区共有 37 个项目集中开工，总投资 129.2 亿元。其中，科技城新区统筹区范围项目 13 个，总投资 62.1 亿元，年度计划投资 9.2 亿元；行业涉及基础设施、房地产、民生及社会事业项目。

29 日，绵阳市 2021 年旅游安全联合应急演练在游仙区（绵阳科技馆广场）举行。市文广旅局党组书记、局长代宏，区委副书记、代理区长韩晓清出席活动并讲话。

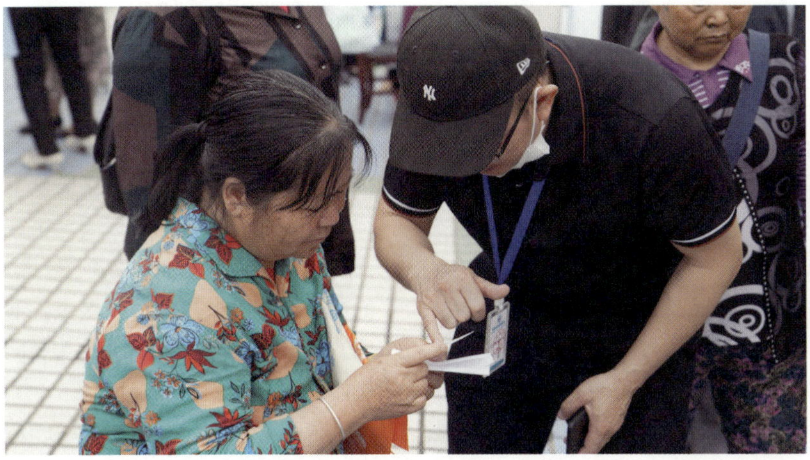

2021 年 6 月 18 日，绵阳市医疗电子健康卡宣传月活动在游仙区魏城镇举行

（区融媒体中心供图）

同日，游仙区举行“两优一先”表彰大会暨区直机关“庆祝中国共产党成立 100 周年”主题党日活动。区委书记陈华斌，区委副书记、代理区长韩晓清，区人大常委会主任何守君，区政协主席姜曦等区四套班子在家领导出席活动。全区 70 名优秀共产党员，50 名优秀党务工作者和 50 个先进基层党组织受到表彰。表彰大会上还为老党员代表颁发“光荣在党 50 年”纪念章。

同日，区委副书记、代理区长韩晓清到忠兴镇看望慰问“光荣在党 50 年”老党员。

30 日，区委书记陈华斌带队调研党史学习教育开展情况。区委副书记杨守贵、区委常委林檬、副区长张明东参加调研。陈华斌一行先后前往石马镇横山社区、忠兴镇木龙村，详细了解党史学习教育开展情况。

7月

6 日，游仙区召开 2021 年审计工作会议，总结 2020 年全区审计工作并对 2021 年审计工作进行安排。区委副书记、代理区长韩晓清出席会议并讲话。区领导姚军、陈勇、高红梅及游仙高新区领导罗鉴明参加会议。

8 日，全市首个规范化建设乡镇消防救援站——游仙区石马镇专职消防救援站正式挂牌并举行进驻执勤仪式。石马镇专职消防救援站地处国道 108 线附近，交通便利，主要负责石马镇、忠兴镇、G5 高速、省道 205 线以及辖区内涪江流域消防救援任务，涉及火灾、水域、山岳、交通事故救援及相关民事救助。

15 日，占地面积 7780 平方米，建筑面积 3.2 万平方米的四川移柯物联网智慧产业园一期正式封顶。

同日，游仙区激光技术应用产业链招商座谈会在桃花岛酒店举行，全国十余家行业优秀企业代表参加。区委常委、副区长姚军，区委常委、区委统战部部长、区总工会主席陈政出席会议并讲话。

26 日下午，游仙区委副书记、代理区长韩晓清带队深入酒店、社区、车站、企事业单位，检查全区新冠肺炎疫情防控工作。副区长张明东、李万庆一同参加检查。

30 日，游仙区区、镇两级人民代表大会代表选举同步进行，全区 113 个选区同步进行人大代表换届选举投票工作。此次换届选举，选出 251 名区第七届人大代表和 704 名镇新一届人大代表。

8月

3—4 日，四川省交通运输厅运管局考评组到游仙区考评验收创建省级“四好农村路”示范县工作。区委副书记、代理区长韩晓清主持考评汇报会，市、区相关部门及省

2021 年 6 月 29 日，绵阳市 2021 年旅游安全联合应急演练在游仙区举行

（区融媒体中心供图）

2021 年 7 月 15 日，四川移柯物联网智慧产业园一期封顶

（区融媒体中心供图）

级“四好农村路”示范县创建工作成员单位主要负责人参加。

23 日，游仙区举行 2021 年“金秋助学”发放仪式。组织受助学生到芙蓉花溪旅游环线、胜利村乡村振兴展馆、五里梁工业园区、小枧湿地公园等区内重要点位参观。

9 月

1 日，区委副书记、代理区长韩晓清带队调研督导生态环境保护工作。区领导陈政、张明东、刘辉以及游仙高新区领导罗鉴明分别参加调研。韩晓清一行到仙鹤湖饮用水水源地，实地察看，听取相关工作汇报，详细了解饮用水水源地保护工作开展情况。

2 日，区委副书记、代理区长韩晓清带队到绵阳职业技术学院调研。绵阳职业技术学院党委书记钟乐海一同参加。

9 日，游仙区举行庆祝第 37 个教师节座谈会，总结 2020—2021 学年游仙区教育体育工作，表扬全区教育教学工作中涌现出的先进集体和优秀个人。对受到省、市、区表扬的情况进行通报，对游仙区名学校、名校长和名教师代表，游仙区优秀校长、优秀教师、优秀班主任和优秀教育工作者代表进行颁奖。

同日，2021 年绵碚（绵阳、重庆市北碚区）“质量月”活动在游仙区正式启动。重庆市北碚区副区长赵祺，绵阳市副市长李南希、游仙区委副书记、代理区长韩晓清出席活动并讲话。

同日，中国（绵阳）科技城核医疗健康产业园系列协议在桃花岛签约，标志核医疗健康产业园建设取得阶段性进展。

10 日，游仙区举行 2021 年第一期“同心讲堂”，邀请绵阳师范学院心理学副教授、国家心理咨询师培训教师王小林，作“心理健康的自我维护”专题讲座。区委副书记、代理区长韩晓清，区委副书记杨守贵等区四套班子在家领导，游仙高新区领导罗鉴明以及区直各部门、园区、镇（街道）负责人等聆听讲座。

14 日，区委书记、区文明委第一主任陈华斌带队到涪江街道、富乐街道、小枧镇、游仙街道、富乐汽车站等地，督导游仙区全国文明典范城市创建、国家卫生城市建设工作。区委常委朱兴安、副区长李万庆参加督导。

16 日，游仙区召开 2021 年各界人士中秋座谈会。全区各民主党派负责人、无党派代表、非公有制经济代表人士等参加。区委书记陈华斌，区委副书记、代理区长韩晓清，区人大常委会主任何守君，区政协主席姜曦等区四套班子领导出席座谈会。

17 日，绵阳市基层“双站双体系”（社会工作站—未成年人保护工作站；社会工作服务体系—未成

2021 年 9 月 9 日，游仙区庆祝第 37 个教师节座谈会召开

（区融媒体中心供图）

年人关爱保护工作体系）试点揭牌启动仪式在游仙区举行。“双站双体系”试点建设，旨在最大限度保障未成年人权益，为未成年人的健康成长营造有利的体系保障和社会环境。

22 日，中国共产党绵阳市游仙区第七次代表大会开幕。大会应到代表 285 名，实到 273 名。区委副书记、代理区长韩晓清主持大会开幕式。

25 日，中国人民政治协商会议第七届绵阳市游仙区委员会第一次会议开幕。杨守贵代表政协绵阳市游仙区第六届委员会常务委员会作《政协绵阳市游仙区第六届委员会常务委员会工作报告》。

27 日，绵阳市游仙区第七届人民代表大会第一次会议开幕。全区各行各业、各条战线的 235 名人大代表参加。

30 日，游仙区在魏城镇东宣场飞龙山公祭广场举行烈士公祭活动。陈华斌、何守君、杨守贵等区四套班子领导以及全区 300 余名各级党政机关干部、群众代表、军警代表、烈士家属，师生代表等参加活动。区委副书记姚军主持仪式。

10 月

9 日，游仙区召开 2021 年度经济社会发展情况通报会，向全区副县级（含享受待遇）以上离退休干部通报 2021 年前三季度全区经济社会发展情况。区委书记陈华斌，区政协主席杨守贵出席会议。

15 日，区委书记陈华斌带队到中国科技城激光产业基地项目现场，调研项目推进情况。区委副书记姚军，区委常委、副区长陈政，游仙高新区领导罗鉴明等参加调研。

18 日，游仙区委书记陈华斌带队前往核医疗健康产业园调研项目建设推进工作。区人大常委会主任何守君，区委常委、副区长陈政，区人大常委会副主任刘辉，副区长李韦参加调研。

19 日，游仙区举行 2021 年创新创业大赛决赛。历时 3 个月，历经初赛、决赛，游仙区忠兴镇木龙村股份经济合作联合社等 10 家创业团队，风力发电叶片回收技术及产业化应用等 10 个创新项目脱颖而出，分别获得创业组和创新组大奖。

23 日，2021 年绵阳市第 40 届暨富乐山第 34 届秋季菊花展开幕。本次菊展共展出菊花 12 万盆，包括独本菊、多头菊、悬崖菊、大立菊、塔菊、盆景菊等 500 多个品种，还配以彩叶草、一串红等时令花卉；另有菊花、植物景观 12 组，各类造型小品 20 个。

11 月

2 日，全省加强和创新城乡社区治理工作会在成都市召开。会议宣读省民政厅、省委组织部关于确定 2020 年全省基层治理示范街道示范社区的通知，四川首批省级基层治理示范乡镇（街道）、社区名单出炉。涪江街道、富乐街道、富乐街道沈家坝北街社区、涪江街道韩家脊社区上榜。

3 日，游仙区科技创新重点工作推进会召开。区委书记陈华斌主持会议，区委副书记姚军，区委常委、副区长陈政，副区长姚永强参加会议。

10 日，游仙区与阿坝州壤塘县签订新一轮全域结对帮扶协议，并召开全域结对帮扶 2021 年第一次会议。壤塘县委书记张德发、游仙区委书记陈华斌等出席相关活动。

16 日，游仙区举行“同心会客厅”接待活动，区委副书记、区长韩晓清与辖区企业负责人面对面交流，协调解决企业发展中的困难和问题。区领导李静、张明东、李韦参加活动。

17 日，四川省第二批乡村治理示范村镇名单公布，游仙区新桥镇上榜乡村治理示范乡镇，新桥镇同福村、胜利村，魏城镇铁炉村上榜乡村治理示范村。

同日，绵阳市召开巩固拓展脱贫攻坚成果同乡村振兴有效衔接暨乡村国土空间规划编制工作会议召开，游仙区获绵阳市“2020 年县域经济发展先进县（市、区）”表扬。

19 日，游仙区召开新就业形态劳动者权益维护工作推进会暨“双十一”优秀快递员表扬大会。区总工会共对 70 名优秀快递员进行表彰，现场为 2021 年度“双十一”优秀快递员代表 10 人颁奖。

22 日，壤塘县委书记张德发带队到游仙区考察结对帮扶工作。游仙区委书记陈华斌，区委常委、组织部部长李响，区委常委、统战部部长张明东，游仙高新区党工委书记蔡顺利陪同考察。

25 日，区委书记、区镇村建制调整改革“后半篇”文章工作领导小组组长陈华斌主持召开游仙区镇村建制调整改革“后半篇”文章工作领导小组 2021 年第三次会议，研究讨论《绵阳市游仙区乡村国土空间规划片区划分初步方案》。

26 日，区委书记陈华斌主持召开游仙区重要经济指标年度目标冲刺会议，动员相关部门进一步强化责任、再鼓干劲、全力冲刺，以更加坚决的态度、更加有力的措施，完成全年任务目标。区领导韩晓清、陈政、林檬、李响、张明东、薛清泉、李韦、姚永强参加会议。

同日，中广核技与绵阳市游仙区人民政府签署项目投资协议。根据协议，中广核技将投资2.7亿元建设医用同位素生产项目，投资10亿元建设质子医疗装备制造基地。

30日，游仙区举行基层应急队伍授牌授旗仪式，向12支镇、街道及经济实验区应急队统一配发队服并授牌授旗。

12月

1日，市委常委、市纪委书记、市监委主任唐浪生到游仙区新桥镇胜利村、仙特米业有限公司、杰邦科技公司等地调研党风廉政建设工作，督导联系重点项目进展，走访看望高层次专家人才。区委书记陈华斌，区委常委、区纪委书记、区监委主任冯科敏，副区长姚永强一同参加。在新桥镇胜利村，唐浪生详细了解游仙区“听音问廉绵州行”工作开展情况，实地观看“双听双问”走访信息系统演示操作。

3日，市委常委、统战部部长姚永红到游仙调研侨联工作，区领导陈华斌、张明东参加调研。在富乐街道沈家坝东街社区，调研组通过看展板，听汇报的方式详细了解游仙区侨联工作整体情况，并实地查看游仙区侨胞之家建设情况，与在社区开展文娱活动的侨眷进行亲切交谈。

4日，游仙区首届新时代文明实践志愿服务创投大赛暨优秀项目展示交流签约发布仪式在绵阳科技馆广场举行。22个优秀项目获得表彰，并现场为他们颁发获奖证书和孵化金，正式进入孵化阶段。

6日，中广核核医疗产业基地项目在游仙正式开工建设。标志着全市核医疗产业发展取得阶段性成果。

7日，小枧司法所被省司法厅授予“省级枫桥式司法所”。

9日，游仙区小枧镇举行新就业形态劳动者集中入会仪式，以行业为类别分别成立货车司机、快递、保安员等9个联合工会，组成全区第一个新业态工会联合会。90余名新业态劳动者现场进行集中入会和宣誓，小枧镇总工会还向新业态工会联合会移交新业态快乐驿站、爱心小屋等服务阵地。

2021年12月4日，游仙区首届新时代文明实践志愿服务创投大赛暨优秀项目展示交流签约发布仪式在绵阳科技馆广场举行　　（区融媒体中心供图）

9—10日，游仙区举办首届职工办公技能比赛。50余名机关、企事业单位干部职工齐聚游仙区职业技术学校“一决高下”。

10日，游仙区党政领导干部读书班开班，区四套班子领导、各地各部门党政主要负责人，2021年游仙区公务员任职培训班全体学员等260余人参加开班仪式。区委书记陈华斌在开班仪式上作主题报告，区委副书记、区长韩晓清主持开班仪式。陈华斌围绕学习贯彻中共十九届六中全会、省委十一届十次全会和市第八次党代会精神，从四个方面为与会人员作宣讲。

15日，以“天府科技云 智创新天地”为主题的首届科创中国·天府科技云服务大会（科创会）在成都市开幕，游仙区3个高科技项目在会上亮相。其中，由中国兵器装备集团自动化研究所开发的“设备全生命周期管理协同服务平台”参加省级高新技术专场重点推介会；“绿色新型再生铜精炼工艺技术及产业化应用”重大科技难题攻关技术，以及科技成果“智能调酒机器人”参加绵阳智能制造专场项目推介会。

同日，省委教育工委委员、省政府教育督导委员会专职副主任、教育厅总督学傅明带领参加全省乡村国土空间规划编制和两项改革教育“后半篇”文章现场推进会代表到游仙进行会前实地考察。

24日，游仙区召开实施科技创新战略大会。会议宣读游仙区科技创新专家库首批专家名单，并为部分专家代表现场颁发聘书；兑现人才奖励；与科研院所、企业签订相关战略合作协议；发布支持科技创新相关政策措施等。

同日，第九届木龙观红萝卜采收节暨“百万主播”助农带货乡村行活动开幕。

29日，游仙区招商引资暨项目建设攻坚大会召开。游仙区四套班子领导陈华斌、韩晓清、何守君、杨守贵，客商企业代表出席大会。会上，区委书记陈华斌向游仙区驻北京投促中心、驻上海投促中心、驻深圳投促中心、驻成都投促中心4个驻外投促分中心授牌。与企业签订项目投资协议、框架协议，同相关单位签订项目建设攻坚责任书。

30日，游仙区作风能力攻坚大会暨领导干部读书班结业仪式举行，大会宣读《关于表扬2021年度全区创新担当特别贡献先进集体和先进个人的通报》，区委书记陈华斌先后为创新担当特别贡献先进集体和创新担当特别贡献先进个人获奖代表颁奖。

同日，游仙区2021年度见义勇为表彰大会举行，金祥林被表彰为见义勇为先进个人，徐洋、江德华、仲维清、舒江、雍远刚被表彰为见义勇为先进群体。区委常委、政法委书记林檬为见义勇为先进个人和先进集体颁发荣誉证书和奖金。

2021年12月24日，第九届木龙观红萝卜采收节暨“百万主播”助农带货乡村行活动开幕（区融媒体中心供图）

2021年12月30日，游仙区作风能力攻坚大会暨领导干部读书班结业仪式举行（区融媒体中心供图）

专题纪事

庆祝中国共产党成立100周年系列活动

【概况】2021年，以庆祝中国共产党成立100周年为主题，举办“永远跟党走”系列文化活动“在灿烂阳光下”群众文艺会演、“颂歌献给党　奋进新时代”歌咏展演、“喜迎华诞　百年献礼”游仙区书法美术摄影展、“百年恰是风华正茂”主题演讲、征文、短视频征集、“永远跟党走”萨克斯专场演出等系列文化活动10余场，承办市级“歌声飘扬 我心向党”红色歌曲群众周周唱活动4场，组织经济试验区、涪江街道、富乐街道400名干部群众参加绵阳市“奋斗百年路 放歌新时代”歌咏会，并参加方阵互动环节，在全区营造爱党爱国爱社会主义的浓厚氛围。组织开展“我们的节日”主题活动，“文艺走基层惠民演出季”“送文化（戏曲）下乡”“红色文艺轻骑兵到人民中去”等文化惠民活动40余场，群众文化生活丰富多彩。

【歌声里的100年广播节目】2021年5月10日至6月28日，为庆祝中国共产党成立100周年，中共绵阳市游仙区委宣传部、游仙区文化广播电视和旅游局、游仙区融媒体中心联袂举办广播节目《歌声里的100年》。综合运用历史背景讲述策划选取10首经典歌曲反映党不同时期发展历史、脍炙人口的红色歌曲，这些歌曲背后的党史故事，也足以串成一曲中国共产党带领人民矢志践行初心使命、筚路蓝缕奠基立业的恢宏长歌。用歌声讲述曲折历史，旋律重温百年征程，把中国共产党的百年发展史用受众通俗易懂和喜闻乐见的形式广泛、深入传播。

【“在灿烂阳光下”群众文艺会演】2021年6月16日19时，“永远跟党走”系列文化活动“在灿烂阳光下”群众文艺会演在科学家公园举行。以艺术的形式向伟大的党唱响心中的赞歌，引导和激励全区干部群众深化爱国情、笃定报国志、付诸强国行，为推进区域经济社会高质量发展、全面建设社会主义现代化新游仙而不懈奋斗。

【“颂歌献给党　奋进新时代”歌咏展演】2021年6月23日，为隆重庆祝中国共产党成立100周年，重温中国共产党的光辉历史，讴歌中国共产党的丰功伟绩，激发全区党员干部群众进一步深化爱国情、笃定报国志、付诸强国行，为全面建设社会主义现代化新游仙而不懈奋斗，在区机关会议厅举办“颂歌献给党　奋进新时代”——游仙区庆祝中国共产党成立100周年群众歌咏展演活动。区委副书记、代理区长韩晓清，区人大常委会主任何守君等区四套班子在家领导参加活动。

【“奋斗百年路　放歌新时代”】2021年6月30日，组织经济试验区、涪江街道、富乐街道400名干部群众参加绵阳市庆祝中国共产党成立100周年歌咏会，并参与整场演出方阵互动环节。（任丽）

【“两优一先”表彰大会暨区直机关“庆祝中国共产党成立100周年”主题党日】6月29日，游仙区举行“两优一先”表彰大会暨区直机关“庆祝中国共产党成立100周年”主题党日活动。区委书记陈华斌，区委副书记、代理区长韩晓清，区人大常委会主任何守君，区政协主席姜曦等区四套班子在家领导出席活动。70名优秀共产党党员，

50名优秀党务工作者和50个先进基层党组织受到表彰。活动现场为游仙区优秀共产党员、优秀党务工作者、先进基层党组织获奖代表颁发荣誉证书，为老党员代表颁发“光荣在党50年”纪念章。在游仙区直机关庆祝中国共产党成立100周年主题党日活动上，全体共产党员重温入党誓词。4名演讲者进行主题演讲，其间穿插有文艺节目表演。活动期间宣布前期“庆祝中国共产党成立100周年”主题征文比赛、主题演讲比赛、微视频征集等系列活动的参赛获奖情况。

（孟世琴）

游仙区2021年全国、全省、全市、全区“两优一先”名单

一、全国

（一）优秀共产党党员

无

（二）优秀党务工作者

无

（三）先进基层党组织

涪江街道韩家脊社区党委

二、全省

（一）优秀共产党党员

汪玉辉　绵阳市公安局游仙区分局刑侦大队六中队中队长

（二）优秀党务工作者

杨　鹏　区委组织部常务副部长、公务员局局长

（三）先进基层党组织

新桥镇党委

三、全市

（一）优秀共产党党员

马宝全　区经济合作局党组书记、局长

刘世清　区城镇更新服务中心副主任

李汶容　富乐街道党工委书记、纪工委书记

邓长清　小枧镇遇仙村党总支书记、主任

王　令　魏城镇党委委员、纪委书记、监察室主任

陈　涛　区卫生健康局党委委员、区疾控中心主任

杨　琳　四川同人精工科技有限公司总经理

（二）优秀党务工作者

毛光明　石马镇党委委员

范　刚　区教育和体育局党委副书记、副局长

谢锟强　信义镇党委委员

（三）先进基层党组织

经济试验区六里社区党委

石马镇张家坪村党委

涪江街道党工委

仙鹤镇党委

区行政审批局机关党支部

区住房和城乡建设局机关党支部

富乐实验中学党委

四、全区

（一）优秀共产党党员

胡人文　游仙高新区综合管理办公室副主任

林　红　区水利建设发展中心党委书记、副主任

李远炜　经济试验区党工委委员、人武部部长、管委会副主任

侯　爽　经济试验区党工委委员、管委会副主任

王兴关　经济试验区汉仙桥社区党委书记、主任

周　杰　城乡融合发展试验区机关党支部纪检委员、综合部副部长

何明昊　涪江街道党工委委员、组织宣传统战委员

张小清　涪江街道机关党支部书记、党建办主任

李本朋　富乐街道应急办主任、综合行政执法办副主任、武装部干事

何　琅　富乐街道五八社区党总支书记、主任

陈素芳　富乐街道沈家坝北街社区东支巷党支部委员

冯　帅　游仙街道党工委委员、人武部部长、办事处副主任

王才清　游仙街道龙申社区党总支书记、主任

申治国　游仙街道石垭村党支部书记、主任

彭　洪　石马镇党建办主任

李忠华　石马镇社会事务办主任

康成祥　石马镇狮院村党总支书记、主任

喻　潇　小枧镇党建办主任

唐　铃　小枧镇综治中心主任

张海萍　小枧镇社会事务办副主任

罗　张　新桥镇新龙村党委书记

魏　娜　新桥镇综合办副主任

赵　林　新桥镇村建办工作人员

唐芙蓉　新桥镇王家坝村党总支书记

王晓兵　魏城镇竹柳村党总支书记、主任

王思国　魏城镇铁炉村党总支委员、副主任

郝林强　魏城镇社会事务办公室主任

李　丽　忠兴镇南桥村党委书记、主任

任端云　忠兴镇龙安村党总支委员、副主任

谢德宽　忠兴镇酒店村党总支书记、主任

陈水容　信义镇段家桥村党总

支书记、主任

邓明玉　信义镇群丰村党总支书记、主任

贾木万　信义镇双兴村党委书记、主任

杨　键　涪江街道党工委委员、办事处副主任

李　林　盐泉镇党委副书记、政法委员、矛盾纠纷多元化解中心主任

欧海军　盐泉镇应急办主任、武装部副部长

何欣忆　仙鹤镇党委副书记

邱宗能　仙鹤镇孟津村党总支书记、主任

王　军　仙鹤镇石龙村党委书记、主任

吕淑强　区纪委监委第二纪检监察室主任

李　林　区法院立案庭庭长、诉讼服务中心主任

刘　丁　区委组织部干部股副股长

宋　兵　区融媒体中心总工程师

李　斌　区委统战部一级主任科员

张　皓　区重点项目服务中心主任

王西蒙　区财政局办公室主任

张兴伟　区退役军人事务局党组成员、副局长

米　雪　团区委机关党支部组织委员、办公室主任

陈　维　区科协秘书长、办公室主任

秦超琦　游仙生态环境局党组成员、总工程师

白小凡　区人社局社保中心参保管理股股长

冯小平　区综合行政执法局党组成员、副局长

李　伟　剑南路小学党支部书记、校长

贾　昆　富乐实验小学党总支书记、校长

邓胜伟　区教体局党委委员、机关党总支书记

刘先余　徐家小学党支部书记、校长

王浩峰　绵阳市公安局游仙区分局党委委员、副局长

邓　顺　绵阳市公安局游仙区分局信义派出所民警

李　飞　绵阳市公安局游仙区分局魏城派出所民警

崔丽霞　区卫生健康事业发展中心副主任

肖　辉　区疾控中心党支部副书记

杨　忠　区妇幼保健院党支部副书记

陈　勇　信义中心卫生院党支部书记、院长

张代利　区农业农村局总工程师

罗　蓉　区农业技术服务中心农产品质量安全检测站站长

任朝良　区交通运输局综合行政执法股工作人员

钟　帅　区重点公路建设服务中心工作人员

罗　林　绵阳开元电力集团股份有限公司党委副书记、副总经理

李彦彦　区民政局党组成员、区社会组织综合党委副书记

袁　丹　绵阳城东集团公司第三党支部副书记、绵阳市游仙武引水务有限公司综合办主任

（二）优秀党务工作者

朱　刚　游仙高新区北区机关党支部书记、游仙高新区投资促进中心副主任

金振江　经济试验区党工委委员，区人大常委会驻经济试验区联络处主任

巢　欢　经济试验区党群部副部长

魏丹凤　城乡融合发展试验区机关党支部书记、财务部副部长

陈雨超　涪江街道党工委副书记、纪工委书记、监察室主任（兼）

何　云　涪江街道韩家脊社区党委副书记、纪委书记

寇元惠　富乐街道仙人路社区党委书记、主任、工会主席

涂朝刚　富乐街道沈家坝东街社区党委副书记、纪委书记

杜　娟　游仙街道党工委副书记

范思思　新桥镇党委副书记

王　建　石马镇党委副书记

谭海波　石马镇党建办副主任

蒲明月　小枧镇党委委员、组织宣传统战委员

任　玲　小枧镇党建办工作人员

何虹静　新桥镇党委委员、副镇长提名人选

姚　佳　新桥镇党建办主任

王生保　新桥镇胜利村党委书记

李　鑫　魏城镇党建办主任

袁成武　魏城镇金华村党总支副书记

张小娇　忠兴镇机关党支部书记、党建办主任

卢　飞　忠兴镇木龙村党委书记、主任

程小平　忠兴镇紫气村党委书记、主任

左华琼　信义镇刘家社区党总支书记、主任

涂琼芳　信义镇石板社区党总支书记、主任

刘红果　游仙街道党工委委员、组织宣传统战委员

罗号蓬　盐泉镇党委委员、人武部部长、副镇长提名人选

罗怀成　盐泉镇金蝉村党委书记、主任

陈姣姣　仙鹤镇党建办主任

敬香华　仙鹤镇金柏村党总支书记、主任

勾汶婷　区人大社会建设委员会副主任委员

吴婷婷　区政府办党组成员、机关党总支书记

陈　舫　区政协机关党组成员、机关党总支书记

魏　超　区委组织部机关第一党支部委员、城市与两新党建股股长

朱珊珊　区委宣传部机关党总支书记

董　华　区委政法委机关支部书记、政治处主任

谢　飞　区科技局机关党支部宣传委员、高新技术产业发展股股长

林佳春　区市场监管局党组成员

李泽正　区审计局党组成员、副局长、党总支书记

邱　杰　区水利建设发展中心党委委员、副主任

李　蒲　区总工会机关党支部组织委员、综合工作部部长

赵亚秋　区教体局党委办公室主任

孙少连　富乐实验中学党委书记

曾　刚　绵阳市公安局游仙区分局机关党委书记

鲍鸿飞　区卫健局党委副书记、机关党总支书记

李　慧　区农业农村局办公室主任、机关党委副书记

刘泳伶　区交通运输局党委办主任

贯行娟　区司法局党委副书记、区依法治区办专职副主任

石　华　樊华集团党办主任、物业商贸党支部书记

任晓凤　游仙区春天社会工作服务中心党支部书记

何友志　涪江街道韩家脊社区三汇绿岛小区党支部书记

（三）先进基层党组织

园城公司党支部

经济试验区游仙东路社区党委

涪江街道五里堆路社区党总支

涪江街道韩家脊社区三汇绿岛小区党支部

富乐街道党工委

游仙街道党工委

游仙街道吴家社区党支部

游仙街道长明村党委

石马镇横山社区党总支

石马镇解放社区党委

小枧镇党委

小枧镇遇仙村党总支

新桥镇云凤社区党支部

新桥镇同福村党总支

魏城镇和阳村党委

魏城镇飞龙村党总支

忠兴镇党委

忠兴镇木龙村党委

忠兴镇鑫龙村党总支

信义镇福星村党总支

信义镇曾家埡村党总支

盐泉镇长林村党委

盐泉镇新和村党委

仙鹤镇洛水村党委

仙鹤镇朝真村党总支

区纪委监委机关党委

区委办机关党总支

区政府办第一党支部

区法院机关党总支

区检察院党总支

区委宣传部机关党总支

区委统战部党支部

区民政局机关党总支

区住建局机关党总支

区审计局机关党总支

区市场监督管理局机关党委

区委党校机关党支部

区税务局机关党委

区教体局党委

富乐实验小学党总支

开元中学党总支

绵阳市公安局游仙区分局治安管理大队党支部

绵阳市公安局游仙区分局禁毒缉毒党支部

忠兴中心卫生院党支部

盐泉中心卫生院党支部

区农业农村局机关党委

区交通运输局机关党支部

区司法局机关党总支

绵阳市佳成投资有限公司党支部

绵阳惠东投资控股有限责任公司党委

五、区直机关

（一）优秀共产党党员

景尚卿（区委办）

罗　平（区人大常委会）

刘　婵（区政府办）

姜剑锋（区政协机关）

张山水（区检察院）

郑金蓉（区法院）

刘　盾（游仙高新区）

彭雪娇（区委组织部）

张朕源（区委统战部）

曹　强（区委政法委）

彭小芹（区委编办）

赵春兰（区委融办）

程瑶奎（区发改局）

王志安（区教体局）

张筱波（区科技局）

廖　捷（区公安分局）
丁春琳（区民政局）
孟　雪（区司法局）
肖蜀川（区财政局）
徐　鹏（区人社局）
杨瑞强（区住建局）
蒋秉臻（区文广旅局）
罗成勇（区卫健局）
易　敏（区退役军人事务局）
李佳玲（区应急管理局）
陈　奕（区审计局）
唐　伟（区市场监督管理局）
张碧霞（区统计局）
龙　怡（区经济合作局）
田　超（区综合行政执法局）
罗海燕（区水利建设发展中心）
王　颖（区总工会）
岳丽蓉（区红十字会）
沈秦江（区工商联）
任国卫（区税务局）

（二）优秀党务工作者

宋丽昀（区纪委监委机关）
席　霄（区委办）
张　娟（区人大常委会）
马　娟（区政协机关）
兰　朋（区委组织部）
杨小婧（区委宣传部）
李若璨（区委政法委）
王　勇（区教体局）
邱飞飞（区住建局）
崔　莉（区卫健局）
涂晓芳（区审计局）
杨　琳（区行政审批局）
陈春阳（区综合行政执法局）
邓冬梅（团区委）
许　锘（游仙生态环境局）

（三）先进机关党组织

游仙高新区军民融合产业园机关党支部
区委政法委机关党总支
区委编办党支部
游仙派出所党支部
区医疗保障局党支部
区总工会党支部
区妇联机关党支部
区残联党支部
区红十字会党支部
区工商联党支部

党史学习教育

【组织领导】 一是科学顶层设计。游仙区成立党史学习教育领导小组，组长由区委书记陈华斌担任，办公室设在区委宣传部，主任由区委宣传部部长担任（9月前由区委副书记杨守贵兼任，9月以后由区委常委、宣传部部长朱兴安担任），并抽调5名人员处理办公室日常工作，同时，明确各地各部门分管负责人为具体责任人。为统筹全区党史学习教育，游仙区结合实际制定“1+10+N”的系列实施方案（1个总体方案《游仙区党史学习教育实施意见》，《全区党史学习教育专题学习方案》等10个具体方案，《游仙区青少年党史学习教育方案》《“学党史 感党恩 跟党走”文明实践进万家》2个具有游仙特色的工作方案），形成科学、系统的组织领导体系。党史学习教育期间，先后召开4次区委常委会、3次领导小组会、2次办公室主任会，学习贯彻中央和省委、市委安排部署，谋划全区党史学习教育工作。二是优化工作机制。制定“党史学习教育任务清单”和“进度表”。明确时间节点和责任单位，对任务完成情况逐一销号。每周一下发“周工作清单”，每周报告工作落实情况，形成工作闭环，确保将党史学习教育融入日常、抓在经常。同时，区党史学习教育办公室根据阶段工作重点及时编发工作简报38期，指导各地各部门开展党史学习教育；依托区重点工作督导组组建6个党史学习教育督导指导组，全程督导指导各地各部门党史学习教育工作情况。党史学习教育开展以来，区党史学习教育代表全市接受1次省领导督导、2次省委党史学习教育第二巡回指导组巡回指导、4次市委党史学习教育第二巡回指导组巡回指导，区党史学习教育办公室组织开展3次对全区各地各部门的拉网式督导指导。三是坚持以上率下。抓住县级领导这个关键，抓好抓实县级领导的集体自学、专题学习、专题宣讲和定点联系等关键环节，以上率下，层层传导压力和动力，整体推动和带动全区党史学习教育。区委常委会前，县级领导带头分享学习心得，区委理论学习中心组坚持开展专题学习，系统进行4个专题的集中学习。区委书记陈华斌带领县级领导到区内红色教育基地——飞龙山开展现场教学；全区县级领导带头到所在部门、联系镇、村（社区）和领域，开展党史学习教育、习近平总书记“七一”讲话精神和中共十九届六中全会精神专题宣讲。区委常委班子先后召开专题组织生活会和专题民主生活会，剖析党史学习教育中存在的问题和原因，制定整改措施，为各地各部门召开组织生活会和民主生活会作出表率，联系游仙的市领导和市督导组分别列席相关会议。四是狠抓氛围营造。为营造学习氛围，在重要交通路段和重点场所设置3块大型党史学习教育标语，各地各部门也通过固定标语、LED屏、宣传栏、自有新媒体平台宣传党史学习教育相关内容，营造学习教育氛围。同时，还加强党史学习教育对外宣传，市党史学习教育办刊发游仙区学习教育专刊1期，刊载游仙区学教经验34条（次），多篇报道被人民日报客户端及《四川日报》《绵阳日报》等主流媒体采用。

【学习载体】一是专题学习整体推进。利用全区比较成熟的“周三夜学”“周五集中学”制度，结合“三会一课”“主题党日”活动，开展经常性的党史学习和研讨，保证每周集中学习不少于两小时，同时通过分享交流学习心得、撰写学习体会，以讲促学，确保党史学习教育落到实处。通过开展专题学习，较为系统地组织学习4本必读书目（《论中国共产党历史》《毛泽东 邓小平 江泽民 胡锦涛关于中国共产党历史论述摘编》《习近平新时代中国特色社会主义思想学习问答》《中国共产党简史》）、习近平总书记“七一”重要讲话精神、3本简史（《中华人民共和国简史》《改革开放简史》《社会主义发展简史》）、中共十九届六中全会精神，使广大党员干部对党的百年辉煌历程有更加深刻的认识。二是现场教学形式多样。各地各部门充分利用市内，尤其是区内2处市级红色文化和党史教育基地（魏城飞龙山和铁炉村），组织党员干部开展现场教学，利用身边的红色资源，提升学习教育效果。党史学习教育期间，仅飞龙山就接待现场教学人员220批次8.7万余人。同时作为绵阳市三线文化的重要承载地，富乐街道仙人路社区打造“军工记忆”主题文化广场，开展三线文化挖掘和宣传，并分别接受市委书记罗增斌和省市巡回指导组的调研指导。三是线上学习有声有色。利用线上学习便捷、直观的优势组织开展线上学习教育。区融媒体中心开设党史学习教育专栏，设置“党史天天学”“党史上的今天”等版块，通过动漫、图说、视频、知识竞赛等形式宣传党史知识；团区委、区总工会等部门在自己微信公众号开设学党史专栏，区法院、检察院开展党史“天天读、月月讲、季季赛”活动——形式多样、内容丰富的线上学习活动吸引一大批受众，尤其是年轻受众的参与。四是扎实开展庆祝中国共产党成立100周年系列活动。举办庆祝中国共产党成立100周年系列活动，“颂歌献给党 奋进新时代”歌咏比赛，区文化馆将党史知识融入文艺节目，送到群众身边，区融媒体中心开设“歌声里的一百年”栏目，采取群众喜闻乐见的形式进行党史宣传，区文联开展“党的辉煌历程”书画展等活动，激发广大干部群众知史爱党、知史爱国的热情。

【特色亮点】一是自选动作有特色。游仙区结合实际开展“党史学习教育进校园”活动和“学党史 感党恩跟党走——文明实践进万家”活动。一方面，抓住青少年这个关键群体，教育引导广大青少年进一步厚植爱党、爱国、爱社会主义的情感，传承红色基因和革命薪火。另一方面，利用覆盖全区区、镇、村三级的新时代文明实践组织网络，开展党史学习教育志愿活动3万余人次，在全区掀起学党史感党恩跟党走的热潮，最大限度提升党史学习教育覆盖面。二是学教活动丰富多彩。为提升学习实效，游仙区开展贯穿整个学习教育期间的多种形式知识竞赛。区融媒体中心和团区委分别组织开展党史学习线上答题比赛；“七一”前夕，区党史学习教育办公室通过“线上+线下”的方式组织开展全区“学党史 感党恩跟党走”——万名党员学党史知识竞赛活动，并于6月30日在魏城镇飞龙山进行决赛。活动中，全区万余名党员参与线上线下党史知识竞赛。党史学习教育期间，各地各部门结合实际组建宣讲小分队，送学送教上门。区老干局的银发宣讲队，区新时代文明实践服务中心的志愿服务宣讲队、网红宣讲队，区教体系统的优秀教师宣讲队等活跃在农村社区、车间一线向基层党员宣讲党史知识。同时，游仙区还组织向身边典型学习活动。6月2日，全市“最美绵阳人 建功新时代”先进典型走进游仙，向游仙机关干部、医务工作人员代表、学生代表、企事业单位职工代表宣讲他们的先进事迹；“七一”前夕，开展“两优一先”表彰大会暨区直机关“庆祝中国共产党成立100周年”主题党日活动，表彰一批优秀共产党员和先进基层党组织，各地各部门也纷纷结合各自职能开展学先进活动，激发游仙干部群众学习百年党史，建功新的时代的激情和动力。此外，各地各部门还开展党史学习教育演讲和党史宣讲比赛，各行业、系统干部职工踊跃分享学习心得、感悟，游仙区选派的代表参加全市党史学习教育理论宣讲大赛获优秀奖。

【学习成效】党史学习教育引导全区广大党员进一步树牢唯物史观，强化理论思维、历史思维，增强历史自觉，强化信仰之基，激发践履知行合一、奋力开拓创新的热情。一是形成一批高质量的调研报告，全区34名县级领导牵头，结合各自分管工作，下基层、访一线，寻对策；各地各部门结合群众需求，思考工作的着力点。全区共形成调研报告近百篇，为全区经济社会发展摸清实情、理清思路、把准方向。二是各地各部门通过召开高质量的专题组织生活会和专题民主生活会，进一步剖析自身的不足和产生问题的原因，找准努力方向，有效地引导全区广大党员干部为推进社会主义现代化游仙建设贡献力量。三是立足当前、着眼长远，通过领导干部牵头、相关部门具体实施的方式，办成一批事关游仙长远发展和人民群众“急难愁盼”的实事，68件县级党员领导干部牵头办理的实事、30件区级层面重点项目实事全面完成，问题楼盘整治，老旧小区提升，背街小巷改造等实事让人民群众切实感受到党史学习教育的成效。四是各地各部门立足自身职能，广泛开展关爱和志愿服务活动。“七一”前后，全区共走访慰问老党员、困难党员、因公殉职党员干部家属等452人次，发放慰问金、慰问品20余万元。党史学习教育期间，广大基层党组织和党员扎实开展办实事志愿服务活动，全区共开展志愿服务1.2万余人次，达到通过党史学习教育推动工作的目的，增强人民群众的获得感、幸福感、安全感，让人民群众切身感受到党史学习教育成效。五是推动经济社会高质量发展。创新开展“双听双问”和“我为游仙献一策”活动，尤其是结合社会主义现代化游仙建设，游仙区第七次党代会确定“三大目标”“三大战略”“三大攻坚”，体现党史学习教育成果。

（白　剑　王天举　邓冬梅　石　会）

区镇换届选举

【概况】 2021年，坚持超前谋划、高位推动，全方位加强换届风气监督，开展换届期间集中审档，实行“凡提四必”，严防“带病提拔”，完成区镇村三级换届。配备35岁以下乡镇领导班子成员31名（其中党政正职4名）、30岁以下领导班子成员8名，换届后镇领导班子平均年龄减小3.4岁，形成以35—45岁干部为主体的老中青梯次配备。完成村社“两委”换届整县试点，“一肩挑”比例达96%，平均年龄较上次换届下降2.5岁，换届风气监督相关经验做法被《中国组织人事报》刊载。完成市、区“两代表一委员”推荐选举，“三会”选举平稳有序。确保285名区党代表、251名人大代表、245名政协委员的选举、协商产生。

【换届纪律】 严格纪律监督，营造区镇换届良好氛围。成立8个换届工作指导组、4个风气督查组、1个换届信访举报联查联办综合工作组，全程监督指导换届工作；组织全区干部群众观看警示教育片《警钟长鸣》3000余人次，发放换届纪律明白卡3300余份。

【区镇换届】 严格政策执行，推动区镇换届高质高效。组建8个换届考察组，集中进行换届业务培训778人次，严格执行“凡提四必”、全程放下等制度，对8个镇领导班子进行“全额定向推荐考察”，全面完成换届涉及的121名拟提拔和进一步使用人选的考察任务，按程序选拔8名“五方面人员”进入乡镇领导班子。

【换届选举】 各镇分别于6月26日至27日召开党代会，选举产生“两委”委员、副书记和书记共112名；于8月18日至20日分别召开镇人代会，选举产生各镇人大、政府领导班子成员共49名，实现组织意图。游仙区于9月21日至24日召开第七次党代会和七届区委第一次全体会议，选举产生新一届区委委员35名、候补委员7名、常委11名、副书记2名、书记1名；9月24日至26日召开区政协七届一次会议，选举产生区政协主席1名、副主席4名；9月26日至29日召开区人大七届一次会议，选举产生区人大常委会主任1名、副主任4名，区政府区长1名、副区长7名，区监委主任1名、区法院院长1名、区检察院检察长1名。

（田贵礼）

区情概览

概述

【概况】2021年，游仙区面积1018平方千米，辖1个省级高新技术产业园区、1个经济试验区、3个街道、8个镇、172个村（社区）。农作物播种面积6.4万公顷。常住人口56.61万人，人口出生率4.7‰，人口自然增长率-1.28‰，人口城镇化率61.23%，森林覆盖率31.29%。实现地区生产总值417.4亿元，同比增长8.6%；一般公共预算收入11.92亿元。全社会固定资产投资同比增长17.7%，63个省市区重点项目完成年度投资计划的118.57%。高新技术企业同比增长21.24%，工业投资同比增长2.7%，技改投资同比增长47.9%。新增规上工业企业17户，总数达143户；新增市级以上企业技术中心1个，总数达34个。社会消费品零售总额同比增长18.4%，规模以上科技服务业主营业务收入同比增长116.4%。新培育规模以上服务业企业21户，总数达62户；新增限上商贸企业和个体户42户，总数达144户。认定国家科技型中小企业43户，总数达125户；新增市级科技型中小企业73户，总数达1160户。科学研究和技术服务业机构、企业达593户，新培育规上科技服务业企业5户。签约招商引资项目30个，签约金额179.18亿元。

（孟世琴）

【人文底蕴】辖区内既有承载三国蜀汉文化的富乐山、唐代四大名楼之一的越王楼、全国唯一的李白和杜甫合祀的李杜祠、中国唯一的“两弹一星”博物馆，又有属于全国重点文物保护单位的平阳府君阙、碧水寺摩崖造像、鱼泉寺、马鞍寺以及历经百年沧桑的天主教堂。针灸始祖涪翁在此悬壶济世，一代状元苏易简名动天下。

【区位优势】游仙区地处成德绵发展轴、成渝西“黄金三角”重要节点及成绵乐、绵雅资遂发展环线，成西客运专线、成绵乐城际铁路、宝成铁路跨境而过，绵遂内、成兰等铁路和G5高速成绵扩容段、绵苍等高速公路建成后，辖区及周边将形成至少包括5条快速铁路、8条高速公路、9条快速通道、41个通航城市在内的进出立体大通道。全区公路通车里程2300千米，串联17个现代农业观光园的“芙蓉花溪”乡村旅游环线26.61千米车行道基本建成，辖区所有乡镇已全面开通城市公交线路。

【人口】2021年年末，全区户籍总数172250户，总人口468996人，平均每户2.72人，人口增长率为4.35‰。总人口中，男性236572人，占总人口数的50.4%；女性232424人，占总人口数的49.6%；性别比为101（以女性为100）。非农业人口251542人，占总人口数的53.6%；农业人口217454人，占总人口数的46.4%。户籍人口城镇化率达53.6%，同比增长0.2%。全年共出生人口3707人，其中男性1959人、女性1748人，年出生率7.92‰；死亡人口2185人，其中男性1416人、女性769人，年死亡率4.69‰；人口自然增长率为3.23‰。迁入人口4245人，其中省内迁入3615人、省外迁入630人；迁出人口3732人，其中迁往省内2827人、迁往省外905人；机械增长率1.09‰。18岁以下人口74414人，占总人口数的15.8%；18—34岁人口81643人，占总人口数的17.4%；35—59岁人口209947人，

占总人口数的44.8%；60岁以上人口102992人，占总人口数的22%。（梁燕）

【民族】2021年，游仙辖区内有37个民族。其中，汉族464718人，羌族2077人，回族552人，藏族367人，满族286人，土家族237人，苗族160人，彝族155人，壮族114人，蒙古族64人，布依族47人，侗族43人，瑶族26人，白族26人，黎族19人，朝鲜族18人，仡佬族18人，水族13人，畲族9人，哈尼族8人，傣族6人，维吾尔族5人，仫佬族5人，锡伯族4人，傈僳族3人，柯尔克孜族2人，俄罗斯族2人，拉祜族1人，纳西族1人，达斡尔族1人，布朗族1人，怒族1人，德昂族1人，京族1人，塔塔尔族1人，独龙族1人，赫哲族1人。未登记民族2人。（梁燕）

自然环境

【位置面积】游仙区位于四川盆地西北部边缘丘陵地带，地处嘉陵江一级支流——涪江中游的东郊。东与梓潼县接壤；南与三台县、盐亭县毗邻；西以涪江为界，与涪城区隔江相望；北与江油市接界。地理坐标为北纬30°20′44″—31°43′21″、东经104°40′42″—105°9′06″，南北宽42千米，东西长43千米，辖区面积1018平方千米，是中国（绵阳）科技城的重要组成部分。

【地形地貌】游仙区位于四川盆地西北边缘，按区域大地构造格局属地台区，地表主要出露白垩系岩层，境内由云凤场向斜、五根松向斜、通兴场向斜、周家大梁北向斜组成一个向东散开西收缩的似帚状构造。全区地势向东南倾斜，一般海拔500米左右，最高海拔728米（仙鹤镇境内旱山庙），最低海拔419米（盐泉镇境内魏城河出口处）。全区境内山丘连绵，丘谷起伏，是典型的丘陵地貌。根据丘陵形态、高程和丘间谷地的宽窄又区分为鸡爪中丘—中谷地貌、条状中深丘—宽谷地貌、深中丘—窄谷地貌3种地貌类型。鸡爪中丘—中谷地貌分布于涪江左岸，小枧镇建华场至信义镇观太场，砂岩层增多，山丘连续侧横浅丘，形似鸡爪，海拔470—600米，高差50—150米，其内有槽型洼地，由于砂岩层增加，新形成的土壤质地偏轻。条状中深丘—宽谷地貌分布于从游仙街道至魏城镇徐家场一带，南北向的中深丘间夹宽阔的小坝，海拔480—650米，高差5—150米，谷宽500—5000米，坝有浅圆丘相间。深中丘—窄谷地貌分布于新桥镇云凤场—忠兴镇太平场一带，岗梁沟谷相间，海拔500—680米，高差100—200米，谷宽20—100米。

【气候】游仙区属中国东部亚热带季风气候类型，年平均气温16.6℃，年均降水量858.9毫米以上，相对湿度77%。由于区境所处纬度位置以及季风影响使得冬夏季风更迭和降水量年季不均等，地带性气候特征十分明显；又因区境地处秦岭南侧的四川盆地西北部，东北部有剑门山脉、西北部有龙门山脉作为屏障，阻挡来自西北方向的寒冷气流，使得区境气候带有明显的地域性特点，即冬长而无严寒，夏热而无酷暑。综合气候的地带性特征和地域性特点，形成区境夏热冬温、四季分明、雨量充沛、雨热同季、终年风小、无霜期长的气候基本特征。

【环境质量】2021年，游仙区$PM_{2.5}$平均浓度27.1微克/立方米，PM_{10}平均浓度42.1微克/立方米；空气质量优良天数320天，较2020年同期增加4天；优良率达92.0%，空气质量综合指数3.04。芙蓉溪仙鱼桥市考断面水质优良率100%，城市集中式饮用水（仙鹤湖水库）水源达标率100%。（孟世琴）

经济环境

【国民经济】2021年，区属实现地区生产总值417.4亿元，同比增长8.4%。其中，第一产业增加值37.25亿元，增长7.2%，贡献率为8.3%；第二产业增加值152.86亿元，增长7.9%，贡献率为34.0%；第三产业增加值227.29亿元，增长9.0%，贡献率为57.7%。三次产业结构为8.9∶36.6∶54.5。民营经济实现增加值250.50亿元，增长6.5%，占全区地区生产总值的比重为60%，同比降低0.6个百分点。

【工业经济】2021年，工业增加值120.06亿元，比上年增长8.9%，对经济的贡献率为30.3%。年末规模以上工业企业130个，全年区属规模以上工业增加值同比增长8.7%。全年规模以上工业企业实现主营业务收入336.73亿元，下降11.6%。利润总额26.04亿元，增长20.6%。其中，国有企业0.19亿元，增长435.1%；股份制企业19.33亿元，增长20.3%；外商及港澳台商投资企业5.93亿元，增长17.3%。

【固定资产投资】2021年，区属全社会固定资产投资同比增长17.7%。其中，建安工程投资增长22.0%，设备工器具购置投资下降48.6%，其他费用投资增长38.5%。分产业看：第一产业投资增长81.2%，第二产业投资增长 2.5%，第三产业投资增长 21.1%。

【招商引资】 2021 年，国内省外招商引资履约项目 30 个，协议引资 179.18 亿元，国内省外到位资金 110.29 亿元。全年全区直接利用外资 1064 万美元。

【对外贸易】 2021 年，完成外贸进出口总额 3.76 亿元，同比增长 21.37%。其中，出口 2.19 亿元，进口 1.57 亿元。

【消费品市场】 2021 年，社会消费品零售总额 152.71 亿元，同比增长 18.4%。按经营地分：城镇市场实现零售额 99.05 亿元，增长 18.1%；乡村市场实现零售额 53.66 亿元，增长 18.9%。按行业分：批发业实现零售额 56.09 亿元，增长 18.2%；零售业实现零售额 66.29 亿元，增长 18.4%；住宿业实现零售额 13.61 亿元，增长 18.4%；餐饮业实现零售额 16.72 亿元，增长 18.9%。在限额以上企业（单位）中，通过互联网实现的商品零售额 1.68 亿元，增长 18.2%。

自然资源

【水文水资源】 游仙区境内除涪江外，共有一、二、三级支流 10 条。一级支流有白圣河、芙蓉溪、孙家河、小枧沟和贾家沟 5 条；流出区境再注入涪江的二级支流有魏城河、一级支流水磨河 2 条。二级支流观太沟注入水磨河，三级支流青溪、石板河注入魏城河。这些溪河除涪江发源于龙门山区，水量丰富外，其余都发源于区境内外的丘陵地域，均属流程短、流量小、旱季常断流的雨源型河流。游仙区地表水资源流量主要来自大气降水，全区多年平均降雨量为 9.8 亿立方米，地表径流量为 2.64 亿立方米，一般水质良好，适宜于工农业用水和人畜生活用水。游仙区地下水资源较为缺乏，全区地下水资源总量（地下水天然补给量）为 3500 万立方米，其中可开采量为 189 万立方米，占总量的 5.4%。孔隙水为未来开发的重点，但由于城市、工矿生产及生活污水的排放，孔隙水已受到不同程度的污染。全区水面主要由河流水面、水库水面、塘坑水构成，水域总面积近 70 平方千米，有各类养殖水面 5500 公顷，以水库、山坪塘为主，占全区养殖水面的 85%。全区过境水资源主要是涪江自区境外流经游仙区，客水资源虽较丰富，但 70% 集中于汛期，且由于地形、地势和经济技术条件，客水利用率不高。游仙区水能资源蕴藏量主要以涪江为主，其他河流如魏城河、芙蓉溪均发源于北部丘陵地区，比降平缓、流程短、流量小、水量主要集中于汛期，枯水期断流，理论蕴藏量小，开发价值不大。

【涪江】 发源于四川省松潘县与九寨沟县之间的岷山主峰雪宝顶，是嘉陵江的支流，长江的二级支流，属省、市级河流。游仙区位于涪江左岸，涪江在游仙区内起点为石马镇飞凤村，终点为松垭镇福新社区，最后流入三台县。境内全长约 36.7 千米，流经 3 个镇（石马镇、小枧镇、松垭镇），1 个经济试验区，2 个街道（涪江街道、富乐街道）。涉及区域内人口 20 余万人，流域面积约 1015 平方千米。涪江流域小（1）型水库 1 座，小（2）型水库 6 座。连心水库为小（1）型水库，位于小枧镇，水库于 1977 年动工修建，1978 年建成。水库集雨面积 1.74 平方千米，灌溉面积 1766 亩。小（2）型水库 6 座：石马镇柏羊水库、塔子水库、五一水库、幸福水库，松垭镇宝塔水库，小枧镇五一水库。

【芙蓉溪】 系涪江二级支流，起源于江油，西源杜家河、东源战旗河，在游仙区忠兴镇五兴村交汇形成芙蓉溪，左岸起点为忠兴镇五星村，止点为涪江街道韩家脊社区；右岸起点为忠兴镇南桥村，止点为涪江街道治平路社区。境内全长约 61 千米，流域面积约 64 平方千米，流经 2 个镇（忠兴镇、新桥镇），1 个经济试验区，3 个街道（富乐街道、涪江街道、游仙街道），途经 19 个行政村、16 个社区、86 个社。区内芙蓉溪流域中型水库 1 座，小（1）型水库 5 座，小（2）型水库 25 座。胜利水库位于游仙街道文胜村，原为小（2）型水库，1995 年扩建为小（1）型水库，集雨面积 11.44 平方千米，胜利水库现为自来水公司的饮用水源。龙珠水库位于游仙区忠兴镇，水库于 1957 年动工修建，1958 年建成。水库自然集雨面积 4.37 平方千米，灌溉面积 2500 亩。和平水库位于游仙区新桥镇，水库于 1958 年扩建为小（2）型水库，1977 年续建成小（1）型水库，水库自然集雨面积 1.2 平方米，灌溉面积 5583 亩。清洁沟水库位于游仙区忠兴镇，水库于 1956 年动工修建，1957 年建成，水库自然集雨面积 4.18 平方千米，灌溉面积 3000 亩。金花水库位于游仙区新桥镇，水库于 1956 年动工修建，1957 年建成，水库自然集雨面积 12.09 平方千米，灌溉面积 9300 亩。小（2）型水库 25 座：沉抗镇丁字桥水库、丰收水库、群众水库、三要水库、铜瓦铺水库、团结水库、文胜水库、五八水库、五七水库、劲松水库、回龙水库，云凤镇干湾水库、七五水库、柿子水库、土桥水库、五八（1）水库、五八（2）水库，新桥镇新跃水库，太平镇劳武水库、麻柳水库、批修水库，忠兴镇龙泉水库、胜利水库，游仙镇七五水库、前进水库。

【魏城河】 系涪江支流，起源于游仙区仙鹤镇崇林村帽盒山，起点为仙鹤镇崇林村，左岸区内终点为盐泉镇长林村，流入三台县；右岸区内终点为盐泉镇清溪村，流入三台县。境内全长约82.4千米，流经4个镇（仙鹤镇、魏城镇、信义镇、盐泉镇），22个行政村，5个社区，84个社，流域面积约417平方千米。魏城河流域小（1）型水库4座，小（2）型水库27座。魏城河游仙段沿线共1名区级河长、14名镇级河长、27名村级河长、114名社级河长。战备水库位于游仙区仙鹤 镇，水库于1970年动工修建，1971年建成。水库自然集雨面积8.35平方千米，灌溉面积2900亩，同时承担着仙鹤镇场镇的生活用水。三八水库位于游仙区仙鹤镇，水库于1958年动工修建，1959年建成，水库自然集雨面积11.325平方千米，灌溉面积5000亩。龙江水库位于游仙区仙鹤镇，水库于1973年动工修建，1974年建成，水库自然集雨面积1.25平方千米，灌溉面积4000亩。前进水库位于游仙区魏城镇，水库于1958年动工修建，1966年建成，水库自然集雨面积1.3平方千米，灌溉面积3200亩。小（2）型水库27座：仙鹤镇崇林水库、马鞍水库、先锋水库、园林水库、毛蜡水库、七一水库、四云水库，魏城镇和平水库、红岩水库、猫儿沟水库、七里水库、青林沟水库、青山水库、群益水库、四五水库、铁炉水库、新胜水库、先锋水库、玉珠水库、紫金水库、马头山水库，盐泉镇红星水库、利民水库、马鸣寺水库、四清水库、涌泉水库、雨台水库。

【水磨河】 起源于游仙区小枧镇雨凤村红星水库，系涪江二级支流，区内起点为小枧镇雨凤村，终点为松垭镇水磨村，流入三台县永明镇两河口汇入涪江。境内全长约19.3千米，流域面积为49.66平方千米。区内流经3个镇（小枧镇、信义镇、松垭镇），4个行政村、2个社区，31个社。水磨河流域小（1）型水库1座，小（2）型水库12座。水磨河游仙段沿线共1名区级河长、6名镇级河长、6名村级河长、31名社级河长。段家桥水库位于信义镇段家桥村，1965年扩建成小（2）型水库，1976年又扩建为小（1）型水库，1978年4月完工，集雨面积1.9平方千米，灌溉面积3500亩。小（2）型水库12座：小枧镇工农水库、红星水库、极乐水库、吕家湾水库、群力水库、天池水库、战备水库、四清水库，信义镇反帝水库、反修水库、旱湾水库、胜利水库。

【小芙蓉溪】 系芙蓉溪支流，发源于绵阳市江油，由江油流入游仙区新桥镇新龙村，流回江油，经江油又流入游仙区忠兴镇乜家村，由忠兴镇忠兴社区汇入芙蓉溪。途经游仙区2个镇（忠兴镇、新桥镇），6个行政村，1个社区，14个社。区内全长约13千米，流域面积约6平方千米。区内起点为新桥镇新龙村，区内止点 为忠兴镇忠兴社区，直接汇入芙蓉溪。小芙蓉溪流域小（2）型水库3座。小芙蓉溪游仙段沿线共有2名区级河长、4名镇级河长、7名村级河长、13名社级河长。小（2）型水库3座：凤凰乡马鞍水库、南河水库、紫气水库。

【杜家河】 起源于江油，流入游仙区忠兴镇，流经忠兴镇福林村、南桥村2个村，6个社。杜家河全长15千米，区内长约3.7千米，流域面积约6平方千米，区内起点为忠兴镇福林村，止点为忠兴镇南桥村。杜家河流域小（2）型水库2座：太平镇红旗水库、五星水库。杜家河游仙段沿线共有2名区级河长、2名镇级河长、2名村级河长、2名社级河长。

【石刘河】 系魏城河支流（该河流在沉抗镇段俗名桃花沟），发源沉抗镇铜瓦铺水库，流经信义镇，汇于魏城河。全长约24.9千米，流域面积约88.6平方千米，年平均流量约1米^3/秒，流经2个镇（沉抗镇、信义镇）、9个行政村、1个社区、23个社。区内起点为沉抗镇的铜瓦村，止点为信义镇凤鸣村，流入魏城河。石刘河流域小（2）型水库10座。石刘河游仙段沿线共有1名区级河长、4名镇级河长、10名村级河长、23名社级河长。小（2）型水库10座：信义镇肥猪堰水库、龙王沟水库、桃子园水库、广济水库、红光水库、联合水库、人民水库、森柏水库、五八水库、跃进水库。

【白蝉寺河】 系涪江三级支流，发源于三台县，流经游仙区盐泉镇圣谕祠村、清溪村，共2个行政村、9个社。区内全长约11.6千米，流域面积约4平方千米。区内起点为盐泉镇圣谕祠村，止点为盐泉镇清溪村，汇入魏城河。白蝉寺河流域小（2）型水库1座：白蝉镇老鹰窝水库。白禅寺河游仙段沿线共有1名区级河长、1名镇级河长、2名村级河长、9名社级河长。

【徐家沟河】系涪江三级支流，发源于梓潼县，区内全长约39千米，流域面积约53平方千米。流经2个镇（魏城镇、信义镇），8个行政村，1个社区，44个社。起点为魏城镇安乐村，止点为信义镇曾家垭村，流入魏城河。徐家沟河流域小（1）型水库1座，小（2）型水库10座。徐家沟河游仙段沿线共有2名区级河长、10名镇级河长、9名村级河长、44名社级河长。飞跃水库位于游仙区魏城镇，水库于1969年动工修建，1971年建成，水库自然集雨面积1.15平方千米，灌溉面积3250亩。小（2）型水库10座：魏城镇安家湾水库、红旗水库、七〇水库、沙石包水库、长道沟水库、李河沟水库、七一水库、胜利水库、太平水库、向阳水库。

【动物资源】游仙区境内已知有高等动物26目、68科、242种。其中，鸟类17目、37科、157种，兽类4目、17科、47种，两栖类2目、8科、22种，爬行类3目、7科、16种。鸟类中湿地鸟类57种，约占全省的50%、全国的25%。动物种类中，国家二级保护动物有鸳鸯、鸢、苍鹰、雀鹰、普通𫛭、红隼、红脚隼、长耳鸮、短耳鸮、斑头鸺鹠、领角鸮、黄喉貂、红腹锦鸡、水獭、斑林狸、大鲵等，省级保护动物有小䴙䴘、黑颈䴙䴘、凤头䴙䴘、鸬鹚等。属中国特有动物有红腹锦鸡、灰胸竹鸡、领雀嘴鹎、白头鹎、画眉、橙翅噪鹛、棕头鸦雀、白领凤鹛、黄腹山雀、大蹼铃蟾、疣刺齿蟾、川北齿蟾、大齿蟾、平武齿突蟾等。区内除少数几种冬候鸟和旅鸟外，绝大多数种类都在保护区繁殖。

【植物资源】游仙区境内有乔木树种57科、109属、187种。乔木树种主要有松柏、桤木、栎属、杨属、柳属、桉树属、梧桐、槐、榆、黄连木等；灌木主要有马桑、黄荆、紫穗槐等；经济树种主要有油桐、乌桕、桑树及多种果橘类树木。此外，在农村住宅周围，人工栽培有竹林，以大茎竹林为主，以丛生慈竹为最多，散生的有楠竹、斑竹、水竹等。

【矿产资源】游仙区境地层构造变型微弱，出露地层单一，因而矿产类型不多且全为外生矿。已发现的有砖瓦用页岩、石灰石、沙、砾、卵石、石材、天然气等。截至2021年，已开发利用的有天然气、砖瓦用页岩等。

中共绵阳市游仙区委员会

概述

【概况】 2021年，游仙区坚持以习近平新时代中国特色社会主义思想为指导，认真学习贯彻中共十九届六中全会、省委十一届十次全会和市第八次党代会、市委八届二次全会精神，坚决落实党中央、省委、市委决策部署，经济社会呈现稳中有进的良好局面。全年实现区属地区生产总值417.4亿元、同比增长8.4%，总量五年连跨三个百亿台阶；地方一般公共预算收入11.02亿元、同比增长12.49%，税收占一般预算收入比重达79.52%。

【全会精神贯彻落实】 2021年，把宣传贯彻中共十九届六中全会、省委十一届十次全会和市第八次党代会、市委八届二次全会精神作为重要政治任务，召开常委会会议、理论学习中心组专题学习会议传达学习。发挥区级领导示范带动作用，组建12个宣讲分团，开展系统宣讲103场次，覆盖2万余人，迅速掀起学习热潮。先后召开党政领导干部读书班、实施科技创新战略大会、招商引资暨项目建设攻坚大会、作风能力攻坚大会暨领导干部读书班结业仪式等专题会议，集中传达学习党中央、省委、市委有关会议精神，将贯彻落实会议精神“实化”为20项可抓可考核的重要工作，出台《招商引资攻坚实施意见》《关于支持科技创新的若干措施》等文件，全力确保上级各项决策部署落地落实。

【县域经济】 2021年，坚定落实“县域崛起”“工业强市”战略，大力实施“制造升级”战略，全年新增规模工业企业13户、达134户，实现规上工业增加值增速8.7%，高新技术产业主营业务收入占规上工业总产值比重超过30%。大力发展现代农业，市级以上农民合作示范社总数达397家，“三品一标”总数达135个。加快发展现代服务业，“中国喜街”“沸腾川里食创小镇”“金山驿站”3个项目纳入省级区域消费中心城市建设项目，社会消费品零售总额152.71亿元、同比增长18.4%。坚持以项目为中心组织经济工作，扎实开展“项目建设”攻坚，实现全社会固定资产投资增速17.7%、居县市区第三，项目建设连续3次、投资运行连续2次进入全市“红榜”。实施“招商引资攻坚”和“招商引资百日大会战”，签约国内市外项目30个、签约金额175.03亿元。加强对上争取，到位各类资金41.175亿元，发行专项债项目额度、新入库专项债券项目数均位居全市前列。

【科技创新】 2021年，坚定落实“创新引领”战略，开展常态化对接140余次，办理院所建议21项，转移转化成果13项，促进民营企业参与国防建设配套项目16项，产值达150亿元、同比增长4%。大力支持企业牵头、联合院所、高校组建创新研发平台，中国（绵阳）科技城科创中心已入驻国家级高空模拟技术重点实验室等团队13家、人才135名。探索院地联合招引模式，促成中广核技、先通医药等高新技术企业参与重大项目建设，与中物院有关所合作共建、总投资216亿元的核医疗健康产业园、激光产业基地正加快建设。全年新增科技型中小企业73户、达1160户，国家科技型中小企业备案125户，培育升规入统科技型中小企业7户，企业研发

2021 年，建设中的成绵苍巴高速——游仙信义段　（魏清龙　摄）

（R&D）经费投入 5.2 亿元、居全市第一，中国科技城大数据中心基本建成。

【城乡融合发展】 2021 年，坚定落实“交通先行”战略，新改建县乡道 38.7 千米，绵苍高速、G5 成绵高速扩容、国道 108 改线等重点项目建设推进。扎实推进城市更新行动，完成城建攻坚项目 20 个，改造老旧小区 8 个，东西第二干道等重点市政拆迁工作有序推进。推动宜居乡村建设，创建国家、省级文明村镇 4 个，魏城镇、新桥镇入围全省中心镇候选库，获评四川省实施乡村振兴战略工作先进区，争创为全省首批两项改革“后半篇”文章试点示范县，石马电梯“智”造特色小镇入选四川省特色小镇，为全市唯一。持续优化生态环境，空气质量优良天数率达 92%，市控断面水质优良率 100%，劣 V 类水质全面清零，入选省级生态县（市、区）候选名单。

【社会民生】 2021 年，民生支出占一般公共预算支出比重稳定 70% 以上，城镇登记失业率保持在 4% 以下，全区城乡居民人均可支配收入同比分别增长 8.8%、10.6%。新建和扩建富乐二中、富乐二小等 5 所学校全部投入使用，新增学位 5300 个，“双减”工作稳妥推进，义务教育质量继续领跑全市。困难群众重特大疾病医疗救助覆盖率达 100%，医合体改革经验入围全国综合医改优秀典型案例，成为全省首个向辖区居民开放基本公共卫生电子健康档案的区县。加强“一老一小”服务保障，政府购买居家养老服务惠及老人 1 万余名，建立村级“儿童之家”112 个、社区儿童服务中心 60 个。扎实推进基层治理，城乡接合部“楼栋长 + 房东”模式被《党建参阅》刊载，魏城镇铁炉村被评为全国乡村治理示范乡村。抓好常态化新冠肺炎疫情防控，有序推进疫苗接种工作。全年未发生森林火灾和较大安全事故。

【中国共产党的建设】 2021 年，坚持把党史学习教育与庆祝中国共产党成立 100 周年活动有机结合、一体推进，区委常委带头作专题宣讲和党课报告 38 次，形成高质量调研文章 33 篇。各基层党组织开展专题学习 510 余次，15 支草根、银发等特色宣讲队开展党史宣讲 300 余场次。完成区镇村“两委”集中换届，全程风清气正。“两新”组织 100% 实现“两个覆盖”，完成 92 个村级阵地亲民化改造，社会组织 100% 活跃入驻，“法治引领、司法聚力”获全省法院优秀党建品牌，韩家脊社区党委获评“全国先进基层党组织”、新桥镇党委获评“四川省先进基层党组织”。党风廉政建设纵深推进，阳光监督平台经验做法被《四川日报》刊载推广、在中央纪委国家监委网站刊发，乡镇（街道）领导干部自然资源资产审计相关做法被《人民日报》刊载推广。（傅灵）

重要会议

【第六届委员会第九次全体会议】 2021 年 1 月 15 日，中国共产党绵阳市游仙区第六届委员会第九次全体会议召开。出席全会的有区委委员 31 人。区纪委常委、区监委委员和有关方面负责人列席会议。全会由区委常委会主持。区委副书记、区人民政府区长陈华斌代表区委常委会作讲话。（傅灵）

【第六届委员会第九次全体会议】 全会深入学习贯彻习近平新时代中国特色社会主义思想和习近平总书记对四川工作特别是对绵阳工作重要指示精神，全面贯彻落实党的十九届五中全会、省委十一届八次全会、市委七届十次全会精神，听取和讨论了区委副书记、区人民政府区长陈华斌代表区委常委会作的工作报告，审议通过了《中共绵阳市游仙区委关于制定绵阳市游仙区国民经济和社会发展第十四个五年规划和二〇三五年远景目标的建议》。陈华斌就《建议（讨论稿）》向全会作了说明。

【2020 年经济工作会】 2 月 1 日，游仙区召开 2020 年全区经济工作会，负责区委工作的区委副书记、区长陈华斌出席会议并讲话；区人大常委会主任何守君，区政协主席姜曦等区四套班子领导参加会议；区委副书记杨守贵主持会议。全区各单位主要负责人，辖区科研院所、金融机构、重点企业代表以及受表扬的先进代表等 70 余人参加会议。会议全面学习贯彻落实中

2021 年区委常委会会议一览表

表 1

届次	时间	主要议题
六届第 155 次	1 月 7 日	传达学习《省委第七巡视组关于巡视绵阳市的反馈意见》《顾勇同志在省委第七巡视组巡视绵阳市情况反馈会上的讲话》，审议《省委第七巡视组巡视绵阳市反馈意见中涉及游仙区整改工作台账（审议稿）》《中共绵阳市游仙区委常委会议事决策规则（审议稿）》和区委六届九次全委会有关事项
六届第 156 次	1 月 15 日	听取六届九次全会各组召集人关于分组讨论情况以及全会秘书处关于《中共绵阳市游仙区委关于制定游仙区国民经济和社会发展第十四个五年规划和二〇三五年远景目标的建议（讨论稿）》《区委六届九次全会决议（草案）（讨论稿）》修改意见的汇报
六届第 157 次	1 月 21 日	会前解读学习《中国共产党统一战线工作条例》相关精神。会议传达学习市委经济工作会议精神；通报 2021 年领导干部报告个人有关事项集中填报有关事宜；传达学习省委《关于加强新时代人大工作和建设的意见》精神；通报中央、省、市纪委近期曝光的违反中央八项规定精神的典型案例；传达学习市民族团结进步表扬大会精神；学习贯彻“绵阳市落实省委巡视组反馈意见整改工作推进会”会议精神；审议《游仙区落实省委第七巡视组巡视绵阳市反馈意见整改工作方案》，通报区委整改办开展巡视整改工作督查情况；传达市委书记刘超在市委常委会（扩大）会议暨 2020 年度落实党建主体责任述职评议会上对游仙区委落实主体责任述职点评讲话精神；听取区委常委班子 2020 年度民主生活会筹备情况的汇报
六届第 158 次（扩大会议）	1 月 18 日	专题听取 2021 年度全区基层、党（工）委（党组）书记抓基层党建工作述职评议、党风廉政建设述责述廉暨区直部门向街道、社区、小区党组织述职评议
六届第 159 次	1 月 27 日	审议《关于表彰深度融入科技城加快建设更高质量“五个游仙”先进集体和先进个人的决定（审议稿）》《关于表扬 2020 年度重点单项工作先进单位和先进个人的通报（审议稿）》
六届第 160 次	2 月 8 日	会前解读学习《公务员回避规定》《党政领导干部任职回避暂行规定》相关精神。传达学习省十三届人大四次会议、省政协十二届四次会议精神；传达学习十九届中央纪委五次全会、十一届省纪委五次全会以及《中共四川省纪委关于违反中央八项规定精神典型问题的通报》精神、省委依法治省工作会议、省委依法治省办“1+8”示范试点工作视频培训会议精神并研究游仙区贯彻落实意见；传达学习省纪委监委第八纪检监察室《关于对游仙区委巡视整改工作方案意见和建议的函》及市委落实省委巡视反馈意见阶段整改工作推进会议精神、全省乡镇行政区划和村级建制调整改革“后半篇”文章工作推进会议及绵阳市做好两项改革“后半篇”文章工作领导小组（扩大）会议精神并研究全省两项改革“后半篇”文章工作现场会游仙区现场点位筹备工作相关事宜；审议《落实省委第七巡视组意识形态责任制专项检查绵阳市反馈意见涉及游仙区整改工作方案》《区级部门政务服务事项准入村（社区）管理办法（审议稿）》《关于规范村级“小微权力”运行的实施意见（审议稿）》《关于培育发展社会组织的实施意见》《绵阳市游仙区现代农业产业园集成改革试点实施方案（审议稿）》；审议东材科技（绵阳）技改扩能与搬迁项目（补充协议）、山东腾远西南 HDPE 生产研发配套基地项目、消防无人机项目；听取区委六届机动巡察村（社区）工作情况汇报，区人大常委会、区政府、区政协党组、游仙高新区党工委及区法院、区检察院党组 2020 年工作情况汇报，区委领导班子成员及区人大常委会、政府、政协、法院、检察院党组书记 2020 年第四季度履行党风廉政建设主体责任情况汇报；研究干部事项

续表1

届次	时间	主要议题
六届第 161 次	2 月 23 日	传达学习《四川省市县重大经济事项决策规定（试行）》精神；学习贯彻中央、省委农村工作会议及中央一号文件精神；审议《中共绵阳市游仙区委落实省委第七巡视组巡视游仙区反馈意见整改推进情况报告（审议稿）》《中共绵阳市游仙区委落实省委第七巡视组巡视游仙区委意识形态工作责任制反馈意见整改工作推进情况报告（审议稿）》《区纪委六届六次全会工作报告（审议稿）》《中共绵阳市游仙区委落实省委第七巡视组选人用人工作专项检查组巡视游仙区委反馈意见整改情况专项报告（审议稿）》；研究干部事项
六届第 162 次	3 月 8 日	传达学习中央、省两级《关于严肃换届纪律加强换届风气监督的通知》精神，市七届人大七次会议，市政协七届六次会议精神及元方市长在市七届人大七次会议游仙代表团上的讲话精神，《省委第五巡视组关于对绵阳市开展政府采购专项巡视的反馈意见》及《元方同志表态发言》精神，全国、全省政法队伍教育整顿动员部署会议精神，研究《游仙区政法队伍教育整顿领导小组名单（审议稿）》和《绵阳市游仙区政法队伍教育整顿的实施方案（审议稿）》；审议《游仙区委区政府主要领导经济责任审计及自然资源资产离任（任中）审计结果反馈意见的整改工作方案（审议稿）》、城东公司收购东材公司东兴路 6 号老厂区资产相关事宜、投资建设绵阳市游仙区激光产业基地项目、投资建设中国（绵阳）科技城核医疗健康产业园项目、中国兵器装备自动化研究所申请返还 53 套职工住房转让税费相关事宜、补发 2019 年退休教师慰问费相关事宜；通报全区经济指标和对上争取工作相关情况、全区招商引资工作相关情况
六届第 163 次	3 月 23 日	传达学习四川省委组织部部长于立军到游仙调研重要指示精神，市委书记罗增斌到游仙调研重要指示精神，十三届全国人大四次会议、全国政协十三届四次会议精神，全国新冠病毒疫苗接种工作电视电话会议精神，《中共中央关于全面加强新时代少先队工作的意见》精神，全国、全省、全市统战部部长会议暨统一战线读书班精神，全国、全省政法队伍教育整顿动员部署会议精神，市委书记罗增斌、市委政法委书记荣全在专题党课上的讲话精神，习近平总书记在党史学习教育动员大会上的讲话、省委书记彭清华在全省党史学习教育动员大会上的讲话精神，以及市委庆学领导小组办公室主任会议精神；审议《中共绵阳市游仙区委关于开展党史学习教育的实施方案（审议稿）》《中共绵阳市游仙区委关于中国共产党成立 100 周年庆祝活动的通知（审议稿）》《关于成立区委庆祝中国共产党成立 100 周年活动暨党史学习教育领导小组的通知（审议稿）》《区委常委班子带头开展党史学习教育工作方案（审议稿）》《2021 年度重点协商工作计划（审议稿）》《绵阳市游仙区区镇领导班子换届工作领导小组名单（审议稿）》。审议《关于中广核核技术发展股份有限公司（绵阳）质子医疗装备制造基地项目扶持资金监管办法（审议稿）》，县级领导联系 2021 年省、市、区重点项目及加快前期重大项目的相关事项，县级干部 2020 年度考核等次相关事项

续表1

届次	时间	主要议题
六届第 164 次	4 月 2 日	传达学习省委书记彭清华到绵阳调研指示精神，全国、全省宣传部长会议及全市宣传思想工作会议精神，省委书记彭清华在省政法队伍教育整顿领导小组会议上的讲话及市委常委、市纪委书记唐浪生作廉政教育报告会议精神，研究部署贯彻落实意见，传达学习全省两项改革“后半篇”文章经验交流现场会精神并研究部署贯彻落实意见；审议《绵阳市游仙区关于进一步严格精简文件会议有关重点事项的通知（审议稿）》《绵阳市游仙区人大常委会 2021 年工作要点（审议稿）》；听取区委领导班子成员及区人大常委会、政府、政协、法院、检察院党组书记 2021 年第一季度履行党风廉政建设主体责任情况汇报；研究干部事项
六届第 165 次	4 月 15 日	审议区六届人大七次会议、区政协六届六次会议筹备工作方案、相关工作报告和《游仙区国民经济和社会发展第十四个五年规划和二〇三五年远景目标纲要（草案）》《2021 年区级民生实事人大代表票决候选项目（审议稿）》《区级议事协调机构清理结果（审议稿）》《绵阳市游仙区 2021 年作风建设工作方案（审议稿）》；传达遂宁射洪市国家移交长江生态环境问题整改不力被省环督办通报有关情况，通报游仙区 2021 年度第一季度环境质量状况；传达学习全省第一批政法队伍教育整顿工作推进会精神，通报中央第十四督导组到游仙督导政法队伍教育整顿工作
六届第 166 次	4 月 20 日	审议《关于认真做好全区乡镇领导班子换届工作的通知》等有关事项
六届第 167 次	5 月 12 日	传达学习上级政法队伍教育整顿有关会议精神、中央依法治国基层法治建设工作座谈会议以及省委全面依法治省委员会第三次会议和省委依法治省办调研督导游仙区全面依法治区示范试点工作精神、全省城市基层治理暨城乡接合部新型社区治理工作会议精神、市委罗增斌书记到游仙研指导党史学习教育和宣讲报告会上的讲话及市委党史学习教育第二巡回指导组到游仙调研反馈会精神、《党委（党组）网络意识形态工作责任制实施办法》精神、全市对村（社）党组织巡察工作现场推进会精神、四川省人才工作领导小组第 24 次会议暨市（州）人才工作述职评议会和绵阳市人才工作述职评议会精神，并研究部署会议精神贯彻落实意见；通报游仙区信访重点工作开展情况，研究部署庆祝中国共产党成立 100 周年期间信访工作，通报绵阳市游仙区人民政府与上海保和置业发展游仙公司以及绵阳金循环电子商务游仙公司投资协议履约情况；听取游仙区扫黑除恶专项斗争工作情况，研究部署扫黑除恶专项斗争常态化工作；审议《绵阳市“两优一先”表彰拟推荐对象建议名单（审议稿）》《关于召开第二次党代表大会的请示（审议稿）》
六届第 168 次	5 月 15 日	研究干部事项
六届第 169 次	5 月 20 日	审议《关于中共绵阳市游仙区原区委书记江彬绵阳市游仙区人民政府区长陈华斌自然资源资产离任（任中）审计意见反馈问题的整改情况报告（审议稿）》《关于中共绵阳市游仙区原区委书记江彬绵阳市游仙区人民政府区长陈华斌经济责任审计报告反馈问题的整改情况报告（审议稿）》《关于绵阳市游仙区财政管理不规范等问题的移交处理函反馈问题的整改情况报告（审议稿）》《绵阳市游仙区招商引资落地项目评估工作办法（试行）（审议稿）》《中国共产党绵阳市游仙区第六届委员会第十次全体会议建议方案（审议稿）》以及游仙区第七次党代会筹备工作相关事宜，审议公开招选社会投资人合作投资建设绵阳市游仙区激光产业基地项目相关事宜

续表1

届次	时间	主要议题
六届第 170 次	5 月 28 日	听取绵阳市游仙区第七次党代会筹备及各镇党代会推进情况汇报；审议《各镇党委、纪委换届人事安排的请示》，审议增设游仙区委区政府决策咨询委员会乡村振兴咨询小组相关事宜；研究干部事项
六届第 171 次	6 月 17 日	传达学习全国新时代文明实践中心建设试点工作电视电话会议精神、《中共中央关于加强对“一把手”和领导班子监督的意见》精神、赵乐际和杨晓渡在全国巡视工作会议暨十九届中央第七轮巡视动员部署会上的讲话精神、《中共四川省纪委办公厅关于开展贯彻落实中央八项规定精神制度建设“回头看”的通知》精神、提升环境监测质量相关文件精神，通报全区 2021 年 4 月环境质量状况，学习贯彻《中共绵阳市游仙区委财经委员会工作规则》精神，传达中央、省、市保密工作会议精神，通报 2020 年全国窃密泄密案件情况；审议《关于健全村（社区）干部待遇体系加强基层组织活动和公共服务运行经费保障的建议方案（审议稿）》，审议中国邮政集团有限公司绵阳市分公司绵阳邮件处理暨区域仓储中心项目、高达科技工业智能化项目（补充协议）、中广核核技术发展股份有限公司（绵阳）医用同位素生产基地项目（补充协议）、中广核核技术发展股份有限公司（绵阳）质子医疗装备制造基地项目（补充协议）、北京先通医药放射药研发生产基地项目（补充协议）、拨付游仙区党史学习教育工作经费相关事项；研究干部事项
六届第 172 次	6 月 21 日	中共绵阳市游仙区委组织部关于做好换届考察区委常委（扩大）会议
六届第 173 次	6 月 25 日	通报《区委落实省委第七巡视组反馈意见整改近期工作情况》《关于评选推荐全区“七一”优秀共产党员、优秀党务工作者、先进基层党组织表彰对象的建议方案（审议稿）》《各镇选举出席中国共产党绵阳市游仙区第七次代表大会代表候选人预备人选（审议稿）》；审议绵阳开元磁性材料公司及绵阳开元磁性科技公司搬迁相关事宜、游仙区生态环境问题整治经费相关事宜
六届第 174 次	7 月 2 日	传达学习习近平总书记在庆祝中国共产党成立 100 周年大会上的重要讲话精神、《中组部关于对山西等 10 个省（自治区）市县乡换届风气督查情况的通报》精神、全省加强干部选拔任用监督暨选人用人巡视检查问题整改推进会精神、全省巩固拓展脱贫攻坚成果同乡村振兴有效衔接工作推进会精神、绵阳市党政代表团赴宜宾市南充市考察学习精神；通报游仙区 2021 年 5 月环境质量状况；审议支付全区部分已征批次土地耕地占用税相关事宜；观看严肃换届纪律教育警示片《警钟长鸣》
六届第 175 次	7 月 3 日	研究区纪委领导班子换届会议推荐参考人选建议名单、拟晋升职级进入会议推荐参考人选相关事宜、区级领导班子换届会议推荐参考人选建议名单；审议《中国共产党绵阳市游仙区第六届委员会第十一次全体（扩大）会议建议方案（审议稿）》
六届第 176 次	7 月 3 日	研究拟晋升职级考察对象建议人选相关事宜
六届第 177 次	7 月 14 日	传达学习省委十一届九次全会精神和市委七届十一次全会精神、全市精神文明建设暨全国文明城市建设工作会议精神；审议《绵阳市游仙区人才工作先行区创建方案（审议稿）》；研究部署全面依法治区示范试点工作相关事宜，研究确定第七届区人大代表候选人初步建议人选
六届第 178 次	7 月 15 日	研究确定区级领导班子换届考察对象建议名单
六届第 179 次	7 月 15 日	研究区纪委副书记换届会议推荐参考人选建议名单

续表1

届次	时间	主要议题
六届第 180 次	7 月 19 日	传达学习《中国共产党党校（行政学院）工作条例》相关精神；审议解决游仙区芙蓉溪水毁堤防恢复重建资金相关事宜、解决武引渠道 2020 年“8·11”洪灾灾后恢复重建工程资金相关事宜；听取区委领导班子成员及区人大常委会、政府、政协、法院、检察院党组书记 2021 年第二季度履行党风廉政建设主体责任情况汇报；研究确定区纪委领导班子换届考察对象
六届第 181 次	7 月 20 日	研究确定拟交流提任基层人民检察院检察长（正县级）进入会议推荐参考人选
六届第 182 次	7 月 20 日	研究确定拟交流提任基层人民检察院检察长（正县级）考察对象人选
六届第 183 次	7 月 30 日	传达学习全市县域经济发展暨重点项目建设现场会精神，习近平总书记、李克强总理近期关于防汛救灾工作指示精神，省委常委会关于防汛救灾工作会议精神及《关于当前我市意识形态领域形势的通报》，并研究部署下一步工作，传达学习《关于县以下事业单位建立管理岗位职员等级晋升制度的意见》主要精神；听取争创全国平安建设先进区的相关情况，研究部署下一步工作；通报全区 2021 年 6 月环境质量状况，研究部署下一步工作；研究干部事项
六届第 184 次	8 月 10 日	审议游仙区红色遗址资源专项普查相关事宜、游仙区四大班子、区纪委、区法院、区检察院换届人事安排建议方案、中共游仙区第七届委员会委员、候补委员和纪律检查委员会委员建议人选名单、《中共绵阳市游仙区委关于做好市第八次党代会代表推选的工作方案（审议稿）》
六届第 185 次	8 月 25 日	传达学习《省纪委关于三起诬告陷害典型问题的通报》；通报自动站人为干扰典型案例及游仙区 2021 年 7 月环境质量状况；审议政协绵阳市第八届委员会委员游仙区推荐人选建议名单、第七届游仙区政协委员、政协常务委员人选建议名单、柏林法兰西花香田园乡村振兴综合体项目解除协议相关事宜；传达学习《中华人民共和国公务员法》主要修订精神
六届第 186 次	9 月 9 日	传达全省两项改革“后半篇”文章工作调度电视电话会议精神、省委、市委常委会研究部署生态环保工作会议精神；通报游仙区 1—8 月安全生产工作相关情况；审议给予石马镇城市基础设施建设资金支持相关事宜，关于房亚修、张洪贵违纪案的审查情况及处理建议，遴选确定出席市第八次党代会代表候选人推荐人选、选举出席中国共产党绵阳市游仙区第七次代表大会代表候选人预备人员相关事宜、县级领导干部结束任职试用期转正相关事宜；听取 2021 年区人大常委会、政府、政协、法院、检察院党组及高新区党工委上半年工作情况汇报，区委领导班子成员上半年分管领域工作情况汇报
六届第 187 次	9 月 11 日	传达学习全市排查整顿农村发展党员违规违纪问题工作动员部署暨业务培训会会议精神，研究游仙区贯彻落实意见；审议游仙区“三会”筹备工作方案、由区委提名至相关选区选举的区级党员领导干部建议分配名单、遴选确定出席市第八次党代会县级领导干部代表候选人推荐人选
六届第 188 次	9 月 11 日	审议遴选确定《出席市第八次党代会代表候选人初步人选名单》
六届第 189 次	9 月 15 日	审议游仙区“三会”工作相关报告；通报游仙区 2021 年 8 月环境质量状况；审议政协第七届绵阳市游仙区委员会常务委员调整建议名单、区纪委监委关于干部处分的相关请示、市人大代表、市政协委员推荐人选建议名单；研究干部事项

续表1

届次	时间	主要议题
六届第 190 次	9 月 18 日	传达学习公务员法相关配套法规；宣布市委关于游仙区换届人事安排的批复；审议区第七次党代会相关事宜，《游仙区出席市第八次党代表大会代表候选人预备人选选举办法（草案）》，中共游仙区第七届委员会委员、候补委员和纪律检查委员会委员候选人预备人选建议名单，《中共绵阳市游仙区第六届委员会第十一次全体会议建议方案（审议稿）》；研究干部事项
七届第 1 次	9 月 30 日	传达学习新《中华人民共和国安全生产法》；传达中央、省、市、区纪委关于违反中央八项规定精神典型案例的通报；安排部署游仙区重要工作责任分工；审议李永让进京非访事件调查处置意见；研究干部事项
七届第 2 次	10 月 14 日	传达学习中国共产党绵阳市第八次代表大会精神、罗增斌书记在游仙区代表团的讲话精神；审议《绵阳市游仙区突发事件总体应急预案（试行）》《绵阳市游仙区行政复议体制改革实施方案（审议稿）》；听取区委领导班子成员及人大常委会、政府、政协、法院、检察院党组书记第三季度履行党风廉政建设主体责任情况汇报；研究干部事项
七届第 3 次	10 月 29 日	传达学习绵阳市第八届人民代表大会第一次会议和政协绵阳市第八届委员会第一次会议精神；听取重要工作推进情况汇报
七届第 4 次	11 月 12 日	传达学习统筹推进全省乡村国土空间规划编制和两项改革“后半篇”文章工作会议精神和全省两项改革“后半篇”文章工作调度会议精神，全国加强换届风气监督工作电视电话会议、全省违反换届纪律案例通报暨警示教育大会会议精神，省、市粮食购销领域腐败问题专项整治相关部署要求，传达学习省政府、省军区《关于加强新时代民兵综合保障工作的通知》精神，安排部署下一步工作；通报区委落实省委第七巡视组反馈意见整改工作情况，部署下一步巡视整改工作；审议《绵阳市游仙区食品安全党政同责责任清单（审议稿）》《绵阳市游仙区党员和机关事业单位职工关爱帮扶专项资金管理办法（修订稿）》；通报游仙区 2021 年 9 月环境质量状况；审议“五粮液—五粮坊”总部基地项目相关事项、调整游仙区委区政府决策咨询委员会咨询小组事项；研究干部事项
七届第 5 次	11 月 18 日	传达学习中国共产党第十九届中央委员会第六次全体会议，11 月 12 日省委常委会（扩大）会议和 11 月 15 日市委常委会（扩大）会议精神，研究贯彻落实意见
七届第 6 次	11 月 18 日	传达学习习近平总书记关于耕地保护重要论述和重要指示批示精神以及省委省政府、市委市政府有关重要精神、全市巩固拓展脱贫攻坚成果同乡村振兴有效衔接暨乡村国土空间规划编制工作电视电话会议精神，研究贯彻落实意见；听取全区疫情防控工作情况汇报，研究部署有关工作，听取 2021 年市委、市政府下达游仙区目标任务推进情况汇报；传达学习全国、全省、全市网信办主任会议精神和市委网信委第三次会议精神，通报全区 2021 年网信工作情况及网络综合治理体系建设试点工作情况，安排部署有关工作；审议惠东公司、城东公司融资计划相关事项

续表1

届次	时间	主要议题
七届第 7 次	12 月 3 日	听取重要工作 11 月推进情况汇报；传达学习《中共绵阳市委工作规则》《中共绵阳市委常委会议事决策规则》文件精神；通报全区 10 月环境质量状况；审议《绵阳市游仙区目标绩效管理办法（审议稿）》《绵阳市游仙区全面推行林长制实施方案（审议稿）》《法治游仙建设规划（2021—2025 年）（审议稿）》及区纪委监委关于干部处分有关请示
七届第 8 次	12 月 17 日	传达学习市委八届二次全会精神，李克强总理关于森林草原防灭火的重要批示精神及相关会议文件精神，全国、省、市关于拓展新时代文明实践中心建设工作会议精神，研究部署下一步工作；审议启动游仙区国土空间规划编制工作相关事项，《绵阳市游仙区关于支持制造升级的若干措施（试行）（审议稿）》《绵阳市游仙区关于支持科技创新若干措施（试行）（审议稿）》《绵阳市游仙区支持军民深度融合发展若干措施（审议稿）》《绵阳市游仙区村常职干部参加基本养老保险补贴办法（审议稿）》《绵阳市游仙区国有企业深化改革三年行动实施方案（2020—2022 年）（审议稿）》，解决公益性项目建设缺口资金和支持园区发展资金相关事项，支持四川兴事发门业集团发展事项，《绵阳市游仙区 2020 年决算（草案）报告（审议稿）》《绵阳市游仙区招商引资工作规程（试行）（审议稿）》，中国科技城光子产业园项目相关事项，激光产业基地项目（补充协议书二）相关事项，绵阳今为纳米复合材料技术项目相关事项，科学城海天实业新材料创新孵化基地项目相关事项，《绵阳市游仙区人民政府 中物院激光聚变研究中心战略合作协议（审议稿）》《关于成立中国共产党绵阳市游仙区教育和体育局党组工作方案（审议稿）》，区级部门、镇（街道）主要负责人 2020 年度考核等次事项
七届第 9 次	12 月 23 日	传达学习中央民族工作会议、全国宗教工作会议精神；通报全区 11 月环境质量状况，传达学习中央人才工作会议及四川省县（市、区）人才工作先行区建设工作推进会精神，研究部署下一步工作，传达学习《绵阳市领导干部个人署名推荐干部办法》文件精神；审议《游仙区县域内片区划分推荐方案（审议稿）》《游仙区县域内村级片区划分方案（审议稿）》、游仙区排查整顿农村发展党员违规违纪问题处理意见；听取区委六届机动巡察基层卫生单位、区委六届机动巡察游仙生态环境局及基层教育单位、游仙区粮食购销领域专项联动巡察情况汇报；通报公务员辞职事项
七届第 10 次	12 月 28 日	审议《游仙区招商引资攻坚实施意见（审议稿）》、广东华睿智连高精密连接器西部基地项目相关事项、光大激光西部智能装备研发制造基地项目相关事项、四川移柯物联网智慧产业园项目（补充协议）相关事项、解决文明城市典范整治资金相关事项、《关于扎实开展作风能力攻坚行动的实施意见（审议稿）》；审议 2021 年度全区创新担当特别贡献先进集体和先进个人建议名单；研究干部事项

央、省委、市委经济工作会议精神，总结 2020 年全区经济工作，表彰表扬先进集体和先进个人，分析研判当前经济发展形势并安排部署 2021 年全区经济工作。（孟世琴）

【乡镇领导班子换届工作和组织工作会】 2021 年 3 月 29 日，游仙区召开全区乡镇领导班子换届工作会议和组织工作会议，区委书记、区长陈华斌出席会议并讲话。区委副书记杨守贵主持会议。何守君、姜曦等区四套班子在家领导以及游仙高新区领导蔡顺利、罗鉴明等出席会议。会议对全区乡镇领导班子换届工作和组织工作作出安排部署并集中签订严肃换届纪律承诺书。（孟世琴）

【中共绵阳市游仙区第七次代表大会】 2021年9月23日，中共绵阳市游仙区第七次代表大会闭幕。大会选举产生新一届区委、区纪委和游仙区出席市第八次党代会代表，通过关于六届区委报告的决议、关于区纪委工作报告的决议。（傅灵）

【第七届委员会第二次全体会议】 2021年9月23日下午，中国共产党绵阳市游仙区第七届委员会第二次全体会议召开。区委书记陈华斌主持会议。会议应到代表285人，实到代表273人。

按照大会选举办法，会议选举产生中国共产党绵阳市游仙区第七届委员会委员35名、候补委员7名，中国共产党绵阳市游仙区第七届纪律检查委员会委员25名，选举出席中国共产党绵阳市第八次代表大会代表35名。会议表决通过《中国共产党绵阳市游仙区第七次代表大会关于游仙区第六届委员会工作报告的决议》《中国共产党绵阳市游仙区第七次代表大会关于中共绵阳市游仙区第六届纪律检查委员会工作报告的决议》。（傅灵）

【党政领导干部读书班开班】 2021年12月10日，游仙区党政领导干部读书班开班，区四套班子领导、各地各部门党政主要负责人，2021年游仙区公务员任职培训班全体学员等260余人参加开班仪式，区委书记陈华斌在开班仪式上作主题报告，区委副书记、区长韩晓清主持开班仪式。陈华斌围绕学习贯彻中共十九届六中全会、省委十一届十次全会和市第八次党代会精神，从四个方面为与会人员作宣讲。（傅灵）

【实施科技创新战略大会】 2021年12月24日，游仙区举行实施科技创新战略大会，发布支持科技创新相关政策措施、与科研院所签订相关战略合作协议、颁发人才奖励。市委军民融合办常务副主任李建国，市科学技术局副局长熊仪江，游仙区四套班子领导陈华斌、韩晓清、何守君、杨守贵及辖区科研院所有关专家、金融单位负责人等出席大会。

大会对获得“菁英团队”、地方经济特殊贡献人才、游仙区尖端科技领军人物、游仙区富乐科技管理优才、游仙区高新技术企业培育奖的个人、团队及企业颁发奖金奖牌。部分科研院所、企业的专家被游仙区聘为“科技创新专家库”成员。游仙区与部分科研院所、企业签订战略合作协议，举行共建经费交接仪式，相关院所领导和企业代表围绕相关工作作交流发言。（傅灵）

【招商引资暨项目建设攻坚大会】 2021年12月29日，游仙区召开招商引资暨项目建设攻坚大会，游仙区四套班子领导陈华斌、韩晓清、何守君、杨守贵等出席大会，区委副书记、区长韩晓清主持会议。区委书记陈华斌向游仙区驻北京投促中心、驻上海投促中心、驻深圳投促中心、驻成都投促中心4个驻外投促分中心授牌，更好地推动游仙区驻外投促工作有效开展。与企业签订项目投资协议、框架协议，会上，区人民政府同游仙高新区、区住建局、惠东公司签订项目建设攻坚责任书。（傅灵）

【作风能力攻坚大会暨领导干部读书班结业】 2021年12月30日，游仙区作风能力攻坚大会暨领导干部读书班结业仪式举行，陈华斌、杨守贵等区四套班子领导以及游仙高新区领导出席大会。大会宣读《关于表扬2021年度全区创新担当特别贡献先进集体和先进个人的通报》，表彰创新担当特别贡献先进集体20个、创新担当特别贡献先进个人50名。会议强调：要了解工作背景，深入体会区委良苦用心；了解目标任务，聚焦问题靶向治理；了解路径方法，确保全区步调一致同频共振；了解工作要求，推动攻坚行动落地见效。会议还开展项目建设“作风问诊”。区委作风办专项检查全区项目建设情况，针对检查中发现的突出问题制作短片，并在会议现场进行播放。富乐

2021年12月24日，游仙区实施科技创新战略大会召开

（区融媒体中心供图）

公司、惠东公司、区农业农村局、区住建局、经济试验区负责人作整改承诺发言。涪江街道、新桥镇、区行政审批局主要负责人还就作风能力攻坚作表态发言。（孟世琴）

基层党建

【概况】 截至2021年年底，游仙区有党员24521名。其中，女性党员6170名，占25.16%；少数民族党员166名，占0.68%；预备党员457名，占1.86%；农牧渔民党员10399名，占42.41%；离退休党员3493名，占14.24%；35岁以下党员3772名，占15.38%；大专及以上学历党员8956名，占36.52%。有基层党组织1052个。其中，有党委101个、党总支113个、党支部838个；有镇党委8个、街道党工委3个、行政村党组织112个、社区党组织60个；有企业党组织112个、事业单位党组织114个、机关党组织196个。

【“两优一先”表彰】 2021年，游仙区获得中央、省委、市委、区委表彰的“两优一先”共计191名（个）。其中，全国先进基层党组织1个；全省优秀共产党员1名、优秀党务工作者1名、先进基层党组织1个；全市优秀共产党员7名、优秀党务工作者3名、先进基层党组织7个；全区优秀共产党员70名、优秀党务工作者50名、先进基层党组织50个；省级先进村党组织1个（新桥镇胜利村党委）、市级先进村党组织6个（魏城镇铁炉村党总支、忠兴镇木龙村党委、信义镇福星村党总支、小枧镇遇仙村党总支、仙鹤镇洛水村党委、游仙街道长明村党委）、区级先进村党组织5个（石马镇张家坪村党委、魏城镇飞龙村党总支、忠兴镇永佛村党委、盐泉镇上方寺村党委、信义镇曾家垭村党总支）。

【机关党建】 2021年，推进机关党建“提质增效”行动，实施区级部门机关党建工作全覆盖交叉调研督导，点对点反馈督导问题，督促机关党组织立查立改、补齐短板，进一步落实全面从严治党主体责任，抓实省委巡视反馈问题整改。持续深化提升机关党建品牌质量，不断提高机关党建业务水平，召开机关党建推进会暨业务培训会，对56个机关党组织书记进行全覆盖业务培训，不断提高机关党建业务水平，机关党建信息刊录量位居全市前茅。组织开展区直机关党史学习教育和庆祝中国共产党成立100周年系列活动，推进主题征文、演讲、视频征集等活动，创新开展“庆祝中国共产党成立100周年”主题党日活动，从严落实双重组织生活，以多种形式喜迎中国共产党百年华诞。

【“两新”组织党建】 2021年，实施“两新”组织“两个覆盖”双百集中攻坚行动，新建非公有制企业党组织27个、社会组织党组织7个，全覆盖选派党建指导员，实现全区“两新”组织党的组织和工作100%覆盖，未组建党组织的“两新”组织和未纳入组织管理的党员保持动态清零。

【基层党组织换届】 2021年，完成村（社区）“两委”换届选举，选出新一届“两委”班子成员。换届后，全区172个村（社区）党组织书记平均年龄45岁、比上届下降2.5岁，其中40岁以下37人，占21.5%；大专及以上学历者97人，占56.4%，比上届提高3.2%；村党组织书记“双带”能人占83%，产业在本村的占56%，“一肩挑”比例达96%。“两委”干部交叉任职比例为86%，初步建立一支以“双带”能力强、拥有高中以上学历、45岁左右青年人才为主体的村（社区）基层干部队伍，农村、城市基层党组织班子结构得到优化，引领能力明显增强。

【村级班子规范运行】 2021年，严格落实“四议两公开一监督”机制，常态化开展党建督查指导，全年通报督查整改情况2期。采取“先行试点＋全面推广”的方式，全覆盖开展党组织领导、群众参与的村规民约（居民公约）修订，从制度层面强化村规民约的操作性和执行力，有效发挥村民自治的作用。加强“一肩挑”村（社区）党组织书记管理监督，制定出台村级“小微权力”清单和运行流程，规范村党组织书记、主任“一肩挑”后农村基层权力运行，进一步明晰村级组织和村干部权责事项，完善运行机制。提升村（社区）活动阵地服务功能，支持镇村分批改造或新建村级活动阵地，按照“一室多用”“一所多能”，强化服务功能，全年完成94个村（社区）阵地亲民化改造。“充电赋能”提升镇村干部履职能力。通过专题培训、以会代训等方式对172名村（社区）党组织书记、909名村（社区）常职干部全覆盖培训。选派28名优秀村党组织书记代表参加省、市示范培训。承接全市乡村“导师帮带制”试点，在涪江街道、石马镇、魏城镇、小枧镇的24个村（社区）开展试点，遴选镇村两级帮带导师31个，帮带干部62名。实施“头雁提能”三年行动计划。与绵阳市电视广播电视大学（绵阳开放大学）达成继续教育协议，对符合条件的 22 名村社区党组织书记和 201 名常职干部，进行学历提升。

【村干部待遇保障】 2021 年，印发《游仙区健全村（社区）干部待遇体系加强基层组织活动和公共服务运行经费保障的工作方案》，确定“基本报酬 + 考核绩效 + 集体经济发展创收奖励”制度。调整后，村党组织书记基本报酬为每人每月 3440 元，副职为每人每月 2760 元，其他常职为每人每月 2410 元。实行年度绩效分类考核机制，按照村党组织书记、村副职、其他村常职分类拉通进行考核。绩效报酬资金按照村常职干部个人当年度基本报酬总额的 10% 纳入区财政保障。鼓励各地探索集体经济发展创收奖励制度，允许按照当年集体经济经营性收益新增部分的 5%—25% 提取资金，用于集体经济组织管理人员工作考核激励。健全村干部养老保险激励和保障机制。按照每人不超过 400 元 / 年的标准为在职村“两委”干部购买乡村干部责任保险，组织村干部参加新型农村合作医疗，按照社会保险参保政策，村干部自行参保，以先保后补方式实行补贴。差异化保障基层组织活动和公共服务运行经费，村 8 万—24 万元 / 年、城市社区 10 万元 / 年，村（社区）下设党组织按照每个不低于 1000 元 / 年标准保障，小区党组织按 2000 元 / 年保障。

【城市党建】 2021 年，深化“三化一型”社区队伍建设，新招录专职工作者 26 人，城市社区专职工作者达 195 人。调整社区党组织书记薪酬，达全区城镇全部单位就业人员平均工资水平。持续开展“头雁提能”行动，动员 82 名村（社区）干部到绵阳开放大学提升学历，选派 10 名优秀社区书记到成都典型社区蹲点锻炼，提升基层干部履职能力。投入 500 万元建成区级党群服务中心，社会组织 100% 活跃入驻，提升基层阵地服务能力。重点推进 4 个省市挂牌整治城乡接合部社区治理，全覆盖开展“社区治理进竞拉练”，推动全区党建引领社区治理工作提质扩面。“一社区一策”推进社区分类治理，韩家脊社区党委被中共中央授予“全国先进基层党组织”称号，城乡接合部“楼栋长 + 房东”模式被《党建参阅》刊载。全覆盖建立 104 个小区党组织，以红色物业“三公开”为抓手深化小区治理，表彰 2020 年度“红色物业”示范小区、物业企业等单位 9 个。

【国有企业党建】 2021 年，对国有企业党组织架构进行调整，撤销党支部 5 个，新建 12 个，进一步理顺运转机制，集团公司和下属公司全部完成“党建入章”并建立完善党组织前置研究讨论重大事项清单，2 个集团公司和 8 个子公司落实“一肩挑”，2 个集团公司和 9 个子公司实现“双向进入、交叉任职”。

【学校党建】 2021 年，制定中小学校党建督导评估办法、直属学校党建考核办法等，将党建工作纳入学校年度综合督导目标考核内容。修改、完善班子成员联系基层支部、学校党建述职评议、教职工对学校

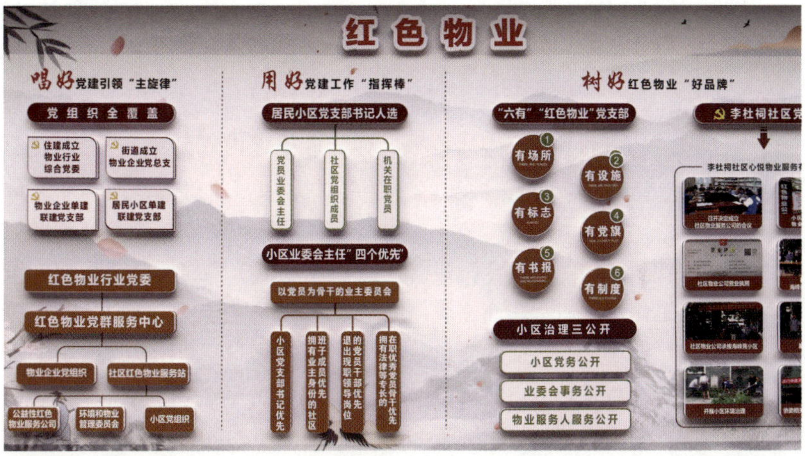

2021 年，富乐街道李杜祠社区红色物业展示牌

2021 年，富乐街道李杜祠社区“1335”党建大联盟展示牌

党建工作满意度评价等5项制度。成立6个教育督学责任区党委（总支），层级管理辖区内39个公办学校党组织。投入党建工作经费100余万元，打造富乐小学、游仙中学等4个党建阵地，升级打造初心教育馆、绵阳党史走廊、党员之家等“优+”党建学习阵地40余处。

【医院党建】 2021年，全面落实公立医院36项重点工作任务，全区所有医院完成章程及党委会和院长办公会议事规则修订并报主管部门或主办单位核准，二级及以上公立医院实现院长、书记分设，加大业务骨干和党员“双向培养”力度，12名业务骨干发展为党员，7名党员培养为业务骨干，3名党员业务骨干提到领导岗位，推动组织阵地不断向前，建立临床医技科室党支部3个。

基层治理

【城市基层治理制度】 2021年，建强城市社区工作者队伍，全面完成社区“两委”换届工作，社区党组织书记和居委会主任“一肩挑”达100%，印发《游仙区健全社区干部待遇体系加强基层组织活动和公共服务运行经费保障的工作方案》，提高社区专职工作者报酬待遇，人均增资1000元/月，对社区党组织书记实施全覆盖培训，有效提升社区干部履职能力。持续推进社区分类治理，印发《关于在城市社区开展分类治理的工作方案》，按商品住宅型、老旧院落型等5个类型开展社区治理，明确各类型社区重点治理方向，“一社区一策”制定治理方案，按时间节点推进。开展城乡接合部社区全覆盖调研，建立城乡接合部治理问题工作台账，确定省级挂点治理社区，限时推动城乡接合部突出问题整改。深化党建引领社区治理，探索“经营型社区”韩家脊模式，工作做法被市委组织部简报开发。完成社区阵地亲民化改造3个，表彰2020年度“红色物业”示范单位9个。深化共享小区建设，开展共享厨房、共享艺术厅、共享车位、共享工具屋等9项共享服务，形成邻里和善的小区生活氛围。

【农村基层治理能力提升】 2021年，建立健全村居干部选拔培训激励监督机制。一是开展党组织领导下的村规民约（居民公约）制定、修订。全区村（社区）规民约（居民公约）制定和修订工作已全面完成，“一村一策”形成“大白话”规约172个，强化规约的操作性和执行力，实现“法律之外有延伸，道德之内有约束”。二是建立健全村（社区）换届涉改村居干部稳定风险防控机制。全面启动并完成村（社区）换届风险分析研判工作，形成《关于下一轮村（社区）“两委”换届选举中涉改村居干部稳定风险的评估报告》，印发《村级建制调整改革离职村干部一次性离职生活补助实施办法》《关于在离任村（社区）干部中认定“荣誉村（社区）干部”的通知》，进一步完善离职村干部补助政策。三是实施村干部培训提能，全覆盖举办村党组织书记专题培训。依托区委党校，先后举办2期村（社区）党组织书记进修班，对换届后村（社区）党组织书记实行全覆盖培训，进一步增强党组织书记理论素养，强化责任意识，激发干事激情，选派优秀新任党组织书记代表参加省级示范培训，帮助新任党组织书记尽快转变角色，适应改革后的新形势、新要求。

【城乡基层治理能力建设】 2021年，一是提升党建引领力。纵深推进党史学习教育，促使党员干部学史明理、学史增信、学史崇德、学史力行。强化“不忘初心、牢记使命”主题教育成果运用，结合换届工作，持续整顿软弱涣散基层党组织，不断提升基层党组织的政治功能和组织力。二是提升法治保障能力。以狠抓平安游仙建设为抓手，开展“百村万户”警民共建平安活动，在全市率先推行“一村一委员一主任一辅警（警务助理）”制度，开展基层平安创建工作，17个村（社区）分别获2020年度省级、市级“六无”平安村（社区）。三是提升民生基层保障能力。推进养老服务体系建设工程，探索“社区+社工+项目+居民参与”“慈善组织+社区社会组织”有机联动的慈善助力社会基层治理现代化体系建设，解决老旧小区居民无人管、环境差、秩序混乱、治安问题频发等现象，深化乡村“厕所革命”，完成1个示范村整村推进任务（信义镇莲水村215户），5个非示范村410户、62个村301户完成乡村振兴监测户户厕改造，新建公厕2座（魏城镇鱼泉村、盐泉镇光明村），超额完成省市下达任务（524户改造任务）。所辖村域户用无害化卫生厕所普及率达95%，村容村貌明显改善，群众满意度达90%。

【示范创建】 2021年，各级城乡基层治理示范创建工作推进有力，合理确定示范点位，形成可复制经验模式，获批全国乡村治理示范村（魏城镇铁炉村），四川省首批乡村治理示范村（小枧镇遇仙村、魏城镇红岩村、仙鹤镇洛水村），四川省第二批乡村治理示范村镇（新桥镇、魏城镇铁炉村、新桥镇胜利村、新桥镇同福村），全省基层治理示范街道示范社区（富乐街道、涪江街道、沈家坝北街社区、韩家脊社区）。

（魏超、张炯、周廷贵、徐雅斓、王洁、黄楚林）

干部工作

【干部队伍建设】 2021年，始终鲜明事业为上选人用人导向，调整干部12批次，提拔重用148人次，新提拔重用干部中具有急难险重一线工作经历的占比达2/3。全覆盖完成科级领导班子综合研判，多维分析“透视”班子结构特点，为乡镇换届提供重要参考。开展普通科级领导干部和“一把手”分类量化考核，有效破除“一把手”评优“一枝独秀”的局面，增强工作紧迫感。强化正向激励引导，选树50名创新担当先进个人、235名重大专项工作先进个人。出台《机关事业单位中层干部轮岗交流暂行办法》，印发《关于进一步加强和规范机关事业单位借用人员管理工作实施办法（试行）》，推动干部队伍运转规范有序。

【干部监督管理】 2021年，紧盯换届重点环节，全方位加强换届风气监督，组织观看警示教育片《警钟长鸣》3000余人次，发放“明白卡”3300余份，确保换届纪律入脑入心。开展换届期间集中审档，坚持“凡提四必”，严防“带病提拔”。聚焦干部选拔任用程序规范，对换届期间提拔重用的干部选任文书档案开展自查自纠。畅通“12380”渠道，实行信访举报专人负责制，严格执行24小时值守制度，构建“电、网、信、访”举报体系，做到真管真严、敢管敢严、长管长严。制定《绵阳市游仙区政法干部轮岗交流暂行办法》，进一步巩固深化政法队伍教育整顿成效。

【干部培养】 2021年，围绕全国、全省、全市干部培训五年规划，严格按照“治蜀兴川执政骨干递进培养计划”要求，统筹实施“一把手”提能、专业化领导干部培养、年轻干部铸魂“三大工程”，联合西南财大、新国大苏州研究院等高校（培训机构），举办全面深化改革等培训班2期，培训干部100余人次。各部门年度重点培训项目按计划有序推进。落实上级调训任务，实现习近平总书记“七一”重要讲话精神网络学习培训全覆盖。深化干部“双向挂职”，争取省市部门、科研院所30名干部人才到游仙区挂职，选派46名干部到省市顶岗历练，50余名干部参与乡村振兴、藏区援建、驻外招商等急难险重任务，提升干部融合发展能力。

【干部人事档案“集中管档”建设】 2021年，由区委组织部负责，持续推进集中管档工作。一是在硬件要素方面，划拨120平方米办公用房作为干部档案室建设用房，并按照档案库房标准化建设，严格落实“八防”（防尘、防潮、防高温、防光、防蛀、防腐、防鼠、防火）措施，配备加湿除湿净化一体机、自动恒温空调、自动除虫除害喷雾等设施，于2021年3月投入使用，提升干部档案基础设施保障水平。二是在软件配备方面，加强档案智能管理系统和档案数字化建设，提升服务水平，提高工作效率。三是深化培训、严格审档，为集中管档工作做好前期铺垫。以“国有企事业单位骨干人员档案专项审核‘回头看’攻坚行动”为契机，全覆盖审核企事业人员档案，做到坚持原则、从严把关。同时，对审档人员加强培训，并坚持定期到各管档单位督查指导，待各管档单位完成审核、完善、调查、认定、归档、数字化后，将各单位的档案移交区委组织部，实现集中管档。（田贵礼）

公务员工作

【公务员招录】 2021年，实施公务员队伍“源头活水”计划，招录（引进）公务员12名，其中招录政法系统公务员2名、乡镇公务员3名，引进急需紧缺专业选调生6名、面向基层选调生1名。

【选调生培养】 2021年，将选调生作为高素质专业化干部队伍“源头工程”，选派1名选调生参加省委组织部举办的2021年全省选调生示范培训班，组织34名选调生参加区驻村帮扶力量和到村任职选调生专题培训班，落实31名选调生到村任职。

【公务员职级晋升】 2021年，有序推进公务员职级晋升工作，合理规划使用职级职数，用好“积分制管理办法”，发挥职级制度的持续激励作用，72人次晋升职级，其中晋升三级调研员1人次、四级调研员2人次、一级主任科员6人次、二级主任科员3人次、三级主任科员46人次、四级主任科员14人次。

（高溪遥）

人才工作

【人才工作先行区建设】 2021年，游仙区被列入首批“全省（县、市、区）人才工作先行区建设单位”，以区委名义印发《绵阳市游仙区人才工作先行区创建方案》，实行“责任制＋清单”模式将6类重点任务细化成25项具体工作措施进行推动。9月8日，区委书记陈华斌在科博会全球青年学者论坛绵阳科技城专场活动上作游仙区人才工作先行区推介。11月30日，在全省“县（市、区）人才工作先行区建设工作推进会”上，游仙区以《变现人才存量，做大人才增量，用好用活中国科技城人才力量》为题，作书面交流发言。

【人才项目评选】 2021年，实施“菁英团队”扶持计划、“富乐优才”培育计划、尖端科技领军人物、科研院所地方经济特殊贡献人才奖、“富乐青年”人才储备计划和游仙区人才绿卡5个区级人才项目评选，共计评选人才团队11个、人才个人110名，奖补资金共计422.6万元。辖区5家企业申报绵阳市“科技城人才计划”项目，获得400万元资金资助。

【人才创新创业平台建设】 2021年，游仙区投资3000万元完成中国（绵阳）科技城航空动力科创中心首期建设，新引进国家级高空模拟技术重点实验室、叶轮机械工程技术研究中心、四川省航空发动机和燃气轮机燃烧工程技术研究中心等16个创新团队。游仙高新区完成省级（院士）专家产业园1个总站和2个分站建设，拥有签约院士3名、行业领域专家12名。绵阳市核电工程建造与安全重点实验室被评为绵阳市重点实验室，绵阳市闪光放射治疗工程技术研究中心研究所、绵阳市电梯安全工程技术研究中心被评为绵阳市工程技术研究中心。

【招才引智】 2021年10月21—23日，以“科技绵州·人才飞阳”知名高校绵阳人才活动周游仙区专场为主题，分别在上海、武汉两地举办招才引智活动4场。开展考核招聘岗位“云上揽才”活动1次，组织高校和社会化招引11次，为企事业单位引才1700余名。

【人才服务】 2021年，新落实5名重点企业新引进人才入住人才公寓，租用70套人才公寓供核医疗健康产业园高层次人才入住，协调解决52名科研院所人才子女入学、配偶就业事宜，累计发放全域人才慰问资金81.8万元。创新开展43名援藏援彝干部关爱体检，协调辖区医院上门为企业人才提供核酸检测服务1200余人、接种新冠疫苗5000余人。

【校地人才合作】 2021年，游仙区委与清华大学签订共建大学生社会实践基地协议。全年接收国内知名高校20名博士、硕士研究生到游仙12个企事业单位开展社会实践。

（张鑫）

2021年9月8日，游仙区在全球青年学者论坛绵阳科技城专场活动中作省级人才工作先行区推介

老干部工作

【概况】 截至2021年年底，有副县级以上（含享受待遇）离退休干部111人。其中，离休干部2人，实职副县级以上退休干部29人，享受副县级待遇退休干部80人。代管原朝阳厂和东材集团离休干部7人，中华人民共和国成立初期参加革命工作退休干部9人。全区机关企事业单位共有离退休干部党支部39个，涉及离退休党员干部1435名。

【离退休干部党的建设】 2021年，以党史学习教育活动为载体，在离退休干部和离退休干部党支部中开展党史学习教育，加强离退干部党的政治建设、思想建设、组织建设。举办老干部大讲堂3期，线上组织学习7次，编印学习3期，送学上门120余人次，通过多种形式，将党史学习教育指定学习材料发至每一名老干部手中。组织老干部赴广元苍溪渡、梓潼两弹城红色教育基地开展党史教育主题现场学习2次。组织“喜迎华诞 百年献礼”书画摄影展览、“我看中国共产党成立百年新成就”征文活动和座谈会，收集作品81幅、征文45篇。引导老干部主动参加爱党爱国主题文艺演出、文艺展演、歌咏比

2021 年 3 月 24 日，游仙区委老干部局组织老干部在广元市苍溪县红军渡开展“回温红色记忆 牢记初心使命”党史学习教育活动

赛、录制“我心永向党”短视频，展现老干部精神风貌，表达感党恩情。推行“银发党建”到乡镇、进社区，组织全区各级离退休党组织与村（社区）结对联建活动，开展主题党日活动，引导离退休党员干部发挥民情收集、议事监督、政策宣讲、法律宣传等作用。组织 32 个单位订阅《离退休干部党支部学习参考》96 份，方便老干部政治学习。

【离退休干部管理服务】2021 年，在离退休干部基本情况台账的基础上增设个人事迹档案，将老干部获奖、发表作品、建言献策、作用发挥等项目纳入档案内容，发现培养先进典型，分类管理，掌握老干部个性特征。重要庆典、节日走访、关心慰问生病住院、困难帮扶 35 人次，开展副县级以上离退休干部及离休干部遗孀慰问 250 人次，发放慰问金、慰问品 22.1 万元。严格按照规定及时落实 4 名离休干部生活补贴和医疗待遇政策。开展特殊困难离退休干部帮扶和中华人民共和国成立初期参加革命工作的退休干部门诊医疗照顾工作，对 12 名离退休老干部及离休干部无工作遗孀发放特殊困难帮扶资金 3 万元，解决 4 名中华人民共和国成立初期参加革命工作的退休干部医疗照顾资金 18400 元。事前征求离退休老干部意愿，确定中心医院、第三医院 2 家医院作为体检医院，联合市三医院有针对性地举办健康知识专题讲座、现场义诊、常见病筛查和家庭医生签约等活动。

【离退休干部作用发挥】2021 年，以“老党员工作室”带动示范，发挥老干部优势作用。组织 6 名老干部到富乐街道开元路中街社区和魏城镇铁炉村开展“迎新春 送春联”志愿服务。组织 15 名老干部成立“银发红色”宣讲志愿服务队，引导“五老”就近就地开展“四进四讲”活动。全年开展宣讲活动 30 余场次，受教育群众 5000 余人次。印发《在全区离退休干部中开展“我为城乡基层治理出份力”活动的实施方案》，动员全区离退休老干部发挥优势，离退休党组织参与助力社区治理、乡村振兴、和谐社会等活动。在已建成的“老党员工作室”，开展方针政策宣传、民情民意收集、矛盾纠纷化解、文化活动宣传、环境卫生整治和未成年人关爱等活动。其中小枧镇矛盾调解老党员工作室调解案件 148 个，涉及当事人 413 人，涉案金额 232 万余元。教师公寓老党员工作室发挥文艺创作特长开展庆祝中国共产党成立 100 周年书画展览、诗歌朗诵等活动 10 余次，带动 500 余人次参与。

（庞敏）

宣传思想工作

【理论学习培训】2021 年，开展以党史学习教育、换届纪律、安全生产、学习贯彻中共十九届六中全会、市区党代会精神等为主题的区委理论学习中心组集中学习研讨 10 次。全区“学习强国”学习平台注册使用达 2 万余人，“学习强国”四川平台采用 267 篇，全国平台采用 19 篇。举办富乐大讲堂 3 期，培训党员干部 700 余人次。印发部门“周三夜学”、镇（街道）“周五集中学”学习清单 12 期。全区各级各部门开展中共十九届六中全会、省委十一届十次全会、市第八次党代会、区第七次党代会精神宣讲 103 场次，宣讲覆盖 2 万余人。

【理论研究】2021 年，印发《游仙区社科联 2021 年工作要点》，组织社科工作者参加中央、省市区重要会议精神的学习和论坛讲坛 80 人次。对苏易简纪念馆进行社科基地授牌，在省级基地越王楼开展党史悦读分享会，在民俗文化普及基地开展小小讲解员培训和比赛，在飞龙山基地举办红色研学主题活动。各社科基地共开展庆祝中国共产党成立 100 周年活动 30 余场次，接待干部群众参观学习 10 万余人次。全区 11 个项目课题申报为 2021 年度市级社科研究规划项目，按期完成课题调研和结项提交。编印《社科研究规划结项项目和重点社科成果合集汇编》，一批理论成果在《绵阳论坛》《绵阳智库》等刊物分期刊发。

【意识形态工作】 2021年，坚持每季度印发意识形态工作责任提醒清单。区委常委会专题研究部署意识形态工作3次，开展全区贯彻落实意识形态工作责任制专项督查2次，召开全区意识形态领域形势分析研判会4次。每季度分析研判网络意识形态领域重点工作。打造光联讯通科技集团有限公司党建示范点，1个党组织获评省级互联网企业五星党组织，2人被省互联网行业党委评为优秀共产党员。在全市范围内率先建立区级网络综合治理体系建设管理平台，形成区、镇（街道）、村（社区）三级试点体系。迎接省委网信办调研，区委网信办被表彰为2021年全省网信工作先进集体。区委网信委成员单位协调联动，全年未发生重大负面网络舆情。组织开展关键信息基础设施网络安全现场检查，扎实开展网络生态治理、“清朗”、“网剑”、清理“指尖上的形式主义”等专项整治行动。

【媒体宣传】 2021年，围绕改革发展、创新创业及党史学习教育等各项中心工作，与新华社、《人民日报》、《中国日报》、中央电视台等国家级媒体加强对接，与中新网、四川新闻网、绵阳新闻网等17家重点网站签订合作协议，全区各级各部门在省级及以上媒体刊播稿件300余篇，在市级及以上媒体刊播稿件1500余篇。《我爱发明·乡村洗碗机》《垃圾变身记》等稿件被中央电视台、《人民日报》刊播。以中国共产党成立100周年为契机，加强党史教育和社会主义核心价值观宣传，各级各部门在市级以上平台刊发中国共产党成立100周年宣教活动相关稿件100余篇，平均每月在区级以上平台刊播党史学习教育相关稿件50余篇，30余篇稿件被《人民日报》客户端、“学习强国”四川平台等媒体刊发。全省媒体记者走基层活动深入游仙区魏城镇、新桥镇、经济试验区、游仙高新区等地实地采访考察，在四川新闻网、红星网等一批有影响力的平台上发布相关稿件50余篇。

【社会宣传】 2021年，持续开展标语乱牵乱挂行为专项督查整治工作，在全区各主干道和人群集中地设置长期性固定社会宣传阵地20余处，打造长期宣传点位100余处。围绕重要时间节点、重大活动、重点工作，刊播社会宣传标语2000余条，播放次数达10万余次。利用辖区的单立柱广告、LED屏幕、城市中心广场等宣传载体，组织开展习近平新时代中国特色社会主义思想、中共十九届六中全会、省委十一届十次全会、市第八次党代会、区第七次党代会精神社会宣传。在“直播游仙”App开设习近平新时代中国特色社会主义思想和中共十九届六中全会、省委十一届十次全会、市区党代会专题专栏，发布相关报道600余篇。在“游仙发布”公众号、“直播游仙”App等区级媒体平台刊发新冠肺炎疫情防控知识、公共情绪引导等相关文章100余篇，阅读量超过50万次。

【精神文明建设】 2021年，打造“苏易简纪念馆”市级公民道德建设教育基地，建设完善飞龙山红色文化基地、玉河乡村民俗博物馆等宣教阵地12个，绘制核心价值观主题墙面彩绘200余幅。以盐泉镇苏易简纪念馆为依托，建成全市首个“绵阳市新时代公民道德建设教育基地”。在全市率先开展《绵阳市文明促进条例》宣传短视频征集比赛，评出优秀短视频11个。开展农村天价彩礼、薄养厚葬、铺张浪费、赌博败家等陈规陋习专项整治。设立家道评议堂，利用传统节日和重大节假日，组织“先祖先贤追思会”“道德模范交流会”活动。全区创建省级文明校园3个；市级（含最佳）文明单位4个，文明村镇10个、文明校园3个、文明家庭8个；区级及以上文明村、文明校园占比分别达89%、73%。4人被评为绵阳市新时代好少年。在盐泉学校设立绵阳市未成年人心理成长指导中心游仙（村镇）分中心。魏城镇、盐泉镇等地3人被授予“四川好人”称号，占全市入选比例50%。成立区委书记为组长的文明城市创建工作领导小组，构建“区为主体、部门镇街负主责”的创建格局。在主要干道路口常态化开展文明交通劝导，广泛宣传、发动群众参与文明城市建设志愿服务活动300次，参加志愿者2000余人次。

【新时代文明实践工作】 2021年，在“直播游仙”App开设“新时代文明实践”专栏，开展“点单式”志愿服务达1.2万人次。举办14期新时代文明实践中心网络直播大讲堂，互动人次达10万余人次，相关经验被省委宣传部简报刊载推广，4期经典授课在省志愿服务平台展示。广泛发动“乡村大喇叭（社区小广播）”百姓宣讲团、志愿者、网格员开展《绵阳市文明行为促进条例》宣讲和党史宣讲130余场次。举行“学党史、感党恩、跟党走”党史学教文明实践进万家活动启动仪式。组织开展首届志愿服务项目创投大赛，从68个申报项目中评选出22个获奖项目进入孵化阶段，推动游仙志愿服务品牌打造。全区在全国志愿服务网注册志愿者近11万人、志愿者团队900余个，发布志愿服务活动6000余场次，参加志愿服务活动达20万人次。区新时代文明实践中心（所、站、点）工作经验成效多次受到市委宣传部表扬和推荐，省内外10余个考察团到游仙参观考察学习中心建设工作，成果经验推广范围进一步扩大。

2021年6月11日，绵阳市首届李杜文化节在游仙区举行

（区融媒体中心供图）

【文化活动】 2021年，以庆祝中国共产党成立100周年为主题，举办“永远跟党走”系列文化活动“在灿烂阳光下”群众文艺会演、“颂歌献给党 奋进新时代”歌咏展演、“喜迎华诞 百年献礼”游仙区书法美术摄影展、“百年恰是风华正茂”主题演讲、征文、短视频征集等系列文化活动10余场，承办市级“歌声飘扬 我心向党”红色歌曲群众周周唱活动4场。组织开展各类文化惠民活动40余场。完成农村电影公益放映1644场次。举办“学党史 感党恩 跟党走——书香游仙·全民阅读”系列活动，全区开展各类主题阅读活动160余次。2件文学作品在四川省2020年“农民读书月”征文活动中分别获一等奖和优秀奖，2件书法作品在2020年“我的书屋·我的梦”少年儿童阅读实践活动中入选全省优秀作品。李杜祠社区、桂花社区获2021年绵阳市优秀“书香社区”称号。

【文化作品和文化传承】 2021年，快闪视频《在灿烂阳光下》、实景舞蹈《在希望田野上》、音乐作品《难忘那一叶红船》《青春的你》《书香梓棉》在“学习强国”、绵阳新闻网、《香港商报》等媒体传播报道，并参加省市级文艺活动演出。其中，《青春的你》被推选为“信仰的力量”——九城市庆祝中国共产党成立100周年主题文艺作品网络展示活动表演曲目，《书香梓棉》获四川省“唱支山歌给党听 百首金曲庆华诞”评选活动金奖第二名。小品《山湾农庄的笑声》获评四川省群众文艺作品会演优秀作品奖，《未你而来》短视频获得第五届检察新媒体创意大赛最佳叙事奖。特别推出庆祝中国共产党成立100周年广播节目《歌声里的100年》10期，被“文明绵阳进行时”广播频道采用。组织各文艺协会开展文艺采风和创作活动，在省市作品展中获奖、入展15人次。对飞龙山红军纪念馆、张勇陈列室等进行改造提升，在仙人路社区（原朝阳厂）建设“军工记忆”主题文化墙。张勇纪念馆被评为“绵阳市中共党史宣传教育示范点”。编著《红色飞龙山》《红色诗文》党史读本，在“直播游仙”App上开设《忆飞龙故事传红色精神》专栏。“聋派指画”走进绵阳师范学院、剑南路小学开展传承活动；高空杂技“高空书法——李白将进酒”代

2021年4月21日，游仙区2021年“书香游仙·全民阅读”系列活动暨版权宣传周启动仪式举行

（区融媒体中心供图）

表游仙参加央视中文国际频道《环球综艺秀》节目录制；藏门武术代表游仙参加市全运会，获得金牌4枚、银牌4枚、铜牌3枚。建立盐泉镇苏易简状元文化纪念馆、乡村农耕博物馆，举办绵阳市首届李杜文化节庆祝活动、游仙区盐泉状元文化旅游节。

【乡村文化振兴】2021年，指导打造区级乡村文化振兴样板镇3个、样板村3个。其中，魏城镇被评为市级乡村文化振兴样板镇，魏城镇铁炉村被评为省级和市级乡村文化振兴样板村，新桥镇胜利村被评为市级乡村文化振兴样板村。组织8个镇深入挖掘辖区内乡村文化能人及传统文化内涵，参与省市区竞演活动，魏城镇被评为省级、市级“魅力乡镇”，传统文化节目《传承》被评为市级“特色乡土文化节目”，游仙区获市级“优秀组织奖”。指导新桥镇采用“1+5+3”建设运营模式助推乡镇公共文化服务提质增效，并完成四川省第二批乡镇公共文化服务提质增效试点工作。全市宣传思想文化系统两项改革“后半篇”文章工作拉练比拼现场会在新桥镇胜利村召开。

【党史学习教育】2021年，区委书记带头讲党课，区委理论学习中心组专题学习分享心得感悟6次。制定全区“1+10+N”总体实施方案和具体任务体系，每周下发工作清单，召开领导小组会议3次、办公室主任会议3次。抓好习近平总书记在党史学习教育动员大会上的讲话、“七一”重要讲话及中共十九届六中全会、省委十一届九次全会、市第八次党代会、区第七次党代会精神学习贯彻，全区各基层党组织开展专题学习400余次。组织上万名党员干部参加线上、线下党史知识竞赛，开展微宣讲、党史阅读推广等党史学习教育基层宣讲活动400余场。掀起“我为群众办实事”实践活动热潮，扎实推进县级领导牵头领办的70件实事和区级重点层面30件实事，各地各部门自主完成“我为群众办实事”项目4300余件。开展党史学习教育全覆盖督导检查3轮。每月收集办实事项目推进情况并督促办理，高频度编发学习简报37期。

【宣传思想队伍建设】2021年，利用全区宣传思想工作会、意识形态工作研判会，组织党员干部对习近平新时代中国特色社会主义思想和中共十九届六中全会、省委十一届十次全会、市第八次党代会、区第七次党代会精神进行深入学习贯彻。组织党员开展“发扬红色传统，锤炼坚强党性”党史学习教育践学活动。扎实开展“四力”教育实践活动，开展“乡村大喇叭”（社区小广播）百姓宣讲团工作培训会、游仙区首届新时代文明实践志愿服务项目创投大赛培训会、2021年“扫黄打非”网格员专题培训会，组织游仙区宣传系统骨干人员赴西南大学开展新时代文明实践暨意识形态工作专题培训，选派人员参加省市网络舆情处置工作培训。通过多种形式，培养锻炼宣传战线人员350余人。（朱珊珊）

版权管理与保护

【概况】2021年，版权作品免费登记711件，超额完成年度版权登记目标任务的158%。创办“游仙版权 有‘版’有眼”栏目，定期对辖区优秀版权个人、企业、作品进行全方位、多维度、立体式宣传，在全区营造“尊重版权 人人有责”的良好氛围。区版权局获“2021年全市版权工作先进单位”称号。

【软件正版】2021年，游仙区软件正版化工作全面推进，通过公开招标，财政拨款30万元统一采购正版办公软件。全区党政机关和财政全额拨款事业单位（不包含医院、学校及公检法司税）的3172台电脑正版办公软件实现全覆盖，不留死角，办公软件正版化率达100%，并开展软件正版化工作培训。

【国家级、省级“版权示范单位”创建】2021年，为争创国家级、省级“版权示范单位”，打造“创意游仙 版权先行”特色品牌，在全区建立1个版权保护服务总站、12

2021年1月14日，四川湖山电器股份有限公司获“四川省版权示范单位”称号
（区融媒体中心供图）

个版权保护服务分站、N个企业版权登记站点，全面构建“1+12+N”版权保护服务工作体系。定期指导督促辖区企业做好作品版权免费登记工作，培育版权示范企业。绵阳文昌祖庭文化传播有限公司、四川湖山电器股份有限公司获“四川省版权示范单位”称号。

【扫黄打非】 2021年，创新成立“扫黄打非·护苗联盟”组织，经验做法获得市委宣传部分管领导肯定性批示。在中小学开展专题讲座、禁毒教育流动课堂等“护苗”品牌活动30场次，覆盖在校师生5000余人。常态化开展扫黄打非“五大”专项行动8次，收缴非法出版物1268册。全区11个镇（街道）、172个村（社区）“扫黄打非”基层站点规范化标准化建设率达100%。开展影院新冠肺炎疫情防控、安全生产等联合检查8次。

【版权宣传教育】 2021年，以“4·26”世界知识产权日为契机，集中开展版权宣传进机关、进企业、进学校、进园区、进社区、进乡村“六进”活动和版权执法专项检查。举办版权执法监管培训、版权示范工作培训等，全面提升版权工作管理能力和水平。常态化指导辖区企业就版权保护、版权制度建设、版权宣传推广、版权特色工作、产生的社会经济效益及企业未来发展方向等方面给予建议和指导。（蒲颖）

精神文明建设

【概况】 2021年，游仙区精神文明建设工作以习近平新时代中国特色社会主义思想为指导，深入贯彻落实习近平总书记关于宣传思想和精神文明建设工作的重要论述，全面落实党中央、省委、市委和区委有关决策部署，紧紧围绕庆祝中国共产党成立100周年这条主线，聚焦奋斗“十四五”，大力培育和践行社会主义核心价值观，全面启动全国文明（典范）城市创建，持续加强公民道德建设和未成年人思想道德建设，大力培养担当民族复兴大任的时代新人，深化拓展新时代文明实践中心、所、站建设，强化志愿服务，着力打造游仙区新时代文明实践志愿服务品牌，广泛开展乡风文明十大提升行动，弘扬时代文明新风，提升社会文明程度，推动新时代精神文明建设高质量发展，为全面建设社会主义现代化游仙贡献精神文明力量。

【全国文明典范城市创建】 2021年，游仙区认真贯彻落实市委、市政府关于争创全国文明典范城市的各项规章制度，制定《游仙区关于争创全国文明典范城市工作推进方案》《全国文明城市建设实地考察点位工作台账和任务清单》，印发《关于落实〈全国文明城市（地级以上）测评体系操作手册（2021年版）任务分工〉的通知》《绵阳市游仙区关于落实〈全国未成年人思想道德建设工作测评体系操作手册〉任务分工的通知》《〈游仙区宣传贯通《绵阳市文明行为促进条例》工作方案〉的通知》和《关于抓紧对点对标落实〈全国未成年人思想道德建设工作测评体系操作手册（2021年版）〉实地考察任务的通知》等系列文件。承办《绵阳市文明行为促进条例》（以下简称《条例》）集中宣传月活动启动仪式，征集《条例》优秀宣传短视频11条，并在“直播游仙”App等媒体展播。建立区级领导联系指导镇（街道、园区）各部门联系社区制度，全面推行街长制和小区、楼幢网格制，对辖区文明城市建设问题进行实时排查、上报、整治，组织督查组对全区26类154个点位进行拉网式、全覆盖督导检查，下发专题督办函35份。投资200余万元在农村群众聚集地绘制200余幅核心价值观主题墙面彩绘。制作景观小品公益广告15处，中、小型牌幅1000余个，小型插牌1000余个，广告张贴画2万余张，实现主次干道、背街小巷、商场餐馆公益广告随处可见，提升改造标准化示范小区4个。

2021年9月16日，富乐街道开展全国文明典范城市创建工作

（区融媒体中心供图）

【新时代文明实践中心建设】 2021年，按照中央、省、市关于新时代文明实践中心建设要求，游仙区整合各类资源，建设新时代文明实践1个中心、12个所、172个站，拓展建设374个点，实现新时代文明实践全覆盖目标，活动基本实现常态化。各新时代文明实践所、站、点常态化开展新冠肺炎疫情防控、森林防火、交通劝导、科学普及、政策宣讲、卫生健康等志愿服务活动，“童伴妈妈”“护苗行动”“我们的节日”“老年巡防体系”等品牌志愿服务项目效果突出。2021年是中国共产党成立100周年，区新时代文明实践中心组织各地各单位开展“百年颂歌”行动、“红色种子”行动、“党旗添彩”行动；组建“红马甲”“退役老兵”“工厂青年”等16个宣讲团，结合“我为群众办实事”收集梳理群众微心愿，开展“五老宣讲进课堂、党史故事我来讲”，举行“共读红色经典”亲子阅读等，共计3115场活动，为庆祝中国共产党成立100周年营造氛围。线下活动热烈的同时运用线上服务解决群众需求，在“直播游仙”App开设“新时代文明实践”专栏，宣传、发布志愿服务活动，线上基本实现点单、派单、接单、评单志愿服务流程。截至2021年12月，为群众提供志愿服务达1.2万余人次，好评率达90%。全年邀请专家和部门业务骨干开展党史学习教育、新冠肺炎疫情防控、心理疏导等新时代文明实践网络直播大讲堂14期，互动达10余万人次，深受群众喜爱和好评，相关经验被省委宣传部简报刊载推广，4期经典授课在省志愿服务网络平台展示推广。2021年，海南省、遂宁市等10余个省内外团队到游仙考察学习新时代文明实践中心建设。

【志愿服务】 2021年，推进全国志愿服务信息系统注册和使用工作。截至2021年12月，在全国志愿服务网、区新时代文明实践志愿服务平台注册志愿者达10.1万余人、志愿者团队900余个、发布志愿服务活动6000余场次、参加志愿服务活动达20余万人次、累计服务时长近20万小时。组织开展首届志愿服务项目创投大赛，紧扣群众需求主题，通过方案初选、专家培训指导、路演答辩决赛等环节，从68个申报项目中评选出22个获奖项目进入孵化阶段，发放孵化资金13.6万元，有力推动游仙特色志愿服务品牌打造。

【乡风文明建设】 2021年，倡导各地组建乡贤理事会、道德评议会、红白理事会等群众组织10余个，修订和完善村规民约、居民公约等自治制度100余条，提高群众自我教育、自我管理的能力。推进农村党员婚丧嫁娶报备制度实施，采取群众喜闻乐见的方式，开展天价彩礼、薄养厚葬等陈规陋习专项整治10余次，大力倡导塑造文明乡风淳朴民风；利用传统节日或重大节假日，组织开展“先祖先贤追思会”“家训家族诵读会”等活动30余场次，着力延续优良传统，推动好家风好家训好家规在游仙蔚然成风。

【文明细胞创建】 2021年，持续深入开展文明创建工作，指导各地各单位按照文明创建细则，完善设施设备，打造特色亮点。2021年，市商行游仙支行等4个单位被评为市级（含最佳）文明单位；小枧镇、魏城镇七里村等10个村镇被评为市级文明村镇；张晓英等8个家庭被评为市级文明家庭；盐泉学校被评为创建四川省文明校园先进学校，徐家小学、东原小学被评为市级文明校园。截至2021年年底，全区创建全国文明单位2个、全国文明村镇2个；省级（含最佳）文明单位12个、省级文明村镇2个、省级文明校园6个；市级（含最佳）文明单位50个，市级文明家庭20余个，市级文明镇达100%；区级文明单位35个，区级文明村93个，区级文明家庭29个。

【道德典型选塑】 2021年，强化公民道德建设，推广运用道德银

2021年12月3日，游仙区新时代文明实践志愿者在绵阳科技馆广场开展志愿服务

行、村民议事堂、红黑榜（墙）等机制，广泛开展社会公德、家庭美德、个人品德教育引导、身边好人评选，指导盐泉镇“苏易简纪念馆”打造为绵阳市首个公民道德建设教育基地。全区整合112个村级道德评议堂，开展“好公婆”“好媳妇”等身边好人评选表彰及“红黑榜”正反典型评比活动。2021年，仙鹤镇种粮大户唐以全，盐泉镇身残志坚、乐于助人的鲜娇姣，魏城镇诚信还债的杨群芳分别被评为敬业奉献、助人为乐、诚实守信的“四川好人”，张晓英等49人被评为绵阳市各类“道德模范”。

【未成年人思想道德建设】2021年，以立德树人为根本任务，把“扣好人生第一粒扣子”作为未成年人思想道德建设工作的方向和主旨，开展“新时代好少年”学习宣传、传承红色基因、中华经典诵读讲写画演、学雷锋志愿服务和“阳光成长”心理健康教育六大活动，涪江小学李欣怡、富乐小学梅子奇等4人被评为绵阳市新时代好少年，《孩子，请记住2020年这个春天》《我的名字》2件作品分别获得省委宣传部、省教工委、省教育厅、省语委联合举办的中华经典诵写讲演系列活动一等奖、三等奖。拟启动在盐泉学校建立全市唯一的面向农村未成年人的绵阳市未成年人心理成长指导中心游仙（村镇）分中心，全区11个单位、8名个人分别被授予绵阳市未成年人思想道德建设工作先进单位和个人。

（朱刚）

信息安全

【绵阳市网络综合治理体系建设现场会】2021年7月16日，游仙区承办绵阳市2021年网络综合治理体系建设现场会，市委网信办领导、各县（市、区）党委网信办、园区党工委党群部、市直有关部门负责人参加会议。游仙区形成以网络综合治理可视化工程建设和三中心融合为代表的区级试点、以“心之桥·镇域网络综合治理调度平台”建设为代表的镇级试点、以“智联北街社区网络管理平台”建设为代表的社区（村）级试点的三级试点体系，在全市范围内率先建立网络综合治理体系建设管理平台，以问题为导向，信息赋能、精准发力，促进基层社会治理水平的提升，相关经验做法在全市范围内交流。游仙区委网信办获2021年四川省网络安全和信息化工作先进集体和2021年绵阳市网信工作先进单位殊荣。

【网络阵地安全管理】2021年，加强游仙政务网站、“直播游仙”App政务信息平台及其他平台政务新媒体账号对外信息发布管理，针对网站平台及政务新媒体平台信息内容安全问题，召开专题会议并印发《关于政务信息内容安全问题的通报》《游仙区关于贯彻落实〈关于进一步压实网站平台信息内容管理主体责任的意见〉的通知》《关于开展政务新媒体清理整顿内容运营违规外包专项工作的通知》，强化平台管理主体责任和信息发布主体责任，严格落实“三审三校”制，维护政务新媒体严肃性、权威性。依托清博大数据平台每月发布“游仙区政务新媒体影响力榜单”，加强区内政务新媒体有效引导和管控，引导各单位进一步提升政府网络公信力，拓展服务群众渠道，全面提升政务新媒体权威发布和舆论引导工作效能。

【网络安全事故防范】2021年，修订并印发《绵阳市游仙区网络安全事件应急预案》，参加省市网络安全攻防演练，提升网络安全应急保障能力和水平。办好2021年国家网络安全宣传周宣传活动，开展好主题日宣传。宣传周期间，各地设置30余个网络安全宣传点，发放宣传资料2000余份，“直播游仙”App、“游仙政法”等新媒体账号发布相关稿件50余篇，线下播放LED标语500余条次，在全社会形成维护网络安全浓厚氛围。组织开展关键信息基础设施网络安全现场检查，重点检查各单位网络安全责任制落

2021年10月14日，区保密局在区政府机关开展网络安全宣传

（区融媒体中心供图）

实情况和网络安全防护情况，发出整改通知8份，印发网络安全预警6期，消除网络安全隐患。（唐艳）

统一战线工作

【助企纾困】 2021年，通过线上线下相结合的方式，全面、及时了解掌握企业在发展中的困难问题，并分类梳理，协调解决，收集20余家企业的30余个问题。单一行业主管部门能解决的问题，及时协调行业主管部门解决，需要多个部门联动协商解决的，结合在区统群中心打造的“企业点题、领导主导、部门答题、服务高效”的“同心会客厅”，创新开展亲清会客活动，区主要领导接待企业家，整合资源、联动快速为民营企业发展贴心服务解难题，为18家企业解决实际问题31个。

【非公有制经济】 2021年，结合党史学习教育，强化非公有制经济人士理想信念教育，开展庆祝中国共产党成立100周年民营经济人士论坛、党史学习教育进企业、党史知识竞赛、演讲比赛、参观红色教育基地等活动，200余名民营经济人士参加。引导非公有制企业、非公有制经济人士回报社会，参与捐资助学、精准扶贫、抗疫救灾等社会公益事业，全年捐资捐物440余万元。实地走访60多家会员企业，深入了解非公有制企业发展面临的现实问题和困难，了解非公有制经济人士培训需求，精准制定培训计划。

【涉港涉台工作】 2021年，采取社区走访等方式开展涉港涉台专项工作，动态更新专项数据库。扎实开展港台企业走访，协调帮助1家台资企业解决用水问题。

【思想政治引领】 2021年，召开区委统一战线工作领导小组会议3次、区民族宗教工作领导小组会议1次、市、区党外知识分子和新的社会阶层人士专题研讨会1次、区加强中国特色社会主义参政党地方组织建设座谈会1次、区民主党派联席会议4次。持续推进党史学习教育，开展“喜迎华诞·同心向党”主题演讲比赛活动。举办“同心庆华诞、携手新征程”党史学习教育考察、统一战线庆祝中国共产党成立100周年座谈会，引导全区统一战线成员坚定不移跟党走。落实党中央和省、市委对统筹发展与安全作出的战略部署，在维护国家主权、安全和发展利益等方面发挥游仙统战独特作用。

2021年7月26日，“同心会客厅”接待首批企业负责人

（区融媒体中心供图）

【基层统战干部能力提升】 2021年，把学习宣传贯彻《中国共产党统一战线工作条例》作为2021年的重要政治任务，抓好“学条例、讲条例、用条例”三个关键环节。依托区委党校、区社会主义学校等培训资源，扎实有效地提升全区统战干部能力水平。在省社会主义学院举办基层统战工作创新实践专题培训班1期。

【实践创新基地建设】 2021年，实施“新英汇·创新工场”提升工程。9月，市委主要领导到“新英汇·创新工场”调研。在全省率先建成区统战群团服务中心，高标准建成“同心会客厅”、民主党派办公室。5月，隆重举行区统战群团服务中心挂牌仪式和“同心会客厅”揭牌仪式，被《绵阳日报》等多家媒体广泛报道。

【党外代表人士工作】 2021年，游仙区党外干部刚性配备达100%，党外干部工作已成为全市标杆。全年8名党外干部得到提拔，其中4名正科级被提拔为副县级，数量居全市第一。举办基层统战工作创新实践专题培训班，加强党外代表人士能力建设。组建专班开展政协委员、党外人大代表拟推荐人选摸底，向组织协商提名245名第七届区政协委员、39名区政协常务委员建议人选，提名18名第八届市政协委员推荐人选。完成91名党外区人大代表推荐工作。

【新的社会阶层人士工作】 2021年，创立“游仙新联会”公众号，利用微电影、抖音、微博、微信等平台将“联谊，聚智，创新”推向新高度。每周在抖音上推介优秀会员企业。将区新联会划分为7个小组，以小组为单位开展丰富多彩的活动。梓潼县委统战部带领梓潼县新联会前来交流学习。在新冠肺炎疫情捐助、帮扶贫困、捐资助学中，区新联会会员全年共捐助296万元，其中对口帮扶壤塘96万元。1名会员被评为“四川好人”，3名会员被评为“市扶贫达人”。

【小庙治理“后半篇”文章】2021年，发挥好宗教团体、宗教场所和教职人员的作用，引导信教群众到合法场所开展宗教活动。狠抓宗教领域巡视巡察问题整改，持续做好抵御境外宗教渗透工作。全区12个开放宗教场所纳入全市国土空间规划。投入20余万元帮助困难宗教场所渡过难关。启动宗教活动开放场所信息化管理平台建设。

【园区统战工作】2021年，制定印发《关于加强园区统战工作的实施意见》，实施园区统战动力工程、聚力工程、助力工程、活力工程、引力工程和续力工程，进一步发挥非公有制经济人士、新的社会阶层人士、出国和归国留学人员、港澳台同胞、海外侨胞等方面资源优势，促进招商引资引智。

【中华民族共同体意识】2021年，推广“一三三”社区民族工作法，在全区开展铸牢中华民族共同体意识主题教育实践活动。探索城市社区民族工作标准体系，提高城市民族工作标准化、制度化水平。东路社区先后接待7个地（市、州）民族工作调研、全市统一战线读书班现场观摩。（谭炬坤）

目标绩效管理

【目标绩效管理】2021年，牵头修订《绵阳市游仙区目标绩效管理办法》《2021年目标绩效综合考核指标体系》《绵阳市游仙区2021年重点单项工作设置方案》，不断强化和完善目标绩效管理，增强各部门目标意识，凸显目标管理的“指挥棒”作用。

【督查督办】2021年，紧盯市、区决策部署，将事关全局的重点工作、重大项目、重要事项作为督查重点，2021年统筹区重点工作督查组牵头或参与全区专项督查240项，形成督查专报、通报95期，发出“点球”督办通知33期，共提出工作建议190余条，有力保障各项工作落到实处、取得实效，推动区委、区政府重大决策落地落实。

游仙区民族团结广场（区融媒体中心供图）

【省委巡视反馈意见整改】2021年，成立区巡视巡察问题整改统筹服务中心，落实专人负责区委整改办日常工作，紧紧围绕省委巡视反馈意见整改工作安排，建立《省委巡视组巡视反馈意见整改工作台账》，开展整改跟踪检查，定期分析研判，督查督办，做好整改情况通报、整改情况公开。经过一年整改，针对巡视绵阳市反馈意见涉及游仙区的24个整改事项而制定的73个整改措施，已完成71个，有序推进2个。针对直接巡视游仙反馈的72个整改事项而制定的240条整改措施，已完成223条，其余整改措施正加快推进。

【民生工作】2021年，完善民生实事月报制度，定期收集各承办单位民生实事进度和质量，及时掌握各承办单位的工作进度，对进度滞后民生实事项目责任单位发“点球”督办。同时将民生实事项目推进情况纳入目标考核体系，严格根据民生工程实施情况实行考核。2021年，统筹实施省级20件、市级13件、区级10件民生实事项目。截至2021年12月，所有民生工程项目完成（超额完成）年度目标任务。

【建议提案办理】2021年，共分办、督办人大建议和政协提案272件。其中，市人大代表建议4件、市政协委员提案3件，均按办理工作要求及时反馈政协委员或市级牵头部门；区人大代表建议85件、政协委员提案177件，办结率100%，满意率和基本满意率100%。（杨帅）

机构编制管理

【概况】2021年，办理人员出入编1110人次，审核中层职数使用385

人次，调整人员信息6935条。截至2021年年底，全区共有独立运行行政机关59个。其中，区委部门10个，工商联和群团机关5个，政府工作部门27个，人大常委会机关、政协机关及法院、检察院独立机关各1个，开发区2个，街道3个，乡镇8个。全区共设置事业单位257个。其中，区委、区政府直属事业单位10个，使用事业编制人民团体5个，部门管理（归口、代管）事业单位173个（其中学校45所、医疗机构15个）；部门派驻乡镇事业单位20个（含试验区2个），镇、街道直属事业单位49个。全区行政编制1373名，其中区级行政编制557名、乡镇街道行政编制377名、政法系统专项编制439名；全区事业编制5217名。

【机构调整】 2021年，撤销中国（绵阳）科技城电梯产业园党工委、管委会、调整设置9个基层自然资源所；成立绵阳市游仙区巡视巡察问题整改统筹服务中心、绵阳市游仙区人大常委会机关信息和代表服务中心、绵阳市游仙区在外人才联谊服务中心、绵阳市游仙区建设工程质量监督站、绵阳市游仙区城镇更新服务中心、绵阳市游仙区飞龙山红军纪念馆；区移民和扶贫开发服务中心更名为绵阳市游仙区乡村振兴服务中心，33所中小学校更名；调整区红十字级别为副科级、区城镇更新服务中心由政府直属事业单位调整为区住建局下属事业单位；区委办加挂区委保密委员会办公室牌子、区农业农村局加挂区乡村振兴局、区水利水电工程移民工作办公室牌子、区文广旅局加挂区文物局牌子、区融媒体中心加挂区互联网信息中心牌子、游仙职业技术学校加挂绵阳开放大学游仙分校牌子；区委巡察办增核巡察专员职数4名、区委教育工作委员会增核专职副书记领导职数1名、区委农办增设专职副主任1名。

【两项改革“后半篇”文章工作】 2021年，印发《绵阳市游仙区镇（街道）职责准入制度》，编制《〈游仙区镇（街道）法定行政权力事项清单〉〈游仙区赋予镇（街道）区级行政权力事项清单等6张清单〉》，推行权力清单与责任清单“两单融合”制度；印发《绵阳市游仙区乡镇机构编制资源动态调整管理办法（试行）》和《进一步理顺区级部门派驻（出）机构管理体制的通知》；印发《镇（街道）综合行政执法协调联动机制的实施方案》，建立完善综合行政执法联席会议等9项制度；指导出台《新桥镇优化机构设置和工作运行机制实施方案》，划分党政综合服务、经济发展、多元化便民服务、社会综合治理四大中心模块搭建4个工作平台，设置岗位21类72个；探索镇卫生院“岗编分离”管理办法，协同4个部门制定印发《绵阳市游仙区镇卫生院岗位与编制适度分离管理实施暂行办法》，该做法被市委组织部转发并在全市进行推广。

【街道管理体制改革】 2021年，优化调整综合办事机构和直属事业单位及领导职数，富乐街道和涪江街道综合办事机构各增加1个、直属事业单位各增加2个、事业编制各增加1名，游仙街道增加纪工委书记和办事处副主任职数各1名；3个街道办综合办事机构均加挂物业管理办公室牌子。

【其他领域改革】 2021年，按照供销合作社改革有关健全“三会”制度精神，区供销社按章程设立理事会、监事会，在现有领导职数内变更领导职数；根据行政复议体制改革相关要求，区司法局作为区人民政府行政复议机构，依法办理行政复议事项，对外可使用“绵阳市游仙区人民政府行政复议办公室”名称和印章，增设行政复议股，划转1名行政编制按程序上报置换。

【行政权力清单动态调整】 2021年，对照《2020年四川省行政权力事项动态调整清单》，梳理形成2020年游仙区区级行政权力事项动态调整清单，新增283项，取消247项，变更184项，暂停7项，动态调整后区级行政权力共4475项。

【机构编制监督检查】 2021年，在全区范围内开展机构编制违规违纪问题及机构编制规定执行情况专项检查。11月2日至12月31日，开展第二次机构编制实名制核查。重点对全区各类机关和事业单位及其工作人员信息、机构批复和实际设置情况、编制核定及实有人员情况、领导职数核定及配备情况、编外人员情况等开展核查。落实巡视问题整改，制定印发《严格控制财政供养人员增长规范事业单位领导职数管理五条措施》，对超审批权限设置机构、自行设置领导职务名称、超编混岗等重点问题进行全面梳理，对存在的四大类9小类问题制定整改措施并已全部整改到位。

【事业单位登记管理】 2021年，全年新设立登记12家，注销登记39家，变更登记155家，全面完成240个事业单位法人年度报告公示和59家单位统一社会信用代码赋码工作。按照“双随机、一公开”原则，对8家事业单位法人年度报告公示进行实地核查，清理注销12家中文域名注册单位，新增注册单位32家，名称变更2家。

（彭晓芹）

区委党校

【概况】 2021年，举办各类培训班16期，培训学员累计1132人次，其中主体班11期、部门联办4期、外培班1期。教师授课质量满意度和现场教学质量满意度均为100%。

【理论研究】 2021年，党校教师主持（主研）完成省委党校课题4项、市社科联课题6项、市委党校资政课题1项、三大学会课题1项、协作市决咨委资政课题1项，优秀结项3个。入选省市党校系统学术研讨论文9篇，在各类期刊累计发表学术论文5篇。党校教师撰写《关于在成渝绵“创新金三角”背景下游仙高新技术产业集群发展的建议》等决策咨询报告，获得区级领导肯定性批示6份；采用“党校＋学员”的方式开展微资政，撰写决策咨询（含微咨政）报告50余篇，其中受到市委党校表彰7篇，并形成《2021年秋季主体班资政汇编》。

【区、镇党校联动办学】 2021年12月，区委党校以“三个一”为抓手开展区、镇党校联动办学。一是

2021年12月14日，游仙区委党校、乡镇党校联动办学样板课在区委党校开讲

举办一场培训会，邀请市委党校教务处为各镇党校进行实务培训，8个镇参会人员在培训会上围绕“如何建好乡镇党校、办好专题培训班”进行交流发言，区委党校现场答疑，进一步明晰党校业务知识和培训办班工作要求。二是观摩一堂样板课，率先举办村（社区）“两委”常职干部培训班开班典礼和开班“样板课”。各镇党校干部现场体验观摩培训班开班典礼仪式和规范化流程，为联动实施好本镇村（社区）“两委”常职干部培训班打好基础。三是开展一期培训班，以村（社区）“两委”常职干部培训为主题，统筹各乡镇在12月31日前举办为期3天的本乡镇党校培训班，区委党校进行业务指导。联动办学共举办9个培训班，联动培训909人次。

【党校共建合作】 2021年10月17日，区委党校与遂宁市大英县委党校签订共建合作协议，双方在党员干部教育培训、异地体验教学、教师人才队伍建设、科研课题决策咨询等方面，确立“干部教育互训、资政项目共研、教学基地共用、优质资源共享”的合作形式，并将在班次设置、课程打造、教师互派、学员管理、调研咨政等方面加强交流合作，实现优势互补、共同进步。（潘迪）

2021年10月17日，区委党校与遂宁市大英县委党校在游仙区委党校学术报告厅签订共建合作协议

档案管理

【概况】 2021年，游仙区档案工作按照《“十四五”全国档案事业发展规划》、习近平总书记关于档案工作重要批示精神，在区委、区政府的坚强领导下，围绕全区中心工作、服务大局，深化职能，提升效能，不断提高档案管理和服务水

平。截至2021年12月底，区档案馆馆藏档案57514卷、183509件。

【“两类档案”进馆】2021年，为确保“两类档案”（脱贫攻坚及新冠肺炎疫情防控）2021年年底前进馆工作，主要领导亲自安排，由区档案局牵头负责，区档案馆配合，加强与相关部门的联系，落实专人负责业务指导和接收，通过会议传达、检查指导、电话沟通、印发资料等方式将“两项档案”进馆要求、档案整理标准等内容落实到归档单位。全区共接收9个行业部门、1个街道和24个乡镇（乡镇行政区划调整前）涉及保存期限为永久性和30年的脱贫攻坚文书档案5763件、照片档案8件。接收2020年度新冠肺炎疫情防控领导小组中9个牵头单位形成的保存期限为永久性和30年的文书档案482件、照片档案56件。按照“双套”制移交要求，“两类档案”全面按时移交进馆，数字化率100%。

【档案规范化管理】2021年，根据《绵阳市档案局关于开展2021年度档案行政执法检查的通知》精神，区档案局制定《游仙区档案局关于开展全区档案行政执法检查三年行动的通知》，重点对贯彻执行档案工作法律、法规，建立健全本单位档案工作规章制度情况；本单位档案保管使用情况，档案人员履职情况；有移交任务的单位依法向国家综合档案馆移交档案情况；采取档案业务外包形式整理档案的单位监管主体责任落实情况进行检查。全年共检查21个单位，对检查发现的问题提出整改意见，并督促指导各单位按照要求落实整改工作，提高各单位档案的规范化管理水平。

【业务培训】2021年，通过“到业务单位去”和“到档案馆来”的方式，指导区级各单位档案业务40余次。6月15日，协同扶贫办通过以会带训方式对脱贫攻坚工作档案整理进行培训；10月12日，召开脱贫攻坚档案进馆推进会；11月15日，组织全区召开档案业务培训会，对区委组织部、区纪委、区乡村振兴服务中心等83个单位累计200余名档案工作人员，开展档案收集整理、保管、利用和电子档案管理系统使用业务培训。在日常工作中，通过传帮带等多种渠道不断缓解档案干部队伍断层断档、专业人才短缺等困难。

【档案接收、查阅、利用】2021年，接收区委政法委、区红十字会、涪江街道办、魏城镇文书档案5147件，小枧镇、原建华乡、涪江街道办婚姻档案11341件进馆。档案查询利用中，严格按照制度办理，既保证人民群众查档的需要，又确保档案实体和内容的安全。接待查阅文书档案、人事、工龄工资、婚姻等归档文件1500人次，提供案卷1760份，异地查档157人次。

【档案信息化管理】2021年，加强档案信息系统、数字化加工、信息存储等安全管理和安全检查，确保档案信息安全。6月21日，接受区公安局、区网信办牵头组织的网络安全检查，针对检查出的问题，档案馆及时完善应急预案，对网络安全事件按照威胁程度进行分级处置，制定机房出入管理登记表，加强机房管理。及时与软件公司联系，对漏洞进行修复和处理，并开展一次安全巡检工作。推进馆藏档案全文数字化加工扫描，馆藏档案全文数字化加工扫描近25万页。

【档案安全管理】2021年，按照相关要求，做好档案的安全保管，加强档案信息系统、数字化加工、信息存储等安全管理和安全检查，配备相应信息安全设施设备，确保档案信息的完整与安全。每日巡查档案库房安全情况，做好温湿度记录，全年未发生安全事故；接收和扫描后的档案，及时清点，核对完毕后及时入库。全年无失泄密事件发生。

【档案事业统计年报】2021年，根据上级要求，全力推广应用档案统计相关软件系统，通过档案工作QQ群等平台，完成区级机关向档案行政部门报送档案事业统计年报表工作。馆藏档案较2020年新增接收档案4739件，档案利用较2020年新增1263卷次，异地查档案增加121人次。

【法律法规学习宣传】2021年，把学习宣传贯彻新修订的《中华人民共和国档案法》《“十四五”全国档案事业发展规划》、档案法律法规业务学习、习近平总书记关于档案工作重要批示等结合起来，在“周三夜学”、“6·9”国际档案日、“12·4”宪法日等时段，认真组织开展学习宣传活动。（李灵）

公务服务

【概况】2021年，区公务服务中心紧紧围绕区委、区政府的安排部署，结合公务服务中心的职能职责，真抓实干，不断总结，勇于创新，坚持以服务为根本，管理为基础，党建为保障，不断提高公务服务工作水平。做好会议室维修维护工作，2021年会议室采买及维修维护共计49次，更换405、309会议室LED显示屏，更换机关会议厅折叠会议桌300余张和舞台电动幕布装置，更换412件窗帘和幕布。

【接待服务】2021年，严格落实《区党政机关公务接待管理办法》和《实施细则》等相关文件规定，坚持热情周到、开放大气、突出特色、厉行节约四项原则。实行“先审批、后接待”，突出抓好接送服务、膳食服务、住宿服务、行车服务、安全服务五个环节。严把程序、定点接待、严格标准，做到热情不铺张，大气不奢侈，节约不寒酸。严格控制陪餐人数，控制接待标准，简化接待礼仪。新冠肺炎疫情防控期间，加强规范用餐、住宿环节、迎送服务三方面，做好口罩佩戴、房间消毒、公筷使用等细节。2021年，完成接待任务234批次，接待人数5761人次；新冠肺炎疫情防控期间，共接待宾客46批次、1845人次，未出现一例病例。

【会务服务】2021年，做好全区一类会议会场服务、礼仪、解说、会议签到、培训等服务保障工作。建立会议室使用情况台账，协助办会部门落实会标制作、投影安置调试、会场清洁消毒、体温检测、座牌借用、网络保障、会场布置等事宜。新冠肺炎疫情防控期间，对区政府机关院内16个会议室做到每天早晚各消毒一次，话筒每个人使用之后进行消毒，严格抓实参会人员的体温测试、口罩佩戴。2021年，提供会场服务共计1756批次（其中电视电话会议85批次、视频会议73批次），其他部门协调使用会议室74次；会务活动礼仪工作6批次，解说1批次。

【车辆调度】2021年，调研车辆按照领导签批件，实行“一事一租”原则，做到车辆调度及时、保养维修维护到位、车内干净整洁、物资齐备。全年共计保障区级领导活动出行276次，无安全事故发生，无安排调度失误情况发生。

（赵雪君）

2021年6月30日，区公务服务中心在区机关会议厅布置会场

巡察工作

【概况】2021年，游仙区委巡察办围绕区委中心工作，持续深化六届区委巡察收尾工作，编制七届区委巡察工作五年规划，启动新一届区委首轮巡察，巡察工作有力有序开展。主要工作有第十轮常规巡察整改汇报；配合省委巡视带巡察对全区新冠肺炎疫情防控进行联动巡察；对24个村（社区）机动巡察进行情况汇报、约谈、反馈和整改；参加中巡办在绵阳调研并作交流发言；打造全市村社区巡察现场会游仙现场点；对全区基层卫生单位、基层教育单位和区生态环境局进行机动巡察；省委涉粮领域专项联动巡察；七届区委首轮巡察；基层巡察品牌选树；抓实开展党史学习教育、中国共产党成立100周年党史知识竞赛等系列主题活动；巡察工作信息化建设；巡察业务保密知识培训等。

【巡察全覆盖】2021年，按照一届任期内巡察全覆盖要求，区委巡察机构要完成对全区基层教育、卫生单位的机动巡察和对环保工作的专项巡察。区委4个巡察组于2021年5月下旬至7月中旬对全区基层卫生单位进行机动巡察。紧接着又组建9个巡察组于8月下旬至10月上旬对39个基层教育单位和区生态环境局进行机动巡察。巡察期间，收到来信来访26件，巡察发现问题349个，反馈立行立改问题107个，提出巡察意见建议25条，向区纪委监委移送问题线索27件，巡察震慑、遏制作用得到初步显现。

【巡察反馈及整改】2021年，在向区委巡察工作领导小组报告对村社区机动巡察、防疫联动巡察、对基层教育、卫生单位机动巡察、省委涉粮系统专项联动巡察工作情况的基础上，按照区委巡察工作领导小组和《中共绵阳市游仙区委领导开展巡察约谈工作暂行办法》的要求对被巡察单位党组织主要负责人进行约谈；向分管区领导汇报巡察情况；分别召开巡察意见反馈会，向被巡察党组织班子和主要负责人进行情况反馈。及时按程序向区纪委监委、区委组织部、区财政局等相关部门移交（移送）问题线索。按照从严巡察，从实整改工作要求，进一步夯实被巡察单位党组织整改的主体责任和主要负责人整改第一责任人的责任。指导各被巡察单位及时认真召开巡察整改专题民主生活会，督促主要负责人认真履行管党治党政治责任和巡察整改主体责任。同时，督促被巡察党组织建立问题清单、责任清单和整改清单。适时对巡察整改情况开展回访督查。

【巡察品牌打造】 2021年，按照“探索实践在前，着力品牌打造”的原则，区委巡察办参与省委巡视办、市委巡察办牵头的品牌选树工作，结合游仙巡察工作实际，从健全巡察整改督查评估体系，确保整改长效、着力“五个融合”，打造游仙巡察“组办一体化”新平台、扎实抓好村级巡察，赢得民心向背的“大政治”，建立提前介入机制，精准处置问题线索、四步工作法加强巡察干部队伍建设等方面进行探索。4月，中巡办在绵阳调研时，游仙区农业农村局主要负责人作为全市县级部门如何抓好巡察整改的唯一代表在座谈会上交流发言。5月，绵阳市村社区巡察工作现场会召开，富乐街道东街社区被打造成全市村社区巡察整改现场会参观学习点。

【联动巡察】 2021年，省委巡视办对全省新冠肺炎疫情防控开展巡视带巡察工作。游仙区委巡察办及时组建新冠肺炎疫情防控联动巡察组，于2月5日至13日对游仙辖区内的新冠肺炎疫情防控工作开展联动巡察。本次巡察主要发现在重点防控环节方面存在4类7个问题，向乡镇（部门）党委（党组）移送立行立改问题清单16份，督促问题全面整改，完成此次联动巡察任务。2021年9月下旬至11月上旬，贯彻落实中央、省委部署要求，游仙区抽调12名巡察业务骨干参加对江油市涉粮领域的巡察，同时抽调巡察组组长、联络员与平武县12名抽调骨干组成游仙区涉粮问题专项联动巡察组，对游仙区发展和改革局、区市场监督管理局开展专项巡察。巡察发现两个局党组在落实粮食安全责任制、落实监管责任、廉洁从业等方面还存在17个问题，移交问题线索3个，完成巡察任务。 （刘刚）

史志工作

【庆祝中国共产党成立100周年主题展览】 2021年6月29日，区委党史研究室在区政府机关会议厅外组织开展庆祝中国共产党成立100周年主题展览。本次主题展览共设置展板31块，分“百年党史”“游仙党史”“建区成就”三个板块进行集中展出。其中“百年党史”板块回顾中国共产党历次全国代表大会和中国共产党历史大事记，突出展示中国共产党的光辉历程、优良传统和取得的伟大成就。“游仙党史”板块以红军长征在游仙、三线建设在游仙和白手起家建游仙为主题，展现开拓创新、攻坚克难、锐意进取的游仙精神。“建区成就”板块系统展现游仙区工业、农业、服务业等方面和游仙高新区、经济试验区、各镇（街道）在中共十八大以来取得的辉煌成就和游仙干部群众团结拼搏、奋勇争先的精神面貌。

【万名党员党史知识竞赛决赛】 2021年6月30日，绵阳市游仙区万名党员党史知识竞赛决赛在飞龙山红军文化纪念广场举行。通过以赛促学、以学促用，激发党员干部爱党爱国热情，掀起比学赶超的党史学习热潮，1万余名党员参加竞赛。来自农口、政府口、党群口、高新区、仙鹤镇等10支队伍党员参加此次决赛。决赛设计有必答题、抢答题、风险题等环节。经过激烈角逐，财金口获特等奖，仙鹤镇、小枧镇、游仙街道获一等奖，农口、政府口、党群口、教卫口、政法口、高新区获二等奖。决赛现场进行的两轮观众答题吸引不少群众参与。

【红色资源普查登记】 2021年8月10日，经游仙区委常委会审议通过《游仙区红色遗址资源专项普查

2021年6月29日，游仙区庆祝中国共产党成立100周年主题展览在区政府开展

统计表》，其中新民主主义革命时期的红色遗址9个，包括飞龙山红军碑林、飞龙山红军纪念馆、飞龙山苏维埃政府遗址、黄春荣红军墓地、百谷院苏维埃纪念碑、宣化铺乡苏维埃政府遗址和临时政权纪念碑、原朝真观乡红色英雄贾红顺墓碑、原朝真观乡临时苏维埃政权遗址、原太平乡苏维埃纪念碑。社会主义革命和建设时期1个，为新桥镇胜利桥。根据工作需要，后续将乡村振兴类、历史文化类等遗址纳入红色资源普查范围，截至2021年年底，游仙区普查上报红色遗址总数32处。按照遗址类别分：革命遗址10处、乡村振兴遗址12处、历史文化馆类遗址6处、其他遗址4处。

【史志书籍编纂】 2021年，抓好《游仙年鉴（2021）》和《中国共产党游仙执政实录（2020）》的编纂工作，按时完成两本书编辑出版。协助编写《绵阳市游仙区革命老区发展史》等，对魏城镇飞龙山红军纪念基地解说词、区融媒体中心《游仙党史大事记》进行党史审读审看。

【名镇志、名村志编纂】 2021年，为更好地服务乡村振兴战略，做好两项改革“后半篇”文章，结合全区各镇、村历史文化底蕴、经济条件及传统文化村落数量等实际情况制定《绵阳市游仙区镇（街道）志、村志编纂工作实施方案》，并以区人民政府办公室名义印发，统筹推进全区镇志、村志编纂工作。按照方案要求，以2个名镇、5个名村为编纂重点，首先启动编纂工作。争取区财政补贴70万元用于编纂出版名镇志和名村志，通过比选方式确定由西南科技大学7个专家团队负责编纂，并召开名镇、名村志编纂工作推进会，对编纂体例、字数等具体编纂规范进行培训和讲解答疑，进一步明确各镇、村志编纂团队的职责，确保志书编纂按时高质量完成。

2021年4月15日，魏城镇张勇精神文化展示基地被授予“绵阳市中共党史宣传教育示范点”（区融媒体中心供图）

【党史宣传教育阵地建设】 2021年，指导张勇精神文化展示基地建设巩固提升，于2021年4月被授予“绵阳市党史宣传教育示范点”。指导原三线建设入住绵阳的国营朝阳厂所在地——仙人路社区，深挖本土三线建设资源，收集整理大量旧物件老照片，以三线建设·军工扬威、艰苦创业·忠诚奉献、传承精神·砥砺奋进3个板块进行展示，打造军工记忆墙，体现朝阳军工文化价值意义，并作为游仙党史学习教育重要点位迎接时任市委领导现场调研指导。指导富乐实验小学编印红色教材、红色故事、上红色精品课、唱红色歌谣，对学生进行红色教育、传承红色精神。

【苏易简纪念馆开馆】 2021年5月14日，苏易简纪念馆在盐泉镇正式开馆，市委宣传部、区纪委、区委组织部、团区委等部门领导出席开馆仪式。苏易简纪念馆建筑面积330平方米，以宋代建筑风格布置，展示苏易简生活成长、求学成才、治国理政、清廉自守的人生历程，历史功绩及苏氏家族、家风、家训、家教经典故事。此外，纪念馆中还陈列有大量古代科举时代蒙学、初学读物和文房四宝、石碑拓片及历史场景浮雕等。苏易简纪念馆被授予“绵阳市新时代公民道德建设教育基地”“游仙区廉政教育基地”“游仙区党员干部教育培训基地”“游仙区社会科学文房四宝文化普及基地”“游仙区状元文化研学基地”“游仙区新时代青少年文化活动中心”6块标牌。

（孟世琴）

绵阳市游仙区人民代表大会

概述

【概况】 2021年，游仙区人大常委会组织开展视察调研15次，开展执法检查2次，听取审议“一府两院”专项工作报告26个，提出各类意见建议105条。备案审查规范性文件21件，向市人大常委会报备决议决定10件。依法作出“八五”普法、财政预决算等决议决定10项。依法选举第七届区人大代表246名，任免国家机关工作人员140名。提出“十四五”规划编制建议29条。完成23部全国人大常委会和省人大常委会法律（草案）征求意见。10个2021年民生实事票决项目全部按计划完成。组织代表集中开展异地培训2次，邀请46名代表参加视察、调研、执法检查等活动。2021年10月，区人大常委会办公室被省人大常委会办公厅评为“宣传人民代表大会制度先进集体”。

【选举任免】 2021年，始终坚持党管干部原则和人大依法任免相结合，坚持实行任前法律知识考试、供职发言、颁发任命书、宪法宣誓等制度，市委、区委提名的人大任命的干部全部高票当选，确保实现党委意图。2021年依法选举及任免“一府一委两院”国家机关工作人员140名（其中选举70名、任命55名、免职15名），接受辞职15名，补选人大代表19名。

【代表履职】 2021年，加强代表规范化培训，组织部分代表集中开展异地培训1次，组织新一届代表集中开展本地培训1次。注重代表常态化履职，邀请46名代表参加视察、调研、执法检查等活动，有序引导各级代表750余人次参与“坝坝会”“群众接待日”等活动，帮助解决保障和改善基本民生类、助力乡村振兴类等问题313个。推动阵地标准化建设，打造代表联络“家、站、点”升级版，改造提升小枧镇、石马镇“代表之家”，设施设备齐全、管理制度健全。

【议案建议办理】 2021年，健全完善“挂牌督办、分工督办、现场督办、跟踪督办”办理机制，组织开展现场视察、代表与承办单位见面互动、年终听取办理报告等活动，每次人代会召开前组织人大代表开展集中视察活动，深入了解全区经

2021年11月19日，绵阳市游仙区人大常委会任命国家工作人员宪法宣誓仪式举行

济社会发展情况和群众关注点，为提高代表建议质量创造有利条件。2020年区人大代表提出的85件建议、批评和意见全部按时办结。

监督工作

【财经监督】 2021年，紧盯经济发展重点，提出“十四五”规划编制建议29条，依法审查批准“十四五”规划纲要。助推三次产业高质量发展，定期听取和审议国民经济和社会发展计划执行情况报告，密切配合市人大常委会联动监督工业经济发展、项目投资、优化营商环境工作，专题听取和审议乡村振兴推进情况，扎实开展《中华人民共和国农产品质量安全法》执法检查，专题视察蔬菜产业园建设情况，围绕优化营商环境改革提出审议意见4条。把预算监督作为人大监督工作的重点之一，有序推进预算联网审查平台建设，依法批准预决算报告，专题调研国有资产管理情况，加大“四本预算”审查监督力度，为广大人民紧盯“钱袋子”。

【社会治理监督】 2021年，综合运用视察、调研、审议等多种监督方式，推动补齐民生领域短板，促进社会治理向纵深推进。聚焦学有所教，组织专题视察普通高中（开元中学）办学情况，督促推进开元中学综合楼建设，提出意见建议6条。聚焦病有所医，听取和审议区人民政府医疗服务新体系工作报告，提出意见建议5条。聚焦住有所居，专题视察城市社区居民公约落实情况、老旧小区改造推进情况，认真听取区人民政府应急管理现代化体系建设情况、环境状况和环境保护目标完成情况报告，提出意见建议4条。建立专项工作组，扎实开展“双听双问”活动。

【法治监督】 2021年，依法作出“八五”普法决定，先后完成23部全国人大常委会和省人大常委会法律（草案）征求意见，富乐街道被纳入省十三届人大常委会基层立法联系点，成为绵阳市唯一入选的街道。听取审议区人民政府法治政府建设情况报告，支持争创第二批“全国法治政府建设示范区”。依法选举任命监委组成人员，听取审议区人民法院深化诉源治理工作报告，聚焦扫黑除恶专项斗争开展视察调研、听取专题报告，开展《中华人民共和国社区矫正法》执法检查。

【民生实事监督】 2021年，创新建立“联席会议+监督委员会+监督小组+监督专员”四级监督机制，创新制作民生实事项目专属铭牌，创新开展“每周过问一次、每月小结一次、每季汇报一次、每年视察一次”常态化跟踪监督，组织部分人大代表开展集中视察，逐一对10个项目进行满意度测评，初步构建起“项目征集、代表票决、政府实施、人大监督、满意测评”闭环工作体系。截至2021年12月30日，10个民生实事项目全部按计划完成，代表普遍认可、群众反响良好。

重要会议

【区六届人大常委会第三十一次会议】 2021年1月6日，在区人大常委会机关202会议室召开区六届人大常委会第三十一次会议。会议主要内容：补选绵阳市第七届人大代表。

【区六届人大常委会第三十二次会议】 2021年3月11日，在区人大常委会机关202会议室召开区六届人大常委会第三十二次会议。会议主要内容：一是对区人大常委会任命的区人民政府组成部门部分主要负责人和法院分管负责人开展2020年度履职测评；二是听取和审议区人民政府关于区六届人大六次会议票决2020年区级民生实事项目实施情况的报告；三是对区人民政府2020年区级民生实事项目开展满意度测评；四是听取和审议区人民政府关于提请审议2021年区级民生实事人大代表票决制候选项目的议案；五是审议和批准《绵阳市游仙

2021年11月25日，游仙区人大常委会对2021年民生实事票决项目推进情况开展集中视察

（区融媒体中心供图）

区人民政府关于提请审议批准2020年地方债务限额的议案》；六是研究个别代表资格有关事项；七是研究人事任免事项。

【区六届人大常委会第三十三次会议】2021年4月7日，在区人大常委会机关202会议室召开区六届人大常委会第三十三次会议。会议主要内容：一是审议《绵阳市游仙区第六届人大常委会代表资格审查委员会关于个别代表的代表资格的报告（草案）》；二是审议《绵阳市游仙区人大常委会关于调整和补充绵阳市游仙区第六届人民代表大会常务委员会代表资格审查委员会成员的决定（草案）》；三是补选区六届人大代表有关事项；四是审议《绵阳市游仙区人大常委会关于确定乡级人民代表大会代表名额的决定（草案）》；五是听取和审议《区人大监察和法制委员会关于2020年规范性文件备案审查工作情况的报告》；六是审议《绵阳市游仙区人民代表大会常务委员会规范性文件备案审查办法（草案）》；七是听取和审议区人民政府关于区六届人大六次会议票决2020年区级民生实事项目实施情况的报告；八是对区人民政府2020年区级民生实事项目开展满意度测评；九是听取和审议区人民政府关于提请审议2021年区级民生实事人大代表票决制候选项目的议案；十是审议和批准《绵阳市游仙区人民政府关于提请审议批准2020年地方债务限额的议案》。

【区六届人大常委会第三十四次会议】2021年4月21日，在区人大常委会机关202会议室召开区六届人大常委会第三十四次会议。会议主要内容：一是听取和审议区人民政府关于2020年环境状况和环境保护目标完成情况的报告；二是听取和审议区人民法院关于深化诉源治理工作的报告；三是听取和审议区人大常委会执法检查组关于对区人民政府贯彻落实《中华人民共和国农产品质量安全法》情况进行执法检查的报告；四是研究代表资格审查的有关事项；五是审议绵阳市游仙区第六届人民代表大会第七次会议相关事宜；六是研究人事任免事项。

【区六届人大常委会第三十五次会议】2021年6月16日，在区人大常委会机关202会议室召开区六届人大常委会第三十五次会议。会议主要内容：一是审议区镇人大换届选举有关事项；二是听取和审议区人民政府关于项目投资工作情况的报告；三是听取和审议区人民政府推进法治政府建设工作开展情况报告；四是听取区人民政府关于扫黑除恶专项斗争开展情况专项工作报告；五是听取和审议区人民政府关于医疗服务新体系建设情况的报告；六是审议《绵阳市游仙区人大常委会2021年度区级民生实事票决项目监督工作方案》；七是听取和审议区人大常委会调研组对城市社区居民公约落实情况的报告；八是听取和审议区人大常委会视察组关于对蔬菜种业园区（菜博园）进行专项视察的报告；九是研究人事任免事项。

【区六届人大常委会第三十六次会议】2021年8月10日，在区人大常委会机关202会议室召开区六届人大常委会第三十六次会议。会议主要内容：一是听取和审议区人民政府2021年上半年国民经济和社会发展计划执行情况的报告；二是听取和审议区人民政府关于优化营商环境工作情况的报告；三是听取和审议区人民政府关于工业经济发展情况的报告；四是听取和审议区人民政府关于全区应急管理现代化体系建设情况的报告；五是听取和审议区人民政府《关于巩固拓展脱贫攻坚成果同乡村振兴有效衔接工作开展情况的报告》；六是听取和审议区人民政府2021年上半年财政预算执行情况的报告；七是听取和审议区人民政府关于2020年财政预算执行情况和其他财政收支情况审计以及政府投资项目审计情况的报告；八是审议关于同意区镇两级选举委员会部分组成人员辞职的备案报告；九是审议代表资格审查委员会关于区第七届人大代表资格审查的报告；十是审议关于调整绵阳市游仙区第六届人民代表大会常务委员会代表资格审查委员会成员的决定（草案）；十一是研究人事任免事项。

【区六届人大常委会第三十七次会议】2021年9月15日，在区人大常委会机关202会议室召开区六届人大常委会第三十七次会议。会议主要内容：一是审议区第七届人大第一次会议工作方案；二是审议区人大常委会工作报告；三是研究人事任免事项。

【区六届人大常委会第三十八次会议】2021年9月15日，在区人大常委会机关202会议室召开区六届人大常委会第三十八次会议。会议主要内容：一是研究人事任免事项；二是审议绵阳市游仙区第七届人民代表大会第一次会议关于设置绵阳市游仙区第七届人民代表大会专门委员会的决定（草案）；三是审议区人大常委会关于召开绵阳市游仙区第七届人民代表大会第一次会议的决定（草案）。

【区七届人大常委会第一次会议】2021年10月22日，在区人大常委会机关202会议室召开区七届人大常委会第一次会议。会议主要内容：一是审议和批准区人民政府2020年决算的报告；二是听取和审议区人民政府关于2020年度国有资产（行政事业单位国有资产）管理情况的报告；三是听取和审议区人大常委会执法检查组关于检查《中华人民共和国社区矫正法》实施情况的报告；四是听取区人大常委会视察组关于对区人民政府推进老旧小区改造完成情况进行集中视察的报告；五是听取区人民政府关于区六届人大七次会议期间代表建议、批评和意见办理情况的报告；六是审议通过区七届人大常委会代表资格审查委员会主任委员、副主任委员、委员名单（草案）。

【区七届人大常委会第二次会议】

2021年11月19日，在区人大常委会机关202会议室召开区七届人大常委会第二次会议。会议主要内容：一是传达学习中共十九届六中全会精神；二是审议通过补选区七届人大代表有关事项；三是人事任免案。

【区七届人大常委会第三次会议】

2021年12月24日，在区人大常委会机关202会议室召开区七届人大常委会第三次会议。会议主要内容：一是听取区人民政府关于2021年重点工作情况的报告；二是听取区人民法院关于2021年重点工作情况的报告；三是听取区人民检察院关于2021年重点工作情况的报告；四是听取和审议区人大常委会代表资格审查委员会关于补选区七届人大代表资格审查的报告（草案）；五是研究人事任免事项；六是审议《绵阳市游仙区人大常委会人事任免办法（修订草案）》；七是听取和批准区人民政府关于2021年财政预算调整方案（草案）的报告；八是听取区人民政府关于对2020年度区级财政预算执行和其他财政收支及政府投资项目审计查出问题整改情况的报告；九是听取和审议区人民政府关于区六届人大七次会议票决2021年区级民生实事项目实施情况的报告；十是对区人民政府2021年区级民生实事项目开展满意度测评；十一是听取和审议区人民政府关于“七五”普法工作开展情况和“八五”普法工作安排情况的报告。

（肖江）

绵阳市游仙区人民政府

概述

【概况】2021年，游仙区实现区属地区生产总值417.4亿元，同比增长8.4%；规上工业增加值增长8.7%；服务业增加值增长9%；第一产业增加值增长7.2%；一般公共预算收入11.92亿元，增长10.88%；城乡居民人均可支配收入分别增长8.8%、10.6%。

【工业经济】2021年，坚持工业强区不动摇，围绕构建“3+3”先进制造产业体系，强龙头、补链条、聚集群。高新技术企业数同比增长21.24%，工业投资增长2.7%，技改投资增长47.9%。新增规上工业企业17户、总数达143户，新增市级以上企业技术中心1个、总数达34个。

【现代服务业】2021年，建立企业梯次培育库，落实“一对一”培育专员，运用数字化手段助力新业态发展，促进消费市场加速回暖。社会消费品零售总额同比增长18.4%，规上科技服务业主营业务收入同比增长116.4%。新培育规上服务业企业21户，总数达62户；新增限上商贸企业和个体户42户，总数达144户。“中国喜街”“沸腾川里食创小镇”“金山驿站”“美乐品牌连锁”4个项目纳入省级区域消费中心城市建设项目。

【现代农业】2021年，坚持绿色、生态、有机发展路径，推进特色优势产业高质量发展，保障群众舌尖上的安全。农林牧渔业总产值增长7.9%。建成高标准农田2.3万亩，新认证“三品一标”农产品3个总数达135个。蔬菜种业园区纳入省级现代种业园区培育。新增农产品冷藏库13座。建成全市首家土地托管中心。承办四川省“农机3·15”消费者权益日活动。通过全省农产品质量安全监管示范县资格复审，获评省级农业社会化服务工作、农经工作典型区。

【科技创新】2021年，坚持“一个科研院所、一个工作专班、一个创新平台、一个产业园区”路径，落实“三张清单”事项59项，协调解决院所需求40项。航空动力科技创新中心建成投运，天津大学、北京航空航天大学等13个研发团队入驻。与中物院激光聚变研究中心共建光子技术研究院，与科学城海天实业公司共建新材料创新孵化基地，与58所、绵阳建行共建智能制造产业园。深入实施高新技术企业培育计划，全年新增高新技术企业8户、总数达50户，高新技术产业主营业务收入同比增长6.25%。认定国家科技型中小企业43户、总数达125户，新增市级科技型中小企业73户、总数达1160户。科学研究和技术服务业机构、企业达593户，新培育规上科技服务业企业5户。出台支持科技创新、制造升级等文件，持续优化创新“生态环境”。举办游仙实施科技创新战略大会，兑现“菁英团队”扶持计划奖、地方经济特殊贡献人才奖、尖端科技领军人物奖、高新技术企业培育奖等540万元。企业研发经费投入达5.2亿元，全区有效发明专利拥有量2351件，均位居全市第一。

【项目建设】2021年，围绕中央、省级预算内资金投向及地方政府专项债券支持方向，优选储备产业项目、包装入库项目、加速推进在建项目、服务保障竣工项目。全社会固定资产投资增长17.7%，63个省市区重点项目完成年度投资计划的

118.57%。核医疗健康产业园全面开工，激光产业基地稳步推进。全区项目建设连续3次、投资运行连续2次进入全市“红榜”，游仙经开区南区基础设施（二期）等3个项目获评全市第二、第三季度“骏马项目”。

【招商引资】2021年，坚持把“五招五引”作为扩增量的主要抓手，组建专业招商队伍，建立健全招商引资机制，围绕“3+3”先进制造产业体系开展精准招商、专业招商。共签约招商引资项目30个，签约金额175.03亿元。国内省外到位资金、实际到位外资超额完成目标任务。省级平台签约项目履约率、开工率、资金到位率分别达90%、80%、30%。

【对上争取】2021年，组建专班对接上级部门、科研院所、重点企业，全年对上争取各类资金41.18亿元，其中债券资金14.5亿元。优化专项债使用方向，发行专项债6个、金额10亿元，审核通过新入库专项债券项目12个、待发行金额35.51亿元，发行专项债项目额度、新入库专项债券数量均位居全市前列。聚焦重点领域，与市住建委、市交通运输局、市农科院等市级部门、科研院所签订合作共建协议14个，不断汇聚助力游仙高质量发展的要素资源。

【城乡建设】2021年，开展旧城更新和城市“双修”行动，完成内涝治理、背街小巷整治等城建攻坚项目20个，占年度投资计划的110.25%。建筑业总产值增长13%，房地产投资增长16.3%，销售面积增长29.7%，增速位居全市第一。石马电梯“智”造特色小镇入选四川省特色小镇（全市唯一）。魏城镇、新桥镇入围省级百强中心镇候选库。现代夯土技术农房建设经验在全省推广，魏城镇铁炉村作为全省宜居型农房建设现场会参观点受到一致好评。

【交通攻坚】2021年，加快构建交通“大动脉”、畅通“微循环”。G5成绵（含绵广）高速扩容、绵苍高速及S210、S306、S416、G108扩容改建纳入省“十四五”交通规划重点项目清单。完成新（改）建农村公路84千米，危桥改造11座，整治农村公路隐患120处。实施乡村客运“金通工程”，开通特色公交线路57条，实现镇、建制村公交全覆盖。加速构建三级物流体系，建成魏城综合运输服务站、7个镇物流节点、104个村金通邮快驿站。入围省级“乡村振兴交通先行”样板县培育县和“乡村运输金通工程”样板县候选县。

【乡村振兴】2021年，持续加大“三农”投入，“五个振兴”步伐不断加快。在全省乡村振兴先进县（市区）“回头看”考核中获评优秀等次。盐泉镇盐井村、信义镇福星村、小枧镇遇仙村、忠兴镇酒店村被评为2021年度四川省乡村振兴示范村，魏城镇铁炉村获评省2021年度乡村文化振兴样板村，盐泉镇玉溪村被评为省乡村振兴重点帮扶优秀村。完成芙蓉溪、魏城河河道综合治理9.18千米，新建堤防10.81千米。在全市率先建立农村集体经营性建设用地入市制度，整理复垦土地512亩。经果林现代林业园区纳入省级园区培育。行政村生活垃圾有效治理率100%，农村卫生厕所普及率99.2%，生活污水得到有效处理的村达90.9%。新建基层供销社9家，获评省级基层示范社7家。新桥镇同福村、魏城镇创建为国家级文明村镇，魏城镇铁炉村、新桥镇创建为省级文明村镇。

【生态环境】2021年，坚定不移走生态优先、绿色发展之路，高质量完成第二轮中央生态环保督察迎检工作。坚持山水林田湖草系统治理，湿地保有量达5.13万亩，森林覆盖率达31.29%。持续强化联合执法，扎实推进长江十年禁渔。全面完成全区九条河流划界工作，建立与周边地区相邻河湖联防联控机制，推动河湖长制工作提质增效。全区空气优良天数率达92%，城乡集中式饮用水水源地水质全面达标，市控断面水质优良率100%，水功能区劣Ⅴ类水体全面清零，土壤环境质量总体保持稳定，辐射环境质量良好。获评首批省级生态县（全市唯一）。

【新冠肺炎疫情防控】2021年，严格落实“四方责任”，坚持人物环境同防，有效构建起“应急反应有速度、联防联控有力度、患者救治有温度、工作保障有强度”的防疫格局。扎实做好7类风险人员来（返）游动态网格化摸排管理，累计摸排、规范管理1.17万人。落实集中隔离场所17处房间1039间。累计接种新冠病毒疫苗94.17万剂次，完成核酸检测24.63万份。落实防疫经费1418.27万元。开展全域大规模封控应急处置演练。

【民生保障】2021年，民生支出占一般公共预算支出比重保持在70%以上，省市区级人大代表票决43项民生实事稳步推进，城镇登记失业率控制在4%以内。建成1个社区养老服务综合体，完成7个农村公办养老机构适老化改造，政府购买居家养老服务惠及1.1万余名老人。建成112个村级“儿童之家”、60个社区儿童服务中心、2个未成年人关爱保护站。全面落实各项兜底政策，困难群众重特大疾病医疗救助覆盖率100%，城乡居民基本医疗保险参保率98%以上。新增认定“两病”（高血压、糖尿病）患者2.2万余人，1084个品种（规）药品降价幅度50%以上。创建全省首个向辖区居民开放基本公共卫生电子健康档案的县（市区），区医保局获“四川省医疗保障系统先进集体”。食品药品安全形势稳中趋好，区市场监督管理局获省级重大活动食品安全保障工作先进单位。

【社会事业】 2021年，坚持教育优先发展，富乐二中、富乐二小、游仙高新幼儿园、小枧幼儿园、开元中学综合楼建成投入使用，新增学位5300个，学前教育三年毛入园率达107%。“双减”工作稳妥推进，义务教育质量持续领跑全市，被教育部表彰为义务教育质量监测工作先进单位，职业技术教育通过省“双示范”中期验收，区教体局获全国群众体育工作先进单位。通过国家卫生城市复审验收。“八区三中心”医疗服务新体系改革经验在全省推广，基本公共卫生项目实施再获全市第一。探索建立经常性社会捐助体系，引导慈善资源资助或投资城乡基层治理、社会救助、教育医疗等领域。区慈善总会被省政府评为最具影响力慈善机构（全省唯一县区）。加快公共文化事业发展，坚持“两馆”免费开放，推动“一镇一品牌”文化品牌建设，区文化馆被命名为国家三级文化馆，《山湾农庄的笑声》入围政府社会文化最高奖项“全国群星奖”。《川说·民法典》被中宣部、司法部评为第十七届全国法治微视频大赛优秀奖。

【基层治理】 2021年，推进两项改革“后半篇”文章，承办全省两项改革“后半篇”文章现场会。完成首批省级城乡社区治理试点，开展省级社会工作服务体系建设全域试点，创建省级社区治理服务创新实验区。社会公共服务体系建设“全科网格”工作经验在全省推广。提升公共法律服务水平，完善法律援助制度，建立普法联盟，全面依法治区示范试点工作走在全省前列，区司法局获“四川政法先锋”称号、省法治政府建设先进集体，小枧司法所获评省级“枫桥式司法所”，魏城镇铁炉村获评“全国乡村治理示范乡村”。全力推进“治重化积”工作，上级交办件办结率100%，信访件办结率100%，化解历史遗留问题37件。依法治访工作扎实推进，信访形势持续向好。完成庆祝中国共产党成立100周年等重大活动、重要会议安保任务。常态化防范和打击涉黑涉恶、通信网络诈骗等违法犯罪行为，不断提升社会治安防控体系现代化水平。加强安全生产和应急管理体系建设，全年未发生较大及以上安全生产事故。

【营商环境】 2021年，深化“放管服”改革，全面完成权力清单、责任清单、负面清单编制。中国科技城大数据中心建成投运，为推动游仙全域数字化发展奠定坚实基础。优化“一窗受理”服务，办理项目增加至1251项。开展“一网通办”能力提升百日攻坚行动，政务服务事项网上可办率100%。打造“绵企通”企业服务平台，跨省通办、川渝通办、绵碚通办窗口共办件3090件。新增市场主体5154家、总数达34312家，减税9.17亿元、降费2865万元。优化营商环境获评全市先进，区公共资源交易中心获评省级“示范交易中心”。

【自身建设】 2021年，始终把政治建设摆在首位，坚持胸怀“两个大局”，坚决拥护“两个确立”，坚定践行“两个维护”。扎实开展党史学习教育，深入学习贯彻习近平总书记“七一”重要讲话和中共十九届六中全会精神，弘扬伟大建党精神，努力从中国共产党百年奋斗重大成就和历史经验中汲取精神之钙、为民之情、奋进之力，把党史学习教育成果转化为办实事干成事的实效。严明政治纪律和政治规矩，驰而不息纠正“四风”，常态化开展“四不两直”督查，作风能力攻坚取得新成效。认真落实党风廉政建设责任制和领导干部廉洁从政若干准则，完善政府议事决策程序，提升科学决策、民主决策、依法决策水平。全面落实政府法律顾问制度，法治政府建设稳步推进。严格按照法定权限和程序行使权力、履行职责，自觉接受人大的法律监督、政协的民主监督和社会的舆论监督，高质量办理人大代表建议85件、政协委员提案177件，办结率100%。发挥审计监督作用，审结项目21个，提出审计意见52条。坚持政务公开，主动公开政府信息8520条。牢固树立宗旨意识，不断加强政府规范化、标准化、精细化管理，严格控制“三公”经费，压减一般性支出，节约型机关建设稳步推进。 （王鹏）

政务服务和公共资源交易

【概况】 2021年，全面完成权力清单、责任清单、负面清单编制，纳入“一窗制”服务窗口项目增加至1251项，受理办件63.2万件，区本级办结行政审批事项4.7万件。

2021 年区政府常务会议一览表

表 2

届次	时间	主要议题
六届第 62 次	2021 年 1 月 27 日	学习贯彻全国安全生产电视电话会议和四川省 2021 年安全生产电视电话会议暨省安委会第一次全体成员会议精神、省政府第七次全体会议、市政府七届九次全体会议精神，安排部署相关工作；传达贯彻市委经济工作会议精神，安排部署相关工作；传达贯彻绵阳市 2021 年国家卫生城市复审工作动员会议精神，安排部署相关工作；传达贯彻省应急总指挥部疫情防控工作调度会议精神，安排部署近期疫情防控重点工作；审议《绵阳市游仙区村（社区）职责清单（审议稿）》《绵阳市游仙区区级部门政务服务事项准入村（社区）管理办法（审议稿）》《绵阳市游仙区关于规范村级“小微权力”运行的实施意见（审议稿）》《关于促进游仙区建筑业高质量发展的实施意见（审议稿）》《绵阳市游仙区创建省级“四好农村路”示范县工作方案（审议稿）》《绵阳市游仙区现代农业产业园集成改革试点实施方案（审议稿）》，鱼泉寺边坡病害抢险加固项目相关事项，山东腾远西南 HDPE 生产研发配套基地项目相关事项，东材科技（绵阳）技改扩能与搬迁项目（补充协议）相关事项，解决“一河一策”管理保护方案编制费用事项，涪江、新桥、魏城三个派出所异地重建相关事项，拟划转国有资本充实社保基金划转股权建议方案相关事项，惠东公司提供连带责任保证担保相关事项，返还 53 套职工住房转让税费相关事项，解决全面依法治区示范试点工作经费相关事项
六届第 63 次	2021 年 3 月 8 日	解读《中华人民共和国保守国家秘密法》；传达贯彻市七届人大七次会议、市政协七届六次会议精神，贯彻元方市长在市七届人大七次会议游仙代表团上的讲话精神；审议《绵阳市游仙区忠兴镇、仙鹤镇、信义镇、盐泉镇农村集体建设用地整理复垦项目实施方案（审议稿）》《绵阳市游仙区财政专项扶贫资金管理（暂行）办法（审议稿）》《游仙区 2021 年全年和一季度主要经济指标预期目标建议方案（审议稿）》《绵阳市游仙区东兴路 6 号老厂区企业资产征收补偿协议》《中广核核技术发展股份有限公司（绵阳）质子医疗装备制造基地项目扶持资金监管办法（审议稿）》，审议 2021 年重点项目相关事项、对上争取工作相关事项、投资建设绵阳市游仙区激光产业园项目相关事项、投资建设中国（绵阳）科技城核医疗健康产业园项目相关事项、承接家属区资产相关事项、授予罗德庭等 11 人见义勇为群体（个人）荣誉称号相关事项、游仙区人民医院老年医学中心项目工程变更相关事项、游仙区公共卫生医疗中心项目工程变更相关事项、补发 2019 年退休教师慰问费相关事项、变更绵阳富乐投资有限公司出资人相关事项；通报全区招商引资工作情况、2020 年投资工作及对上争取工作情况，安排部署相关工作；研究干部任免事项

续表 2

届次	时间	主要议题
六届第 64 次	2021 年 4 月 14 日	解读新修订的《中国共产党问责条例》；学习贯彻国务院《政府督查工作条例》，中共中央办公厅、国务院办公厅印发的《建设高标准市场体系行动方案》和省、市市场监管工作会议精神，四川省法治政府建设工作电视电话会议精神，安排部署相关工作；安排部署新冠疫苗接种和国家卫生城市复审工作；审议《游仙区国民经济和社会发展第十四个五年规划和二〇三五年远景目标纲要（草案）（审议稿）》《政府工作报告（审议稿）》《关于绵阳市游仙区 2020 年国民经济和社会发展计划执行情况及 2021 年计划草案的报告（审议稿）》《绵阳市游仙区 2020 年政府投资增补调整项目及 2021 年政府投资项目计划表（审议稿）》《游仙区推进省级百强中心镇培育工作方案（审议稿）》《关于绵阳市游仙区 2020 年财政预算执行情况和 2021 年财政预算（草案）的报告（审议稿）》，审议绵阳市游仙城区试验区片区城市道路改造提升项目（游仙坝等片区）工程变更相关事项、绵阳市游仙城区试验区片区城市道路改造提升项目（欧家坝等片区）工程变更相关事项、绵阳市游仙城区试验区片区桑林坝居民统建安置小区建设项目工程变更相关事项、调整农村义务教育学校学生免费午餐计划相关事项；研究干部任免事项
六届第 65 次	2021 年 5 月 20 日	审议《绵阳市游仙区重点项目管理办法（审议稿）》《绵阳市游仙区招商引资落地项目评估工作办法（试行）（审议稿）》《绵阳市游仙区农村土地经营权流转管理办法（审议稿）》，审议高达科技工业智能化项目（补充协议）相关事项、中国邮政集团有限公司绵阳市分公司绵阳邮件处理暨区域仓储中心项目相关事项、公开招选社会投资人合作投资建设绵阳市游仙区激光产业园项目相关事项
六届第 66 次	2021 年 6 月 3 日	解读《中华人民共和国民法典》；传达学习《绵阳市人民政府工作规则》、习近平在中共中央政治局第二十九次集体学习时有关环保问题的讲话精神、环境监测相关政策法规精神、第二轮第三批中央生态环境保护督察典型案例情况、遂宁射洪市国家移交长江生态环境问题整改不力被省环督办通报相关精神，通报游仙区 2021 年 1—4 月环境质量状况，安排部署游仙区突出生态环境问题整治攻坚行动等相关工作；学习贯彻《中共绵阳市游仙区委财经委员会工作规则》；审议《绵阳市游仙区重污染天气应急预案（2021 年修订）（审议稿）》《游仙区镇（街道）法定行政权力事项清单（审议稿）》《游仙区赋予镇（街道）区级行政权力事项清单（审议稿）》等 6 张清单、《关于健全村干部待遇体系加强基层组织活动和公共服务运行经费保障的建议方案（审议稿）》《关于健全社区干部体系加强基层活动和公共服务运行经费保障的建议方案（审议稿）》《中央财政优势特色农产品保险金额保险费率及保费补贴标准实施方案（审议稿）》《绵阳市游仙区关于培育创新主体及鼓励企业科技创新的若干政策（试行）（审议稿）》《游仙区关于调整村（居民）小组长报酬实施方案（审议稿）》；审议解决芙蓉溪街子段防洪治理工程及魏城河防洪治理工程项目征占地及青苗补偿费相关事项，解决游仙区生态环境问题整治经费相关事项、北京先通医药放射药研发生产基地项目（补充协议）相关事项、中广核核技术发展股份有限公司（绵阳）医用同位素生产基地项目（补充协议）相关事项、中广核核技术发展股份有限公司（绵阳）质子医疗装备制造基地项目（补充协议）相关事项、中国航

续表 2

届次	时间	主要议题
六届第 66 次	2021 年 6 月 3 日	发四川燃气涡轮研究院与绵阳市游仙区人民政府合作相关事项、育红博爱小学五里校区综合楼项目校内易址建设相关事项，解决绵阳富乐投资有限公司土地滞纳金相关事项、划拨游仙高新区基础设施及配套建设项目资产至富乐公司相关事项、向惠东担保公司增加注册资本金化解游仙联社不良业务相关事项、惠东公司为绵阳国众置业有限责任公司在农发行贷款提供连带责任担保相关事项、绵阳市游仙区乡村旅游环线及芙蓉溪整治项目工程变更相关事项、采取融资方式支付经济试验区片区城市道路改造提升工程回购款相关事项、返还交纳的石马镇横山村统规统建房项目、石马镇解放村统规统建房五期项目城市基础设施配套费相关事项及区人大、区政协常委会议室扩建改造相关事项，九院 933 所拆迁安置点基础设施项目工程变更相关事项，解决区教体系统“六连冠、七连冠”绩效奖励相关事项，解决标准化英语听说考试和艺术考试考点建设经费事项，支付全区部分已征批次土地耕地占用税相关事项，解决游仙区芙蓉溪水毁堤防恢复重建资金相关事项，解决武引渠道 2020 年“8·11”洪灾灾后恢复重建工程资金相关事项，核定乡村规划师编外用工职数相关事项，免除绵阳开元磁性材料有限公司产业项目土地出让滞纳金相关事项，拨付党史学习教育工作经费事项，绵山路越王楼段路基垮塌整治项目纳入抢险救灾项目相关事项
六届第 67 次	2021 年 6 月 24 日	审议绵阳开元磁性材料公司及绵阳开元磁性科技公司搬迁相关事项；研究干部任免事项
六届第 68 次	2021 年 7 月 16 日	传达学习习近平在庆祝中国共产党成立 100 周年大会上的重要讲话精神、习近平总书记等中央领导同志重要指示批示和近期党中央国务院重要会议精神、市委七届十一次全会精神、全省生态环境保护工作会议、省政府第 75 次常务会议研究部署第二轮中央生态环境保护督察迎检工作会议、全市生态环境保护工作会议和全市生态环境突出问题整改工作专题会议等会议精神，通报游仙区 2021 年 5 月环境质量状况，传达学习全省、全市“大棚房”问题清理整治行动“回头看”电视电话会议精神，研究部署相关工作；解读 2021 年重点强农惠农政策；审议《绵阳市游仙区关于进一步规范区人民政府议事决策审批程序工作方案（审议稿）》《绵阳市游仙区 2021 年防范化解安全生产重大风险工作计划（审议稿）》《绵阳市游仙区 2021 年防范化解重大自然灾害风险工作计划（审议稿）》《绵阳市游仙区食品安全党政同责责任清单（审议稿）》，审议第三届绵阳市游仙区政府质量奖授奖相关事项、建设全区视频会议平台相关事项、柏林法兰西花香田园乡村振兴综合体项目解除协议相关事项，审议《绵阳市游仙区红十字会改革方案（审议稿）》《2021 年区属监管企业债务风险管控工作要点（审议稿）》，审议激光产业基地项目投资相关事项

续表 2

届次	时间	主要议题
六届第 69 次	2021 年 8 月 6 日	传达学习全市县域经济发展暨重点项目建设工作会议精神；学习贯彻习近平总书记等中央领导同志重要指示批示和近期党中央国务院重要会议精神，学习贯彻省委、省政府、市政府近期重要会议精神，传达贯彻全国疫情防控工作电视电话会议精神，7 月 27 日、7 月 30 日省委常委会会议精神，省委书记彭清华在成都调研指导疫情防控工作时的讲话精神，省委书记彭清华调研指导交通站点场所疫情防控工作时的讲话精神，省长黄强在近期省应对新冠肺炎疫情应急指挥部疫情防控工作视频调度会议上的讲话精神；传达学习习近平总书记、李克强总理近期关于防汛救灾工作指示精神及省委常委会关于防汛救灾工作会议精神，研究部署下一步工作；通报游仙区 2021 年 6 月环境质量状况、游仙区历史遗留问题化解处置情况及二季度审计跟踪情况；审议挂牌出让游仙区小枧镇顺河村 5、7 社一宗国有建设用地使用权相关事项，城东公司、惠东公司为下属子公司及国众科技公司、区人民医院、区妇幼保健院、游仙职校贷款提供担保相关事项，众福米粉加工项目执行游仙高新区城市配套费补助政策相关事项，柏林法兰西花香田园乡村振兴综合体项目解除协议相关事项，解决区档案馆、区科技局、区自然资源局等 11 项经费相关事项，解决《绵阳市游仙区东林镇控制性详细规划》局部［E（DL.A）–b、E（DL.B）–b、E（DL.B）–d 单元］调整规划编制经费事项
六届第 70 次	2021 年 9 月 7 日	学习贯彻习近平总书记等中央领导同志重要指示批示和近期党中央国务院重要会议精神，省委、省政府近期重要会议精神；传达学习省委彭清华书记在省委应对新冠肺炎疫情工作领导小组会议上的讲话精神、四川省应对新冠肺炎疫情应急指挥部调度会议精神、绵阳市文明委专题会会议精神；传达学习李克强总理在河南省考察并主持召开灾后恢复重建会议有关讲话精神、省委彭清华书记在省委防汛工作专题会上的讲话精神及黄强省长在全省防汛减灾工作调度会议上的讲话精神；解读《教育督导问责办法》；传达学习省委、市委常委会研究部署生态环保工作会议精神；通报自动站人为干扰典型案例及游仙区 2021 年 7 月环境质量状况；审议《游仙区 2019 年、2020 年温室气体清单编制工作方案（审议稿）》《游仙区“综合行政执法 + 公安 + 交警”联动工作实施方案（审议稿）》，授予徐洋等 6 人见义勇为群体（公民）荣誉称号相关事项，“五粮液—五粮坊”总部基地项目相关事项，游仙区公共卫生医疗中心项目工程变更相关事项，启动《绵阳市游仙区殡葬设施建设专项规划（2021—2035 年）》编制工作相关事项，区交通局、区自然资源局、富乐二中 3 个项目立项相关事项，无偿划转经济试验区一宗闲置国有资产给城东公司相关事项，无偿划转经济试验区一宗闲置国有资产给惠东公司相关事项，解决区委政法委、区卫生健康局、区民政局、游仙生态环境局 4 项经费相关事项，成立中国（绵阳）科技城核医疗健康产业园相关事项，区政府与市科协签订合作共建协议相关事项，区政府与绵阳市农业科学研究院签订“现代农业科技示范园”项目投资书相关事项，区政府与市农业农村局签订农业农村发展战略合作协议书相关事项，区政府与市林业局签订林业发展战略合作协议书相关事项，《游仙特色经果林现

续表 2

届次	时间	主要议题
六届第 70 次	2021 年 9 月 7 日	代林业产业示范区规划说明书、规划图、三年实施方案、年度建设项目表（审议稿）》《东林牧歌世界月季博览园花卉基地建设项目实施方案（审议稿）》，表扬 2021 年度“优秀院长（主任）”“优秀科主任”“优秀医师”相关事项；研究干部任免事项
六届第 71 次	2021 年 9 月 14 日	审议《政府工作报告（审议稿）》、中物院游仙区申家坡道路改造工程电力及能源管线设施迁改变更相关事项
七届第 1 次	2021 年 9 月 30 日	传达学习中国共产党绵阳市游仙区第七次代表大会精神；通报中央、省、市、区纪委关于违反中央八项规定精神典型案例、全区 2021 年 8 月环境质量状况；审议《绵阳市游仙区突发事件总体应急预案（试行）（审议稿）》《绵阳市游仙区行政复议体制改革实施方案（审议稿）》《建设绵阳科技创新法务区（暂定名）建设方案（审议稿）》《绵阳市司法局 绵阳市游仙区人民政府法治政府合作共建协议（审议稿）》《绵阳市游仙区城镇垃圾处理费征收工作实施方案（试行）（审议稿）》、中物院游仙区申家坡道路改造工程电力及能源管线设施迁改变更相关事项、G108 线养护工程项目（沉抗桥至芙蓉溪一桥）工程变更相关事项、《绵阳市交通运输局 绵阳市游仙区人民政府交通发展战略合作协议书（审议稿）》
七届第 2 次	2021 年 11 月 12 日	传达学习中央领导同志和国家、省、市关于粮食购销领域专项整治的重要指示批示、文件、会议精神，学习贯彻习近平总书记等中央领导同志重要指示批示和近期党中央国务院重要会议精神，传达学习绵阳市第八届人民代表大会第一次会议和政协绵阳市第八届委员会第一次会议精神，通报全区 2021 年 9 月环境质量状况，传达贯彻近期新冠肺炎疫情防控相关会议精神，传达学习《中国共产党农村工作条例》《四川省贯彻〈中国共产党农村工作条例〉实施办法》相关精神，通报 2020 年度市级预算执行和其他财政收支审计查出问题整改专项督查情况；审议区农业农村局等 30 个工程建设项目立项相关事项，《绵阳市游仙区村常职干部参加基本养老保险补贴办法（审议稿）》《游仙区城乡建设用地增减挂钩试点项目实施方案（审议稿）》《游仙区存量林权数据整合入库及林权档案电子化数字化工作方案（审议稿）》，绵阳市游仙区土地管理委员会 2021 年第 3 次会议议定相关事项，游仙区 2021 年涉地历史遗留问题化解处置工作联席会第 1 次会议议定相关事项，不规范地名“润森·加州阳光”更名相关事项，游仙区与绵阳科发基金签订战略合作框架协议相关事项，四川九洲与游仙区合作共建科技创新先行示范区项目相关事项，省级财政招商引资重大项目激励奖补资金使用相关事项，惠东公司、城东公司 12 笔融资担保相关事项，惠东公司、城东公司融资计划相关事项；研究干部任免事项

续表 2

届次	时间	主要议题
七届第 3 次	2021 年 11 月 19 日	学习中国共产党第十九届中央委员会第六次全体会议精神和省委常委会会议、市委常委会会议有关贯彻落实意见，学习贯彻省委、省政府近期重要会议精神，学习贯彻《成渝地区双城经济圈建设规划纲要》有关精神，传达学习习近平总书记关于耕地保护重要论述和重要指示批示精神及省委、省政府和市委、市政府有关重要精神，安排部署相关工作；审议启动游仙区国土空间规划编制工作相关事项、《绵阳市游仙区全面推行林长制实施方案》、游仙街道办事处仙人路一段芙蓉社区段污水管网改造治理等 27 个工程建设项目立项的相关事项、解决争创全国文明典范城市专项保障资金相关事项、解决法治文化阵地建设经费相关事项、绵阳市游仙区土地管理委员会 2021 年第 4 次会议议定事项、绵阳市游仙区土地管理委员会 2021 年第 5 次会议议定事项、绵阳市游仙区城市规划区域公益性墓地建设相关事项、解决文明典范城市整治资金事项、游仙城区道路主干道绿化养护继续向社会力量购买公共服务相关事项、购置环卫绿化、市政维护中心应急保障业务巡查车辆相关事项、签订《四川省支持中小银行发展专项债券资金转贷协议》《游仙区专项债券补充中小银行资本金转股协议存款协议》相关事项、《绵阳市游仙区 2020 年决算（草案）的报告（审议稿）》《绵阳市游仙经济开发区南区（中南片区）控制性详细规划》修编相关事项、《自然资源重点工作合作共建协议书》、解决游仙区河湖划界工作经费相关事项、解决游仙区组团参加绵阳市第七届运动会经费相关事项、解决聘请“天府旅游名县”“全域旅游示范区”创建专家服务团队资金相关事项、中国科技城·光子产业园项目相关事项、解决驻外招商机构及人员工作经费相关事项
七届第 4 次	2021 年 12 月 9 日	书面学习习近平总书记等中央领导同志重要指示批示和近期党中央国务院重要会议精神；书面传达省委、省政府近期重要会议精神，李克强总理对森林草原防灭火工作的重要批示及省市秋冬森林防灭火工作会议精神，安排部署相关工作；书面传达全省森林草原防灭火、抗震救灾、地灾害处置、防汛减灾工作电视电话会议精神，安排部署相关工作；书面传达全市巩固拓展脱贫攻坚成果同乡村振兴有效衔接暨乡村国土空间规划编制工作会议精神，安排部署相关工作；通报《阳光问廉》栏目曝光垃圾分类工作相关问题，安排部署相关整改工作、《绵阳市游仙区法治政府建设实施方案（2021—2025 年）》《绵阳市游仙区法治宣传第八个五年规划（2021—2025 年）》、科学城海天实业新材料创新孵化基地项目相关事项、绵阳今为（深圳客商）纳米复合材料技术项目相关事项、《绵阳市游仙区招商引资工作规程（试行）》、激光产业基地项目（补充协议二）相关事项、区政府与中国兵器装备集团自动化研究所有限公司、中国建设银行股份有限公司绵阳分行签订智能制造产业链共建战略合作协议相关事项、《绵阳市游仙区科技创新实力指标体系》、区政府与川大航空发动机流动传热与传感测试团队签订入驻航空动力科创中心合作协议相关事项

续表 2

届次	时间	主要议题
七届第 5 次	2022 年 12 月 15 日	传达学习《绵阳市农村集体聚餐食品安全管理办法》，安排全区食品安全重点工作，传达学习全国城镇燃气安全排查整治动员部署电视电话会议精神；通报全区 2021 年 10 月环境质量状况；审议《绵阳市游仙区垃圾分类和处置工作方案》《绵阳市游仙区关于科技创新支撑引领高质量发展的若干措施（试行）》《绵阳市游仙区关于支持制造升级的若干措施》，光大激光年产 20 亿元智能装备研发制造基地项目相关事项，《绵阳市游仙区国有企业深化改革三年行动实施方案（2020—2022 年）》《绵阳市游仙区区属国有企业负责人经营业绩考核暂行办法》，解决公益性项目建设缺口资金和支持园区发展资金相关事项，解决解放村统建安置房一期、三期，五期用地土地预付款相关事项，《绵阳市游仙区开展事业单位工作人员定期奖励并给予一次性奖金的方案》，Y122 白玉路白蝉至玉河幸福美丽乡村路项目工程量变更事项，解决经济试验区部分道路纳入区级清扫保洁范围作业经费相关事项，增加公安辅警员额和辅警项目经费相关事项，解决公安综合实战应用平台建设保障经费相关事项，增加维护稳定资金预算相关事项，解决水库安全鉴定经费相关事项，购置小型消防车相关事项，《绵阳市生态环境局 绵阳市游仙区人民政府高质量推进生态文明建设战略合作协议》；研究干部任免事项
七届第 6 次	2021 年 12 月 22 日	传达学习中央民族工作会议及全国宗教工作会议精神，习近平总书记对禁毒工作的重要批示精神，近期国家、省、市疫情防控有关精神，李克强总理关于艾滋病防治工作的重要批示精神，安排部署相关工作；通报全区 2021 年 11 月环境质量状况；审议《绵阳市游仙区县域内片区划分推荐方案》和《绵阳市游仙区县域内村级片区划分方案》《游仙区招商引资攻坚实施方案（审议稿）》、广东华睿智连高精密连接器西部基地项目相关事项、四川移柯物联网智慧产业园项目（补充协议）相关事项、解决新冠病毒疫苗接种人员组织工作经费相关事项；研究干部任免事项

【基层审批服务力量建设】2021 年，公布便民服务中心 128 项事项清单，其中“进驻乡镇（街道）便民服务中心受理办理的行政审批事项”36 项，“下放乡镇（街道）直接办结类公共服务事项”46 项，“下放乡镇（街道）初审转报类公共服务事项”34 项，“村（社区）代办服务高频事项”12 项。分批组织开展全区便民服务中心赋权事项培训，确保赋权事项有序承接，提高镇（街道）便民服务中心标准化建设水平。

【工程建设项目审批制度改革】2021 年，完善区工程建设项目审批专区建设，精简规范工程建设项目全流程涉及的技术审查、中介服务事项。开展“清单制 + 告知承诺制”审批服务，一般社会投资项目从立项到竣工验收审批用时压缩至 50 个工作日以内，小型低风险社会投资项目审批用时压缩至 30 个工作日以内。推行工程建设项目审批事项并联办理，推动工程建设项目全流程在线审批全覆盖，项目申请人在区工程建设项目审批专区综窗线上或线下申请，实现信息一次填报、材料一次上传、结果即时推送。

【企业开办】2021 年，升级企业开办协同服务平台，企业开办流程整合为 1 个环节。压缩企业开办时间，实现企业登记、刻制印章、申领发票、社保登记、员工参保、公积金开户登记 4 小时办结。实现新办企业一站式办结，其中发票办结时限压缩至 60 分钟以内，文书受理办结最快时速 3 分钟，全区市场主体新增 5154 户，财政为新设企业免费刻制印章补贴 34 万余元，市场主体总量达 34312 户。实施分类注销，累计受理办结符合条件的注销1487户，其中简易注销261户。

【网上政务服务】 2021年，开展“一网通办”能力提升百日攻坚行动，力推“互联网+政务”服务企业，清理公布“全程网办”事项清单1218项，占99.8%，“最多跑一次”达100%。

【线下服务】 2021年，推行“一窗受理”，持续开展政务服务事项“四减”行动，承诺提速率达93.38%，推行证明事项告知承诺制、政务服务事项告知承诺制。落实“五专”企业服务机制，打造“企业服务云”平台，上传惠企政策15条，解决企业诉求80起。在“跨省通办”“全市通办”事项清单基础上，推出成渝双城经济圈通办事项清单，为企业提供绿色通道服务。全年跨省通办窗口办件2776件、川渝通办窗口办件306件，绵碚通办窗口办件8件。

【政务服务“亲老化”改造】 2021年，在各级政务场所设立老年人“爱心专区”、开通老年人“绿色通道”，保留现金缴费方式，在游仙街道、富乐街道设立老年免费公交卡年审点，在剑南路东段社区设立老年免费公交卡办理点，做到“涉老”事项“家门口”可办。

【中介服务网上超市】 2021年，全区注册中介服务网上超市19家，主动引导社会投资项目到中介服务网上超市选取中介服务，动员5298家企业注册“绵企通”平台账号。

【“水电气”服务改革】 2021年，在区政务服务大厅设立水电气事项办理专区，实现电力接入办理环节低压用电用户从申请到接电时间具备直接装表条件的不超过2个工作日、不具备直接装表条件的不超过5个工作日。用气接入办理环节压减为2个，10方表非埋地工程用时减至6个工作日；10方表埋地工程（无外线架空工程）用时减至8个工作日；无外线埋地工程用时减至11个工作日；外线埋地工程用时减至15个工作日。无外线工程用水审批3.5个工作日、有外线工程用水审批8个工作日。

【不动产登记改革】 2021年，推进信息共享集成、流程集成，存量房转移登记、商品房买卖登记等业务办件审批由3个流程优化为1个流程，抵押注销登记、更正登记等5项事项实现当天受理当天办结，全程无积压。

【公共资源交易】 2021年，开展公共资源交易服务“标准化、规范化”示范交易中心创建工作，制定《创建服务标准化规范化“示范交易中心”工作方案》，梳理《政府采购活动行为规范》《供应商投诉处理办事指南》《交易服务廉洁自律规定》等8项管理制度，投入150余万元进行交易中心场地改造提升，自助服务区、交易等候区、交易受理区、交易组织区、交易评审区、交易监控区和档案室分区明显、独立设置，运用信息化技术设备及手段建设“智慧现场”，实现全过程数字化管控、数据留痕，有效防范招投标过程中的廉政风险。受理政府采购项目161个，完成项目145个，政府采购总预算金额为6980.4万元，实际采购金额6463.03万元，节约财政资金517.37万元，节约率为7.41%；完成土地挂牌出让14宗，交易额为28159.17万元，溢价额为0，执收交易服务费281.59万元。

【历史遗留问题化解处置】 2021年，调整历史遗留问题化解处置工作领导小组，按时召开领导小组联席会议，收集汇总各专班工作开展情况。接受区审计局审计2次、市督察组专项督查1次；区督察组专项督查1次。化解处置历史遗留问题37件（涉法涉诉类4件、其他类7件、涉地类26件），转内账处置6件（其他类1件、涉地类3件、涉房类2件） （姜建云）

人事工作

【概况】 2021年，完成游仙区201个事业单位岗位设置方案调整工作，完成2020年度政府口事业单位（含教育系统）4418人（2020—2021学年）考核备案工作。向区人大常委会提请人事任免事项8项，向区政府常务会提请人事任免事项7项。办理320余人次的调配、转隶、转正、辞聘、解聘手续。

【事业单位公开招聘】 2021年，加大事业单位人员公开招聘力度，在编制空缺限额内，合理制定事业单位招聘计划，公开招聘事业单位人员6批次、93人。

【人才项目服务】 2021年，落实人才引进激励办法，开展“一对一”个性化“跟踪”服务，做好获评企业和人才的后续服务工作，累计发放“富乐英才”引智工程资金108万元、中青年拔尖人才资金24万元、博士后工作站资金30万元、技能大师工作室资金15万元。

【专业技术人才队伍建设】 2021年，组织全区5615名专业技术人员继续教育公需科目培训，完成全区5个系列416人中、高级职称任职资格的确认发文和证书办理，对建区以来所有专业技术人员职称评审数据归集。继续深化职称改革制度，推荐上报正高级职称10人、高级职称64人、中级职称167

人。完善专业技术职称聘任制度，进一步推进“按需设岗，按岗聘任，竞争择优，优胜劣汰”的专业技术职务聘任机制，办理岗位变动1175人。

【人事档案管理】 2021年，加大流动人员人事档案业务网上办理宣传力度，启动干部人事档案专项审核、数字化工作，办理流动人员档案查（借）阅2000余卷，提供政审服务200余次，开具各类证明200余份、调档函500余份，复印档案材料1200余人次，接收人事档案2000余卷，转出人事档案300余卷。

大数据管理

【中国科技城大数据中心】 2021年，全面建成中国科技城大数据中心数据机房和展示大厅，基本建成城市运营指挥中心、数据共享交换平台、数据治理平台、数据服务平台、视频云平台、应急指挥管理平台，迁移部署阳光监督平台、“双听双问”调查问卷小程序、办公用房管理系统、农民工服务平台二期、市科博会线上展示平台等，中国科技城大数据中心建设取得突破性进展。

【省政务服务一体化平台县级分站点】 2021年，抢抓成渝地区双城经济圈建设县域集成改革试点机遇，争取到省大数据中心和市政务服务监督管理局支持，同意游仙区建设省政务服务一体化平台游仙分站点，开放省政务服务一体化平台数据接口，授予游仙区调取使用本地数据权限，实现政务服务和相关数据要素跨地区、跨部门、跨层级协同共享，已搭建起省政务服务一体化平台游仙分站点总体框架。

【数据管理和共享开放】 2021年，根据《游仙区政务信息化项目建设管理办法》，编制出台《游仙区政务信息化项目建设实施细则》，编印形成《游仙区政务资源目录》《游仙区政务数据共享责任清单》《游仙区政务数据共享标准规范》，初步构建起全区数据资源管理体系。按照《绵阳市政务信息资源共享和数据开放管理办法（试行）》，做好数据开放、更新和维护，推进政务资源目录编制工作，全年共完成数据挂接486条，完成政务资源目录编制1442项，全面完成省、市下达的目标任务。

2021年12月，中国科技城大数据中心建成投用

【政府门户网站管理】 2021年，大数据服务中心修订完善《游仙区政府门户网站信息发布管理办法》，全面落实信息发布“三审”责任制，严格实施“日巡查、月抽查、季督查”监督机制，坚持每天人工巡查与24小时智能监测相结合，先后监测整改错别字、措辞不严谨、链接不连通或疑似不连通等问题620条，全年公开各类政务信息9339条，受理公众咨询27条，处理回复27条，受理举报投诉25条，办结回复25条，录制上传阳光政务访谈12期，发挥政府门户网站作为政务宣传的重要窗口作用。

【云办公平台】 2021年，全区81个党政机关开通云办公平台账号，实现电子公文传输。建设推广使用平台移动端，更新升级使用功能，申请使用个人VPN账号200余个。引进电子公章系统，申请制作电子公章237枚。全年办理各类公文212283件，云办公平台推广使用成效明显。

【网络信息安全】 2021年，持续梳理规范区政府集中办公区电话线路及网络线路，全面排查五里梁集中办公区中心机房网络线路，有力保障全区网络线路安全稳定运行。实行网络故障“半小时响应处理”机制，全年处理网络故障50余起，未发生重大网络中断（中断时间超过4小时）和安全事故。在“政府门户网站”开设“国家网络安全宣传周”专栏，采用图文并茂、喜闻乐见的形式，宣传网络安全法律法规，传授防范个人信息泄露知识，揭露网络违法犯罪伎俩，有力提升广大人民群众的网络安全意识。

（戴瑞江、周铭）

后勤保障服务

【节能降耗】 2021年，开展公共机构节能降耗统计、管理及生活垃圾分类与全面禁塑、厉行节约反对浪费等工作，在所有公共区域醒目位置张贴节水、节电、垃圾分类、节约粮食等宣传标语和温馨提示，时刻提醒干部职工厉行节约反对浪费。按照2021年市级公共机构节能任务分解，协调推进建筑节能改造、空调节能改造、能耗监测点建设等指标完成的工作，督促指导16家党政机关完成节约型机关创建工作，完成市局下达的创建目标（全面完成人均综合能耗同比下降2%、单位建筑面积能耗同比下降1.5%、人均水耗同比下降2.3%的节能目标）。

【重大活动后勤保障】 2021年，做好城市应急演练保障工作，5天内送餐7000余人次。为庆祝中国共产党成立100周年、第九届科博会、中央环保督察、国务院大督查、市换届考察、文明城市创建等重大活动提供车辆、物资等后勤支撑，确保各类活动有序进行。在游仙区“三会”召开期间，着力“一早一中一晚”重要时间节点，全力以赴、科学施策，全员参与治平路集中办公区环境秩序维护，做到车辆畅通无阻、环境干净整洁，为“三会”召开提供优质的后勤保障服务。

【公车安全教育整顿】 2021年，区后勤中心市区同步开展公务用车安全管理教育整顿：一是强化车辆常态维护，坚持每季末开展车辆安全性能检测，对存在安全隐患的车辆及时检修，对已达报废条件的立即封存并按规定程序处理，严禁车辆“带病上路”；坚持每月初实施公务车辆雾化消毒，并配备车载消毒物质实施日常消毒，确保车辆健康出行。二是强化驾驶员教育管理。组织开展全区公务用车安全管理警示教育暨专题培训，邀请交警宣讲道路交通安全法规、安全文明驾驶礼仪，分析车辆事故案例，提升驾驶员责任意识、安全意识、形象意识；扎实开展“比武大练兵”活动，有效提升司勤人员的团队意识、规则意识。全面落实谈心谈话制度，强化驾驶员思想教育引导，发现问题及时谈话提醒，保持警钟长鸣。三是强化监督检查。实施线上、线下“双线并举”监督，线上通过公车管理平台，对公车运行实施全程监控，不定期抽查车辆使用申报和运行轨迹，发现问题及时纠正处置；线下会同区纪委监委、区目标绩效办对各地各部门公务用车管理进行拉网式专项检查，发现问题限期整改。四是强化制度建设。着力构建公务用车监督管理、应急保障、安全管理长效机制，修订完善《游仙区公务用车集中管理规则制度》《游仙区后勤中心公务用车司勤人员安全考核奖考核细则》等制度，牵头拟定《绵阳市游仙区公务用车道路交通事故应急预案》，形成层次分明、系统完备的制度规范，全面夯实公务用车安全管理基础。

【公务用车驾驶员技能比武活动】 2021年12月2—3日，游仙区机关后勤保障服务中心在游仙富乐驾校训练场举办“游仙区公务用车司勤人员比武大练兵”活动（活动包括驾驶技术操作和安全文明驾驶理论考试两部分）。全区77名公务用车司勤人员参与技能比武活动。通过比武活动进一步提高公务用车司勤人员岗位技能，熟练掌握车辆安全操作与驾驶技术，消除安全隐患，锻造一支高素质、专业化的驾驶员队伍。

【办公用房管理】 2021年，结合正风肃纪专项督查，对全区各级党政机关事业单位采取查阅资料、实地查看、现场测量等方式进行办公用

2021年12月2—3日，游仙区2021年度司勤人员比武大练兵活动在富乐驾校训练场举行。图为活动现场

房使用管理专项检查，并对发现的问题提出整改意见和要求，出具整改通知书。全区有3个单位超面积使用办公用房，已整改落实2个。为营造良好的办公环境，解决集中办公区办公用房紧缺的问题，通过租用叠翠峰2316平方米办公用房的方式，解决商务局、工青妇等7个单位办公用房。区科技局搬迁至区自然资源局合署办公，实现办公用房的集约节约管理。为进一步整合资源、厉行节约，经区政府同意，对3号楼进行扩建，以满足区人大常委会机关、区政协办公和会议使用，项目已立项。加强镇村公有资产统计，完善实施资产盘活方案，乡镇行政区划调整后原各乡镇闲置资产得到有效利用，如原刘家镇办公用房已租赁企业使用。对市级部门事权下放单位办公用房（市上资产）使用权限进行明确，区自然资源局、区交通运输执法大队、区环境卫生和绿化中心3个单位的办公用房，保持现状继续由其使用。借助信息化手段，实行办公用房动态管理。通过借力第三方科技公司加强全区办公用房管理，进一步完善党政机关办公用房信息化管理平台建设，实现全省“一张网”“一幅图”管理模式，适时掌控全区党政机关办公用房具体使用情况，实行办公用房超标预警机制。

【新冠肺炎疫情常态化防控】 2021年，坚持做好区政府集中办公区新冠肺炎疫情常态化防控工作，通过开展“把好三关”、做好“三个常态”、持续“三个关注”的工作方式开展常态化新冠肺炎疫情防控工作。即对机关集中办公区把好进门关、把好用餐关、把好环境关，对公务用车实行人员防护常态化、车辆消毒常态化、车载药品常态化，对机关自身实时关注新冠肺炎疫情变化情况、实时关注人员流动情况、实时关注疫苗接种情况，全面加强新冠肺炎疫情防控工作，据不完全统计，区政府集中办公区全年查验健康码、行程码和测量体温180余万人次，进一步全方位筑牢新冠肺炎疫情防控的层层防线。

（杨文奉）

信访

【思想政治建设】 2021年，开展党组中心组学习12次、党史教育集中学习35期。认真履行党建工作职责，系统谋划党建工作，召开专题会议4次，专题研究党风廉政、反腐败工作4次，组织观看警示教育片4次，谈话提醒4人，教育批评3人。开展“党史教育集中学习”和庆祝中国共产党成立100周年系列活动，组织党员干部参与新冠肺炎疫情防控、抗洪防汛、走基层送温暖、文明城市迎检等工作。

【信访保障】 2021年，坚持把党建优势融入业务，发挥“接、转、督、调、谋”的作用，共接待708批2730人次，化解信访积案难案66件，“我为群众办实事”办结“治重化积件”79件（其中中央交办件65件、省交办件14件）。采取矛盾纠纷“1+3+N”、“三色台账”、责任追究“三大机制”“楼栋长＋房东”等抓好信访问题源头防范。加强宣传动员和正面引导，做好改革相关政策和文件解读，最大限度凝聚共识、汇聚改革正能量，引导基层干部群众和社会各界人士拥护改革、支持改革、参与改革。密切关注和化解各镇（街道）、村（社区）撤并后的潜在风险，着力把矛盾纠纷化解在基层。收集涉及农村交通运输、集体经济发展等领域信访事件8件，按时回复率和结案率均达100%。

【制度体系建设】 2021年，严格落实信访工作各项基本制度，坚持党委、政府定期研究信访工作、信访形势研判会、信访联席会、信访例会。制定《进一步落实信访工作主体责任》《绵阳市游仙区巡回接访工作制度》《绵阳市游仙区区级领导包案化解信访问题化解工作制度》等8项工作制度，区委、区政府专题研究信访工作4次，召开区级信访例会12次，专题研究解决疑难信访案件50余次。出台《社会组织参与信访积案化解工作方案》《社会稳定第三方评估实施意见》《绵阳市游仙区信访工作联席会议工作规则》，成立涉法涉诉、国有企业改制等9个专项工作小组，牵头负责各重点领域信访突出问题化解处置工作，进一步强化信访工作联席会议综合协调、组织推动、督导落实的职能职责。构建政法、宣传、公安、信访紧密协作机制，构建起全员参与、功能强大的群防群治网络体系。建立科学合理的信访工作考评体系，将信访工作纳入区委、区政府年度目标考核范畴。

（仲云山）

应急管理

【安全生产】 2021年，区委、区政府将安全生产工作作为重大政治任务和政治责任，区委召开15次区委常委会会议、区政府召开16次区政府常务会议，分析研判安全生产、防灾减灾和应急管理工作形势，解决存在的突出问题，安排部署下一步工作。区委、区政府“逢

2021年7月16日，群众在游仙区安全应急体验中心进行消防安全知识体验学习（区融媒体中心供图）

会必讲安全”，召开31次会议研究部署安全生产工作。区级领导狠抓安全生产监管责任，在重要节日期间带队开展安全生产检查，推动企业落实安全生产主体责任。以“排险除患”为重点，扎实推进专项整治三年行动。因地制宜制定实施方案，紧盯道路交通、建筑施工、危化品、非煤矿山、消防、人员密集场所、工贸行业等重点领域开展整治，排查梳理隐患1891处。按照“五落实”的要求明确责任，制定风险管控和治理措施，整改1854处，整改率达98%。

【应急管理】 2021年，为全力抓好区镇两级基层应急管理能力建设工作，推进建成2个消防救援站，“一主两辅”应急队伍全面形成，工作经验被全市推广，工作成效被《中国应急管理报》等媒体报道，并被省厅定为基层能力建设试点区。新建社区微型消防站34个，每个镇（街道）设置1—2个消防取水口。改扩建1处应急物资储备库，建设12个应急物资储备站、149个应急物资储备点，配备应急物资35种。设置204处应急避难场所或转移安置点。投入335万元建设石马镇工业园区小型消防站。组建12支镇级应急队和172支村级应急分队并授旗授牌。投资90余万元采购卫星电话，投资180余万元建设现代化区应急指挥中心，依托科技城大数据中心，建设游仙区智慧应急指挥中心。编制《游仙区“十四五”应急管理体系规划》，开展应急资源调查和安全风险评估。印发《游仙区突发事件总体应急预案（试行）》，规划编制27个专项应急预案、8个应急保障预案、34个部门应急预案，开展区级森林防火、防汛抗旱、地震等4次应急演练，各地和区级有关部门开展应急演练63场次。

【防灾减灾】 2021年，以“预防为主、防御和救助相结合”作为防灾减灾工作方针，认真贯彻落实防灾减灾工作要求，对上争取救灾资金584万元，其中农房重建资金96.72万元、紧急转移安置和过渡期生活救助资金53.28万元、冬春生活救助资金414万元、御寒物资价值20万元；争取救灾帐篷66顶，约14万元，解决受灾群众过渡期的生产生活问题。

【防汛抗旱】 2021年，明确职责分工，健全完善“防、治、救”责任链条。突发灾害发生时勇往一线，当好领导决策助手，应对“8·5”“10·4”等8轮强降雨，发布暴雨蓝色预警12次、黄色预警12次、橙色预警7次，调度12个镇（街道），派出6个工作组108人次，投入抢险救援力量25支261人次，避险转移772人，紧急转移安置263人，解救被困群众45人，确保汛期人民群众生命财产安全。

【执法监管】 2021年，围绕“防风险、遏事故、保安全、促发展”的总体目标，制定年度监督检查计划，依法依规对辖区102家重点企业进行执法检查，出具执法文书594份，查出安全生产违法违规行为174项，整改率84.48%。立案查处24起安全生产案件，处罚金186.67万元。通过执法行动，企业的麻痹思想和侥幸心理得到有效纠正，自身安全生产水平进一步提高，有效遏制事故的发生。

【森林防火】 2021年，全面落实森林防灭火“党政同责”机制，调整完善森防指机构设置，建立“三单一书”责任制度，构建高位推动末端发力群防群治终端见效工作机制，签订涉及区、镇、村156个单位93186户责任清单1010条、承诺书1010份。开展市、区、镇三级森林防灭火联合应急演练1次，区、镇两级应急拉动演练1次。与周边相邻县市区、辖区相邻镇与镇

2021 年 11 月 30 日，游仙区应急队应急拉动暨授牌授旗仪式举行

（区融媒体中心供图）

均签订森林防灭火联防联控协议，形成森林防灭火工作合力，共同实现火情处置“打早、打小、打了”目标。

【安全宣传】 2021 年，举行“落实企业安全生产主体责任践诺暨全国第 20 个安全生产月集中宣传活动”，组织参与群众达 1 万余人。活动期间，全区发放自然灾害普查宣传单 1 万余份、宣传手册 1 万余册、防灾减灾宣传海报 2000 份、宣传单 20 万份、森林防火“进学校”折页 5 万份、“进家庭”宣传单 10 万份、森林防火倡议书 1 万份，张贴《森林防火命令》1 万份，悬挂各类安全横幅 330 余幅，设置安全警示展板 50 余块，播放安全公益片 150 余次，编制安全类视频 39 条，通过“游仙应急”抖音号进行宣传。高标准开展安全生产“五进”工作，并在自贡市交叉暗访检查中通过验收。

【应急值守】 2021 年，严格执行 24 小时值班和领导带班制度，保证在岗在位，随时密切关注水情、雨情、火情等情况。接听政务热线“12345”及群众来电 8600 个，做好 68 起突发事件信息上报工作，参与协调处置 31 起突发事件，做到在出现突发情况时第一时间响应、最快速度出发，有序有力有效应对处置。 （李佳玲）

2021 年 5 月 17 日，游仙区防灾减灾应急疏散演练现场

（区融媒体中心供图）

经济合作

【招商引资】 2021 年，围绕“3+3”产业布局，不断加大项目促进频率和力度，先后邀请重点企业到游仙考察对接 176 批次，党政“一把手”先后外出招商 26 批次。签约国内市外项目 30 个，签约金额 175.03 亿元，克服各种困难并实现逆势大幅增长。

【重大项目招引】 2021 年，推动投资 15 亿元的深圳光大激光年产 20 亿高端装备制造基地项目，投资 10 亿元的中国科技城 · 光子产业园项目，投资 10.98 亿元的中核建设（游仙）科技城新区智慧交邮快递物流产业园项目等 5 亿元及以上项目 10 个，协议引资额 127.28 亿元。

【内外到位资金】 2021 年，内资实际完成 110.29 亿元，完成率

129.75%。其中“5+1”产业项目到位内资64亿元，完成率103.25%，内资完成总量排名全市第二；外资到位资金目标任务3000万美元。认定上报到位外资3973万美元，完成率132.4%。截至年底，外商直接投资到资和实际到位外资完成总量排名全市第二。

【项目“三率”】 2021年，省级平台共签约项目共4个，签约金额2.55亿元。履约项目4个，履约率100%；开工项目4个，开工率100%；资金到位0.8亿元，到位率31.37%，超额完成全年目标任务。

【专业招商】 2021年，联合上海朱光亚研究院、深圳宝安区新桥街道激光产业园和龙岗区坂田街道云里智能园、成都双流银河596基地和新都区624科创中心等，采取市场化和干部驻外相结合的方式组建长三角、大湾区、成渝西、京津冀四个精准招商驻外机构，做好该片区内重点企业、重点行业精准招商。

【驻外招商】 2021年8月，在全区范围内选派具有强烈责任感、危机感和使命感的8名干部到京津冀（驻点北京）、珠三角（驻点深圳）、成渝西（驻点成都）、长三角（驻点上海）四地驻点招商。从驻外人员到位以来，收集人脉信息资源102条，开展拜访对接活动并提供有效项目信息107个，重点跟踪项目信息15个，引荐到游仙考察项目18个，参与各类推介会、博览会等会展30余次，推动游仙资源优势与先进地区资本、技术优势高效对接，扩大招商引资溢出效应。

【网络招商】 2021年，面对新冠疫情防控的相关要求，及时改变工作思路，优化招商措施，开启“云平台”“大数据”招商新模式，利用绵招网等服务平台，改“线下约”为“网上见”，变“面对面”为“屏对屏”，促进赛康医疗设备产业园项目、粤港澳大湾区青年创新创业中心相关项目、珠海赛纳高端打印设备项目等23个项目的磋商谈判，确保新冠肺炎疫情期间项目招引“不断档”。

【链条招商】 2021年，聚焦电子信息、先进材料、智能装备三大支柱产业和核技术应用、激光技术应用、航空与燃机三大优势产业，由区级领导作为链长，行业主管部门作为牵头部门，按照“一位链长、一个牵头部门、一套工作方案”工作模式，全面掌握产业链重点企业、重点项目、重点平台、关键共性技术、制约瓶颈等情况，同时充分发挥科研院所富集的比较优势，针对产业链建立专家咨询研判团队，研判项目20余个，项目转化率达30%。

【会战招商】 2021年7—10月，按照区级领导牵头，行业部门负责，属地跟踪服务，开展招商引资“百日大会战”，通过招商引资、招大引强、招新引优、招院引所、招才引智“五招五引”，拜访企业175家，策划包装项目131个，新签约项目28个，签约总金额151.53亿元。首批10家科研团队和关联企业入驻科创中心。

【投资推介】 2021年，牵头制作招商引资推介PPT，更新《投资指南》、全区招商引资宣传片，围绕智能制造、电子信息及安全、节能环保、新材料、航空燃机、核技术应用等游仙优势产业，面向国内重点区域和企业，精心策划推出高分子复合材料等具有游仙特色的招商项目8个，提升客商到游仙投资兴业的兴趣。

【节会展会】 2021年，牵头连续两次召开中国（绵阳）科技城激光技术应用院地企产业链招商洽谈会，吸引全国30余家优秀企业及科研院所代表参会。同时，高效利用科博会、西博会等省、市重大活动平台，积极参加会展和推介活动10余次，获取重大项目信息、资源，宣传推介游仙，形成以点带面、厚积薄发效应。

【联动招商】 2021年，联系中国航发涡轮院，精准聚焦产业链上下游和关联配套企业，利用科创中心平台，在充分展示规划航空和燃气产业园的同时，让科创中心成为吸引人才的新领地，以此招引更多与航空燃机相关的优质企业、团队入驻。同时加强对入驻企业、团队的科学研判，严把进驻关。截至2021年年底，招引入驻高校、企业、团队共计13家。

【项目服务】 2021年，开展“进千企”活动，组织走访招商企业100余户，定期拜访园区企业，在深入了解企业生产经营情况的同时，为企业排忧解难，全力营造亲商、安商的良好氛围；大力推行“招商引资项目季度研判”“服务绿卡”等工作机制，全力提升招商项目落地率，16个项目实现年内签约并开工。

【助企纾困解难】 2021年，认真落实“六稳”“六保”要求，严格执行《绵阳市游仙区有效应对疫情支持经济运行19条政策措施》，切实帮助全区招商引资企业解决实际困难，推动企业加快落地建设，解决上海移柯等项目在政策兑现、招工、生产要素保障等方面问题20余个。

【制度建设】 2021年，制定出台

《游仙区招商引资攻坚实施方案》《绵阳市游仙区招商引资工作规程》等规章制度，强化招商工作引领，明确招商考核目标，按照项目投入总量、产业类别，建立土地供给、开竣工奖励、税收优惠、设备补贴、人才扶持等方面分档优惠政策体系，实行量化考评，实现招商引资工作任务全覆盖。

政协绵阳市游仙区委员会

重要会议

【区政协六届六次会议】 4月26日至27日在区机关会议厅召开，208名委员参加会议。会议审议并通过区政协主席姜曦作的《常委会工作报告》和区政协副主席高红梅所作的《提案工作情况报告》。听取并协商讨论区人民政府区长陈华斌所作的《政府工作报告》和区“十四五”规划和二〇三五年远景目标纲要草案、财政预算、法院、检察院工作报告，听取中共游仙区委书记陈华斌讲话。会议选举陈瑛为区政协秘书长，李立国、吴良建、喻希东、刘道雄、张梁为区政协常委。

【区政协六届第29次常委会会议】 4月20日，区政协主席姜曦主持召开区政协六届第29次常委会会议，副主席赵长兴、代锦芳、高红梅、岿金玲，区政协常委出席会议。会议审议通过区政协六届六次全会日程及议程，审议通过常委会工作报告、提案工作报告并推举报告人，决定2020年度优秀政协委员表扬人选，以票决的方式同意胡宗文等10人辞去政协绵阳市游仙区第六届委员会委员；同意增补彭小兵等8人为政协绵阳市游仙区第六届委员会委员；同意免去陈瑛政协绵阳市游仙区委员会副秘书长、办公室主任职务，张桂林政协绵阳市游仙区委员会经济委员会主任职务，刘晋宏政协绵阳市游仙区委员会办公室副主任职务。同意任命蒋辉为政协绵阳市游仙区委员会副秘书长、办公室主任，彭小兵为政协绵阳市游仙区委员会经济委员会主任，姜剑锋为政协绵阳市游仙区委员会办公室副主任。

【区政协六届第30次常委会会议】 2021年4月27日，区政协六届六次全会期间，区政协主席姜曦主持召开区政协六届第30次常委会会议，副主席赵长兴、代锦芳、高红梅、岿金玲和区政协常委出席会议。会议听取区委组织部副部长敖顺利代表组织部对推荐陈瑛为区政协秘书长，李立国、吴良建、喻希东、刘道雄、张梁5人为区政协常委作情况说明，讨论通过《政协第六届绵阳市游仙区委员会第六次会议选举办法（草案）》，协商同意陈瑛为区政协秘书长候选人，李立国、吴良建、喻希东、刘道雄、张梁5人为区政协常委候选人。

【区政协六届第31次常委会会议】 2021年6月28日，区政协主席姜曦主持召开区政协六届第31次常委会会议，副主席代锦芳、高红梅，秘书长陈瑛和区政协常委出席会议。会前，区政协委员、四川法丛律师事务所主任杨仲先解读《中华人民共和国民法典·婚姻家庭篇》。区政府副区长李万庆和区直相关部门负责人参加会议，会议书面学习习近平总书记在党史学习教育动员大会上的讲话、习近平同志《论中国共产党历史》部分论述重要精神，审议同意《游仙区开展“红色物业”试点工作情况的调研报告》《游仙区未成年人心理健康教育工作调研报告》。会议以票决方式同意冯勇、吕春燕辞去政协绵阳市游仙区第六届委员会委员。同意增补史东妮、陈绍亮、陈友红为政协绵阳市游仙区第六届委员会委员。同意免去王洪斌政协绵阳市游仙区委员会副秘书长，冯勇政协绵阳市游仙区委员会经济委员会副主任，吕春燕政协绵阳市游仙区委员会社会法制委员会副主任职务。同意任命史东妮为政协绵阳市游仙区委员会副秘书长，陈绍亮为政协绵阳市游仙区委员会经济委员会副主任，陈友红为政协绵阳市游仙区委员会社会法制委员会副主任。

【区政协六届第32次（议政性）常委会会议】 2021年7月13日，在全面深入调研游仙区基本情况和考察学习先进地区经验基础上，由区政协主席姜曦主持召开以“加快推进新型功能材料产业高质量发展”为主题的六届第32次（议政性）常委会，区政协副主席赵长兴、代锦芳、高红梅、耑金玲，秘书长陈瑛出席会议。区委常委、区委统战部部长、区总工会主席陈政，区人民政府副区长李万庆应邀出席会议，区直相关部门、有关镇负责人及住区市政协委员、区政协委员代表和辖区新型功能材料生产企业负责人及区政协副科级以上干部列席会议。会议审议通过《关于加快推进新型功能材料产业高质量发展的调研报告》，讨论形成全体委员助力新型功能材料产业高质量发展的协商意见。

【区政协六届第33次常委会会议】 2021年9月14日，区政协主席姜曦主持召开区政协六届第33次常委会会议，副主席赵长兴、代锦芳、高红梅、耑金玲，秘书长陈瑛和区政协常委出席会议。会议集中学习中央和省委、市委、区委关于严肃换届纪律相关文件精神，审议通过《关于召开中国人民政治协商会议绵阳市游仙区第七届委员会第一次会议的决定》，协商决定七届区政协委员名单、协商通过政协绵阳市游仙区第七届委员会第一次会议秘书长、副秘书长建议名单，协商通过区政协七届一次全会日程及议程，审议通过常委会工作报告、提案工作报告并推举报告人。

【区政协七届一次会议】 区政协七届一次会议于2021年9月24日至26日在区机关会议厅召开，243名委员参加会议。会议审议并通过区政协党组书记杨守贵作的《常委会工作报告》和区政协党组副书记赵林所作的《提案工作情况报告》。听取并协商讨论区人民政府代区长韩晓清所作的《政府工作报告》和法院、检察院工作报告，听取中共游仙区委书记陈华斌的讲话。会议选举杨守贵为区政协主席，赵林、沈勇明、秦顺英、张梁为区政协副主席，陈瑛为区政协秘书长，刘子江、常代兵、刘新生、袁宗聪、龙梅、李立国、池祥富、杨烜、敬艳、吴良建、胡城纲、张曦、宋启刚、文健军、王钦甲、何艳、吴波、刘沛卓、刘道雄、田容、杨五洲、陈孟琰、何军、张钊源、罗璐、陈枫、李明发、王培兵、白光含、龚林、释照严、张静、颜璐、邓长青、全乔、许益铭、裴燕梅、喻希东、曹云为区政协常委。

【区政协七届第1次常委会会议】 2021年11月16日，区政协主席杨守贵主持召开区政协七届第1次常委会会议，副主席赵林、沈勇明、秦顺英、张梁，秘书长陈瑛和区政协常委出席会议。区委副书记姚军，区委常委、区政府副区长陈政，区委常委、区委宣传部部长朱兴安，区委常委、区委统战部部长、区总工会主席、区政协党组副书记张明东应邀出席会议。区直相关部门、有关镇负责人和区政协副科级以上干部列席会议。会前开展讲纪学法，组织学习《中华人民共和国保守国家秘密法》。会议传达学习《政协绵阳市游仙区委员会常务委员会工作规则》、市第八次党代会、市八届人大一次会议、市政协八届一次会议和区第七次党代会、区七届人大一次会议精神、中共十九届六中全会精神，审议通过《关于新时代文明实践中心建设情况的调研报告（审议稿）》，协商通过《政协绵阳市游仙区委员会委员管理办法（修正案）》《关于政协绵阳市游仙区第七届委员会专门委员会设置的决定（草案）》。

【区政协七届第2次常委会会议】 2021年12月28日，区政协主席杨守贵主持召开区政协七届2次常委会会议，副主席赵林、沈勇明、秦顺英、张梁，秘书长陈瑛和区政协常委出席会议。区委副书记姚军、区委常委、区纪委书记、监委主任冯科敏、区委常委、区政府副区长李静应邀出席会议。区政协副科级以上干部列席会议。会议听取区人民政府《关于区政协常委会议、专题协商会议、界别协商会议所提意见、建议的办理情况的通报》《关于区政协六届六次提案办理情况的通报》，听取区纪委监委《关于全区党风廉政建设情况的通报》，协商通过《政协绵阳市游仙区委员会常务委员会工作规则（修改稿）》，审议通过《区政协七届二次会议筹备方案》。会议同意任命蒋辉为区政协副秘书长、王洪斌为提案委员会主任、蒋明国为农业与农村委员会主任、彭小兵为经济委员会主任、严显勇为文化文史和学习委员会主任、龚晓蓉为社会法制委员会主任、何洲为教科卫体委员会主任、董清华为委员工作委员会主任、史东妮为区政协副秘书长、陈绍亮为经济委员会副主任、陈友红为社会法制委员会副主任、马娟为教科卫体委员会副主任、蒲实为委员工作委员会副主任、吴波为农业与农村委员会兼职副主任、杨炬为农业与农村委员会兼职副主任、何发容为经济委员会兼职副主任、何军为经济委员会兼职副主任、史东妮为文化文史和学习委员会兼职副主任、王天举为文化文史和学习委员会兼职副主任、吴良建为社会法制委员会兼职副主任、齐术洋为委员工作委员会兼职副主任。

【区人民政府区政协联席会议】2021年12月30日，区委副书记、区人民政府区长韩晓清主持召开2021年度区人民政府与区政协联席会议，区政协主席杨守贵，区委常委、区人民政府副区长陈政、李静、郑联盛、陈琴、杨彬、薛清泉、李韦、姚永强及区政协副主席赵林、沈勇明、秦顺英、张梁和区政协秘书长陈瑛出席会议。区政府部分组成部门、政协各委室主要负责人参加会议，会议还邀请部分政协常委、委员参加会议。会议听取区政协副主席赵林关于2021年区政协工作情况和下一步工作计划的通报，区委常委、区人民政府副区长陈政关于2021年区政府工作和下一步工作计划的通报。区政协主席杨守贵、区委副书记、区人民政府区长韩晓清在会上作讲话。

民主监督

【生猪恢复生产情况专题视察】2021年3月24日，由区政协农业与农村委牵头，组织部分市、区政协委员和农业部门相关负责人，先后前往忠兴镇凯沃盛养殖场和永佛村正邦楼房养殖基地，视察了解非洲猪瘟后游仙区生猪养殖恢复生产情况。其间召开专题座谈会，形成相关视察报告，提出相关方面的意见建议，促进生猪养殖有力有序恢复生产。

【未成年人心理健康教育工作调研】2021年3—5月，由区政协教科卫体委牵头，组织部分教育界别政协委员，先后前往江苏省南京市江宁区、高邮市和扬州市广陵区学习考察，并前往富乐二小、万达小学、游仙慈济试验学校等地深入调研，其间召开工作座谈会，全面了解游仙区未成年人心理健康教育现状，重点了解中小学生心理健康教育工作存在的困难，形成调研报告，为助力游仙区未成年人心理健康教育工作有序开展，形成共建、共享、共育的未成年人良好心理健康教育格局提供有益参考。

【红色物业工作开展情况调研】2021年4—5月，由区政协社会法制委牵头，先后组织部分区政协委员深入区内嘉兴警苑、置信丽都花园城、海峰苑小区等地及省内巴中市恩阳区、南充市嘉陵区及广安市岳池县进行调研考察，其间召开座谈会，广泛了解当前游仙区红色物业工作推进情况及存在的困难和问题，形成专题调研报告，为推进城市品质化建设提出参考意见。

【加快推进新型功能材料产业高质量发展调研】2021年4—7月，由区政协经济委牵头，先后组织部分区政协委员深入区内东材科技、开元磁材及江苏省海安市、浙江省东阳市进行调研，其间召开座谈会和议政性常委会，广泛了解新型功能材料产业发展现状、面临的困难和问题，形成《关于加快推进新型功能材料产业高质量发展》的调研报告，为新型功能材料产业发展提出参考意见。

【村级小微权力规范运行视察】2021年5—10月，由区政协社会法制委牵头，组织部分区政协委员，先后前往浙江省宁波市宁海县、绍兴市上虞区、嘉兴市嘉善县等地学习考察村级小微权力规范运行好的经验做法，并深入区内魏城镇、新桥镇、忠兴镇等地实地视察，形成视察报告，就进一步规范游仙区村级小微权力运行机制提出相关意见建议。

【乡村旅游高质量发展及小微协商平台建设考察】2021年5月，由区政协文化文史和学习委牵头，组织部分区直部门和乡镇负责人，先后前往江西省九江市庐山市、福建省福州市、武夷山市及龙岩市等地，学习考察乡村旅游发展、传统文化传承和小微协商平台建设事宜。

2021年11月9日，区政协到富乐街道李杜祠社区视察小微协商平台建设
（区融媒体中心供图）

【国家级传统村落建设发展专项视察】 2021年7月，由区政协文化文史和学习委牵头，前往区内魏城镇鱼泉村、铁炉村等地，视察国家级传统村落建设发展情况及传统村落文化丛书编撰情况。

【医养结合专题调研】 2021年11月2日，由区政协教科卫体委牵头，组织部分区政协委员，先后前往富乐街道卫生服务中心、新桥镇中心卫生院、区人民医院等地调研，其间召开调研座谈会，听取全区医养结合工作开展情况，并围绕当前存在的问题开展讨论，形成调研报告，为推动游仙区医养结合发展提供有益参考。

【新时代文明实践中心建设情况专题视察】 2021年11月3日，由区政协文化文史和学习委牵头，组织部分区政协委员，先后前往区新时代文明实践中心、石马镇新时代文明实践所等地调研新时代文明实践中心建设情况，其间召开专题座谈会，形成调研报告。

【医保基金监管工作情况视察】 2021年12月3日，由区政协教科卫体委牵头，组织部分区政协委员，先后前往小枧中心卫生院、区医保局等地，围绕医保基金监管工作开展视察，形成专题视察报告，提出许多有益的意见建议。

2021年11月2日，区政协到富乐街道社区卫生服务中心调研医养结合工作

（区融媒体中心供图）

2021年11月3日，区政协到新时代文明实践中心视察

（区融媒体中心供图）

民主协商

【信义镇福星村山湾民心荟——幸福乡愁里记忆馆建设小微协商】 2021年3月31日，由区政协办公室牵头，组织部分区政协委员和区直部门负责人、福星村常职干部及村民代表，在信义镇福星村村部，围绕如何建好、管好、用好幸福乡愁里记忆馆开展小微协商，协商解决记忆馆承载的主要功能和作用、记忆馆如何运行规范及组织架构等重大问题，进一步满足信义镇福星村群众的精神文化需求。

【现代种业发展专题协商】 2021年5—7月，由区政协农业与农村委牵头，组织部分区政协委员和辖区农业部门负责人，先后前往海南省三亚市崖州区、陵水县和山东省寿光市考察现代种业产业发展，并深入区内水稻制种和蔬菜制种基地调研，在前期考察调研基础上，召开专题协商会，提出完善机制体制、加大扶持力度、招引专业人才等意见建议。

【山湾农庄建设界别协商】 2021年7月24日，由区政协农业与农村委牵头，组织农业界别部分区政协委员，深入信义镇仙山村、魏城镇铁炉村等地视察山湾农庄建设情况，其间召开界别协商座谈会，围绕山湾农庄建设现状和当前存在的困难和问题开展协商讨论，提出加大设施投入、因地制宜建设等意见建议。

【《关于打通联系群众幸福路——新建魏城镇绣山村道路的建议》提案办理协商】 2021年6月17日，由区政协提案委牵头，组织提案人、承办部门、协办部门负责人，围绕《关于打通联系群众幸福路——新建魏城镇绣山村道路的建议》提案办理情况开展协商，为完善提案意见建议、推动提案办理实施提供有益参考。

【《关于规范森林防灭火设施设备建设的建议》提案办理协商】 2021年8月17日，由区政协提案委牵头，组织提案人、承办部门、协办部门负责人，围绕《关于规范森林防灭火设施设备建设的建议》提案办理情况开展协商，为完善提案意见建议、推动提案办理实施提供有益参考。

【加快科技型中小微企业培育和发展专题协商“回头看”】 2021年8月25日，由区政协教科卫体委牵头，组织部分区政协委员，先后前往游仙区科技创新谷、同成精睿公司、624科创中心等地视察。其间召开协商座谈会，就加快科技型中小微企业培育和发展调研报告所提意见建议办理情况开展“回头看”。

【“芙蓉花溪”乡村振兴综合项目建设情况专题协商】 10月22日，由区政协经济委牵头，组织部分区政协委员、区直相关部门负责人和项目沿线乡镇负责人，先后前往游仙街道、新桥镇等地，实地调研“芙蓉花溪”乡村振兴综合项目建设情况。其间召开协商座谈会，围绕项目建设现状和推进过程中存在的困难和问题开展协商，提出意见建议。

委员工作

【提案工作】 2021年，区政协六届六次会议和七届一次会议期间，区政协委员经审查立案的177件提案以及委员大会发言和联组讨论发言转化的19件重点提案交由区委目标绩效办统一督办，主席、副主席带队集中督办10件重点提案，两次全会的提案办结率、满意率均达100%。打通游仙高新区亮化工程“最后一千米”、加强森林防火设施设备建设、防范和打击电信网络诈骗等建议引起有关部门的重视，促使一些群众关心、社会关注的问题得到解决。

【社情民意信息工作】 2021年，坚持把反映群众呼声、维护群众利益作为政协工作的切入点，通过民情走访、民意恳谈、专项调查等形式，收集社情民意信息80条，打磨上报56条，市政协采用33条，省政协采用3条，为党委政府掌握情况、科学决策提供参考，一些意见建议得到省、市领导的批示及省市相关部门的采纳，助推上级政策的完善和基层实际问题的解决。委员反映的强化对拟任干部进行法律知识专业培训、进一步夯实消防公共安全管理基础、塑造党史重要革命先烈人物伟岸形象等建议得到有关部门的重视与采纳。

【委员“双助”工作】 2021年，聚焦“助力巩固脱贫、助推乡村振兴”专项活动，组织区政协委员捐款捐物，协调资金，累计总价值1400万余元。通过社会公益活动方式服务社会，各民主党派和广大委员捐款捐物，累计总价值296万元。

（姜剑锋）

纪检监察

党风廉政建设

【概况】 2021年，全区各级纪检监察组织和纪检监察干部自觉从中国共产党的百年奋斗历程中汲取智慧经验，牢牢把握“两个确立”决定性意义，坚持“首先要从政治上看”，增强“四个意识”、坚定“四个自信”、做到“两个维护”，忠实履行党章和宪法赋予的职责，发挥监督保障执行、促进完善发展作用，全区纪检监察工作在高质量发展道路上蹄疾步稳，为现代化游仙建设大局提供有力的政治保障。

【政治监督】 2021年，区纪委监委着力深化政治监督，推动全区经济社会高质量发展。紧扣习近平总书记对四川工作系列重要指示精神，聚焦党史学习教育、“三大攻坚战”、乡村振兴、“一带一路”、“长江经济带”、成渝地区双城经济圈建设等党中央和省、市、区委重大决策部署实施精准监督，督促各级党组织和党员干部用实际行动践行“两个维护”，查处违反政治纪律党员干部2人。进一步压紧压实主体责任，对2020年度党风廉政建设责任制考核排名靠后的4个单位主要负责人进行约谈，问责党员领导干部13人，问责党组织1个。围绕新冠肺炎疫情防控工作开展监督9次，发现并督促整改问题16个，给予党纪处分2人。组建4个督导组对区、镇换届进行全程监督，保障换届平稳有序。扎实抓好省委巡视反馈16个问题的整改落实，制定整改措施40条并全部整改到位。

【正风肃纪】 2021年，区纪委监委坚持纠“四风”树新风并举，持续推动移风易俗、化风成俗。紧盯节假日等重要节点和关键时段，开展明察暗访，通报并督促整改各类问题67个。紧盯公车私用、接待“公”“商”不分等问题进行专项督查，立案查处违反中央八项规定精神问题45人。聚焦工程招投标、医疗卫生、人社系统就业培训、经信系统项目资金管理四大重点行业领域突出问题开展系统治理，立案查处16人。开展粮食购销领域腐败问题专项整治，立案查处2人。紧盯风险易发点开展监督，深化财经纪律监管“三级联审”，推进“小金库”、违规发放奖金和津补贴、“吃公函”等问题专项治理，发现并整改问题9个。

【“三不”体制机制建设】 2021年，区纪委监委把握不敢腐、不能腐、不想腐的内在联系，做到同向发力、同频共振。始终保持反腐败高压态势，全年受理检控类信访106件次，处置问题线索306件，党纪政务立案141人，其中“一把手”5人，涉嫌犯罪移送检察机关9人，依法收缴涉案资金3477.57万元。多措并举助推政法队伍教育整顿走深走实，深挖彻查政法干部违纪违法行为，立案查处14人，运用“第一种形态”处理27人，2人主动向组织说明问题。做实审查调查“后半篇文章”，指导2个案发单位召开“以案促改”专题民主生活会，发出纪律检查建议书2份、监察建议书1份，反馈和整改问题9个，促使相关单位及时堵塞漏洞、建章立制。制发案例通报5期，通报典型案例17件，组织科级以上党员领导干部全覆盖观看《黑白人生》警示教育片。组织620余名党员干部旁听职务犯罪案庭审，编印游仙区警示教育读本《忏悔实录》，以身边事警示教育身边人。引导青年干部扣好廉洁从政“第一粒扣子”，组织青年领导干部210余人次参加“清风游仙”廉洁沙龙主题活动，分层分类打好廉洁“疫苗”。新建苏易简家风纪念馆等区级廉洁文化阵地4处，接待参观人员2万余人次。创作廉洁主题方言小品《补贴款去哪儿了》、歌曲《莲韵》等文艺精品，承办绵阳市“清风润绵州”廉洁文艺作品征集活动。

【精准监督】2021年，区纪委监委牢牢守住监督这一基本职责、第一职责，制定《2021年度党风政风监督检查工作要点》，围绕区委、区政府中心工作拟定重点监督任务清单12份，明确73项重点监督任务。紧盯关键少数，制定《关于贯彻落实〈中共中央关于加强对“一把手”和领导班子监督的意见〉重点任务分工》，明确19项任务。推进村（社区）纪检组织规范化建设和换届选举工作，为172个村（社区）全覆盖配置纪检委员（纪委书记）。制定《关于规范村级“小微权力”运行的实施方案》，制作监督流程图，明确33项权力事项及其办事流程，确保权力实施不走样、基层监督有参照。承办全市基层监督工作现场会，相关工作多次接受省、市纪委领导调研。坚持严管厚爱相结合，正确把握干部在工作中出现失误错误的性质和影响，将容错纠错理念贯穿审查调查全过程，综合运用“四种形态”批评教育帮助和处理党员干部378人次，各形态占比分别为62.7%、30.2%、1.3%、5.8%。制定《游仙区纪委监委机关对失实检举控告澄清工作办法（试行）》，为2名党员干部澄清正名，从组织层面、制度层面为敢担当、能担当、善担当的党员干部提供保障。制定《游仙区受处分党员干部关心关爱工作办法（试行）》，对2019年以来296名受处分人员进行全覆盖回访教育，13名受处分党员干部得到进一步使用或提拔。

【群众利益维护】2021年，区纪委监委坚持以人民为中心的发展理念，着力推动群众有效参与基层治理。创新开展基层听作风、一线听民生、作风问诊、院坝问廉“双听双问”工作，研发“双听双问”系统，累计走访群众54026户，企业及市场主体1980个，收集问题诉求4489个，回应并解决3833个。开展“窗口腐败”问题专项监督，对14个单位进行视频曝光和“作风问诊”，着力解决群众反映强烈的“办事难”等问题。持续推进扫黑除恶“打伞破网”，查处“保护伞”1人、涉恶党员1人，区纪委监委被市委、市政府评为全市扫黑除恶先进集体。持续升级“清风游仙·阳光监督平台”，全年通过平台对外公开村（社区）集体“三资”、惠民政策执行等信息82.6万条，各项资金10.5亿元，接受群众查询访问117万人次，保障群众知情权、参与权和监督权。

【纪检干部队伍建设】2021年，区纪委监委坚持“打铁还须自身硬”，捍卫纪检监察队伍的先进性和纯洁性。区纪委常委班子带头加强政治建设，响亮喊出“向我看齐、对我监督”，从自我做起、自我严起，当好全区纪检监察干部表率。进一步优化机关党组织架构，落实“三会一课”制度，开展“党史故事微党课”6堂、党史学习教育主题党日活动10次，不断激发机关干部“学党史、悟思想、办实事、开新局”内生动力。常态开展“周三夜学”，讲授纪检监察业务、保密知识、档案管理、公文写作等多方面课程30余场，督促干部精学理论、深学业务、广学知识。坚持“理论+实践”培训模式，举办业务培训班专题培训纪检监察干部196人次，抽调干部参与省、市、区纪委监委审查调查工作90余人次。加强纪检监察系统内部监督，建立纪检监察干部廉政档案122份，制定负面清单7个，开展谈心谈话130余人次。接受全市纪检监察系统内部督察及“回头看”，严肃整改问题23个，完善工作机制11项。主动接受外部监督，聘请特约监察员8名，对纪检监察干部依规依纪依

2021年9月10日，区人大常委会主任何守君（居中）和区纪委监委干部到游仙街道开展“双听双问”　（区融媒体中心供图）

法行权用权进行监督。运用“四种形态”处理纪检监察干部3人次，严防“灯下黑”。（杨雯婷）

重要会议

【区纪委六届六次全体会议】2021年2月25日，中共绵阳市游仙区第六届纪律检查委员会第六次全体会议召开，会议学习贯彻十九届中央纪委五次全会、省纪委十一届五次全会、绵阳市纪委七届六次全会精神。游仙区委书记陈华斌安排部署2021年度党风廉政建设和反腐败工作；游仙区委常委、区纪委书记、区监委主任冯科敏代表区纪委常委会作题为《强化政治担当 忠诚履行职责，奋力推动新时代纪检监察工作高质量发展》工作报告。

【区纪委七届一次全体会议】2021年9月22日，中国共产党绵阳市游仙区第七次代表大会开幕。中共绵阳市游仙区第六届纪律检查委员会向区第七次党代会的报告以书面形式提请大会审议。报告以《坚定不移正风肃纪反腐 聚力助推全面从严治党 为全面建设社会主义现代化游仙提供坚强保障》为题，回顾过去五年全区党风廉政建设和反腐败工作，对未来五年工作的主要任务进行全面安排部署。9月24日上午，中国共产党绵阳市游仙区第七届纪律检查委员会第一次全体会议召开，选举产生常务委员会委员和书记、副书记。冯科敏当选为中共绵阳市游仙区第七届纪律检查委员会书记；廖中建、田容当选为副书记；左兵、张忠琴、魏巍、赵智强当选为常务委员。

民主党派·工商联

概述

【参政议政】2021年，抓好民主党派履职能力建设，提升参政议政、民主监督和政治协商能力。全年提交区人大建议、政协提案79件，撰写调研文章17篇、社情民意68篇；提出监察建议7条，督促整改问题6个。

【组织建设】2021年，针对民主党派基层组织建设存在的短板弱项，指导各民主党派加强组织建设，并结合换届进一步优化班子年龄、性别、文化、层次结构。4月，游仙区7个民主党派完成换届选举。被评为国家级先进组织3个、省级先进组织7个、市级先进组织7个；被评为国家级先进个人3人、省级先进个人4人、市级先进个人58人、区级先进个人17人。

【投资引资】2021年，加强对民主党派经费、活动场所、年度绩效等方面的保障，鼓励协调各民主党派通过引入资金物资等方式对游仙区进行全方位支持。全年捐赠资金和物资合计500余万元，惠及群众300余人。

民革游仙总支

【概况】2021年，民革游仙总支有党员41人，领导班子成员9人。其中，副科级领导2人（马海脉、刘密，均为市管干部），市人大代表2人（张洋、张静），市政协委员2人（何军、龙海波），区政协委员9人（安丽琼、何军、张洋、陈庆、全乔、李江、张静、张钊源、杨凤），区第七届政协常务委员4人（何军、全乔、张静、张钊源）。

【换届选举】2021年4月，总支换届选举，涂龙继任总支主委，副主委安丽琼、何军、张洋、陈庆；总支委员4人：刘密、全乔、潘淑、马海脉；一支部主委马海脉，二支部主委赵隽茹，三支部主委张静。

【参政议政】2021年，党员们通过结合热点，撰写提案、社情民意，共提交提案45篇、社情民意20篇。其中《将森林防火基础设施配套情况纳入林区内经营企业申办资格审查的建议》社情民意信息被全国政协第647期采用，《保障农民工资支付条例》《关于明确民营新媒体转发新闻及运营行政事业单位公众号是否属于新闻信息服务负面清单的建议》社情民意信息被省政协采用，《关于出台生育相关政策应对人口老龄化问题的建议》被民革四川省委采用。区六届六次政协会上《关于加快新型功能材料产业高质量发展的建议》被选作大会发言材料，《关于游仙区实施乡村振兴战略发展农村集体经济的建议》选作联组发言材料；区七届二次政协会上《关于出台措施降低三农贷款利率促进乡村振兴的建议》《关于游仙区社会信用体系建设的建议》分别在政协联组会议上作现场发言。2021年，总支获"绵阳市参政议政工作先进集体""游仙区反映社情民意信息工作先进单位"等荣誉；党员张洋评选为民革四川省委参政议政先进个人；安丽琼、何军、陈庆被民革绵阳市委评为参政议政先进个人；何军被区政协评为2021年度优秀政协委员；何军、张洋、刘密被区政协评为反映社情民意信息工作先进个人。

【服务社会发展】2021年6月，对接杭州光海科技有限公司四川运营中心，为游仙镇慈济中学免费争取

2021 年 7 月 25 日，民革游仙总支为核酸监测点工作人员和志愿者赠送爱心晚餐

总价值 80 万元的新冠肺炎疫情监测大数据平台及校园智能测温系统等软件设施设备。7 月，新冠肺炎疫情期间为绵阳市广播电视大学及御营小学核酸检测站点医务人员、社区人员及志愿者赠送爱心晚餐 200 余份。持续 9 年帮扶魏城镇和小枧镇困难户 3 名并动员参与“99 公益日”“春蕾助学”等各类网络社会募集活动筹措善款。协调及捐赠各类资金 200 余万元助力盐泉镇天宝寨村脱贫攻坚，因地制宜完善硬化道路、沟渠、饮用水井等基础设施建设。2021 年，民革中央授予民革游仙总支“民革助力脱贫攻坚工作先进集体”称号，安丽琼、李江、黄金凤 3 名党员被民革绵阳市委评为 2021 年社会服务工作先进个人，激发总支全体党员助力巩固拓展脱贫攻坚成果和乡村振兴工作的积极性、创造性。（张洋）

民盟游仙总支

【概况】 2021 年，民盟游仙总支有领导班子成员 9 人，有民盟盟员 84 人，下设 4 个支部，主要由从事文化教育以及科学技术领域的高级、中级知识分子组成。其中，副县级领导 1 人，副科级领导 2 人，市人大代表 2 人，市政协委员 1 人，区人大代表 2 名，区政协委员 11 人。

【参政议政】 2021 年，根据盟员教师、律师群体的界别优势，组织优秀盟员参加反映社情民意信息突击队，全年提交提案 18 篇，其中六届六次全会 8 篇、七届一次全会 10 篇，提交社情民意 8 篇。其中，盟员汤弘扬反映的社情民意信息《关于完善“48 小时内死亡，视同工伤”具体适用情形的建议》得到省政协采用并报全国政协；盟员鲜红艳在联组上作《关于大力推进游仙区高中教育特色化内涵式发展的建议》发言；在六届六次全会上，王建、魏显的《关于节约粮食和杜绝餐桌浪费的建议》成为区政协 2021 年重点督办提案。江春秀撰写的《公共空间侵权行为的认定——以马赛克理论为视角》获得由最高人民法院主办，国家法官学院、中国应用法学研究所、人民法院出版社联合承办的全国法院第三十三届学术讨论会全国二等奖。获 2021 年度绵阳民盟参政议政先进集体。龚林被盟市委评为参政议政先进个人，龚林、鲜红艳被评为区政协 2020 年度优秀政协委员，龚林、魏显获得区政协 2020 年反映社情民意信息工作先进个人。

【服务社会发展】 2021 年，总支响应民盟绵阳市委“盟立合作”行动，组织盟员实地调研，从种业发展、特色产业发展等方面入手，建立帮扶问题清单，助力农业农村快速发展；联合涪城基委部分盟员开展“你为我守护，我为你送暖”公益活动，向坚持常态化防控新冠肺炎疫情的社区一线工作人员赠送慰问品。总支委员、企业家赵小平为新桥镇双河村、忠兴镇等困难儿童、老人捐款捐物合计 16.7 万余

2021 年 1 月 28 日，民盟游仙总支委员为新桥镇双河村捐赠资金、物资

元，为紫阳村修建幼儿园，捐赠价值60万元的混凝土，协调爱心企业共同出资10万元助学20名2021年考上大学、家境困难的学生；盟员汤弘扬常年面向社会开展线上及线下的公益普法讲座，多次为各党政机关、国有事业单位、国有企业、民营企业、学校、社会公益组织及全国著名高校等单位开展公益法律分享，2021年已累计开展公益普法活动10余场；盟员窦明为游仙区贫困大学生捐款1万元；江春秀为游仙区五里路小学五年级学生开展以禁毒、青少年安全防范、民法典宣讲为主题的法治宣传教育。获2021年度绵阳民盟社会服务工作先进集体。总支副主委龚林获四川民盟监狱帮教先进个人表彰。总支委员赵小平被盟省委评为社区服务先进个人。（梁静怡）

民进游仙区基层委员会

【概况】 2021年，民进游仙基委有领导班子成员12人，有民进会员67人。其中，副县级领导1人，正科级领导2人，副科级领导1人，市人大代表1人，市政协委员1人，区人大代表2人，区政协委员10人。

【参政议政】 2021年，开展乡村振兴工作调研活动，撰写社情民意信息《推进乡村振兴要重视潜力挖掘》被省政协采用，报送全国政协第332期。会员赵宝、邹莉莎分别在2021年区政协全会和联组会议上发言，2021年度共撰写提案和社情民意等10余篇。

【服务社会发展】 2021年，在涪江街道办事处开元中街社区开展“春联万家·奋进新征程”活动。现场书写春联、福字。民进游仙区基层委员会会员、经济支部副主委勾

2021年1月27日，民进游仙区基层委员会在涪江街道办事处开元中街社区开展“春联万家·奋进新征程”活动

祥豪为开元中街社区捐赠消毒酒精、口罩等防疫物资。到东林敬老院开展送温暖慰问活动，捐赠冬被18床。联合绵阳开明画院在区政府集中办公区3号楼开展硬笔书法公益培训。为游仙特教学校学生刘桐语开展爱心捐赠。响应向河南雨灾献爱心的倡议，募集善款6700元。与游仙区政协第七委员小组在忠兴镇凤凰村联合开展“协守童行，护航同心”的关爱留守儿童公益主题活动。为凤凰村的小朋友们捐赠篮球、跳绳、乒乓球、跳棋等体育健身器材，助力当地留守儿童锻造健康体魄。为忠兴镇凤凰村群众办实事，捐赠价值1000余元的路灯。（李晶）

民建游仙区基层委员会

【概况】 2021年，民建游仙区基层委员会领导班子成员6人，会员47人，经济界人士以及相关专家学者占比80.3%。其中，副县级领导1人，副科级领导4人，市人大代表1人，市政协委员2人，区人大代表4人（常委2人），区政协委员9人（常委1人）。被民建四川省委评为“全省先进集体”，会务工作、组织工作、宣传工作、参政议政工作、社会服务工作均被民建市委表彰为单项工作先进基层组织。

【参政议政】 2021年，资政文章《关于加强营商环境建设的建议》《关于加快推动旧城更新融入成渝地区双城经济圈的建议》被区政协选为联组发言，社情民意《调整个人所得税支持国家生育政策落地显效》被市政协采用，《聚焦新就业形态工作者，关心维护劳动者权益的建议》《关于加快推动旧城更新的建议》分别被市委会评为参政议政二等奖和三等奖。

【服务社会发展】 2021年，持续开展好“金秋助学”及“六一”、重阳等慰问活动。2021年基委会“金秋助学”捐款8400元；“六一”儿童节，和商贸总支联合开展慰问活动，为忠兴镇小学留守儿童赠送书包等慰问品；为游仙区2名困难职工（农民工）子女资助大学学费4000元；“九九”重阳节慰问退休会员，并组织会员到游仙镇龙申社区慰问困难老人，赠送慰问金4000元。副主委杨五洲利用自身资源，与贫困村结成帮扶对子，捐资5万

2021 年 6 月 1 日，民建游仙区基层委员会和商贸总支到忠兴小学慰问留守儿童

元修建道路，帮助村民脱贫致富。在新冠肺炎疫情防控期间，无偿帮助市文广旅局培训 60 余名“非遗”传承人开展产品线上直播，带动产业发展。会员企业川富农夫公司和昆林餐饮管理服务有限公司提供 100 余个就业岗位，帮助游仙、北川和壤塘等地的困难人员解决就业。会员赖长红捐款 4 万元为帮助患病困难群众看病就医。（胥又兮）

农工党游仙区基层委员会

【概况】 2021 年，农工党游仙区基层委员会有领导班子成员 9 人。基委会共有党员 94 人。其中，副县级领导 1 人，正科级领导 1 人，副科级领导 1 人，省人大代表 1 人，市人大代表 2 人，市政协委员 2 人，区人大代表 2 人，区政协委员 9 人。发展新党员 7 名，入党积极分子 3 人。

【换届选举】 2021 年 3 月 31 日，农工党绵阳市委主持召开游仙区基层委员会第四次全体党员大会，进行换届选举。经全体到位党员选举投票，何艳当选为基委会主委，龚小航，李艳秋，许益铭当选为副主委。

【参政议政】 2021 年，全体党员围绕党委政府中心工作，努力发挥界别优势，提交提案、社情民意 15 篇，调研报告 2 份，其中 2 篇社情民意分别被农工党中央和全国政协采用。

【服务社会发展】 2021 年，基委会发挥界别优势，助推地方发展。一是继续协调中国初级卫生保健基金会为游仙捐赠价值 1746.48 万元的医疗设备，在 2021 年 3 月全部设备到位，有效地提高乡镇卫生院的诊疗能力。二是发挥党员专家资源，聚智聚力，组织农工力量进行新冠疫苗接种自愿服务队，开展指导和服务。三是聚焦脱贫攻坚，利用社会资源，为联系的凤凰村留守儿童和特教学校的贫困生做好帮扶工作，送去慰问品和慰问金。四是利用界别优势，开展爱心义诊进社区、艾滋病宣传等义诊活动 4 次，免费测血压、测血糖及其他健康咨询，发放宣传资料和药品，受到群众的欢迎和认可。（何艳）

中国致公党绵阳市游仙区基层委员会

【概况】 2021 年，中国致公党绵阳市游仙区基层委员会领导班子成员 7 人，致公党员 52 人，具有侨海关系 38 人，占 75%。其中，副县级领导 4 人、正科级领导 3 人、副科级领导 1 人，市人大代表 2 人、市政协委员 4 人，区人大代表 3 人、区政协委员 10 人。

【换届选举】 2021 年 4 月 9 日，游仙基层委员会开展换届工作。选举刘正西、王洪斌、陈枫、张颖、谭敏、庞艳红、魏东为基层委员会委员，刘正西为主委，王洪斌、陈

2021 年 12 月 1 日，农工党游仙区基层委员会开展第 34 个“世界艾滋病日”宣传活动

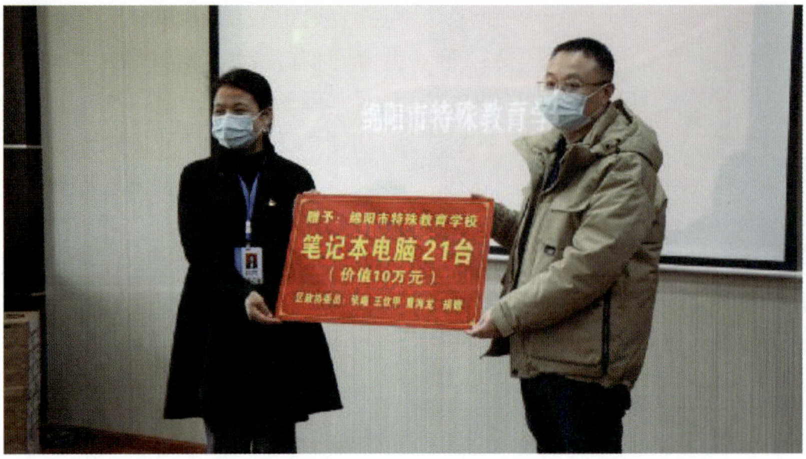

2021 年 3 月 3 日，致公党党员企业家向绵阳市特殊教育学校捐赠笔记本电脑

枫、张颖为副主委。

【参政议政】 2021 年，报送社情民意信息 11 条，省政协采用 2 条，市政协采用 5 条，提交的论文被评为全省 50 篇优秀论文之一，承担的致公党四川省委 6 个课题调研和撰稿工作，全部完成并上报致公党四川省委。培育颐养农院新业态，助力乡村产业振兴和加强残疾人托养服务工作等建议在省政协会上建言。聚焦人大代表、政协委员履职，针对海悦银河城停车场出入口交通问题开展调研，开展绵阳市公交车运营和发展情况调研。围绕区委、区政府 20 项中心工作开展调研，形成游仙区城乡供水一体化的调研报告。

【服务社会发展】 2021 年，开展“走进会员企业”调研活动，走访 2 家党员企业，了解生产经营情况，共同做好新冠肺炎疫情防控下的企业发展。组织党员向抗疫服务点捐赠物资，总价值近 1 万元。党员结合自身工作实际，发挥专业特长，参与新冠肺炎疫情防控工作，基层委被致公党绵阳市工委表彰为抗击新冠肺炎疫情工作先进集体，7 名（全市 22 人）党员被表彰为先进个人。动员党员参与脱贫攻坚工作，党员叶伟被致公党中央表彰为脱贫攻坚先进个人，基层委被致公党四川省委表彰为脱贫攻坚先进集体；党员张曦被致公党四川省委表彰为脱贫攻坚先进个人、白明被致公党四川省委表彰为脱贫攻坚优秀组织工作者。

【致公筑梦系列活动】 2021 年，争取致公党四川省委社服委、四川省科技扶贫基金会“筑梦一帮一助学”项目，为信义镇 10 名受助学生送去慰问品；慰问新桥镇插旗村 10 名孤寡老人，赠送慰问金和慰问品，价值 6000 元。为仙鹤小学和忠兴小学发放 1138 个“志玲姐姐护童卫生包”，帮助孩子们养成卫生好习惯。慰问盐泉镇金蝉村、仙鹤镇石龙村困难群众、关爱留守儿童，为仙鹤镇困境儿童送去慰问金和慰问品。响应游仙区统战和群团组织进特教校爱心捐助活动，为困难学生捐款 1000 元。王钦甲、张曦向忠兴镇关爱儿童与老人中心捐赠冰箱、空调、洗衣机、冰柜、投影仪等爱心物品，价值 2 万余元。开展招商引资，招引 3 家企业落户游仙高新区，主要从事电子专用材料研发，配电开关控制设备研发制造。

（唐洪芝）

九三学社绵阳市游仙委员会

【概况】 2021 年，九三学社游仙委员会有领导班子成员共有 9 人，有九三学社社员 71 人。其中，市人大代表 1 人，市政协委员 1 人，区人大代表 1 人，区政协委员 3 人；博士及硕士研究生学历 18 人、占总人数的 25.3%，中高级职称 62 人、占总人数的 87.3%。2021 年度，九三学社游仙委员会获九三学社中央“五史”知识竞赛优秀组织奖，曾治霖、徐浩源获优胜个人三等奖；获九三学社绵阳市委组织建设先进集体、宣传工作先进集体、参政议政先进集体、反映社情民意先进集体 4 项表彰。

【换届选举】 2021 年 4 月 6 日，九三学社绵阳市游仙委员会召开成立大会。大会严格按照程序选举产生九三学社绵阳市游仙委员会第一届委员会委员，陈孟琰、曾治霖、王婷、徐康林、彭碧、荣云、孙鹏、李勇、司晓斌当选；第一届主委陈孟琰，副主委曾治霖、王婷、徐康林、彭碧。

【参政议政】 2021 年，提交提案建议 9 篇，社情民意 12 篇。司晓斌提出的《关于加强境内外非政府组织对中国公共数据获取和使用事项审查监管的建议》被省政协采用，并报全国政协；贾永翔提交的《关于为芙蓉花溪赋予红色文化生命力》被列为重点提案督办；张凤提出的《关于提升游仙旅游业高质量发展的建议》、罗智锋提出的《关于提升游仙区机械加工行业整体配套能力的建议》获评游仙区政协七届一次会议优秀提案。

【服务社会发展】 2021 年，陈孟

2021 年 8 月 26 日，九三学社游仙委员会到新桥镇铜华村慰问贫困大学生

琰牵头组织绵职院乡村振兴创意设计大赛，受四川省教育厅官网、绵阳观察等媒体报道，为北川双紫村作“劳动实践基地”乡村景观规划方案，组织师生为江油河口镇重兴村乡村风貌改造做设计方案。兰洪玉、贾永翔、徐浩源参加游仙区政协组织召开游仙街道金山村 2021 年度第一次协商议事院坝会，围绕金山村四社提灌站改造中涉及的资金问题、沟渠管道布局、占用地块的支持配合等方面提出专业建议；徐浩源牵头负责“关于加强法治乡村建设助推乡村振兴的建设——以游仙区为调研蓝本”课题调研，并形成参政议政建议报九三学社绵阳市委；九三学社游仙委员会持续资助游仙区新桥镇铜华村贫困大学生杨洋 2000 元学费。（徐浩源）

工商联

【“我为群众办实事”活动】 2021 年，工商联党组梳理 15 项服务民营企业发展办实事清单，党组班子成员带头认领，逐一落实销号，推动民营经济高质量发展。一是畅通渠道为企业发展解难纾困。在工商联微信公众号终端，创新开设“亲清直通车”栏目，增设政策法规、惠企政策、诉求直达、作风问效、建言献策 5 个子栏目，在亲清政商关系上改革创新，精准服务；通过线上线下相结合的方式，全面、及时了解掌握企业在发展中的困难问题，结合在区统群中心打造的“企业点题、领导主导、部门答题、服务高效”的“同心会客厅”，区主要领导接待民营企业家，整合资源、联动快速为民营企业发展贴心服务解难题，为 18 家民营企业解决实际问题 31 个。二是深入走访调研企业。组织开展“学党史、进企业，办实事、促发展”专题调研活动，实地走访 60 多家会员企业，深入了解民营企业发展面临的现实问题和困难。三是开展业务培训。先后邀请专家教授组织中国共产党的百年光辉历程、中共十九届六中全会精神和财税优惠政策专题讲座，组织民营企业参与线上法治体检、3 家民营企业参与线下深度法治体检。四是内引外联为企业发展搭建平台。先后与涪城区工商联、江油市工商联、盐亭县工商联结为友好工商联，并带领民营企业家相互走访考察，为民营企业合作发展搭建平台；结合重庆市绵阳商会成立的时机，区工商联、经合局及绵阳仙特米业有限公司、四川浩东食品科技有限公司相关负责人到重庆市参加绵阳商会成立大会暨绵碚合作项目推介会；先后 2 次组织四川省川商联合会与游仙区科航商品混凝土有限公司、山田建设有限公司、朝越蓝梅等多家企业洽谈合作项目。

【基层商会规范化建设】 2021 年，召开基层商（协）会规范化建设推进会、组织到基层商会调研指导规范化建设，争取资金 20 余万元支持游仙区魏城、涪江规范商会阵地建

2021 年 6 月 18 日，游仙区在重庆市四川绵阳商会成立大会暨“绵碚”合作项目推介会上进行推介

设、完善制度机制、促进活动开展。游仙区涪江商会、魏城商会重新调整领导班子，加强领导力量，完成注册登记。在建的富乐街道商会、游仙街道商会、川西北物流园钢材协会推进，《游仙区“三强三精”促基层商会建设》经验在全市推广。

【参政议政】 2021年，严格按照程序和要求完成30余名工商界别市、区人大代表、政协委员推荐考察工作，为发挥民营经济代表人士民主监督、参政议政奠定坚实基础。常态组织工商联界别政协委员深入民营企业考察调研，提交各类提案10余件、社情民意30余条，其中关于“激发撂荒土地活力助力乡村振兴”社情民意先后被绵阳市政协、四川省工商联、四川省政协、全国工商联和全国政协采用。

【光彩事业】 2021年，民营企业、民营经济人士以实际行动履行社会责任，捐资捐物150余万元。仙特米业、紫东食品、诺贤实业3家企业为盐泉镇残疾人王泽军捐款1.5万元协助修建住房；“正一爱心会”组织仙特米业、文昌文化、益发科技等企业向忠兴镇“关爱儿童老人活动中心”捐赠一批冰箱、冰柜、空调、投影仪等物资；绵阳国美电器为金秋助学捐资10万元；仙特米业、浩东粮油慰问壤塘困难群众，赠送米、面、油等慰问品，价值10万元。

【第六届九次执委会】 2021年10月29日，游仙区工商业联合会（商会）召开六届九次执行委员会会议，40余名执委和工商联机关干部参加，区委常委、区委统战部部长、区总工会主席张明东出席会议并作讲话，会议由区委统战部副部长、工商联党组书记、常务副主席刘子江主持。会议书面传达学习习近平总书记在庆祝中国共产党成立100周年大会上的重要讲话精神、习近平总书记关于党史学习教育系列重要讲话精神、全国工商联十二届七次常委会会议精神、中共四川省委十一届九次全会精神、中共绵阳市委七届十一次全会精神、绵阳市第八次党代会精神和游仙区第七次党代会、七届一次人代会、七届一次政协会精神。

会议选举增补工商联（商会）六届执行委员会秘书长、副主席（副会长），颜菊红当选为区工商业联合会（商会）第六届执行委员会委员、秘书长，周顺安当选为区工商业联合会（商会）第六届执行委员会副主席（副会长）。

【宣传报道】 2021年，组织开展到企业专题调研指导、党建引领、帮贫扶困等工作，分别被四川机关党建网报道1次、中共四川省委统战部网站报道1次、《绵阳日报》报道2次、新华网报道1次、人民图片网报道1次，并被其他中央、省级网络媒体报道10次，展示游仙区民营企业家及工商联工作的良好形象，游仙区6名民营企业家先后被四川省、绵阳市表彰为“优秀民营企业家”。 （梁雪梅）

群众团体

区总工会

【概况】 截至2021年年末，全区共有镇（园区、街道）总工会13个，区级机关工委2个、教育工会1个、卫健工委1个，基层工会组织1306个，职工118509人，工会会员118248人，入会率达99.8%。

【在外驻绵阳务工人员暖心关爱】 2021年，启动春节期间关爱务工人员行动，对科莱电梯、富乐家政、鲜绿果蔬等企业春节期间仍在外奋斗和留绵阳过年的5000余名务工人员进行慰问，发放慰问品、慰问金总价值17万元。支持企业以企业自身为主体开展形式多样的文娱活动，让留守职工感受在绵阳过年的喜庆和温暖。在重庆成立驻重庆农民工服务站，聘请“三项服务联络员”；看望慰问70名在巴中市、重庆市的游仙籍务工人员，为他们送去人均400元慰问金及浴巾、米粉等慰问品，传递家乡温暖。

【党史学习教育】 2021年，利用党组中心组学习会，周三夜学常态化开展党史学习教育，组织机关党员到黄继光纪念馆开展主题当日活动。参加全区“颂歌献给党奋进新时代”歌咏展演和征文、演讲、微电影比赛。面向全区工会会员开展庆祝中国共产党成立100周年线上有奖竞答活动2次，在微信公众号上推送“党史微党课、重温工运史”等学习教育栏目，帮助职工进一步掌握党史、国史、工运史等知识。开展职工燃气免减、体检、救护员培训等20余项“我为群众办实事”活动。

【阵地和创新工作室建设】 2021年，“快递员之家”“城市劳动者休憩驿站”等10个“职工之家”投入使用，在华卿创投、睿达精神医院新建“心理建设指导站”，创建省级劳模和技术人才工作室2个、市级7个，组织引导各企业技术工人围绕产品研发、工艺改进刻苦钻研、攻关创新。

【庆祝“五一”活动】 2021年，举办“同心向党，为奋斗者喝彩”“五一”文艺会演暨第二届“游仙工人先锋”表扬大会，表扬10名“游仙工人先锋”。职工原创节目会演《八女投江》、萨克斯合奏《唱支山歌给党听》、情景舞蹈《永恒的丰碑》、音舞快板《劳动礼赞商行人》等节目，展现职工风采、彰显工会品牌。各镇（街道）

2021年12月，环卫工人为“城市劳动者休憩驿站”点赞

2021年4月23日，游仙区庆“五一”“五四”文艺会演暨第二届“游仙工人先锋”表扬大会举行

总工会也分别举行形式多样的庆祝活动。

【产业工人队伍建设】 2021年，推荐企业优秀人才参加省、市各类技能比赛活动，推荐优秀创新成果参与全市、全省、全国评选，全国第一届职业技能大赛烘焙组冠军、“游仙工匠”田孝清获“四川工匠”“四川省技术能手”称号。落实技术工人待遇，组织160名职工赴延安、西昌开展疗休养活动。

【新就业形态劳动者权益维护】 2021年，探索适应货车司机、网约车司机、快递员、外卖配送员等新就业形态劳动者不同特点的建会入会、维权服务方式。已建立网约车司机、快递员等新就业形态企业工会组织29家，发展工会会员3290人，设立新业态劳动者职工之家建设专项资金100万元，各镇（街道）会员服务阵地陆续投入使用。关爱新就业形态从业者，集中表扬慰问70名“双十一”优秀快递员，分散慰问210名新就业形态劳动者。

【劳模疗休养】 2021年5月24日至28日，组织劳模、工匠、工人先锋代表到延安疗休养，让工人楷模们在身心疗养的同时，瞻仰革命遗址、红色基地，在疗休养之旅中接受党史学习教育，汲取革命精神。劳模工匠们参观延安精神发源地南泥湾、宝塔山、凤凰山、枣园、杨家岭等红色革命教育基地，走进梁家河，参观知青旧居、村史馆；观看红色主题教育《延安延安》，追寻革命先辈光辉足迹中，进一步了解中国共产党的历史，追寻革命先烈精神，感受红色文化的魅力和精神实质。

2021年5月24日，游仙区劳模、工匠、工人先锋到陕西省延安市学习

【帮扶工作】 2021年，春节期间，慰问困难职工、农民工、长期在高（低）温、高空、有毒有害等环境中和苦脏累险艰苦行业岗位上工作的一线职工、留守岗位职工等群体1100人次，发放送温暖物资53万余元；向上争取帮扶资金233.9万余元，帮扶救助困难职工1272人次。帮助42名建档困难职工申办燃气减免，组织300名绿化、环卫工参加免费体检；新冠肺炎疫情防控期间，联合相关部门针对返乡农民工、高校毕业生、退役军人等不同群体开展“线上+线下”招聘会10余场，帮助182余名待业人员实现就业；四大班子领导带队慰问3200余名高温一线职工，送去价值70.4万元的“清凉包”；举办家政服务、西式面点、中式面点培训3期，帮助143名待业人员提升就业技能；开展金秋助学活动，为122名困难职工子女发放助学资金33.95万元。

【组织建设工作】 2021年3月，召开六届五次全委（扩大）会议，通盘部署全年重点工作。指导各镇（街道）总工会依法有序开展换届工作，为2022年游仙区第七次工会代表大会做好组织准备。在西南交通大学举办工会干部业务能力培训班，提升工会干部履职能力。落实党建带工建原则，着力推进非公有

2021 年 1 月 28 日，区总工会到五里梁行政服务中心慰问物业管理职工

制企业和社会组织建会工作，重点推进“八大群体”建会入会工作，扩大工会组织覆盖面。

【法律援助】2021 年，聘请专业律师免费为职工提供法律援助，联合司法、人社等部门开展“尊法守法携手筑梦”服务农民工公益法律活动 3 场，发放宣传册 2 万余份。加强劳动领域维护政治安全工作，依法维护职工权益，引导职工理性维权，促进社会和谐稳定。

【小微企业发展】2021 年，印发《关于规范落实小微企业工会经费支持政策有关事项的通知》，贯彻落实全总关于小微企业工会经费返还政策，通过张贴海报、微信公众号发布信息等广泛宣传，为 114 家符合条件的小微企业全额返还工会经费 548 万元。

【工会会员普惠性服务】2021 年 4 月 12 日至 23 日，11 场慰问演出相继走进各镇、街道、园区、企业车间，同时每场演出配套 1 万元普惠购物奖券，现场职工通过“易邮铺小程序”线上抢券，线下现场换购奖品，让职工群众收获满满。持续推进普惠商城、加油满减等贴近职工群众的普惠服务项目。开展健步走、端午接粽、有奖知识竞答等普惠活动 12 项，覆盖工会会员 7 万人次。坚持做到月月有活动，提升职工的获得感和幸福感。

2021 年 4 月 12 日，区总工会“同心向党，为奋斗者喝彩”“五一”慰问会演举行

【劳动竞赛】2021 年，服务区域经济发展大局，开展主题劳动竞赛、职工厨艺比赛、机关办公技能竞赛；支持“游仙工匠”参加全国第一届职业技能大赛并获烘焙组冠军、“四川工匠”“四川省技术能手”称号。组织广大职工开展主题劳动竞赛，激发职工群众建功新时代的积极性。依托富乐家政培训学校在小枧镇等地举办烘焙师培训班，承接省、市总工会就业技能培训，助推职工创业就业。

【经费审计】2021 年 7 月，经审会按照“依法审计、服务大局、突出重点、注重实效”的工作方针，依据《中国工会章程》第十三规定“经费审查委员会负责审查同级工会组织的经费收支和资产管理情况，监督财经法纪的贯彻执行和工会经费的使用”，从 10 个方面对区总工会的经费收支和资产管理情况开展一级联审。10 月，经审办按照“统一领导、分级管理、分级负责、下审一级”的工作体制，委托四川智恒会计师事务所有限责任公司并组成审计组，对全区 35 个基层工会组织 2020 年度工会经费收支及专项资金使用管理情况开展二级联审。

【女职工工作】2021 年，区总工会联合四川新桦林实业有限公司工会建立“游仙区家政服务员职工之家”，覆盖四川桦林电梯公司、绵阳桦林物业服务等周边 4 家公司 300 余名家政服务员及护理护工会员，占地面积约 50 平方米，设休息沙发、桌椅、空调、电视、冷热饮水机等物品设备，打造职工心灵港湾，为他们休息、放松提供空间。9 月 26 日，50 名城镇困难女职工、下岗失业人员参加为期10天的四川省总工会家政服务员培训，采用理论和实践操作相结合形式，教学内容涵盖职业道德，陪护老人，家务劳动，护理病人、产妇等。

【夏令营活动】 2021年，为父母在外务工的37名留守儿童、困难农民工子女、困难职工子女开展2021年关爱留守儿童夏令营。结合金秋助学回访工作，在帮扶过的大学生中筛选10名同学组建成此次夏令营的“筑梦未来”志愿者服务队，与小朋友们结队共同到梓潼两弹城、江油中华洞天、方特等地进行研学旅行。

【网上工会】 2021年，依托“游仙工友荟”平台，打造“互联网+工会”服务新模式，通过“普惠+特惠”“线上+线下”方式，开展有奖竞答、健步走、幸运抽奖等各类活动近20次，服务职工17万人次。主动适应职工群众对新媒体的需求，加强“川工之家”App的管理与服务，实现工会服务线上线下同步推进。“游仙工友荟”粉丝量2万余人，“川工之家”App注册用户2万余人，工会干部录入4693人，认证率达100%；8000余名会员通过平台办理入会、转会。

【“相约幸福游仙”相亲交友活动】 2021年，群团部门坚持“围绕中心，服务大局”工作目标，促进科研院所与地方互动，依托“游仙工友荟”，为辖区内机关、企事业单位、科研院所、大专院校等单位单身职工搭建婚恋交友平台，服务于职工群众。4月，举办第九届“相约幸福游仙”交友联谊活动，参与线下活动人员达300人次，牵手成功10余对。为进一步提高游仙区辖区内科研院所青年婚恋成功率，继“相约幸福游仙”大型相亲会之后，区总工会举办1期恋爱能力提升培训会。帮助学员树立正确的爱情观，加深对婚恋关系中多种方面问题的认识和理解。 （沈欣）

2021年4月18日，第九届“相约幸福游仙”交友活动举行

团区委

【概况】 2021年，全区有团员8799人、团组织902个，其中团委39个、团工委5个、团支部682个。

【思想政治引领】 2021年，紧扣“青年大学习”主题，线上推出中共十九届五中、六中全会精神，市、区“三会”精神系列主题云课。紧抓中国共产党成立百年历史契机，推出“凝聚青春力量，献礼中国共产党成立百年”专刊，发布信息50期，综合阅读量达10万多次。推出“学习‘全会’精神进行时”“青年思·想汇”“心·听”等系列栏目，拍摄《走进“十四五”》《党史团史校史我来讲》等系列微视频，以新时代青年自己的方式抒发对党和国家无限深情，全网转发点赞量10万余次。邀请省委宣讲团新时代文明实践青年宣讲分团成员、知名高校博士、省青联委员等青年代表，专题宣讲全会精神。组

2021年5月13日，“一个人、一个月、一所学校”系列活动——“入团第一课”在富乐实验中学举行

织各界志愿者代表学习“三会”精神，发动“青马学员”、基层团干等走进村社、园区、企业开展宣讲。组织新入团团员描绘“给2035年自己的一封信”，写下“十四五”微心愿，存入“时间银行”。自编自导自演党史学习教育话剧《从1919到2035》，在全区纪念五四运动102周年活动展演并上线区融媒体平台。2021年4月26日，联合区税务局、绵阳城市学院、绵商行游仙支行、东方绝缘材料公司等单位共同举办“庆祝中国共产党成立100周年暨五四青年节活动”，活动信息在《人民日报》刊登报道。连续举办7期“一个人、一个月、一所学校”品牌活动，邀请中物院、58所、624所等科研单位青年科学家、全国劳模、兵器专家等走进大中小学开展党史学习教育、劳模精神、爱国精神等主题宣讲。

【基层团组织建设】 2021年，按照团章规定，完成镇、村（社区）两级团组织换届工作，把严人选质量关口，换届后全区镇团委书记平均年龄34岁，大专及以上学历占比100%。开展2次全区基层团组织工作情况调研，精准掌握各级团组织实际情况，“点对点”指导各团组织工作。制定《基层团组织书记述职评议考核暂行办法》，编印《游仙区团务知识口袋书》，选派基层团干部到成都、眉山、乐山等地学习基层团组织建设先进经验，组织青年团员到58所（有限公司）、飞龙山红色文化教育基地、巴中市川陕革命根据地等地学习、继承和发展革命精神。2021年10月，在东材科技公司建成游仙区首个民营上市企业团组织。

【青年创新创业】 2021年，全区3名创业青年获得四川青年创业促进计划项目，共获得30万元无息贷款支持及创业导师“一对一”帮扶。6名创业青年申报小额贴息贷款项目，共获贷款150万元，贴息3.75万元。邀请创业导师开展创业专题培训班6期，培训300余人次。推进“逐梦计划”，在全区募集岗位200余个，推动在校大学生参与游仙经济社会建设。

【青年志愿服务】 2021年，组建11支抗“疫”青年突击队，1000余名队员投身新冠肺炎疫情防控一线。7月，涪城区出现新冠肺炎确诊病例后，组建60余人“江分两岸、情同一家”工作专班前往涪城万达广场协助开展核酸检测等志愿服务。依托“志愿四川”线上平台以及“童伴之家”线下阵地，在社区、村广泛开展“两爱一靓”、新冠肺炎疫情防控、防汛减灾、关心关爱等志愿服务300余场。打造“同心电影院”公益电影展播品牌活动，每周放映主旋律电影，服务周边群众半径达2千米。相关活动被《川报观察》、《绵阳日报》、绵阳广播电视台等省、市主流媒体宣传报道。

2021年8月27日，游仙区“同心电影院”正式启用　　（融媒体中心供图）

【留守儿童关爱】 2021年，建成12个“童伴之家”，配齐“童伴妈妈”。制定《游仙区“童伴妈妈”工作考核细则》，在全省开展第一期“最美童伴妈妈”评选活动。在全区12个点位开展14期夏令营活动。争取到团省委民生项目资金3万元，用于“童伴之家”项目补贴。争取到省青少年发展基金会资金2.93万元，协调群团部门以及游仙各民主党派募集资金1.6万元，走进绵阳市特殊教育学校进行爱心捐助。为辖区19名困难学生申请市级“金秋助学”项目资金2.6万元。联合区民政局等部门在仙鹤镇试点开展处境不利儿童心理健康关爱服务项目。

【青年沙龙系列活动】 2021年，联合区纪委监委举办“清风游仙”青年沙龙系列活动2期，组织全区35岁以下青年干部160余人深入学习十九届中央纪委五次全会精神和习近平总书记关于党风廉政建设和反腐败斗争重要论述，邀请区委常委、区纪委书记、区监委主任，市委党校教授等领导和专家为青年干部讲授廉政党课，教育和引导广大青年干部“系好人生的第一粒扣子”。 （邓冬梅）

2021 年 5 月 30 日，"清风游仙"青年沙龙第一期活动举行

区妇女联合会

【"我为群众办实事"活动】 2021年，区妇联开展2次安全生产进家庭培训，3次防范电信网络诈骗讲座，2次"双减"政策解读培训，不断深化"我为群众办实事"活动。举办"游爱童行 相伴中秋"2021年中秋节关爱留守儿童走进盐泉镇，40个家庭参与活动。

【六届八次执委会议】 2021年6月17日，区妇联召开六届八次执委会，会议主要内容是增（替）补选举区妇联执委、常委、主席，通过选举，董勤当选为区妇联主席。

【镇、街道妇联换届】 2021年，依据《中华全国妇女联合会章程》，全区全面完成镇（街道）、村（社区）妇联组织换届工作。选举产生镇（街道）妇联主席13人，兼职副主席31人，执委320人。村（社区）妇联主席172人、副主席262人，执委总数达2573人。

【"巾帼心向党"提升行动】 2021年，利用周三夜学走进村（社区）、"妇女之家"、"儿童之家"的形式，深入经济试验区民安、沈家坝东街等社区开展主题党课、廉政党课、法治党课及妇儿维权微讲堂，将中国共产党的最新方针政策及对妇联工作职能职责及时传播到妇女群众中。"三八"节开展"巾帼心向党·奋斗新征程"线上巾帼先进事迹展播，展现各条战线、各个领域奋斗作为、建功立业的生动事迹和精神风貌，鼓励全区广大妇女以先进为标杆、以模范为榜样，踊跃投身现代化新游仙的建设中。开展"精彩人生女性终身学习计划——阅读越美丽"分享会，引导妇女养成良好阅读习惯，感受阅读的乐趣，在阅读中不断升华自我。坚持用正能量凝聚妇女群众，着力构建妇联新媒体矩阵，全年区妇联在各级各类媒体刊发信息80余条，微信公众号浏览量1万余次。

【"巾帼建新功"提升行动】 2021年9月，在仙鹤镇打造市、区两级妇女居家灵活就业基地，畅通妇女就业渠道。开展线上线下招聘会8次，区内外35家企业提供3000多个岗位，让有就业创业愿望的妇女及时了解到岗位信息、惠民政策。活动共有就业意向人员763名，预约面试400余人。各级妇联依托妇女之家、妇女居家灵活就业基地，开展手工家政、保育员、电子商务等妇女实用技术培训班15期，培训妇女500余人，提高妇女就业创业能力。开展各级"巾帼文明岗"创评活动，上半年共评选区级巾帼文明岗8个，推评市级巾帼文明岗10个，展示出各行各业妇女在岗位上的突出作用。

2021年12月30日，游仙区"牵手游仙·游爱童行"巾帼志愿者关爱留守儿童行动启动

【"巾帼维权服务"提升行动】 2021年，持续开展巾帼维权线上、线下宣传活动，举办巾帼维权大讲堂专题讲座3期、巾帼维权空中课堂4期，开展法律进校园、安全宣传进社区、法治宣传进家庭等活动，提高广大妇女群众尊法、学

法、守法、用法，引导她们依法维护自己的合法权益。利用“三八”维权周、禁毒、防艾、综治平安、“安全生产月”等节点开展维权宣传活动，提升妇女的法治意识和维权能力。与区检察院、公安分局等部门联合下发《关于建立快速救助性侵未成年被害人绿色通道的实施意见》，搭建妇女儿童维权“绿色通道”，保护妇女儿童权益。联合区司法局、区矛盾调解中心、区法律援助中心和律师事务所成立区婚姻家庭纠纷人民调解委员会，定期召开联席会议，促进维权手段法治化。通过购买服务，聘请专业律师为妇联法律顾问，更好地为到访妇女提供专业的法律咨询和帮助。各镇（街道）整合资源，全部建立妇女儿童维权站点，为当地妇女提供法律帮助和调解服务。全年，各级妇联接待妇女到访120余件。

【家庭工作提升行动】 2021年，组织“最美家庭”代表深入村（社区）开展“好家风好家训好故事”宣讲2场次，用身边的生动事迹引领更多的家庭见贤思齐、崇德向善。持续开展“最美家庭”评选活动，推评市级最美家庭8户，区级最美家庭20户。各级妇联以“颂百年风华 传红色基因”为主题开展“家庭心向党 奋斗新征程”亲子阅读活动，全区共举办16期，500余人参加。涪江街道开元路社区、经济试验区汉仙桥社区利用好“儿童之家”，定期开展亲子趣味活动，为辖区儿童建立起快乐幸福的共享家园。留守儿童普遍缺少父母的关爱呵护，学习习惯与心理健康都存在不同程度的问题，是党委政府长期关注的社会民生问题，关乎家庭幸福、社区和谐，社会稳定。为此，区妇联为广大社会爱心人士、

2021年10月15日，“颂党恩·传家风”红色家风传承巡讲活动举行

志愿者搭建起一个友谊平台。通过制作短片、推送软文、召开见面会等方式加大对志愿者爱心奉献的共鸣，提升关爱留守儿童志愿者招募活动在全区的影响力和关注度，吸引138名爱心人士参与其中。通过长期开展对留守儿童“一对一”关爱活动，一起读书，画画，做游戏，制新年贺卡、互诉悄悄话、亲情陪伴、心理疏导等，让留守儿童感受社会大家庭的关爱。

【志愿服务活动】 2021年，开展“全国妇联中央彩票公益金妇女‘两癌’防治知识到村庄、到社区活动”，通过会议、走村入户等形式开展“两癌”宣传活动14次，参与群众500余人。各级妇联组织巾帼志愿者开展新冠肺炎疫情防控志愿者服务活动，巾帼志愿者参与“双码”宣传、卡点值守、入户宣传、摸排、熬制中药剂等工作，并自发捐款捐物共同抗击新冠肺炎疫情。

【关爱特殊群体温暖人心】 2021年，携手区总工会、团区委、区民政局、区融媒体中心、区红十字会开展“9·9”公益日“春蕾计划”为爱一起捐活动，组建51支团队，1893人次参与捐款，募集资金235822元。走访慰问困难妇女、困境儿童、女农民工共计40余人，送去价值3万元的慰问金和慰

2021年1月29日，游仙区妇联“四送”活动在石马镇天林村举行

问品。“六一”儿童节，区四套班子领导分别带队到游仙街道、信义镇、仙鹤镇、石马镇看望慰问少年儿童，为学校送去慰问金2万元，为孩子们送去慰问品500套。举办“春蕾计划”“金秋助学”发放活动，为15名贫困女高中生、大学生发放助学金2.2万元。开展女性健康知识讲座，提升全区妇女健康意识，引导大家自觉养成科学文明健康生活方式。各级妇联开展儿童假期安全知识培训12期，提高孩子安全防范意识。以“如何保护孩子远离性侵”为主题开展家庭教育讲座，向家长们传授如何保护孩子远离性侵技巧知识，提高家长保护孩子的能力。

【最美家庭评选】 2021年，持续开展“最美家庭”评选活动，推评全国最美家庭1户、市级最美家庭10户、区级最美家庭9户。（缪金宏）

区科协

【概况】 2021年，在区委坚强领导下，区科协扎实开展党史学习教育，不断提升团结服务效能，服务中心大局。全面推行“三长制”打通改革攻坚“最后一千米”，强化服务覆盖和基层赋能；以“天府科技云服务”为抓手推动打造科技创新、科普精准服务新平台；以青少年、农民、产业工人、老年人、领导干部和公务员科学素质提升行动为重点推动新一轮《全民科学素质行动计划纲要》实施。统筹开展“全国科技工作者日”“全国科普日”等品牌科普宣传，常态化开展“百日百科”线上线下科普讲座、直播、“科普达人”等科普宣传活动。组织“最美科技工作者”评选表彰，举办农村乡土人才

2021年10月19日，游仙区2021年创新创业大赛（决赛）举行

（区融媒体中心供图）

创新创业大赛，推荐申报科技创新助力项目。举荐优秀科技工作者参政议政，广泛开展科技信息站点调查，反映基层一线科技工作者意见心声，建好科技工作者之家。开通运维“富乐科普”微信公众号，手机科普短信等服务，以信息化新理念建设智慧型科协，打造社会化协同、全域化科普、法治化建设的科学素质建设新生态。

【科技工作者座谈会】 2021年6月17日，游仙区“众心向党、自立自强”科技工作者座谈会召开。会议传达学习习近平总书记在中国科学院第二十次院士大会、中国工程院第十五次院士大会和中国科学技术协会第十次代表大会上的重要讲话精神；通报区科协2020年以来工作情况；表彰一批2021年“最美科技工作者”代表并现场颁发证书；科技工作者代表围绕“众心向党、自立自强”进行交流发言；会议提出“自立自强·创新争先”工作倡议。号召全区广大科技工作者要坚定理想信念，做科技自立自强的实践者；紧跟时代步伐，做创新驱动发展的推动者；加强科学研究，做先进科学知识的传播者，更加紧密地团结在以习近平同志为核心的党中央周围，锐意进取，自立自强，扎实推进科技创新引领游仙经济社会高质量发展。

【六届四次全委（扩大）会议】 2021年6月17日，游仙区科协六届四次全委（扩大）会议召开。会议审议区科协2020年以来工作报告；补选区科协第六届委员会常委，选举产生新的主席、副主席。喻希东当选为区科协六届委员会主席，蔡佳当选为区科协六届委员会副主席。

【“天府科技云”服务推进会】 2021年8月12日，游仙区科协组织召开游仙区天府科技云服务工作推进会。区科协负责人及机关业务股室、游仙高新区科工协负责人、区天府科技云服务中心工作人员等20余人参加会议。会议邀请绵阳市天府科技云服务中心主任张育斌作“天府科技云”服务专题讲座。区天府科技云服务中心负责人对游仙区“天府科技云”平台建设、运行现状及初步成效、存在问题等情况作介绍。会议对游仙区如何进一步推广“天府科技云”和更好地服务企业、科技工作者、城乡居民等方面进行深入探讨与交流。

【“百日百科”科普进企业活动】2021年，区科协依托“天府科技云”平台开展“百日百科”科普进企业智慧精准科普活动。9月18—25日，区科协、四川兴事发集团公司、区天府科技云服务中心联合举办“科普达人活动”，企业职工通过微信关注“富乐科普”公众号活动链接参与科普知识有奖竞答。9月18日上午，区科协邀请专家走进兴事发集团公司，以《腰椎间盘突出症的防治》为题开展健康科普讲座。

【暑期防暑健康科普直播】2021年7月27日，区科协联合市科协、区新时代文明实践中心、区融媒体中心举办以暑期防暑为主题的健康科普直播讲堂。区科协发挥科技工作者联系广泛的组织优势，邀请绵阳市中医医院副主任中医师冀亮博士，结合防暑科普热点，以《伏暑当头，识别中暑，防治在即》为题，将线下科普讲座变身“云讲堂”，通过“线上直播”的形式，让广大网友足不出户也能学习科学防暑知识。冀亮从中医的视角深入浅出地向公众普及中暑及防暑相关知识，与网友在线交流、实时互动，现场答疑解惑，发挥专业医护工作者在新时代文明实践活动中科普宣教的重要作用，这也是科协为群众办实事、谋福利的具体举措。直播持续一个小时，吸引5442名网友进入直播间听取讲座。

【乡土人才创新创业大赛】2021年10月19日，由区科协、区人社局联合举办的游仙区2021年创新创业大赛决赛在绵阳城市学院学术报告厅举办。大赛历时3个月，参赛项目57个，9月28日初赛评选出20个项目进入决赛。决赛分为创业组、创新组两组采取路演形式进行比拼。最终，游仙区忠兴镇木龙村股份经济合作联社、风力发电叶片回收技术及产业化应用项目分别获得创业组和创新组一等奖。此外，大赛还分别评出创业组二等奖2项、三等奖3项、优秀奖4项，创新组二等奖2项、三等奖3项、优秀奖4项，优秀组织奖5项。区科协推荐创业组参赛项目4个，获一等奖1项、二等奖1项、优秀奖2项。忠兴镇科协、仙鹤镇科协获得优秀组织奖。

【青少年科技教育活动】2021年，通过组织参加绵阳市青少年科技创新大赛、绵阳市青少年机器人创客大赛，举办游仙区青少年科技劳技创新大赛，广泛开展“校园文化科技节”“科普进校园”“大手拉小手”“科普大篷车进校园”等活动，提升青少年学生科技创新意识和能力。其中，游仙区第七届青少年科技创新大赛共征集评出获奖作品3246项。推荐受表彰绵阳市第36届青少年科技创新大赛作品246项。通过科普讲座、科学表演、科普大篷车等生动活泼的宣传方式，先后走进富乐小学、剑南路小学、五里路小学、徐家伟清小学等10余所学校，参与学生达5000余人。

【农村科普示范基地调研】2021年3月4日，区科协党组书记、主席喻希东与区就业创业促进中心领导一行，前往石马镇专题调研农村科普示范基地建设及科普活动开展情况。先后实地查看川仙生态渔庄和东林牧歌月季博览园，详细了解当地科普活动的时间节点，听取基地负责人介绍特色科普活动规划及实施情况、困难问题，提出意见建议，鼓励发挥科普示范带动作用。一是要发挥好科普示范基地培训和技术服务职能；二是要创新方式和载体开展科普宣传；三是龙头企业要主动对接高校、科研院所，大力引进科技成果提升农业发展效益，示范引领更多农户重视科技、科学生产，实现共同富裕。

【科普共享基地项目申报】2021年，区科协组织省、市科普项目申报。其中，市农科院、西南科技大学城市学院2个项目申报为四川省科普共享基地；世界月季园、经科食用菌科普基地、川仙渔文化体验馆3个项目申报为绵阳市乡村振兴科普示范基地。

【全员保姆式天府科技云服务】2021年9月1日，区科协召开培训会学习《以全员保姆式服务推进天府科技云服务高质量发展的意见》《2021年全省科协系统绩效管理实施方案（修订）》等文件，传达学习省科协党委书记毛大付关于“发扬新时代愚公精神以全员保姆式服务推动天府科技云服务高质量发展”的讲话精神。9月6日，区科协组织科协干部和云服务中心人员举办专题探讨暨培训会，围绕进一步推广“天府科技云”App、挖掘新的供需、高效开展保姆式服务和提升全民科学素质等内容进行研究讨论，并安排天府科技云中心技术人员，对“保姆”就天府科技云后台操作流程、及时对接开展服务、订单的匹配等工作流程进行详细的讲解。（陈维）

区文联

【游仙区影视艺术家协会成立】2021年4月23日，绵阳市游仙区影视艺术协会成立暨第一次代表大会召开。大会选举产生区影视艺术协会第一届理事会及领导班子：会长1人、执行会长兼秘书长1人、监事长1人、副会长6人、通联部部长1人、通联部副部长1人。新成立的游仙区影视艺术协会有会员单位21家、会员145人，均是来自各行各业和各社会阶层的影视艺术爱好者。12月31日，协会召开第一届第一次理事会会议，根据《绵阳市游仙区影视艺术协会章程》，会议通过苏冬峰因个人原因辞任协会会长职务的请求，改选向坤为新任会长，王亚为秘书长。新的领导班子将在游仙区文联的领导下，强化组织建设，开展活动，围绕游仙经济社会发展创作更多优秀作品，用影视艺术专业知识为讲好游仙故事、服务游仙发展、服务游仙乡村振兴等工作贡献力量。

游仙区影视艺术协会领导班子名单

会　长：向坤
副会长：吴成铁、霍宇佳、
　　　　袁文超、杨海英、
　　　　冯洁、弋金佑
通联部部长：宋兵
通联部副部长：梁磊
监事长：杨皓金
秘书长：王亚

2021年4月23日，绵阳市游仙区影视艺术协会成立大会暨“中国共产党成立100周年”短视频创作征集启动仪式举行

2021年6月23日，游仙区“喜迎华诞百年献礼”书法美术摄影作品展开展

【庆祝中国共产党成立100周年系列文艺活动】 2021年，开展“百年巨变看今朝——庆祝中国共产党成立100周年，感受乡村振兴大发展”文艺采风及创作活动，来自绵阳各地的作家、诗人代表共20余人参与，采风中创作的优秀文学作品，在《剑南文学》“庆祝中国共产党成立100周年”专辑中刊登。开展书法美术摄影作品展，以庆祝中国共产党成立100周年为主题，创作展览一批鲜活生动、反映游仙建区巨变、经济社会欣欣向荣、群众美好生活的书法美术摄影作品。本次展览是建区以来参与人数最多、征集件数最多、展出作品最多的一次展览，共有本土作家、艺术爱好者、离退休老干部以及区文联书法公益班学员等300多人参与，征集作品500余件。经专家评审，评选出100幅作品进行展出。举行“在灿烂阳光下”群众文艺会演、歌咏展演等文艺活动，打造节目精品献礼中国共产党成立百年华诞，掀起游仙区庆祝中国共产党成立100周年系列活动高潮，获得社会各界一致好评。开展庆祝中国共产党成立100周年短视频创作征集活动，组织开展优秀作品展播活动，评选出一批优秀原创作品，为继承和弘扬传统文化提供精神力量。编辑出版《芙蓉溪》庆祝中国共产党成立百年文艺作品专辑，涌现出一批弘扬正气、脍炙人口的优秀作品，在诗歌朗诵会中得到广泛传播。

【文艺创作成果】 2021年4月，芙蓉墨华“植根传统文化，献礼百年华诞”游仙区首届书法公益培训班结业作品展在市文联一楼大厅开幕。此次展览共展出导师和学员作品70余幅，包括篆、隶、楷、行、草多种书体；王勇的书法作品

2021年4月25日，游仙区首届书法公益培训班结业作品展在市文联一楼大厅开幕
（区融媒体中心供稿）

入展四川省书法名家党史优秀作品展和“翰墨丹青颂党恩·团结奋进跟党走”“绵碚”两地政协庆祝中国共产党成立100周年书画作品展。在“绵阳市首届临书临印展”上，区书协15人次获奖、入展、入选。王勇、张平、胡波等的书法作品入展绵阳市百年百首庆共产党百年华诞诗词楹联书法作品展。华林创作的美术作品《最美警察妈妈》入选由四川省文联、四川省公安厅主办的庆祝中国共产党成立100周年警民同绘四川公安英模美术作品主题创作展；区美协组织选送的国画《羌山咂酒》《金葵送小康》《风雨为歌》《寞圖横渡天下绝》《南国风光》、漆画《盛装》共计6件作品入选第二届绵阳市美术作品展，其中《金葵送小康》获得优秀奖。7月，正式出版发行《光影新游仙——游仙区摄影协会成立五周年会员作品集》，共印刷近400本；50余幅摄影作品分别获得国家级、省级、市级摄影比赛奖励，摄影论文等发表于各级报刊。《乡村美食》短视频系列摄制完成10集，公开推送10集，在协会抖音号、视频号、公众号上发布，总浏览量超过10万次，部分作品被游仙融媒体中心“直播游仙”App、“学习强国”等平台多次转发。本土原创音乐作品《青春的你》被“学习强国”学习平台推广宣传。全年创作各种体裁的文学作品500余篇（首），其中在公开发行刊物上发表的有200余篇（首）；《芙蓉溪》编辑出版发行4卷（期），采用文学稿件175件，摄影（绘画）作品24幅；蒲三文出版2.5万字的散文集《川北情缘》、瞿军出版两本书籍，作协会员在《中国汉诗》、《星星诗刊》、《四川日报》、《农民日报》、《大楚文学》、《剑南文学》、《绵阳日报》西蜀副刊、《绵阳晚报》轻悦读等报纸杂志发表各类作品102件，在中国作家网等网站发表作品60余件。

【文艺活动】 2021年，举办“诗路游仙·荷处相逢”文学沙龙活动，交流文学创作；参加第六届涪江、沱江流域书画作品巡回展，游仙区有6件书画作品参展；举行“花开时节，红心向党”主题活动，近300名旗袍爱好者进行现场走秀，用别样的方式为中国共产党的生日献礼；举办《传李杜文化，品粽香情谊》文艺演出、“永远跟党走”庆祝中国共产党成立100周年萨克斯专场演出、“岁月如歌·感念师恩”教师节专场活动和“九九重阳节，浓浓敬老情”重阳节活动；全年组织陶笛公益培训40余次；教师合唱团声乐培训30余次，收到良好的效果和好评；举办游仙区第二期书法公益培训班1期，吸引60余名爱好者参加培训学习；游仙区书法研修班于5月正式开班；游仙区书法公益培训班长期坚持公益培训，服务广大群众，获游仙区首届新时代文明实践志愿服务创投大赛三等奖；开展“学党史、寻找红色记忆”采风活动，组织10余名本土作家走进红色飞龙山、铁炉村、全国重点保护村落鱼泉村，追寻红色历史，感受乡村振兴，用笔记录蓬勃发展的新游仙。
（安娟）

法治·军事

政法委及综治

【概况】 2021年，游仙区政法工作坚持以习近平新时代中国特色社会主义思想和习近平法治思想为指导，抓实政法队伍教育整顿和党史学习教育，全力维护社会平安和谐稳定，努力建设一支党和人民信得过、靠得住、能放心的政法铁军，为游仙经济社会高质量发展和人民群众安居乐业营造优质社会环境。

【政法队伍教育整顿】 2021年，游仙区按照“三围绕三实施”要求，突出“四项任务”，扎实开展政法队伍教育整顿。成立以游仙区委书记为组长的游仙区政法队伍教育整顿工作领导小组，下设综合协调组、线索工作组等6个工作专班，建立领导联系点制度、会商制度、督查制度等7项工作制度，统筹协调游仙区教育整顿工作，压实工作主体责任。游仙区在职干警549人通过政治教育、党史教育、警示教育、英模教育系列活动，筑牢政治忠诚。以“自查从宽”引导，以“被查从严”倒逼，自查发现问题线索536条，其中违反“三项规定”29条，违规参股借贷3条，有案不立、压案不查、有罪不究142条。游仙区政法单位党组（党委）谈话处理120人，游仙区纪委监委立案调查9件，给予党纪政务处分4人，组织处理21名，政法机关执法司法公信力进一步提升。游仙区政法各单位回应群众期盼，新建制度机制34个，修订完善制度机制46个，开展法治“进企业、进社区、进村居、进学校、进单位”活动25场次，推出惠民便民措施30余项，群众满意度进一步提升。

2021年3月23日，游仙区政法队伍教育整顿廉政教育报告会召开

（区融媒体中心供图）

【平安游仙建设】 2021年，进一步加强平安建设组织领导，2021年7月，游仙区在绵阳市率先调整由区委书记、区长任双组长，区委常委、政法委书记任常务副组长的平安游仙建设领导小组，统筹推进平安游仙建设工作。做好平安中国建设示范县争创各项工作，出台《平安建设工作考核指标》《交办督办制度》等制度，将平安建设工作纳入目标绩效、巡察重点内容和党政领导干部政绩考核内容，严格按照《综治领导责任制规定》挂牌督办5个单位，谈话诫勉免责任领导8名。2021年，召开平安游仙建设

2021年8月4日，“慧眼工程”视频监控平台实况　　（区融媒体中心供图）

领导小组会3次、推进会6次，研究解决工作中出现的新情况、新问题，有力推动平安建设各项任务落实到位。

【社会治安防控体系建设】2021年，在绵阳市率先推行“一村一委员一主任一辅警（警务助理）”制度，充实基层政法力量。全力推进区域及镇街视频监控建设和升级改造力度，继续加强“慧眼工程”“智慧平安小区”建设，逐步形成纵横到边、互连互通、信息共享的社会面防控体系。2021年新建1.2万余户“慧眼工程”、智慧平安小区57个。持续发动和组织群防群治力量，推动“最强民力”纵深发展，依托游仙公安义警指挥平台App，整合小枧义警、龙山义警队、山湾平安联盟队伍现有力量，其余各派出所广泛发动辖区治安力量，建立平安巡防队伍，强化辖区治安防范力度，建立专职巡逻队和义务巡逻队，发动群防群治力量，矛盾纠纷及时化解率达95%，构建起共建共治共享的社区治理新格局。

【扫黑除恶专项斗争】2021年，更名成立扫黑除恶专项斗争领导小组，推动各级保留现行机构设置，不断健全完善“打、治、建”工作机制制度，实现常态化运行。结合政法队伍教育整顿，制定《涉黑涉恶案件（线索）倒查工作方案》，对办结、在侦涉黑涉恶案件同步开展线索倒查工作。开展四大行业领域乱点乱象整治，在信息网络领域方面，及时冻结2254万余元，追赃挽损319万元，打掉团伙40余个，窝点16个，抓获犯罪嫌疑人278人，破案73件。在自然资源领域方面，处罚林业行政案件54宗，罚款113万余元，处罚违法人（单位）45个。在交通运输领域方面，出动执法人员3881人次，约谈相关单位56次，检查车辆1.25万余辆，查扣涉嫌非法营运“黑车”50辆。在工程建筑领域方面，重点对绵梓、绵盐线（游仙段）道路沿线行业乱象及环境综合进行整治，签订限期搬离协议62户（截至年末已搬离60户），签订地面附属建筑拆除协议44户（截至年末已拆除42户），签订房屋拆迁协议1户（截至年末已拆迁1户）。

【“雪亮工程”和综治中心规范化建设】2021年，结合两项改革“后半篇”文章，深入推进综治中心规范化建设，在全市率先编印出台《镇（街道）、村（社区）综治中心外观及室内标识规范》操作手册，打造“游仙样本”，全区综治中心规范化建设质效进一步提升。规范化建设1个区级、12个镇级、172个村级综治中心。四川省委政法委基层治理处2次到游仙区进行调研，经验做法在全省进行推广。落实专人负责“雪亮工程”平台督导巡查，实行“天天反馈、周周小结、季度通报”制度，及时协调处理因欠费或线路故障导致无法正常运行视频监控，确保在线率保持在90%左右。

【矛盾纠纷多元化解】2021年，建成区级“一站式”矛盾纠纷调处平台和区级包案化解重点矛盾纠纷台账，落实化解主体和协作单位职责，汇聚相关行政和社会资源，组建44人的区矛盾纠纷多元化解专家库，常态化运行“1+3+N”联动模式；在全区建立172个村（社区）矛盾纠纷调处工作站，分类建立红、黄、蓝“三色预警”动态管理台账，落实党委政府、矛盾纠纷多元化解协调中心、村（社区）“分级处置”工作流程，将个案补贴从20—500元提高到50—20000元。2021年全区共排查各类矛盾纠纷1986件（其中红色预警1件、黄色预警75件、蓝色预警1910件），调处1977件，调解成功率99.5%，未发生“民转刑”命案。

【网格化服务管理】2021年，深入推进全科网格工作，制定《游仙区网格员管理办法》《游仙区网格化服务管理事项准入制度》《游仙区星级网格员考评办法》及网格员工作“四必须”“四到场”、工作“三清楚”及“三掌握”工作模式，确保网格员尽职履职到位。创新网格员“三试三训”培训教育机制，即集中培训+定期考试、精准专训+

2021年12月3日，游仙区2021年网格员技能"大比武"决赛举行

即时测试、专业特训+擂台比试。以综治网格为主，整合文明城市创建巡查、法律文书送达及协执、劳动力调查统计、食品药品安全协查、消防安全等网格，配备专兼职网格员249名（其中专职网格员99名），实现从"网格林立、资源分散"到"多网合一、一网统筹"。2021年，网格员办理各类事件11万余件，事件办结率99.79%，治安隐患排查13849次，矛盾纠纷调解1837件，排查出不稳定因素378处，处理突发事件337件，特殊人群走访4281次，各项指标居全市前列。

【市域社会治理】2021年，做好市域社会治理现代化试点工作，区委主要领导亲自安排部署市域社会治理工作，组织召开推进会3次。建立健全协调机制、细化任务分工、明确任务目标、制定路线图，确保工作布局科学合理，可行性强。按照《中期评估表》涉及的11个大项、98项分解任务、383项具体指标和7项负面清单进行一一对应查漏补缺，共准备示范点位30余处，收集整理各类资料上千份，做好迎检省市域复核组的准备工作。开展基层平安创建工作，印发《游仙区基层平安创建活动方案》，再次明确创建标准。对游仙区113个"平安细胞"进行命名表扬，17个村（社区）分别获2020年度省级、市级"六无"平安村（社区）。

【危爆物品寄递物流清理整顿】2021年，采取多项措施，力保全游仙区寄递物流行业依法依规、健康有序地经营发展，定期组织开展专项整治工作，建立与寄递物流业业主的联系制度，要求物流业主主动采集新聘请录用的从业人员信息并及时通报，全面规范业主及从业人员动态管理；严格落实"谁经营、谁负责""谁收件、谁负责""谁违规、谁负责"的三级主体责任管理制度，督促企业设置安装视频监控设备。开展大检查12次，发现一般隐患3起，全部都已整改。

【平安铁道线建设】2021年，利用爱路护路宣传月的有利时机，采用灵活多用的宣传方式，开展爱路护路宣传教育，承办四川省"知路、爱路、护路"启动仪式活动。游仙区共排查整治护网隐患104处（其中普铁线路93起、高铁11处），清理危树危竹304处（其中普铁线路18处、高铁286处）、自然灾害涵洞积水13处，对辖区铁路沿线109处的环境进行大整治，有效保障夏季宝成铁路供电线路安全。辖区管段未发生重大群体性涉路案（事）件，铁路运输安全畅通，为平安游仙建设营造良好氛围。

【特殊人群服务管理】2021年，加强特殊人群管理，抓好社区矫正对象管控，严格规范接收宣告、管理教育、考核奖惩、解除终止等各个环节，受委托开展调查评估61件，其中采信54件，采信率88.5%。抓好刑满释放人员管理，做好刑满释放人员"必接必送""双列管"工作措施，协助监所送回刑满释放人员30余人次。大力开展吸毒人员"大排查、大收戒、大管控"行动，确保全区病残吸毒人员强戒收治率达90%，实现吸毒人员"零失控""零肇祸"。开展严重精神障碍患者符合诊断及疑似患者筛查，对高危患者实行联管联控，定期上门走访，避免因收治、看护不力造成安全隐患和现实危害。

【未成年人关爱保护】2021年，开展"心沐计划"各项工作，推进基层儿童服务体系建设试点工作，依托社工站建设运营，建成12个"未成年人保护站"，进一步完善孤儿基本生活保障制度。做好困境儿童分类保障，让儿童关爱保护更加精准。2021年免费体检孤儿13名，举办"北川国际心理论坛——游仙区分论坛""百镇千村、助爱牵手"等儿童健康关爱服务活动，资助困难学生72人，发放助学金11.84万元，解决74名未成年人户口上户问题，共受理未成年人求助87起，调解涉未成年人矛盾纠纷18起，侦办涉未成年人行政案件2件、治安处罚2人，无涉未成年人刑事案件发生。

【见义勇为】2021年，开展见义勇为表彰奖励和慰问资助见义勇为先进个人及家属活动，结合农民工返乡、走访慰问等有利时机，组织开展见义勇为宣传活动，进一步弘扬见义勇为精神，在全社会形成见义勇为光荣的舆论氛围。2021年，游仙区涌现出4个见义勇为先进群体（12人）和5名见义勇为公民。全区各级各部门组织开展见义勇为宣传活动90余次，发放资料2万余份，慰问见义勇为先进个人及其家属43人次，发放慰问金、慰问品合计价值3.3万余元。

【专项整治行动】2021年，以“护旗行动”“扫黑除恶”“非法采砂”“长江禁渔”等专项行动为抓手，紧紧围绕辖区群众关心的治安热点问题加大打击力度，坚持系统推进，抓好组织统筹，依法打击各类刑事违法犯罪。2021年，共破获各类刑事案件829起，抓获各类犯罪嫌疑人793人，相继破获“向某某冒充军人招摇撞骗案件”（省督案件）、“胡某、蔡某系列盗窃案”（省督案件）、“238扫黑除恶”专案（省厅、省检察院双挂牌案件）、“曹某等人非法制造买卖枪支案件”等一批重特大刑事案件，并先后侦破30人以上重大电信诈骗案件6起（含3起百万元以上案件）。破获毒品违法犯罪案件290起，其中刑事案件32件、行政案件258件；打击涉毒犯罪嫌疑人54人，移送起诉毒品犯罪嫌疑人52人，处理涉毒违法人员380人（其中行政拘留71人），缴获各类毒品2392.07克。告破“1·4”跨省网络赌博案，一举抓获犯罪嫌疑人13人，查获服务器主机26台、各类通信设备30余部，查获涉案资金21万余元；侦办赵某等人特大组织卖淫案，抓获犯罪嫌疑人14人，强力震慑犯罪，维护游仙区社会治安秩序的持续稳定。

【社会心理服务建设】2021年，依托各级综治中心，全区共设立心理辅导室200余个，配备专兼职心理工作者198人。组织专兼职网格员参加全市心理健康辅导员培训，共计183人考试通过，获得心理健康辅导结业证书。区委政法委、区卫健局联合对区级重点部门和镇（街道）进行抽查督导，为验收做好准备工作。区委政法委、区卫健局等6个部门联合出台《关于完善“以奖代补”政策加强严重精神障碍患者监护工作的实施意见》，将标准由2000元/年提升至2400元/年，患者监护人的主动性和积极性大幅提高，辖区严重精神障碍患者得到规范管理。

【电信网络诈骗防范】2021年，将电信诈骗宣传工作纳入平安游仙建设考核中，联席会成员单位一把手主抓电诈宣传工作，强化责任意识、主动意识，按照“防范为先、专群结合、部门联动、全民参与、矩阵覆盖”的要求，坚持普遍宣传与精准宣传相结合。组织召开区打击治理电信网络新型违法犯罪工作推进会，各部门和镇（街道）结合实际，广泛开展反诈宣传，确保反诈工作进村社、进企业、进校园、进单位、进市场、进家庭，提高及时性和实效性。自2021年7月20日开展“飓风行动”以来，完成精准劝阻指令反馈5547条，劝阻完成率100%，见面4471人，见面率80.6%，累计挽回损失133848元。共组织反诈宣传119次，发放宣传资料19398份，针对性组织财务人员开展培训宣传6888人次，关注国家反诈、熊猫反诈抖音和快手号27438人次。11月9日，分局创新推出“购物狂欢、反诈同行”主题直播活动，圈粉24万余人，9000余人在直播中安装“国家反诈中心”App，收到良好的社会效果，受到市委常委荣全和副市长周述的肯定性批示。

2021年12月30日，游仙区2021年见义勇为表彰大会举行

（区融媒体中心供图）

【法学会实践】 2021年，根据中国法学会及省、市法学会要求，游仙区作为全省首批试点单位开展首席法律咨询服务专家制度。自3月启动以来，首创“五五二”工作模式，全面推进首席法律咨询服务专家制度。共聘任首席法律咨询服务专家3名，聚焦解决“四个重大”问题分类建立专家库4个，聘任专家23名，到位专家团队奖补资金40万元，受理涉创新融合项目投资决策及非法吸收公众存款、产权分割经济合同纠纷、棚户区改造、企业破产改制、房产办证、小区物业管理等重大矛盾纠纷、信访积案方面法律咨询服务事项10件，已委托交办7个，提供法律意见报告6份，采纳推动6件（收到法律意见书采纳反馈意见20余条），结案3件。干部群众满意率达97%，有力服务党委、政府工作大局，促进全区经济社会健康持续发展。

（董华、杜强、骆国友）

依法治区

【概况】 2021年，游仙区全面依法治区工作坚持以习近平法治思想为引领，进一步完善全面依法治区领导体制和工作机制。4月，游仙区在全省率先配备区委依法治区办专职副主任1名，负责区委依法治区办日常工作。根据工作实际，整合法治政府协调小组与执法协调小组为“法治政府和执法协调小组”，区委全面依法治区委员会及其办公室、4个协调小组组成人员实行“席位制”，增补委员会副主任1名，增补委员5名。委员会办公室及4个协调小组均由牵头单位的科级领导担任联络员，设立联络员办公室。探索镇街“一委两员三长”模式，全区12个镇（街道）党（工）委设立全面依法治镇（街道）委员会；在镇村设立和派驻“法治联络员”“法治督导员”；在学校、医院、企业选聘法治副校长、副院长、副厂长。

【全面依法治区示范试点】 2021年，成立由区委书记、区长任双组长的示范试点工作领导小组，下设办公室和4个专项工作组，明确1名区级领导牵头抓总，8名区级领导分线分块牵头推进。与省级联系指导单位省科技厅、四川大学、北京金诚同达（成都）律师事务所召开示范试点联席会议4次。示范试点期间，共制发《示范试点工作专报》21期，推动解决合法性审查不严、生效判决执行难等具体问题13个，建立优化党政主要负责人年终“述法”等工作机制制度40余项，编撰课题研究报告15篇、典型案例60个，形成示范试点《经验成果报告》《课题研究报告汇编》《典型案例汇编》，对示范试点有益经验和成果予以集成。

【党委依法执政】 2021年，区委全面依法治区委员会印发《绵阳市游仙区党政主要负责人履行推进法治建设第一责任人职责列入年终述职内容工作方案》，推动述法工作与年终述职考核深度融合，同步部署推进。区委依法治区办印发《游仙区法治指数考核细则（试行）》建立部门、镇（街道、园区）三级指标体系。区委依法治区办、区委作风办联合开展“法治问效”督察，召开“作风问诊”法治专场会议，播放《法治问效督察纪实》曝光短片，对13个部门存在的33个问题揭短亮丑、传导压力。

【政府依法行政】 2021年，组织全区72个党政部门、司法机关、群团组织、镇（街道）以“三定方案”为基础，结合权责清单，构建全面依法治区“账图模式”，做到台账上桌、导图上墙、读本上手，推进业务与法治深度融合。深化法治政府建设，组织开展第二批全国法治政府建设示范区创建活动，区人民政府与绵阳市司法局签订法治政府合作共建协议并召开第一次联席会议。加强行政执法规范化建设，深入推行行政执法“三项制度”。落实普遍法律顾问制度，进一步充实区委、区政府法律顾问团，加强和规范党政机关和村（社区）法律顾问工作。严格落实重大行政决策程序，审查区政府重大行政决策、重大经济合同278件，办理行政应诉案18件、行政复议案23件。

【司法公正为民】 2021年，区委依法治区办印发《游仙区2021年度“十件法治为民实事”实施方案》，聚焦群众“急难愁盼”问题，集中力量实施好关系群众切身利益的法治实事。创新便民举措，推行“法律援助经济状况告知承诺制”，受理法律援助案件592件，挽回经济损失928万余元。推进政法力量下沉，选派25名“驻村法官”，配置124名村（社区）警务助理。加大司法救助力度，办理减免缓案件25件，减免缓收诉讼费61.63万元，办理司法救助案件5件，发放司法救助金14.81万元。延伸公共法律服务触角，新建区公共法律服务中心驻重庆工作站，创新流动工作站“送法上门”提供服务700余人次，群众法治获得感、幸福感、安全感不断增强。

【社会依法治理】 2021年，推进“一核三治”城乡社会“微治理”，小枧司法所被命名为省级“枫桥式司法所”。魏城镇铁炉村创建为全国民主法治示范村，新桥镇王家坝村通过全国民主法治示范村复核。开展“一月一主题·法治周周行”活动30余场次，开发“法小仙”表情包，创作《法治耀中华》《为你而来》《“法”字歌》等法治歌曲，组织开展法治歌曲大家唱、法治文艺调演、法治广场舞等传唱活动。《川说·民法典》被评为第十七届全国法治动漫微视频大赛优秀奖。（孟雪）

2021年9月13日，游仙区争创全国第二批法治政府建设示范区工作培训会召开（区融媒体中心供图）

法治政府

【概况】2021年，区委全面依法治区委员会设立法治政府和执法协调小组强化统筹协调，区政府成立法治政府建设领导小组负责牵头抓落实。以全面依法治区示范试点为牵引，聚焦“政府依法行政”重点领域，紧扣法治政府建设“难点”“堵点”，梳理出7个方面16个问题表现，明确43项工作举措，大力实施法治政府建设“六大提升”行动补短板、强弱项，筑牢法治政府建设基础。开展第二批全国法治政府建设示范区创建活动，印发《游仙区创建全国法治政府建设示范区实施方案》，明确实施步骤、强化工作保障、创新工作模式，举全区之力推动法治政府建设走深做实。

【依法决策】2021年，严格落实《重大行政决策程序暂行条例》和《四川省重大行政决策程序规定》，全面规范听取意见、专家论证、风险评估、合法性审查、集体讨论决定等决策程序。审查重大行政决策213件、重大经济合同65件，完成文件合法性审核10件，提出法律意见或建议1400余条。加强规范性文件管理，先后开展法规规章及其他规范性文件涉及行政处罚内容专项清理，涉及长江流域保护规章、规范性文件专项清理等工作。向市政府和区人大常委会报备行政规范性文件4件。

【文明执法】2021年，整合“5+1”领域有关行政执法职责，实行综合执法。在各镇（街道）设立综合行政执法办公室，全面推行直接执法、执法巡查、派驻执法“三位一体”的综合行政执法模式，推进执法重心下移。全面推行行政执法“三项制度”，探索实行“先辅导、再整改、后执法”行政执法模式，建立全市首支女子城管志愿服务队伍，采取“721”（7分服务、2分管理、1分执法）工作法开展柔性执法。推行行政执法“三张清单”制度，常态化开展行政处罚、行政许可案件评查。

【营商环境优化】2021年，深化“放管服”改革，全面完成权力清单、责任清单、负面清单编制。优化“一窗受理”服务，纳入办理项目增加至1251项。开展“一网通办”能力提升百日攻坚行动，政务服务事项网上可办率达100%。全

2021年3月4日，游仙区民营企业法治体检动员会召开（区融媒体中心供图）

面落实企业服务机制，着力打造“绵企通”企业服务平台，跨省通办、川渝通办、绵碚通办窗口共办件3090件。常态化推进企业“法治体检”，开展民营企业法治服务（法治体检）“暖冬”行动，通过线上线下为100余户企业提供体检服务。游仙区优化营商环境工作获评全市先进，区公共资源交易中心获评省级“示范交易中心”。

【矛盾纠纷化解】2021年，出台《绵阳市游仙区行政复议体制改革实施方案》，规范复议程序，提升办案质量，建立行政复议撤销、行政诉讼败诉案件通报制度。收到行政复议申请23件，依法受理22件，不予受理1件。受理案件中，审理结案20件，维持原具体行政行为1件，驳回行政复议申请6件。区政府及区级部门需应诉行政诉讼案件共66件，其中涉及区政府应诉案件18件、区级部门应诉案件48件。以上应诉案件中，已结60件，未结6件。健全基层人民调解组织206个，通过政府购买服务方式续聘、新聘专职人民调解员27名，优化人民调解专家团队。健全人民调解与行政调解、司法调解衔接联动机制，推进“公调”“诉调”“访调”对接，完善派出所、法院、信访局派驻调解工作室14个。全区各级调解组织调处纠纷1856件，成功率98.5%。

（张静）

公安

【概况】2021年，刑事案件立案1269件，同比下降2.91%；破获各类刑事案件843件，破案率66.43%；抓获刑事案件犯罪嫌疑人739人。全区行政案件立案2365

2021年5月18日，绵阳市公安机关高质量发展现场会参会人员到小枧派出所现场观摩学习

件，行政查处1240件，抓获行政案件违法行为人2242人。审核批准刑事拘留263案482人；提请检察院批准逮捕130案184人；移送起诉230案525人；取保候审626人，监视居住17人。审批行政处罚案件1151案2038人；强制隔离戒毒90人，社区戒毒77人，社区康复11人。行政应诉2件，胜诉2件；未受理行政复议案件，受理办结刑事复议案件2件。办理信访案件459件。其中，局长接待件35件，公安部信访信息管理系统、四川省信访信息管理系统转送件75件，政法队伍教育整顿线索移交件35件，市长公开电话交办314件，办结率100%，初信初访化解率98%以上，回访满意率97%以上。

（刘杨、杨志宏）

【户政管理】2021年，全区共受理各类户籍业务53989件。区公安分局深化“放管服”改革，落实“只跑一次”制度，全面推行“容缺受理”机制，着力提升群众幸福感与满意度。不断优化游仙营商环境，帮助企业达产满产，开通“服务绿卡”绿色通道、“绵州英才卡服务站”专用窗口，全年共为群众办理“绿色通道”182人次。夯实户籍标准化管理工作，开展重错假数据注销和死亡应销未销工作，清理数据100条，人口户籍数据趋于精准。

（梁燕）

【出入境与往来港澳台管理】2021年，受理出入境证件办理562件，其中护照27件、往来港澳通行证523件（含签注）、往来台湾通行证7件、五年期台胞证换发5件。区公安分局牢固树立主权意识、国门意识、科技城核心区岗哨意识，多措并举，强化出入境管理职能，提升窗口服务水平。

【人口管理】2021年，扎实推进“一标三实”“一网考”工作。采集、维护、整改“一标三实”基础数据69万余条。其中，新增维护适龄段（18—65周岁）人口重点要素信息105854条，清理问题数据10万余条；实地核查治安重点人员2888条，核查率达97.02%；核查辅助采集推送数据62541条、涉疫人员数据1万余条，核查率100%；户籍人口清理登记维护23468条，清理率100%；全面加强重点人员管控，列管严重精神病性障碍患者26人，年内送医住院治疗14人，在家休养12

人。深入推进社会治安防控体系建设，全年建成智慧平安小区57个，共覆盖常住人口77328人，覆盖率31.55%。（范丽）

【公安派出所机构调整】2021年，根据全区“两项改革”实际，合理调整公安派出所机构设置。撤销派出所14个，更名派出所4个，实际运行派出所12个，其中游仙派出所为一级派出所，涪江、新桥、魏城派出所为二级派出所，其余8所均为三级派出所。（范丽）

【社区警务建设】2021年，强化社会治安综合治理。全区配置专兼职社区民警31名、社区辅警79名，落实“一村一警务助理”126名；依托游仙公安义警指挥平台App，整合小枧义警、龙山义警队、山湾平安联盟队伍现有力量，其余各派出所广泛发动辖区治安力量，建立平安巡防队伍，强化治安防范力度。（范丽）

【矛盾纠纷排查化解】2021年，矛盾纠纷类警情转录率100%，有效化解大量民间纠纷。通过“警调对接”工作的开展，各派出所受理纠纷类警情1771件，调解1600件，调解成功率89%，其中由派出所移送、委托驻所人民调解室调解720件，调解701件，调解成功率97.4%。全区专职人民调解员共16名，12个派出所全部实现专职人民调解员驻所工作机制，“公调对接”工作在良性轨道上运行。（范丽）

【治安防控体系建设】2021年，推进“两降一升”工作。全年共建设治安卡口31处、人脸卡口10个、车辆卡口26处。全年传统侵财案件发案同比下降45.5%，扒窃

绵阳市公安局游仙区分局2021年撤销派出所情况表

表3

序号	原派出所名称	现划归派出所名称
1	徐家派出所	魏城派出所
2	东宣派出所	魏城派出所
3	观太派出所	信义派出所
4	刘家派出所	信义派出所
5	梓棉派出所	盐泉派出所
6	白蝉派出所	盐泉派出所
7	太平派出所	忠兴派出所
8	凤凰派出所	忠兴派出所
9	朝真派出所	仙鹤派出所
10	街子派出所	新桥派出所
11	云凤派出所	新桥派出所
12	建华派出所	小枧派出所
13	东林派出所	石马派出所
14	桑林路派出所	未实际运行

绵阳市公安局游仙区分局2021年更名派出所情况表

表4

序号	原派出所名称	更名后派出所名称
1	东津路派出所	富乐派出所
2	柏林派出所	仙鹤派出所
3	石板派出所	信义派出所
4	玉河派出所	盐泉派出所

绵阳市公安局游仙区分局派出所情况表

表 5

序号	派出所名称	派出所地址	联系电话
1	涪江派出所	绵阳市游仙区开元路 27 号	0816-2424110
2	富乐派出所	绵阳市游仙区沈家坝街 26 号	0816-2291116
3	汉仙桥派出所	绵阳市游仙区华兴南街 40 号	0816-2274110
4	游仙派出所	绵阳市游仙区游仙西路 16 号	0816-2277110
5	石马派出所	绵阳市游仙区石马镇甘泉街 130 号	0816-2661110
6	小枧派出所	绵阳市游仙区惠安街 27 号	0816-2830110
7	新桥派出所	绵阳市游仙区新桥镇川陕路东段 2 号	0816-2777110
8	忠兴派出所	绵阳市游仙区忠兴镇团结街 61 号	0816-2790110
9	魏城派出所	绵阳市游仙区魏城镇学府街 172 号	0816-2744110
10	仙鹤派出所	绵阳市游仙区仙鹤镇柏徐街 80 号	0816-2780110
11	信义派出所	绵阳市游仙区信义镇油坊街 55 号	0816-2732110
12	盐泉派出所	绵阳市游仙区盐泉镇银桥街 40 号	0816-2715110

和盗窃“两车”案件发案同比下降 70.5%，破案同比上升 16.6%，保持“两降一升”的良性态势。（范丽）

【民爆物品、枪支弹药管理】 2021 年，筑牢企业安全生产防线，加大全区 2 家烟花爆竹经营企业、4 家民爆企业的生产、购买、储存、运输、使用检查力度，重点检查民爆储存库避雷针是否检测，排水沟是否畅通，出入库登记是否规范，物防、技防措施是否达标，重大节日领导带班、值班守护是否落实到位。在产业园和高速公路建设中，主动为企业服务减少审批环节，民爆物品审批实行一站式审批、一站式服务。在打非治违工作中，发挥公安机关职能作用，收缴各类非法枪支及子弹，消除一批安全隐患，确保全区经济健康稳定发展。（范丽）

【农村道路交通整治】 2021 年，以现场查处载客汽车超员、货车违法载人，拖拉机、三轮汽车、低速货车、三轮摩托车违法载人为重点，开展农村道路交通事故预防“百日攻坚”行动，排查农村道路交通安全隐患 214 处，开展联合执法 151 次，纠正交通违法行为 789 起，协助查处交通违法案件 199 件。（范丽）

【社会面秩序维护】 2021 年，加强新冠肺炎疫情防控工作的社会面秩序维护建设工作，加强与卫健、交通、应急、疾控等部门协同配合，建立沟通机制，促进部门联动，制定分局新冠疫情应急处置工作相关预案，确保迅速响应、高效处置。严格大型活动的审批管理，加强对社会重点场所巡逻防控和流调溯源人员数据核查。2021 年，游仙公安分局协同医疗机构，全力维护新桥瓦子卫生院、小枧紫阳社区卫生院等医学留观隔离点的社会治安秩序。（范丽）

【特种行业场所管理】 2021 年，加强特种行业管理，审核审批准入、变更旅馆 7 家，整改旅馆业治安隐患 15 起，处罚 20 余人次；完成 25 家新办、变更废旧金属回收业和 1 家印章刻制企业特种行业许可证审批，8100 余枚印章的备案登记工作；对 19 家备案娱乐场所实行等级动态升降和差异化管理，督促整改治安隐患 136 起，约谈问题场所经营业主 10 家；对 112 家寄递物流业进行常态化治安管理。加强企业内部安全保卫，健全完善内保领导小组成员单位联系制度，开展内保单位安全检查和周边治安秩序整治，排查整改安全隐患 20 余起。

【治安整治】 2021 年，以“护旗系列”“非法采砂”“长江禁渔”等专项行动为抓手，紧紧围绕辖区群众关心的治安热点问题加大各类违法犯罪打击力度，查处黄赌行政案件 31 件，查处违法人员 113 人；移送起诉非法捕捞 7 人，移送起诉非法采砂 7 人。（范丽）

【电信网络诈骗防范打击】 一是加强电信网络诈骗宣传，提升群众防范意识。2021 年，全区共拨打预警电话 6000 余次，发出预警短信1000余条，下发预警指令5000余条；完成电诈精准劝阻指令反馈5547条，劝阻完成率100%；见面4471人，见面率80.6%。通过预警劝阻，及时止损160余万元，有效控制发案、降低人民群众财产损失。组织大规模反诈宣传，发放宣传资料，引导群众关注国家反诈、熊猫反诈抖音和快手号，“国家反诈”App下载安装95096人次，安装完成率21.71%。11月9日，游仙公安分局创新推出“购物狂欢、反诈同行”主题直播活动，圈粉达24万余人，9000余人在直播中安装“国家反诈中心”App，收到良好社会效果。二是加大电信网络诈骗犯罪打击力度，守护群众财产安全。区反诈中心通过快研判、快止付、快冻结、快打击、快返还等措施，使游仙区电信网络诈骗犯罪得到进一步控制。全年共立电信网络诈骗案件486件，损失金额4434万余元，止付金额16921万余元，冻结金额2254万余元，追赃挽损329万元，百县破案会战战果28个，打掉团伙42个，窝点16个，抓获犯罪嫌疑人294人，同比提高58%，破案78件，同比提高39%。其中较为典型的2021年4月13日发生的冒充企业老板诈骗财务人员的“××公司”被诈骗案，涉案金额207万元。在案发1小时内，紧急止付15张银行卡，冻结62张银行卡，冻结资金100余万元，发案不到3日就抓获犯罪嫌疑人6人，追赃挽损90余万元。全区共上报限制出境270余人，打击“两卡”人员201人，惩戒34人，区反诈中心派驻1名民警在成都双流机场驻点审查前往境外电诈高危地区人员，拦截2人，劝阻13人，斩断区内偷渡出境至缅北实施犯罪通道1条，斩断组织招募运送人员链1条，抓获偷渡人员10人。（陈庆）

【禁毒缉毒】深入推进全区禁毒人民战争，持续提升毒品治理“社会化、法治化、智能化、专业化”水平。以日常清查、场所清查、涉网清查、监所清查、“零包”清查、群众清查、“毒驾”清查等有力有效措施，全面加强涉毒违法犯罪行为的发现和打击力度，加大对易肇事肇祸、吸毒人员等重点人员的管控，深入开展吸毒人员“大摸底、大清查、大管控、大收戒”行动，对符合强制隔离戒毒条件的吸毒人员依法执行“四个一律”管控措施，对所有社会面吸毒人员依法依规严格落实分类评估和分级管控，建立“一人一档”工作台账，坚决防止吸毒人员脱管失控引发各类现实危害；严格制毒物品监管，深化专项治理工作，开展溯源侦查打击；健全毒情监测预警体系，提升科技服务实战能力，强化涉毒情报线索搜集；夯实禁毒工作基础支撑，加强专业队伍建设，建立健全长效机制。坚决依法严厉打击毒品违法犯罪，最大限度减少毒品对社会的危害。2021年，全区共破获毒品违法犯罪案件251起，其中刑事案件29起、行政案件222起；打击犯罪嫌疑人58人，移送起诉42人，处理涉毒违法人员378人，缴获毒品2407.57克。（董希）

检察

【概况】2021年，游仙区人民检察院集体和个人获得市级以上荣誉26项，2部法治微电影获得最高人民检察院表彰，工作获得市级以上领导书面肯定5件，区四大班子主要领导肯定5件，工作经验被上级机关转发6项，在市级以上会议作经验交流3次。

【平安游仙建设】2021年，推进扫黑除恶常态化，强化办案协作，形成打击合力，办理涉黑涉恶犯罪案件1件6人。坚决惩治危害社会治安、侵犯人民群众生命财产安全的刑事犯罪，提升群众安全感，对强奸、抢劫等严重暴力犯罪，批准逮捕15件21人，起诉19件25人；对盗窃、诈骗、敲诈勒索等多发性侵财犯罪，批准、决定逮捕40件51人，起诉82件111人。从严惩处组织领导传销、非法吸收公众存款等涉众型经济犯罪，起诉3件5人，为人民群众挽回经济损失360余万元。强化公民个人信息安全保护，对电信网络诈骗以及利用网络赌博、泄露个人信息等犯罪，批准逮捕18件39人，起诉23件132人。

【重大决策部署保障】2021年，聚焦服务保障乡村振兴和两项改革“后半篇”文章，对非法采矿、非法捕捞等破坏农村生态环境犯罪批准逮捕3件4人，起诉3件4人，推进美丽乡村建设。坚决制止耕地“非农化”，发挥公益诉讼检察职能，督促行政机关修复因非法采矿被破坏的林地、耕地4.5亩，补种树木1750株，清除农村弃土场内不可降解废物20余吨，强化农用地司法保护。深入调研辖区镇村两项改革后349宗闲置资产盘活情况，有针对性地提出建议5条，帮助化解法律风险。突出抓好扶贫领域国有财产安全保护，通过办理2件公益诉讼检察案件督促收回社保资金。持续深化检察协作，服务保障成渝地区双城经济圈建设，与重庆市合川区人民检察院就一起虚假诉讼民间借贷纠纷案开展跨区域司法协作。

【法治化营商环境营造】 2021年，起诉骗取贷款、非法经营犯罪2件3人，依法保护企业合法权益。办理涉企民事、行政监督案件8件，严厉打击虚假诉讼行为，维护市场经济秩序稳定。坚决防止“案子办了，企业垮了”，综合考虑涉罪严重程度和企业经营状况，对涉罪民营企业家及经营管理人员决定不起诉3人。强化问题研判，针对企业经营管理中的风险隐患，及时提出检察建议2件。聚焦新冠肺炎疫情防控常态化下企业发展面临的困难，集中调研民企问需问计，发挥涉企案件办理“绿色通道”作用，开展以案释法、检察开放日等活动，帮助企业防范法律风险。

【社会治理体系建设】 2021年，深入推进线上线下一体的检察服务体系建设，用好“12309”检察服务中心，提供案件受理、律师接待、控告申诉、信息查询等“一站式”服务，妥善办理群众来信来访230余件次，全部落实7日内程序性回复和3个月内办理结果或办理进展答复。依法保障律师执业权利，接待律师阅卷141人次，提供异地阅卷服务。坚持案件办理和社会治理同步推进，围绕强化食品药品安全监管、预防职务犯罪、防范化解金融风险等领域开展类案分析，提出检察建议6件，帮助堵塞治理漏洞。落实“应听证尽听证”要求，发挥检察听证化解矛盾纠纷、为民解忧纾困的重要作用，开展各类听证7件。认真落实“谁执法谁普法”普法责任制，深入社区、企业、农村、学校开展法治宣传，促进全民法治观念养成。做好国家司法救助，对8名因犯罪侵害等致生活陷入困境的被害人及其近亲属落实司法救助金6.7万元。

【“小案”办理】 2021年，坚决杜绝程序了结、机械司法，把人民群众身边的每一件“小案”都当成“大案”办好。共起诉盗窃、危险驾驶、故意伤害致人轻伤等可能判处三年以下刑罚的“小案”298人，综合运用认罪认罚从宽、刑事和解等制度机制，确保每件“小案”案结事了。贯彻落实少捕慎诉慎押和宽严相济的刑事司法政策，对情节轻微的初犯、偶犯、过失犯等依法不批准逮捕178人，决定不起诉71人。对一起84岁老人非法狩猎案，严格评估犯罪情节和社会危害性，依法作出不起诉决定，社会效果良好，相关报道被光明网转载。

【未成年人检察】 2021年，深化未成年人检察业务集中统一办理试点工作，对侵害未成年人犯罪“零容忍”，批准逮捕5人，提起公诉6人，加大指控力度，确保罚当其罪。坚持“严管又厚爱、宽容不纵容”，对涉嫌轻微犯罪并有悔罪表现的未成年人，附条件不起诉5人，附条件不起诉率为38.4%，高出全省平均水平。支持起诉一起未成年人追索抚养费案，维护未成年人合法权益。持续落实“一号检察建议”，依托“熊猫未士·灯塔”未成年人检察团队举办开学第一课、庭审进校园、检察开放日活动，辖区7所学校的3000余名师生接受法治宣传。

【刑事检察】 2021年，坚持“在办案中监督，在监督中办案”，共受理审查逮捕各类刑事犯罪案件151件313人，批准、决定逮捕91件143人；受理审查起诉323件734人，提起公诉231件422人。强化对刑事立案、刑事侦查活动的监督，提前介入公安机关侦查取证32件，监督立案2件、撤案9件，追诉漏犯25人。办理检验鉴定、文证审查等案件42件。强化审判活动监督，纠正审判机关判决中刑期计算错误1件，法检召开办案联席会议12次，促进形成统一认识，共同维护司法公正。强化刑事执行监督，审查暂予监外执行案件22件，监督纠正社区矫正脱管、漏管3人，纠正社区矫正和监外执行

2021年5月20日，区检察院在桂花社区开展《中华人民共和国民法典》法治宣传活动

违法违规13件；探索建立刑事执行检察监督异地司法协作机制，联动公安、法院、司法局收监暂予监外执行情形消失罪犯，维护刑罚权威。加强与监察委员会衔接，依法办理监察委员会移送的职务犯罪案件，起诉9件9人，坚决履行检察机关在反腐败工作中的法定职责。

【民事检察】2021年，以精准监督理念为指引，共办理各类民事检察监督案件22件。强化民事裁判结果监督，办理民事生效裁判监督案件5件，提出再审检察建议2件，均得到法院采纳；依法作出不支持监督申请决定3件，做好释法说理，维护审判权威。着力规范民事审判司法程序，提出民事审判程序检察建议8件，均得到法院采纳。深入推进民事执行监督，办理民事执行程序监督案件12件，达成民事执行和解1件，提出执行监督检察建议11件，均得到法院采纳。依法保护农民工合法权益，开展根治拖欠农民工工资问题专项行动，共办理农民工讨薪支持起诉案件12件，帮助农民工追回劳动报酬20余万元。

【行政检察】2021年，履行维护司法公正、促进依法行政双重职责，共办理各类行政检察监督案件9件，其中提出行政审判程序监督意见1件，行政非诉执行检察监督意见7件，均得到法院采纳。办理行政争议实质性化解案件1件，促进案结事了政和。针对二次申请及违规收费、土地执法、行政检察知识产权等重点领域开展行政检察专项监督活动，探索建立行政违法行为监督机制。

【公益诉讼检察】2021年，持续打好“三大保卫战”，共发布生态环境和资源保护领域公益诉讼公告14件，提出公益诉讼检察建议11件，提起刑事附带民事公益诉讼1件。开展辖区乡镇“洗车场违法排污”检察监督专项行动，对辖区14个水源地附近排污场所进行排查，推动相关行政机关履职，消除河湖污染隐患，有效改善芙蓉溪环境。开展烈士纪念设施管理保护专项行动，会同退役军人事务部门联合印发《关于加强工作协助配合共同促进英雄烈士权益保护的实施意见（试行）》，走访调研游仙区烈士纪念设施和烈士散墓2处，关心关怀烈士家属生活近况，收集、落实对烈士墓保护意见建议3条。开展“保障千家万户舌尖上的安全”公益诉讼专项监督，提出食品领域行政公益诉讼检察建议15件，督促相关行政机关整治违规收集、运输、储存餐厨废弃物问题，规范小食品摊贩生产经营行为。深入开展全区窨井盖安全隐患走访排查，督促相关职能部门及时完成对52套雨污水检查井、雨水口及雨水排篦的问题整改，守护人民群众“脚下的安全”。

【司法改革】2021年，严格落实司法办案责任制，完善检察长办案、检察官联席会议、案件评查等机制，压实司法责任。扎实开展常态化案件质量评查，“案－件比”由2020年的1∶1.32下降至2021年的1∶1.26，提升办案效率。准确适用认罪认罚从宽制度，联合区政法各部门进一步完善工作细则，细化量刑建议标准，共适用认罪认罚从宽制度办理案件394件、437人，案件适用率达94%，提出的确定刑量刑建议采纳率超过90%，检察机关履行指控证明犯罪主导作用更加凸显。

【从严治检】2021年，认真落实“两个责任”，开展“双听双问”工作，严肃查处内部违纪违法案件。扎实开展政法队伍教育整顿，刀刃向内推进自我革命，动真碰硬整治顽瘴痼疾。严格落实防止干预司法“三个规定”，记录报告有关事项14件，筑牢廉洁司法“防火墙”。聚焦检察业务强化内部监督，对拟适用认罪认罚从宽案件的控辩协商实行全程同步录音录像，对案件适时开展流程监控、结果监督和跟踪监督，以完善内部监督制约体系推动检察权依法正确行使。

【“阳光”检察】2021年，向区人大常委会报告工作5次，主动向政协通报检察工作3次。密切与人大代表、政协委员联系，建立常态化走访联络机制，用心听取并认真落实代表委员对检察工作的意见建议，邀请他们广泛参与调研视察、案件听证、庭审观摩70余人次。深化检务公开，努力让检察权在阳光下运行，依托案件信息公开系统发布法律文书113件、重大案件信息24条，邀请人民监督员监督评议案件5件。召开新闻发布会发布公益诉讼检察工作和案件听证工作情况。（曾笠）

法院

【概况】2021年，游仙区法院坚持以习近平新时代中国特色社会主义思想为指导，全面贯彻习近平法治思想，紧紧围绕“努力让人民群众在每一个司法案件中感受到公平正义”目标，坚持服务大局、司法为民、公正司法，忠实履行宪法法律赋予的职责，奋力推动各项工作取得新进展。全年全院共审执结各类案件7447件，同比提升3%；法官人均结案286.5件，同比提升

2.8%。

【营商环境】 2021年，牢固树立“法治是最好的营商环境”理念，全年共审结各类民商事案件4786件，涉案金额11.13亿元。全力保护企业合法经营，共审结各类涉企案件254件。加强产权司法保护，审结涉物权、股权等财产权案件152件。组建破产审判团队，提高破产审判专业化水平，丰泰破产重整案件在办理不动产登记、招募投资人等方面取得进展。建立企业大调研大走访长效机制，实地调研企业22家，主动提供防范法律风险建议50余条，努力让企业家安心经营、放心投资、专心创业。集中开展失信企业征信修复专项行动，通过出具解除失信惩戒证明等方式，主动为64户企业修复信用，为企业在政府采购、招标投标、融资信贷、市场准入等方面提供实实在在帮助，助力企业恢复生产经营，实现造血再生。

【维护稳定】 2021年，以推进平安游仙建设为抓手，审结刑事案件249件，判处罪犯413人。严厉打击严重危害社会治安犯罪，审结严重暴力犯罪案件19件，严重暴力犯罪案件数量连续多年呈下降态势。打好禁毒人民战争，依法审结毒品犯罪案件26件。严厉打击多发性侵财犯罪，审结诈骗、盗窃等财产类案件92件。始终坚持铁腕反腐，依法审结贪污贿赂案件8件8人，与区纪委监委联合开展职务犯罪庭审警示教育3次。常态化开展扫黑除恶专项斗争，提前介入、主动作为，配合市中院、区纪委监委核查案件线索32条，获评全市扫黑除恶专项斗争先进集体。审结万鸿非法吸收公众存款案，追缴案款782万元，依法控制涉案资产，有效稳控涉案不稳定群体。深入开展治重化积工作，妥善处置重大疑难信访案件，化解涉法涉诉历史积案4件。

【依法治区】 2021年，全面监督支持依法行政，审结行政案件45件。其中，判决、裁定行政机关败诉6件，支持行政机关依法行政19件，原告自愿撤诉10件，移送其他法院管辖10件。推动行政执法与司法审判良性互动，为行政部门开展法治体检2次，发送司法建议8份，开展模拟法庭1次。主动向区委、区政府专题报告一审行政案件集中管辖工作并提出意见建议，全力助推法治政府建设。强化法治宣传，以防范电信网络诈骗、防邪禁毒、农村产权纠纷等内容为重点，开展“法律七进”26场次，拍摄推广“12368”诉讼服务热线等法治主题微视频20余条，发放各类法治宣传资料7000余份。发挥游仙区法治教育基地阵地作用，全年接待参观交流1500余人次。

【特殊群体关爱】 2021年，深化家事审判改革，妥善审结赡养、抚养、离婚等纠纷677件。依法严惩拐卖妇女儿童、猥亵、强奸等犯罪，审结案件5件5人。推动平安校园建设，在辖区9个学校建立法治教育工作站，举办法治辅导课18次，获全省维护妇女儿童合法权益先进集体。依法保护劳动者合法权益，审结劳动争议、农民工工资、工伤赔偿等案件274件，帮助农民工追回“血汗钱”420余万元。加强司法民生保护，为确有困难当事人发放司法救助金20.75万元，减、免、缓交诉讼费61.63万元。

【司法服务体系】 2021年，推动诉讼服务水平提档升级，在魏城、忠兴、信义等乡镇建成诉讼服务站5个，24小时自助法院建成投入使用，累计服务群众3.2万人次。强化信息网络平台运用，通过“诉讼服务网”“四川微法院”网上立案1580件，跨域立案21件。扎实推进案件繁简分流、轻重分离、快慢分道，健全调解、速裁、快审一站式解纷机制，化解案件3018件，占民商事案件比例达64.4%，平均审理时间26.51天，为实现公平正

2021年5月26日，游仙区人民法院银友汇通专案集中兑付大会召开

（区融媒体中心供图）

义提速增效。全力优化人民法庭布局，主动服务基层社会治理和乡村振兴，全年共审结案件920件，努力做到哪里有司法需求、人民法庭司法服务就跟进到哪里。

【执行工作】2021年，紧盯重点发力，持续攻坚克难，全年共执结案件3270件，执行到位金额1.54亿元。强化失信惩戒，通过《绵阳日报》等媒体曝光失信被执行人80人次，限制高消费2135人次，罚款5人，司法拘留12人。与公安、检察机关加强协调配合，严厉打击逃避抗拒执行嚣张气焰，移送公安机关追究刑事责任8件，判处拒不执行判决、裁定罪1件。规范网络司法拍卖流程，创新网络媒体直播“带货”，通过淘宝、京东等网络平台拍卖标的物2994件，成交金额7140.15万元，溢价率达61.99%。稳步推进银友汇通执行专案，累计为当事人兑现执行款900余万元，开展“司法大拜年”“根治欠薪冬季专项行动”等活动，全力保障胜诉当事人权益。

【司法改革】2021年，深化新型审判权力运行机制，强化合议庭、法官办案主体地位，进一步落实“让审理者裁判、由裁判者负责”要求。落实院庭长办案制度，院庭长带头办理大案、要案，办案数量占比达48.5%。强化审判权力监督制约，细化审判人员权责清单，深入开展“万案大评查”活动，纳入“四类案件”监管378件，确保放权不放任、用权受监督。深入推进以审判为中心的刑事诉讼制度改革，按照“三项规程”审理案件239件。深化“分调裁审”等配套机制改革，全力提升案件办理质量，案件一审服判息诉率90.32%。妥善做好内设机构改革后半篇文章，完成聘任制法官助理外包工作，促进审判执行工作良性发展。

【诉源治理】2021年，巩固“党政主导、部门联动、源头防范、诉非衔接、多元共治、司法保障”诉源治理工作格局，深入推进“一站式”多元解纷和诉讼服务体系建设，坚持把非诉解决方式挺在前面，着力维护社会和谐稳定。加强调解力量整合，强化区联调中心调解人员日常管理，有效提升全区诉源治理工作合力。深化公益律师入驻诉讼服务中心工作机制，公益律师共提供法律咨询、诉讼辅导等法律服务2100余人次，参与调解106件，区法院获评全市矛盾纠纷多元化解工作先进集体。

【智慧法院建设】2021年，在常态化新冠肺炎疫情防控背景下，大力推广“非接触式”诉讼服务，通过四川法院网上诉讼服务中心、人民法院调解平台等载体，为当事人提供网上庭审、网上调解等在线智能服务，实现诉讼服务从“走马路”到“走网路”的转变。深化司法公开，公开审判流程信息4789条、庭审直播1643件、裁判文书7719份。通过电子诉讼档案查询、借阅、利用，服务群众1901人次。深入推进司法警察执法规范化建设，区法院以“六专四室”工作经验为题在全省作经验交流发言，司法警察大队获评全国法院司法警察先进集体。

【政治建设】2021年，扎实开展党史学习教育，深入推进基层党组织组织力提升工程，发挥党建在引领司法理念更新、推动工作落实等方面的重要作用，获全国法院党建工作先进集体、全省法院党建工作先进集体，“法治引领、司法聚力”党建品牌获全省法院优秀党建品牌，党建工作经验被《中国审判》推广。严格“三会一课”、民主评议党员等组织生活制度，创新开展电影党课、主旋律歌曲传唱、追忆红色足迹等主题党日活动20余次，精心组织开展庆祝中国共产党成立100周年系列活动，诗歌朗诵节目《走向辉煌》参加全市法院展演，获全市法院系统庆祝中国共产党成立100周年系列活动暨队伍教育整顿成果展先进集体。

【作风建设】2021年，从严从实开展政法队伍教育整顿，聚焦问题查纠整改，自查报告六大顽瘴痼疾19人，组织处理7人，澄清了结12人，制定“我为群众办实事”便民利民措施10项。严格落实防止干预司法“三个规定”、“三非”工作机制等铁规禁令，如实报告外部人员过问案件27人次。深入开展廉政警示教育，组织干警前往梓潼“两弹城”、江油廉洁教育中心参观学习，召开邓某严重违纪违法警示教育大会，筑牢干警防腐拒变思想防线。配合市委组织部开展队伍建设巡查，认真做好区委巡察反馈问题整改，做到立行立改、举一反三、建章立制，以问题整改推动工作良性发展。

【自身建设】2021年，加强司法能力建设，强化“走出去”和“请进来”相结合的分级分类培训，组织干警参加教育培训82人次，促进干警素质能力提升，1人获评全国优秀法官，4人在全省各类培训中获评优秀学员。守好意识形态阵地，2个典型案例在央视《今日说法》栏目和四川电视台《新闻频道》播出，在《人民法院报》、人民法治网等主流媒体刊发宣传稿件270余篇。加强司法调研工作，连续3年获全省法院组织工作先进奖，1篇调研文章在《中国审判》

刊载，14篇调研文章获国家级、省级奖项，类案检索工作在全省作经验交流，并入选首届“四川法院改革优秀案例”。坚持文化兴院，法治微电影《与法同行，“典”亮生活》获第五届平安中国看四川“三微”比赛最佳微视频奖、川渝法治微视频微电影大赛二等奖。

【接受监督】 2021年，自觉接受人大监督和政协民主监督，定期向区人大常委会报告工作，主动邀请人大代表、政协委员集中视察工作2次，认真办理建议、提案2件，办理人大常委会交办信访件4件。区两会期间，组织干警收集人大代表、政协委员提出的意见和建议6大类17条，并实行专人登记、院长督办、及时反馈，做到件件有结果、事事有回音。自觉接受监察监督，依法接受检察监督，促进公正廉洁司法。发扬司法民主，健全参审规则，人民陪审员参审案件592件，司法审判更加契合民意，获全省人民陪审员工作先进集体。广泛接受社会监督，举办“十大典型案例新闻发布会”“涉企执行十大典型案例新闻发布会”和“类案检索运用十大典型案例新闻发布会”等活动，努力让司法更阳光、更透明、更公正，群众满意度不断提升。（张黎）

司法行政

【法治宣传】 2021年，开展“法治周周行”活动30余场，组织新冠肺炎疫情防控、民法典、妇女维权、税法、社区矫正、消防安全等线上普法知识竞答13次，5万余人参与。各法律服务机构、公共法律服务站（室）开展宪法、法律相关法治宣传活动160余场次，举办讲座50余期，利用农村有线广播播放专题广播7000余次。创作法治歌曲3首，新建法治文化阵地3个。大力推进法治示范创建，以创建促宣传、促治理，魏城镇铁炉村创建为全国民主法治村、新桥镇王家坝村通过全国民主法治示范村复核。开展“宪法宣传月”活动，线上举办宪法宣传月启动仪式，开展网上宪法知识竞赛、网上“法治游仙”书画展、“法小仙”表情包推广等活动，31万余名网民观看“游仙区2021年宪法宣传月启动仪式”。有序推进第二届中国科技城法治创新大赛。

2021年，魏城镇铁炉村法治文化阵地

【法律服务】 2021年，进一步优化公共法律服务平台建设。延伸公共法律服务触角，建立游仙区公共法律服务流动工作站，送法上门。扩大驻外法律服务网络，成立游仙区公共法律服务中心驻重庆工作站，为游仙籍和川籍在外务工人员提供法律服务和必要的法律帮助。共建共享一体化公共法律服务平台，加强与省人民政府驻科学城办事处区域法治协同，与科学城司法局联合出台《关于加强科技创新法治协同共建共享一体化公共法律服务平台的实施意见》。深化法律援助制度，优化经济困难审查，持续降低法律援助申请标准，制定并印发《申请法律援助家庭经济状况告知承诺制工作规范（试行）》，在全市率先试行法律援助经济困难证明告知承诺制。全年共受理法律援助案件592件，提供法律援助咨询3607人次，挽回经济损失928万余元。加强和完善党政机关法律顾问、一村（社区）一法律顾问工作，印发《关于进一步加强和规范党政机关法律顾问工作的通知》和《关于进一步加强和规范一村（社区）一法律顾问工作的意见》，解决法律顾问在工作实践中存在的制度落实不好、群众获得感不明显等突出问题。2021年，担任法律顾问的律所达20家、律师61人，基层法律服务所6家，基层法律服务工作者11人，为公共法律服务提供专业支撑。

【人民调解】 2021年，坚持发展“枫桥经验”，健全完善基层人民调解组织206个，规范建设派驻人民调解室14个、专业行业调委会4个、名人调解室4个，改建富乐议家社个人调解室1个，新建综合行政执法局调解室1个，新建退役军人调委会1个。持续深化人民调解队伍专职化建设，通过政府购买服

2021 年 12 月 27 日，游仙区开展贯彻落实《中华人民共和国法律援助法》宣传活动

务方式选聘专职人民调解员 27 名，动态调整优化基层人民调解员 1050 名。各级人民调解员排查纠纷 8556 人次，调处纠纷 1856 件，成功率 98.5%。发布《2021 年游仙区人民陪审员增补公告》，增补 13 名人民陪审员，完善人民群众参与司法审判工作，提升法治公信力。游仙区司法局被中华全国人民调解员协会表彰为“组织宣传人民调解工作先进集体”，小枧司法所所长李茜获司法部“全国司法所模范个人”表彰，小枧司法所被分别命名为省级、市级“枫桥式司法所”，全区 5 个调解组织、6 名调解员先后获得市级星级调委会、等级调解员等表彰，游仙区《三联互动解民忧办实事》经验材料被省司法厅党史学习教育专刊第 49 期刊载。

【刑罚执行】 2021 年，游仙区作为全省司法行政系统改革示范单位，被确定为全省 11 个社区矫正工作改革试点县（市、区）之一。严格落实新冠肺炎疫情日报告制度，开展线上摸排、线上宣传、线上监管。继续开展扫黑除恶专项斗争，助力新生主题教育活动，共组织开展集中教育 288 次，累计受教育 1754 人次，开展个别谈话 1706 人次，进行心理辅导 1706 人次，组织社区服务 2721 人次。持续推进刑罚执行一体化建设，扎实做好调查评估、走访排查、日常监管、脱管追查等社区矫正工作。开展社区矫正对象训诫谈话 31 人次，调查评估 75 件，集中授课 4 次，走访社区矫正对象 920 余人次，协助开展教育帮扶活动 10 次，组织社区矫正对象参与新华强戒所心理培训 2 次。接收社区矫正对象 172 人，累计接收社区矫正对象 1885 人，解除社区矫正对象 151 人，累计解除 1655 人，在册 230 人。

（卜启航）

人民武装

【思想政治建设】 2021 年，游仙区人武部坚定不移地用习近平新时代中国特色社会主义思想和习近平强军思想铸魂育人，围绕听令核心、绝对忠诚抓深理论武装，跟进学习习近平主席系列讲话；以党史学习教育为主线，巩固深化“不忘初心、牢记使命”和“传承红色基因、担当强军重任”两项主题教育；深入学习习近平主席“七一”重要讲话精神和中共十九届六中全会精神，跟进做好军事政策制度改革教育和安全保密、廉洁守纪等经常性思想教育。利用民兵整组训练时机组织以性质宗旨、形势任务、战斗精神为主题的教育 21 场次，激发民兵的荣誉感和责任感，坚定民兵听党指挥、平时为民、战时为兵的思想意识。注重新闻报道和学习教育相促进，调动学写积极性，通过写心得体会、发表新闻稿等方式，巩固学习教育成果。

【战备应急能力建设】 2021 年，游仙区人武部突出抓好战备训练、国防动员、民兵整组和兵役征集工作。区民兵组织整顿工作着力在编实建强、对接任务、整改问题上下功夫。继续与地方应急力量建立“联编联训、联用联保机制”，形成“双应一体、优势互补、共建共享”的军地力量建设使用格局。结合民兵整组潜力调查，协调地方部门提供辖区适编企事业单位名单，通过实地考察调研，挑选出符合编建条件、符合任务需求以及专业性较强的 10 家高新技术企业，进一步调整优化民兵队伍编制。联合区应急管理局等有关部门和行业系统、科研院所，调整组建基干民兵应急、专业、特殊力量分队，基干民兵分队建设逐步向正规化、实战化靠拢。不断改进民兵分队训练模式，为提升民兵分队训练实效，2021 年游仙民兵训练由以往“分批次，分散训”转变为“成建制，集中训”的方式，统一指派训练教官，组织各地民兵队伍成建制进行组训，重点提升民兵分队战备意识和执行任务行动能力，突出解决民兵训练不实、应急应战基础薄弱等问题。

【兵役登记和征兵工作】 2021年，全国首次实行一年两次征兵。游仙区人武部围绕做好兵役征集由数量向质量跃升，在各镇（街道）以及辖区高校组织政策宣讲14场次，发放宣传资料3万余份，推送宣传信息2万余条，在各地人员集中场所播放征兵宣传片64场次，培训义务宣传员330余名，进村入户开展“面对面”宣传、组织兵役登记和初审初检。结合国际国内和新冠肺炎疫情防控形势，组织应征青年及家长座谈和问卷调查，端正入伍动机。游仙区征兵“五率”连续4年位列全市第一。

2021年1月14日，游仙区人武部联合区退役军人事务局向家属送喜报

（融媒体中心供图）

【参建参治】 2021年，游仙区人武部围绕区委、区政府中心工作，组织机关全体人员和民兵为游仙全面建设争做贡献。区人武部主官响应区委号召，先后在忠兴镇开展党史学习教育、在仙鹤镇开展中共十九届六中全会精神宣讲。县处级领导主动认领“我为群众办实事”项目，督促跟进项目进展情况。加强区级河长巡河，解决小芙蓉溪忠兴段一处污水排放问题，确保小芙蓉溪干净清澈。落实县级领导森林防火责任制，每月坚持至少2次下沉到一线林地，排查森林火灾隐患，把森防工作落地落实。2021年是换届之年、选举之年，选出好的人大代表是每个选区义不容辞的责任，区人武部作为选区之一，在区选举委员会指导下做好人大代表选举和补选工作。加强典型宣传和走访慰问，联合退役军人事务局开展悬挂“光荣军属牌”“送喜报”活动，为立三等功以上军人家庭送喜报4次，营造尊崇军人的浓厚氛围。

【民兵动用】 2021年，游仙区人武部紧盯重要节点、敏感部位、关键要素，坚持平时服务思想，动员民兵预备役人员，紧紧围绕“深度融入科技城、建设幸福新游仙”总体取向，参与“五个游仙”建设。以着力建强民兵教练员队伍为目标，通过广泛摸排、发动退役军人，严格考核选拔，挑选并训练出素质过硬、专业能力强的民兵骨干和教练员，完成辖区学校学生军训工作。投入预防自然灾害工作，特别是在防汛抗洪方面，组织民兵汛前主动预防，汛中转移群众、抢险救灾，汛后妥善完成恢复性建设，有效降低汛期导致的人员和财产损失。号召民兵参与森林火灾、土地旱灾、生物灾害等自然灾害防治任务，为家乡全面发展做出应有贡献。2021年，四川多地相继被列为新冠肺炎疫情中风险地区，区人武部组织和批准区内民兵参与疫情防控，为游仙区全面发展提供良好保障。

（谌滕蜚）

农业与农村

乡村振兴

【概况】 2021年，实现农林牧渔业总产值52.34亿元、同比增长7.9%，粮食总产24.43万吨、同比增长1.64%，生猪生产有序恢复、年出栏19.0159万头。农产品质量安全检测中心通过“双认证”评审。创建为省级实施乡村振兴战略工作先进区，新民村、柏龙村、云水村被评为省级示范村。1个镇、6个村被评为市级先进镇和示范村。农村卫生厕所普及率达99%，畜禽粪污资源化利用率达94%，农作物秸秆综合利用达96.6%，魏城镇鹤林绿洲获评全国森林康养基地，农村人居环境整治三年行动通过省级验收，农村能源建设工作全省第一，农村人居环境和厕所革命工作全市第一。农村居民人均可支配收入达22805元、同比增长10.6%。并列全市县（市）区第二名；农村地区建制村“双通”、卫生饮水率、4G覆盖率、电气通达率等均达100%。

【农村集体产权制度改革试点】 2021年，游仙区作为全国农村集体产权制度改革整县推进试点，通过把准改革方向、坚持改革底线、尊重农民意愿、分类有序推进，创新设立镇级股份合作总社、设置农村集体经济临时集体股、预留集体经济发展用地，开发运用农村集体“三资”监管互联网平台，探索集体成员身份确认“户长代表制度”，全面核实资产12.3亿元、资源性资产140.63万亩，建立村级集体经济组织141个，着力构建起归属清晰、权能完整、流转顺畅、保护严格的农村集体产权制度体系，改革试点经验入选全国典型。

【农村闲置宅基地和闲置住宅利用】 2021年，坚持“政府主导、集体主体、群众首位”原则，稳慎开展农村闲置宅基地和闲置住宅盘活利用试点。成立城乡融合发展试验区负责农村集体土地整理入市等工作，制定出台《绵阳市游仙区农村建设用地整理及调整村庄建设用地布局管理办法（暂行）》，形成《游仙区农村集体经营性建设用地入市规定（试行）》等7项配套政策。首批试点镇新桥镇、仙鹤镇共完成闲置宅基地复垦169亩，完成65.88亩闲置宅基地复垦验收，集体经济组织预收土地指标使用费630余万元，试点经验在省委农办《三农要情》专刊刊发。

【集体经济融合发展】 2021年，以建设四川省首批村集体经济发展试点区为契机，紧扣村级建制调整中债权债务移交、新建组织、规范管理三大环节，引导村集体经济组织参与改革，全区共移交村级集体资产6.894亿元，负债0.86亿元，办理村级集体经济组织“三资”移交97个，移交完成率100%。按照“盘活存量、做大增量、有效联结、共享收益”原则，通过“先摸清家底、再集体决议”的方式，新融合的24个合并村集体收入比融合前均增长30%以上。

出台《游仙区村级集体经济发展五年规划方案》，完善农村产权交易流转市场，加快推进农村产权确权登记颁证，探索推行资源开发、资产利用、产业带动、股份合作、物业经济、服务创收、财政支农“七种模式”发展壮大集体经济。强化监督管理，升级“三资”管理系统“清风阳光监督平台”，实现农村集体经济阳光透明，典型经验在《四川改革专报》刊发。 （吴熙炫）

农业综合管理与服务

【概况】 2021年，实现农林牧渔业总产值52.34亿元，同比增长7.9%；农村居民人均可支配收入达22805元、同比增长10.6%，增速并列全市县（市）区第二。全区112个行政村中，生活垃圾得到有效处置的村占比100%，生活污水得到有效处理的村占比90.9%，农村户用卫生厕所普及率达99.2%，畜禽粪污资源化利用率达94%，秸秆综合利用率达96.6%。魏城镇铁炉村、信义镇曾家垭村分别获评“四川十大最亮眼村居”“四川省十大最美古村落”。扎实推进法治游仙和“新时代文明实践中心”建设，持续开展文明村镇、文明家庭、星级文明户等文明细胞创建。2021年，创建全国文明村镇2个、省级文明村镇2个，市级文明镇达100%。打造“一核三治”（党组织领导+村规民约+评议会+红黑榜）乡村治理品牌，112个村全部完成村规民约修订工作，组建25个村级道德评议堂，评各项先进典型和反面事迹，议村内重大决策和社会热点。深化全面依法治区示范试点，12个司法所全部建成省级规范，全区刑事案件发案率同比下降14.11%，建成全国乡村治理示范村2个、省级乡村治理示范村4个。

【农产品产量】 2021年，农作物总播种面积96.65万亩，同比增长0.34%。其中，粮食播种面积58.12万亩，增长0.47%；油料作物播种面积26.57万亩，下降0.01%。全年粮食总产量24.43万吨，增长1.64%，单产420.3公斤/亩，增长1.20%。其中，大春粮食产量19.05万吨，增长1.88%；小春粮食产量5.38万吨，增长0.8%。水稻产量12.85万吨，增长1.7%；小麦产量4.86万吨，增长0.7%；油料作物产量5.03万吨，增长2.89%；蔬菜及食用菌产量20.26万吨，增长1.55%。

【经济作物】 2021年，全区蔬菜及食用菌生产面积（含复种面积）达10.3万亩，总产量达20.26万吨，优质水果面积3.4万余亩，产量达1.7万吨；中药材种植面积0.6万亩；助农增收在上年同期基础上增长12%以上。

【优质蚕桑】 2021年，桑园基础稳定，全区桑园面积69350亩，全区全年完成蚕种发放78612张，生产蚕茧3028.65吨，蚕茧产值15985.4万元。发种、产茧量稳居全市第一位。

【标准化品牌化建设】 2021年，新增加“三品一标”农产品13个，达132个。“三品一标”新申报、续展、复查换证认证共计45个（其中，绿色食品新申报7个，续展2个；无公害农产品新申报3个，复查换证33个），无公害农产品复查换证率达90%。为全区2018年获得“三品一标”认证的8家企业26个产品兑现奖补资金16.6万元。建立无公害农产品、绿色食品标准化基地5个。

【农村宅基地“三权分置”改革】 2021年，在新桥镇、仙鹤镇开展闲置农村宅基地盘活利用试点改革，试点复垦闲置宅基地169亩，完成建设用地指标验收65.88亩，解决企业用地、产业发展、村集体经济组织壮大等问题。改革试点中，形成《游仙区农村集体经营性建设用地入市规定（试行）》等8项配套政策，形成一整套农村宅基地“三权分置”改革的游仙经验。

【农业社会化服务】 2021年，成立全市首家太平土地托管中心，采用全托、半托、代管三种方式开展社会化服务，《“托管中心+服务主体+农户”，新时代种田好出路》获评全省社会化服务典型服务模式。

【现代农业园区建设】 2021年，牵头完成游仙区“十四五”农业农村高质量发展规划工作。一是围绕“花果桑田种药菜”7个现代农业园区建设，重点推进蔬菜种业、优质粮油等现代农业园区建设。蔬菜种业园区（川菜硅谷）、止语林果等已列入省级现代农业园区培育项目。二是已完成优质粮油现代农业园区争创市级三星级和游仙区葡萄+青

2021年，小枧镇菜博园

梅现代农业园区升4星级争创验收工作。新认定优质蚕桑现代农业园区、稻渔共生现代农业园区为区级现代农业园区，全区“三品一标”达135个。三是园区加工能力大幅提升，浩东、仙特等粮油加工企业年产值达20亿元，绵阳米粉加工70%来源于游仙。

【宜居乡村建设】 2021年，完成1个示范村整村“厕所革命”推进任务，5个非示范村410户、62个村301户乡村振兴监测户户厕改造，新建公厕2座，超额完成省市下达任务；投资1400万元安装垃圾分类收集亭1000余个；对上争取设施生活污水治理项目200余万元，统筹资金1200余万元对区内污水处理设施进行扩容改建。截至2021年年底，具备生活污水处理能力的村（社区）120个，农村生活污水得到有效处理的村占比90.9%，农村卫生厕所普及率99.2%。

【农村电网改造】 2021年，有农村电网改造升级项目11个（含农网改造3个、技改2个、大修5个、低压业扩1个，共四类），涉及游仙区魏城镇、新桥镇、盐泉镇、小枧镇、经开区松垭镇、涪城区塘汛镇。按照标准化建设，推广应用新技术、新设备、新材料和新工艺，完成投资2399.7万元，建设10千伏线路18.35千米，低压线路90.89千米，新投10千伏配电变压器35台，共计9600千伏安，大力改善镇村农村电网环境，让群众得到更加优质的用电服务。（杜景璇）

【农业项目投资】 2021年，实现农业招商引资签约金额3.04亿元，完成固定投资15.5亿元，招引农业企业2个。全年对上争取31个项目，合计1.8亿元。申报中央预算内项目和中央转移支付等两大类项目，申报金额2.7403亿元。策划包装并储备项目25个，计划金额39.4848亿元。

【新型经营主体培育】 2021年，游仙区新培育新发展家庭农场236家，总数达1386家；新培育区级及以上农民合作社示范社40家；新培育农民合作社联合社1家，总数达397家。全区省级龙头企业达8家。指导游仙蔬菜（川菜硅谷）种业园区与西南大学园艺学院完成合作联建专家工作站，推动市农科院在游仙区新建现代农业科技园。

【“数字农经”平台】 2021年，在全省首创“数字农经”平台，平台包含七大子系统，已建成并投入运行，平台的使用将有效助推农村承包地、宅基地、土地流转、农业新型经营主体、农村集体“三资”、农村集体经济组织高效管理，实现村委会、农村集体经济组织等多账套账务处理，强化基层治理，有效防止农村基层腐败。

【综合执法】 2021年，游仙区开展农资打假专项行动，检查门店企业713个；严厉打击各类违法行为，执法立案查处21起，罚没17.7855万元。2021年，获得省农业农村厅、市农业农村局优秀行政处罚案卷各一卷。

林业

【概况】 2021年，游仙区继续落实最严格的自然资源保护制度，实现全区林地保有量39.95万亩，净增森林面积1530亩，森林覆盖率达31.29%，同比增长0.1%。

【大规模绿化游仙行动】 2021年，是新一轮大规模绿化绵州启动之年，区自然资源局配合市林业局编制《新一轮大规模绿化绵州总体规划》，超额完成2021年新一轮大规模绿化任务。完成营造林面积3.6万亩，其中人工造林0.5万亩、退化林修复等森林精准提升面积3.1万亩。截至2021年年末，全区林地保有量为39.95万亩；森林蓄积量达154.49万立方米；森林覆盖率从2015年年末的28.04%增长到2021年年末的31.29%，增长3.25%；林木绿化率从2015年年末的35.74%增长到2021年年末的42.83%，增长7.09%。游仙区大规模绿化工作获得市政府先进表彰1次和市林业局先进表彰3次。

2021年3月26日，游仙区开展春季集中义务植树活动

（区融媒体中心供图）

【森林生态循环林业】2021年，依托林业重点工程项目，加大林业产业建设力度，加快构建集生态种养、森林康养、生态旅游等为一体的森林生态循环林业发展模式。截至2021年年末，通过天保工程、退耕还林工程、中央财政造林补贴、森林抚育补贴、欧投、世行贷款人工造林、退化林修复等项目实施，累计投入资金21亿余元，建成规模以上产业基地16个，面积10.5万亩，其中以核桃、油橄榄为主的木本油料林3万亩，以柑橘、青梅、梨、桃为主的特色经果林4万亩，以臭椿、巨桉、杨树等速生树种为主的短周期木质原料林1.5万亩，以银杏、桢楠、桂花、香樟、红椿、香椿等为主的珍稀观赏林木产业基地1.5万亩，发展林木种苗花卉生产基地0.5万亩，建设林下种养殖基地1万亩。

【森林生态旅游建设】2021年，以森林公园、湿地公园、自然保护区、森林康养、森林生态文明教育、森林食品采摘基地建设等为主的众多近郊森林生态旅游项目，带动"农家乐"120余家，利用森林资源10万余亩，大力推动以森林康养等林业产业新业态的发展，实现林旅有机结合。林业总产值达23.14亿元，农民林业人均纯收入2210元，生态旅游收入达7.05亿元，创建国家级森林乡村4个、国家级森林康养基地1个、省级森林康养基地4个、市级森林康养基地6个、市级森林康养人家7户，为全区森林生态循环林业发展奠定坚实的基础。

【现代林业产业】2021年，以建设省级现代林业园区为目标，推进现代林业产业发展。全面完成游仙特色经果林现代林业产业园区规划，园区规划范围涉及5个镇12个村（社区）单位，规划总面积7911亩。园区建设总投资14091.72万元。其中，木本油料产业基地建设1379.3万元，占9.79%；中药材产业基地建设700.19万元，占4.97%，林产品加工及仓储产业费用1420万元，占10.08%；森林旅游康养产业2521.00万元，占17.89%；电商服务40.00万元，占0.28%；科技支撑费用248.00万元，占1.76%；设施设备费用6039.84万元，占42.86%；工程建设其他费用1332.95万元，占9.46%；预备费410.44万元，占2.91%。已建设0.6万亩特色经果林产业示范基地，2021年产业园区获得省级财政补助300万元。

【有害生物防治及森林植物检疫】2021年，对全区41万亩林地实施有效监测，2月底至3月开展越冬代复查工作；3月至5月、8月至10月，借助春秋两季松材线虫病普查工作，对区内监测区域进行重点区域重点监测、重点普查，其他监测区全面监测、全面普查的方式实施监管，同时加强外地调入区境内松木及松木制品的检疫；5月至9月，开展美国白蛾监测工作，在游仙街道、沉抗镇、松垭镇、小枧镇等重点区域挂设诱捕器，全年共设置监测样地12个。全区2021年无林业有害生物发生，有害生物发生率严格控制在2.9‰以内。

【森林防灭火】2021年，按照森林防灭火专项整治要求，1月以来在全区开展全覆盖拉网式大调研、大检查、大排查活动，排查涉林单位19个、重点区域27处、重点社区60个、责任村112个、旅游景点4处、林区输变电线路120余千米，发现重大隐患16处，整改16处。为全面提升森林防灭火宣传氛围，新增防火标示标牌300个，利用群众赶集集中开展森林防灭火宣传3次，发放宣传资料1万份、宣传物品1万份。为进一步提升森林火灾防控能力，新建防火通道7千米，应急水池2个；组建半专业扑火队伍12支、群众扑火队伍150支。10月，开展全区"森林火灾扑救暨案件查处"演练1次，12月开展"森林防灭火应急处置能力培训"8场次。全年无森林火灾发生，森林火灾受害面积严格控制在0.1‰以内。

（杜强）

畜牧业

【概况】2021年，全年出栏生猪190159头，同比增长5.6%；生猪存126200头，同比增长2.3%；全年猪肉总产量13185吨，同比增长6%；牛肉总产量931吨，同比增长9.1%；羊肉总产量443吨，同比下降5.7%；全年禽肉总产量11319吨，同比下降1.6%；禽蛋总产量12135吨，同比增长18.2%

【重大动物疫病防控】2021年，落实稳产保供工作，以规模养殖场和种猪场为重点，落实生产救助政策，稳定能繁母猪和生猪存栏；全面推进新（改扩）建设、基地建设、畜禽粪污资源化利用等项目实施；继续落实省"猪九条""猪八条"市"猪十条"相关政策。对高致病性禽流感、口蹄疫、猪瘟、小反刍兽疫等动物疫病强制免疫的群体免疫密度达95%，免疫抗体合格率保持在70%以上。产地检疫率以乡镇为单位达100%，定点屠宰场生猪屠宰检疫率达100%。全区共使用消毒药12吨，消毒面达100%。

【非洲猪瘟疫情排查】2021年，做

好养殖网格化管理，以网格化管理与产地检疫相结合的方式，保障辖区生猪进出栏规范化管理。全年出动执法人员412人次，消毒面积达1000余万平方米。全区共办理生猪违法调运案件8起，处罚金19.356万元；乱丢弃病死生猪案2起，处罚金额0.25万元。开展对辖区生猪屠宰企业“两项制度”及飞行重点检查，累计检查生猪屠宰企业31场次，并对屠宰场的留样和环境进行抽样检测。全年无重大动物疫情发生。

渔业

【概况】2021年，全区水产养殖面积45075亩，完成水产品产量14039吨，同比增长6.5%。

【渔业船舶安全生产检查】2021年，围绕渔业船舶安全生产主题，在全区范围开展渔业船舶安全生产检查工作，协助区交通运输局对全区登记在册的内陆渔业船舶进行年审，对渔船违规载人载物、消防、救生设备配置等检查中发现的问题提出整改措施。

【水产苗种产地检疫】2021年，严格执行农业部《鱼类产地检疫规程（试行）》及《四川省水产苗种管理办法》，开展水产苗种产地检疫，确保水产品苗种质量安全，抽检鱼样20个、水样7个，样品抽检合格率100%，对50亩水产养殖基地开展快速检测747批次，对肥水养鱼举报进行检查，督促养殖户对养殖方式进行整改，全面禁止水域施肥养殖，适度控制养殖规模和密度，推进人放天养，渔业生产废水达标排放，不造成水环境污染，对检查发现问题的，责令其限期整改，确保水产品从基地到餐桌安全。

【生产场所投入品监管】2021年，对养殖场进行不定期抽查，检查鱼药、鱼饲料的储存、使用情况，违禁药物公示情况，生产记录、生产制度落实情况、苗种进货及检验检疫情况等，确保投入品安全。合格率为99%，对全区256户合格证名录库主体检测覆盖达100%。

【产业结构】2021年，通过项目带动，标准化改造养殖池塘和尾水治理400亩，渔业产业结构持续优化。小龙虾、泥鳅、大鲵等特种水产品养殖辐射带动作用进一步增强。

【推进禁捕行动】2021年，区财政出资75万元，通过购买社会化服务的方式，成立由25名专业人员组成的渔政巡护队伍，常态化巡查辖区内河流。开展日常执法巡查506次，开展联合执法行动8次，出动执法人员1416人次，出动执法宣传车辆523车次，放养非法渔获物80余公斤，劝离非法游钓者6200余人，暂扣鱼竿260余根，没收网具6副，协助公安办理渔业违法事件技术认定6件，行政处罚1起，处罚金额0.1万元。有力地打击各类非法捕鱼现象，取得显著成效。

2021年，生态田园观光旅游特色渔村——游仙区新桥镇柏龙村

农业机械化

【农机购置补贴】2021年，中央下达农机购置、报废更新补贴资金627万元。发放农机购置补贴资金3批共计541.915万元（其中报废更新24.11万元），享受补贴农户和农机专合社、家庭农场618个，补贴753台农机具，资金拨付比例达86.43%。报废农机具28台，发放补贴资金24.11万元，42台报废农机具正在公示中。制定主要农作物耕种收综合机械化水平方案，落实创建目标任务指标，实施具体措施和收集相关佐证资料。利用产油大县奖励资金项目和社会化服务项目121万元，增加农机购置机具和机械作业范围，提升智能化农机装备能力，提高农业机械化耕种收综合水平，并接受省级验收。

【提灌站建设】2021年，争取省“10+3”产业体系资金新改建2座提灌站，总投资40万元；利用2020年洪灾水毁资金204万元，新建提灌站10座，技改提灌站9座，完成新建提灌站5座，技改提灌站6座；利用乡村振兴奖补资金新建提灌站3座，总投资180余万元。

2021年3月5日，绵阳市游仙区农机化春耕生产现场会举行

（区融媒体中心供图）

【农机安全管理】 2021年，组织农机安全法规宣传9次，发放农机安全法规及安全操作常识6000余份；组织农机操作技能培训6期，培训农机驾驶、操作人员79余人，对广大农机驾驶、操作人员进行道路交通安全法治宣传教育，经考试合格、准予办理农机驾驶证34个。利用“安全宣传月”、安全宣传“进农村”等重要活动、重要农事季节、重大节假日等时机，组织业务部门相关人员主动到农机合作社、田间、地头、场院等农机作业场所，开展农机安全知识宣传及农机安全检查。

【执法检查】 2021年，联合公安和交通运输部门，重点开展农业机械牌证、操作规程及操作人员安全防护执行情况、酒驾、疲劳驾驶等违法违规行为检查，并开展拖拉机道路交通专项整治行动，组织联合执法检查，实施联防联控联治，严查变型拖拉机违法载人、酒后驾驶、超速超载、不按规定参加年度检审等违法行为，严厉打击无牌无证、假牌套牌、违法载人、人货混装、酒后驾驶、脱检脱审、逾期未报废、报废仍上路行驶等违法违规行为。共开展安全检查126次，检查农机作业场所140余处、农机生产销售企业7家、农机加油站5个及变型拖拉机95台（次）、农田作业机械478台（次）；配合交警部门处罚变型拖拉机和拖拉机657起，处罚报废变型拖拉机10辆，扣押违法上路变型拖拉机18辆、套牌拖拉机1辆，扣押变型拖拉机行驶证7本，吊销驾驶证1本，纠正各类农机违法行为38起，发现安全隐患7起，现场督促整改7起，全年无重大事故发生。

【存量变型拖拉机治理】 2021年，落实农业农村部办公厅、公安部办公厅联合印发的《关于进一步加强拖拉机安全管理工作的通知》要求，对变型拖拉机推进存量清零工作。加强调查摸底，全面摸清全区变型拖拉机分布情况，掌握基本情况，分类造册，为推进清零行动提供基础数据支撑。坚持“增量为零”，坚决杜绝通过办理转入登记业务造成辖区变型拖拉机事实增加的情况发生。强化政策宣传。采取多种形式，向广大存量变型拖拉机机主广泛宣传存量变型拖拉机的管理政策、报废年限、年检要求等政策规定，对三年未年检或年检未过关的变型拖拉机予以注销登记。用好报废更新补贴政策。出台《游仙区农机报废补贴方案》并加强农机报废更新补贴政策宣传，鼓励变型拖拉机主提前报废。

农村能源发展

【农村厕所革命】 2021年，全区共改造户用厕所926户，新建农村公厕2座。1个示范村整村推进任务完成并通过区级初验，所辖村域户用无害化卫生厕所普及率达95%，厕屋内清洁、无蝇蛆、基本无臭，示范村均至少有1处达标公厕，厕所粪污基本实现无害化处理或资源化利用，村容村貌明显改善，群众满意度达90%。

【能源工程项目建设】 2021年，新建集中供气沼气工程1处，总投资75万元。其中，省级财政补助资金60万元，业主自筹资金15万元。至年底已全面完工。在盐泉镇实施农村沼改厕建设任务300户，拨付资金24万元，拨付率100%。

【农村能源安全生产管理】 2021年，利用广播、电视等宣传工具以及展板、标语、散发宣传资料等形式，认真组织开展安全生产月、安全生产咨询日活动及安全宣传“进农村”活动，加大宣传力度，强化安全意识。进一步压实主体责任，建立健全安全生产监管责任清单。加强检查督促，定期对沼气工程及户用沼气进行安全隐患排查。

（刘绍彪）

水利

【水利建设】 2021年，完善《“水美游仙”总体规划》《“十四五”农村供水保障暨城乡供水一体化规划》，完成《游仙区国土空间（水利专项）规划》《游仙区“十四五”新时期农村水利规划》编制工作。对上争取项目8个，到位资金7610.67万元；完成水利固定资产投资任务6.1亿元，占目标任务的103.91%。实施2020年魏城河综合治理项目，投资6827.53万元，综合治理河道11.868千米，新建堤防护岸9.115千米，岸线整治7.407千米，恢复固定堰2座，河道清淤疏浚1.658千米。实施2019年芙蓉溪综合治理项目，投资2136.97万元，综合治理河长4.462千米，新建堤防5.105千米。实施2020年病险水库除险加固项目，投资1897万元，对信义镇肥猪堰水库（刘家）、反修水库（观太）、新桥镇金花水库、七五水库、五八（一）水库、魏城镇红旗水库、飞跃水库、小枧镇工农水库、红星水库、吕家湾水库、游仙街道胜利水库，共3座小（1）型、8座小（2）型水库进行除险加固。实施2021年病险水库除险加固项目，投资2876万元，对信义镇联合水库、五八水库、仙鹤镇毛腊水库、先锋水库、园林水库、沉抗镇三要水库、团结水库、群众水库、新桥镇土桥水库、干湾水库、盐泉镇雨台水库、四清水库、忠兴镇紫气水库、小枧镇天池水库、魏城镇李和沟水库、向阳水库、七里水库、松垭镇宝塔水库，共18座小（2）型水库进行除险加固。实施2021年魏城河信义镇广济堰段防洪治理工程，投资1918万元，综合治理河道6.1千米。

【两项改革】2021年，成立两项改革“后半篇”文章常态化工作领导小组，印发《游仙区专项方案》《重点工作任务》《重点任务清单》；紧扣“水利工程补短板、水利行业强监管”水利改革发展总基调，努力构建农村水利服务、管理、工程“三大体系”。完成12773处小型水利设施确权工作，对改革后权属发生变化的12119处小型水利设施重新落实管理主体，落实编制56个，配置专兼职水利工作人员20余人。采取“现场观摩+集中培训”的方式进行3轮次业务技术、6轮次专题规范化管理业务培训，培训人员1000余人次，全面提升基层水利服务能力。

【河湖长制】2021年，各级河长共开展巡河18572次，发现问题181处，智能App巡河问题86处，发出督导整改书14份，全面完成问题整改。完成9条主要河流划界工作和“一河（湖）一策”管理保护方案（2021—2025年）及年度“四张清单”编制，建立与江油、梓潼、涪城、三台等相邻河湖联防联控机制，持续推动河湖长制工作提质增效。建成“水美新村”3个、“示范河湖”2个，开展“一线河湖长”典型选树活动、水利法律法规宣讲、节水知识竞赛和污染防治工作培训，发放宣传图册3000余份，悬挂标语40余幅，制作河湖保护公示牌71块，组织河湖长制工作区级培训班1期，培训50余人次。完成4座小水电站清理整改和2座小水电站生态流量下泄监管工作。完成2016年、2017年节水型社会重点县项目验收工作和2017—2018年省级水保项目、2019—2020年区级水保项目的建设管理，制定2021—2025年水土保持重点项目实施计划并申报入库，向省厅呈报《三岔河小流域水土流失综合治理实施方案》。

【水利运行管理】2021年，成立以区委、区政府主要领导为组长的领导小组，制定《游仙区加快推进城乡供水一体化项目建设工作方案》，建立以区委常委、常务副区长为专班的常态化推行机制，并就扩建水库、新建水厂等工作方案40个小项明确内容、划分责任和完成时限，力争2年内达到全域规模化供水，实现城乡供水“同网同质同服务”愿景。全面落实小型水库防汛“六个责任人”和“三个重点环节”，做好小型水库专项督查问题整改，推进水利工程标准化管理。完成2021年10座小型水库维修养护项目初设方案审查，完成105座小型水库《防汛抢险应急预案》《大坝安全管理应急预案》《调度规程》《汛期调度运用计划》编制、审查、批复工作，完成29座水库动态预警系统的采购和安装。编制和修订《绵阳市游仙区村镇供水安全应急预案》《游仙区村镇供水工程运行管理办法》。规范农村饮水安全工程水质检测中心运行机制，建立和完善水质检测制度。投资40万元完成魏城镇栖凤村等4个镇4个村管网延伸工程；投资800万元在石马片区实施管网改造、延伸等巩固提升工程。完成全区65处供水工程水费定价工作，水费收缴率达98.58%。

【春灌供水】2021年，向辖区内供水7753.858万立方米，实现22.5万亩水稻满栽满插目标任务。整合和规范11个用水户协会，推行农业分类水价、超定额累进加价和精准奖补。投资1738万元，完成2020年“8·11”洪灾水毁建设项目，修复武引渠系569处20余千米、整治安全隐患12处。全年收取水费504万元，其中武引灌区443万元、惠泽堰灌区61万元。

【安全度汛】2021年，印发《关于开展2021年汛前检查的通知》，编制《游仙区防汛抗旱总体预案》《超标洪水防御预案》，健全防汛抗旱指挥机构，建立和完善各镇（街道）的防汛抗旱指挥机构，形成稳定高效的区、镇（街道）、村（社区）、组四级防汛抗旱应急指挥组织体系，强化属地责任落实，压实以行政首长负责制为核心的各项责任制，形成全区防汛抗旱整体合力。储备编织袋3000条、铅丝10吨、砂石料5万立方米、救生衣210件、冲锋舟1艘等防洪物资。在27处防汛隐患点、109处山洪灾害点安装“两张图”，确立30个危险区，制作危险区警示牌、转移路线指示牌、避灾安置点标识牌，“防汛明白卡”3万余张，清淤排障5轮次。落实“三个紧急撤离”原则，组织抢险队伍232支、抢险人员4600人，开展避险转移应急演练7次，参加演练观摩人数1.3万余人。投资1325万元，对芙蓉溪洪灾水毁堤防实施恢复重建7段；投资12万元对涪江虹云桥段堤防实施修复；投资30万元对区级视频会商系统及监测预警平台系统升级改造；投资30万元对视频监测系统7处补充完善；开展隐患大排查2次，整改相关问题8处。在汛期，通过预警平台及短信、微信等载体发布水雨情、山洪预警等信息17306条，在“7·14”“7·24”“8·5”“10·4”强降雨期间，协调调度12个镇（街道）、72支队伍，派出8个工作组24人开展防汛救灾检查、指导，共解救被困群众60人。

【移民后扶】2021年，落实移民后扶项目资金2批，第一批次511万元，第二批次339万元。建设美丽家园项目10个，移民增收项目18个。验收项目42个，拨付项目资金744.8609万元。通过“一卡通”直发直补移民后期扶持资金195.221万元。（王文军）

工业产业

概述

【概况】2021年，围绕“3+3”产业布局，推进园区建设及制造业高质量发展，全区工业经济稳步增长。实现规模工业总产值398.4亿元，同比增长12.5%；实现规模工业增加值增速8.7%；完成工业投资67.15亿元、增长2.7%；技改投资49.73亿元、增长47.9%。新增规模工业企业12户。培育规模以上工业企业17户，总计达130户。电子信息、先进材料、智能装备、核技术应用、激光技术应用、航空与燃机等上下游产业链聚集发展，产值占全区工业总产值的55.6%。

【项目建设】2021年，全区实施工业项目42个，总投资407.25亿元，当年计划投资77.51亿余元，包含在建项目28个，新开工项目14个。针对在库项目不足问题，主动全程跟进项目入库情况，对相关工业项目及时对接业主单位入库为工业投资，协调总投资1.4亿元的绵阳市游仙区石马镇工业园区配套用水项目以工业投资编码提交入库资料。推进30余个重点工业项目建设。对2021年重点工业项目进行全面梳理，并联合园区、乡镇对所辖工业项目进行核实，形成月报制度，报送项目进度及困难。鼓励和引导企业创新发展模式，构建以企业为主体的技术创新体系，鼓励和支持企业实施技术改造和技术创新，淘汰落后工艺和技术，增强企业核心竞争实力，全区市级以上企业技术中心已达34个。其中，国家级企业技术中心1个，省级企业技术中心11个，市级企业技术中心22个。搭建政府主导科技成果转化为现实生产力的平台，已建成科技孵化器2个（创智梦工场和游仙科技孵化中心）。

【数字经济】2021年，全区有4G基站2200个，新增竣工5G点位300余个，实现游仙区城区、主要道路、工业园区、高校园区、旅游风景区及部分重点乡镇的全面覆盖。组织开展全市工业企业数字化建设及工控安全情况调研，掌握工业企业数字化建设和工控安全现状。以信息网络、信息技术服务、电子、物联网、智慧家庭、网络通信、信息安全、集成电路、新型元器件等领域产业为发展目标，加快高性能连接器等新型元器件的研发及产业化。全面推动四川移柯物联

2021年7月15日，四川移柯物联网产业园一期封顶　（区融媒体中心供图）

网智慧产业园、兴事发集团年产15万樘智能家居自动生产线项目等重点项目建设；支持嘉泰工业设计、杰邦科技、兴事发门窗等企业通过客户体验中心、在线设计中心和大数据挖掘等方式开展定制化服务；推动湖山电器应用互联网平台和系统软件开展产品全生命周期管理服务，实施智能装备和产品项目建设。

【营商环境】 2021年，建立重点企业专班制度，组建产值4亿元以上企业工作专班20个，帮助支持龙头工业企业进一步做大做强，统筹协调解决企业生产经营中存在的困难和问题，促进企业扩产上量、提档升级、健康发展问题化解坚决彻底。实行问题台账销号制，协调解决久红农业配套设施不足、六里公司拖欠工程款、兴事发等绿卡企业子女入学、企业融资贷款等问题30余项。化解融资难问题，为通力电梯、桑达机械等11家企业协调贷款约1.58亿元，为川金机械、中科国兴、美艺包装等5户办理应急转贷资金3300万元，为中科西奥、兴事发等13家企业协调办理还贷延期约2.3亿元；通过社会平台，为怀仁药业、万欣测控等7家企业流动资金融资约2030万元，缓解企业资金难题。按时拨付飞腾、旭博等5家企业2020年民营经济健康发展专项资金共计95万元。做好“四川省民营经济综合服务平台”试点工作，分类搜集汇总中央、省、市、区各类综合性政策、税费优惠政策、金融支持政策等9大类共计150余个政策文件，并按要求全部上传平台；组织全区一、二、三产企业完成“四川省民营经济综合服务平台网站和微信”注册，已注册民营企业900余家。政策上传数和企业注册数均位居全省试点市区第一位。组织48家企业及项目分别申报省市级各类工业发展专项资金，全年完成对上争取资金5500余万元。

【“散乱污”企业整治】 2021年，进一步巩固全区165家“散乱污”企业专项整治成果，同时加大“散乱污”企业的排查整治力度，开展随机暗访、抽查，联合辖区、乡镇进行日常排查，强化动态清零。严格按照《绵阳市经信系统2021年臭氧污染防控工作方案》，加强重污染天气期间巡查，督导82家重点工业企业制定错峰错时生产方案，落实全市4—9月10时至18时错峰错时生产要求，督促印刷包装企业调整生产计划安排，适量开展夜间作业，有效减少管控时段内VOCs、NOx排放。全面摸排工业企业窑炉情况，制定淘汰计划，坚决淘汰不符合政策的工业窑炉，核查燃煤小锅炉，防止死灰复燃。

【先进材料产业】 2021年，初步形成以东材科技为代表的光电和电气功能材料、以特锐祥为代表的声表面波或声体波功能材料、以锐洋新材为代表的化学功能材料、以中广核为代表的生物医药功能材料等五大先进材料细分领域。有先进材料企业35家，其中10亿元以上企业3家、4亿元至10亿元企业共2家、4亿元以下企业30家。2021年，先进材料产业实现产值116亿元，占总产值的29.11%，同比增长33.01%。在全市41家单项冠军培育企业中，游仙区占7家，其中先进材料企业5家，新材料企业累计发明专利达280余项。

【智能装备产业】 2021年，游仙区有34家智能装备企业，实现规模工业总产值110.5亿元，占全年产值398.4亿元的27.7%；游仙区智能装备产业发展势头强劲，产业初具规模，初步形成包含智能设计、智能生产、智能产品、供应链管理、企业电子商务等环节的智能制造体系。

【电子信息产业】 2021年，有电子信息企业18家（4亿元至10亿元企业共2家，1亿元至4亿元企业4家，亿元以下企业11家，新升规企业1家），实现产值26.3327亿元，占全年产值的6.61%，同比增长1.64%，企业平均产值为1.46亿元/户。2021年，游仙区唯一一家信息传输、软件和信息服务业规上企业是绵阳网众物联科技有限公司，该公司2021年营业收入11720万元，同比增长51.40%。

中小产业园区

【新桥先进材料中小微企业产业园】 园区建设地点位于游仙高新区东区新桥镇，规划面积230亩，总投资10.8亿元，总建筑面积15.48万平方米，建设年限2020—2024年，建设内容包括8栋标准生产厂房、1栋综合办公楼、园区雨污水管网、两条市政道路、挡墙边坡整治、绿化和照明灯。一期启动占地48.7亩建筑面积3.3万平方米，主体厂房已基本完工，产业园承接省、市、区先进材料企业，已入驻企业2户，拟入驻企业2户。

【魏城工业园】 园区建设地点位于游仙高新区东区魏城镇，采用PPP模式实施建设，计划投资7.5亿元，占地面积1118.29亩，园区道路共计4.686千米，完成40%建设内容。园区主要服从和服务于绵阳科技城建设，承接新型功能环保性材料产业项目、绵阳及周边“退二进三”中小企业项目转移，重点发展农产品加工及农产品深加工类企业，并突出中小工业园孵化功能。截至2021年年末，园区已签约企业5户，意向性签约企业2户。

【激光产业园】 激光产业园总投资约23.2亿元，建设周期为48个月（2021—2024年）。园区计划建设净用地面积544亩，涉及7块用地，其中1—3号地块由惠东公司实施；4—6号地块由游仙经开区北区实施，4—6号地块占地面积约174亩，总建筑面积约13.6万平方米，地上建筑面积约12.2万平方米，主要建设内容包含厂房、研发中心、食堂及配套设施等，地下建筑面积约1.5万平方米；7号地块尚未供地，暂未列入建设计划。主体厂房建设已完成，拟入驻企业11家。

【核医疗健康产业园】 中国（绵阳）科技城核医疗健康产业园项目选址在绵阳市游仙区游仙街道石垭村、金山村和新桥镇玉泉村。园区主要生产放射性靶向药物、质子医疗诊疗装备制造及其配套产业。功能分布为研发、生产、安评和医疗、科研配套和文商旅等5个组团，重点布局放射性药物研发生产、专业物流配送、核医疗设备制造、肿瘤医院及康养、核测控装备、无损检测等相关核技术应用产业、科研教育孵化中心以及配套设施。园区规划用地规模4000亩，计划总投资186亿元（其中基础设施投资约36亿元），建设周期5年（2022年1月至2026年12月）。项目建成后预计实现年产值超过500亿元、年税收20亿元，将在西南地区打造一个国内首家集研发、设计创新、生产制造、教学、培训、医疗、康养、资本服务一体的成渝地区国际高端核医疗产业基地。

（王文、峗薇）

商贸

概述

【概况】2021年，服务业增加值总量完成227.29亿元，总量居全市第三位，同比增长9.0%。其他营利性服务业（规上企业）增速实现78.8%；批发业完成12.1%，低于全市平均水平1.9个百分点；零售业完成20.9%，高于全市平均水平3.1个百分点；住宿业完成28.5%，高于全市平均水平1.2个百分点；餐饮业完成32.2%，低于全市平均水平0.5个百分点；固定资产投资完成10.8亿元，完成全年目标任务的135%；对上争取完成1793.11万元，完成目标任务的105.5%；完成规上服务业企业入库25户（其中纳入统计核算的指标企业净增18户），限上商贸流通企业入库44户，均超额完成任务。

【商贸流通】2021年，有家福来、美乐等年销售收入超10亿元的骨干零售企业4个。建成红星美凯龙、海悦银河城等商业综合体6个。组织开展“家福来电器年货节”“家福来电器首届洗烘节及元旦大促”“美妆年货节，好物囤回家”“绵阳游仙疫后复工复产购物节”“‘3·13’超级家装节”“立宇国际51home趴节”“2021乐购绵州·金秋促销暨游仙国潮家装购物节”等形式多样的各类促销活动63场，直接经济收益达9000万元。

【对外贸易】2021年，实现进出口总额3.762亿元，完成市级目标的110%。组织绵阳紫东食品有限公司、绵阳仙特米业有限公司、绵阳朴艺新材料有限公司、四川艾瑞特精密工具科技有限公司参加2021年线上（中国）亚欧商品贸易博览会，规避线下新冠肺炎疫情风险；组织东材科技等10家企业参与绵阳跨境电商综试区展示中心布展，为企业提供线上宣传平台；组织企业参加第18届中国—东盟博览会、2021年中国西部跨境电商博览会。组织外贸进出口企业参加中信保培训会，保障中小微企业出口信保全覆盖。组织家福来、仙特米业、浩东粮油等8家企业赴上海参加第四届进博会及香港分会，开馆第一天，绵阳交易分团游仙企业即达成采购项目，实现进博会绵阳交易分团成交“开门红”。组织明通商贸等企业参加第130届广交会，实现

2021年9月28日，2021乐购绵州·金秋促销暨游仙国潮家装购物节启动仪式在立宇国际·红星美凯龙举行

2021 年 10 月 30 日，游仙区第二届电商直播节开播现场

（区融媒体中心供图）

服装、建材等产品的意向签约。高新区申报为省级外贸转型基地，计划到 2025 年形成 500 亿元规模的新型功能材料产业功能区。

【电子商务】 2021 年，实现电子商务交易额 769.42 亿元，完成全年任务的 102.59%；网络零售额 37.16 亿元，完成全年任务的 123.87%；电子商务交易额连续 5 年位列全市第一，出台《2021 年电商工作要点》等文件，全面规划 2021 年全区电子商务发展工作。大力支持农业企业借助电商平台发展线上销售，鼓励产品上富乐游仙、仙溯农庄等平台销售。搭建电商运营企业与种植大户、农村合作社、农业企业之间的桥梁，围绕扩大“游仙造”产品销售规模。引导农产品加工企业、种植养殖专业合作社通过电商平台开展“订单农业”，开展网上预订农产品，定点供货，拓宽销售渠道。实时调整和升级改造农村电商服务网点，推进乡村电商服务网点规范建设，推动农产品上行和便民缴费服务，建成乡镇（街道）电商服务配送站 12 个、村级电商服务店 112 个，农村电子商务及物流配送网点实现 100%。引导企业依托“游小仙”等特色农产品及文化、旅游等地域优势资源，通过网红直播带货、社群营销等开展全网营销，丰富线上销售手段。举办“万商云川 · 美在游仙”绵阳市游仙区第二届电商直播节暨渔人码头数字影视长廊开街活动，整合天存米粉、川富农夫腊肉、游仙冬枣、浩东粮油等企业 20 余款畅销特色产品、特设商业项目，以短视频 + 直播 + 线下体验的方式，综合呈现优质产品与项目。组织“刘皇叔”品牌型、“木龙观”农业合作社、创业青年等参加省商务厅组织的乡村治理电子商务领域人才培训。主要围绕解决农村电商建设、管理中的难点问题，提升商务工作促进乡村振兴的能力和水平。与区人社局联合针对全区驻村书记、涉农企业、农民专业合作社、农民工等组织开展电商实操培训 1 期，参培人员达 50 人次。（张宸）

物价

【市场物价】 2021 年，游仙区重要商品市场供应充裕，物价总水平运行在合理区间，居民消费价格总水平（CPI）保持温和上涨的走势，CPI 累计增长 0.2%。从分类指数来看，八大类商品价格累计同比“4 降 4 升”。其中，食品、烟酒价格累计同比下降 0.7%；衣着价格累计同比上涨 0.5%；居住价格累计同比下降 0.9%；生活用品及服务价格累计同比下降 1.4%；交通和通信价格累计同比上涨 3.7%；教育文化和娱乐价格累计同比上涨 1.8%，医疗保健价格累计同比下降 0.3%；其他用品和服务价格累计同比上涨 0.3%。

小麦、稻谷价格随收购周期波动，总体保持平稳。12 月底，小麦（混等）收购均价 1.33 元 /500 克，同比上涨 9.9%；稻谷（混等）综合收购均价 1.31 元 /500 克，同比下跌 6.4%。

随着政府各项调控措施的落实，生猪产能已基本恢复至非洲猪瘟疫情前水平，市场供应快速增加，推动猪类价格持续下跌。12 月底，仔猪收购价格跌至 9.64 元 /500 克，同比下跌 71%；生猪收购价格跌至 8.51 元 /500 克，同比下跌 53.8%；猪肉（带皮后腿肉）价格跌至 13 元 /500 克，同比下跌 111%。

粮食、食用油价格平稳运行。12 月，城区面粉（本地、特一粉）零售均价 2 元 /500 克，中籼米（本地、二级）2.20 元 /500 克，菜籽油（桶装、一级）69.9 元 /5 升，同比上涨 6%。

蔬菜价格呈现正常的季节性、节日性波动。12 月，城区监测的 11 个蔬菜品种零售均价 3.31 元 /500 克，同比下降 11.5%。

成品油价格受国际原油价格影响频繁波动，总体上涨。12 月底，0 # 柴油 6.73 元 / 升、92# 汽油 7.13 元 / 升、95# 汽油 7.62 元 / 升，同比分别上涨21%、19%、19%。

各类农资价格总体平稳，个别品种价格有所上涨。12月底，尿素2.9元/公斤，同比上涨37.4%；碳酸氢铵0.83元/公斤，同比上涨3.7%；过磷酸钙0.97元/公斤，同比上涨32.8%。农药、种子类价格基本与2020年同期持平。

【粮食和物资储备】 2021年，应急物资库存19601件，发放5020件、回收12件、报废173件，剩余库存14420件。区级储备原粮4155吨，区级储备成品粮油960吨；有序推进超标稻谷收购。联合区市场监管局、区农业局，从收购源头、库房存储、出库粮去向等多方面入手，开展“亮剑2021”专项执法行动，加强监督管理，杜绝不合格粮食流入口粮市场。

2021年4月，2020年集中采购价值171.9855万元的55种应急救灾物资全部到位。7月24日，绵阳市确诊一例新冠肺炎阳性患者，游仙区及时组织运输棉被、折叠床、防潮垫、蚊帐等400件应急物资到东宣小学、忠兴镇用于隔离点建设。10月10日，山西省稷山县发生洪灾，游仙区根据调拨指令，及时出库421件应急物资。12月3日，游仙区发改局联合区应急管理局向困难群众发放御寒物资1441件。

【城市发展】 2021年，顺应“中国制造2025”发展趋势，围绕电梯整机及配套产品制造主导产业，按照“集中、集聚、集约、集群”发展思路，针对性进行科学招商，发展壮大电梯产业集群，在原有的四川科莱电梯有限公司的基础上，引入台湾腾达、中科西奥等5家电梯整机和美艺包装、广丰电子等多家配套企业。以开展“百镇建设”试点行动为契机，解决水、电、通信设施配套建设，形成“四纵四横”交通网络，从区位条件（交通条件好、战略地位高）、资源条件（自然条件优，建设基础好，利于产镇融合）、产业基础（区域内电梯及配套产业总值达60亿元）和多元功能（教育、医疗、邮政、银行全覆盖，水、电、气、通信、路网等设施完备）等方面，全面展示石马镇创建特色小镇的优势条件，将石马镇创建为“游仙电梯智造特色小镇”，成为绵阳市首批命名的特色小镇。完成《游仙电梯智造特色小镇空间规划》和《游仙电梯智造特色小镇建设方案》，为特色小镇健康发展打下坚实基础。

【节能环保】 2021年，着力对在建和建成固定资产投资项目、重点用能单位的能耗进行把控，严格按照节能审查批复要求进行核查，对未做节能审查验收的固定资产投资项目进行指导，努力完成游仙区“双碳”任务。配合绵阳市编制《绵阳市新能源汽车充电基础设施“十四五”规划》，为游仙区“十四五”期间新能源基础设施发展奠定理论基础。有序推动游仙区新能源充（换）电基础设施发展，验收游仙区第一座新能源出租车换电站。不定期对辖区内新能源充（换）电基础设施进行安全检查确保广大用户能安全充（换）电。

（杜景璇）

供销合作

【概况】 2021年，绵阳市游仙区供销合作社联合社扎实推进供销社综合改革进程，选举产生第一届理事会、监事会，健全完善县级联合社机构“三会”制度。围绕乡村振兴建设和两项改革“后半篇”文章工作要求，创新为农服务方式，深入推进双线运行体制机制试点改革，农村产权流转交易体系不断完善，社会化服务能力大幅提升，供销综合改革工作成效明显。

【游仙区供销合作社第一次代表大会】 2021年，按照省市相关要求，区供销联社扎实推进供销社综合改革进程，健全完善区级联合社机构“三会”制度，于2021年12月16日组织召开区供销合作社第一次代表大会，选举产生理事会和监事会。大会选举产生游仙区供销合作社第一届理事会和监事会；选举产生理事会理事15人，理事会常务理事5人，监事会监事7人；陈勇当选为理事会主任，王婧入当选为理事会副主任，王钦当选为监事会主任。区供销联社党组书记、主任陈勇向大会作理事会工作报告，回顾总结全区供销合作社改革发展成效和基本经验，明确未来五年工作的指导思想、目标任务。

【供销综合改革】 2021年，一是加强基层供销社建设，进一步优化基层供销社经营服务布局，推行供销合作社、村集体经济组织、农民专业合作社“三社融合”发展和开放办社新模式，拓宽业务渠道，用活科技手段。新建基层供销社9个（其中基层社示范社7个），组建发展村级供销社4个，培育建成星级农村综合服务社5个，改造区域性为农服务中心1个，吸纳辖区内有影响力的农资、饲料、超市经销商及种养业大户、农民专业合作社等67家入股参与。二是全区供销系统实现销售额15.6亿元，同比增长27%；实现农产品购进额13.9亿元，同比增长31%；电子商务销售额1.2亿元，同比增长160%。三是提升营销宣传力度，对接幸福山

2021 年 8 月 13 日，绵阳市游仙区首家村级基层供销社——新桥镇柏龙村供销合作社成立（区融媒体中心供图）

湾集团等有实力的宣传营销团队，交流探讨农产品供销体系建设项目，拓展农产品销售渠道，大力开展农产品公共区域品牌建设，支持推荐 17 个游仙农特产品纳入“绵阳珍宝”销售平台，着力推动游仙农产品上行，助力游仙农产品“走出去”。

【农村产权交易】 2021 年，一是以“农民最期盼、市场不愿干”的服务领域为切入点，逐步构建为农服务体系。着眼深化农村改革大局，全面建成农村产权流转交易市场体系，区、乡、村三级网络实现全覆盖。拓展农村产权价值评估、抵押融资、农业保险等服务，农村产权流转交易服务已经成为游仙供销的一张亮丽名片。截至 2021 年年末，游仙交易中心共有镇服务站 9 个，村社信息点 132 个，共办理交易鉴证 140 宗、交易金额近 2.06 亿元。二是推进抵押融资，在区政府 500 万风险基金的支撑下，辖区金融机构已开展融资贷款 5 笔，发放贷款金额达 1380 余万元，有效缓解农业经营主体融资难的问题。创新农村产权流转交易方式。三是与建行联手打造新交易平台，从传统的拍卖竞价交易方式转变为电子竞价，为交易双方提供更加安全、快捷、普惠的交易解决方案。扩大农村产权交易平台受众面，主动对接将农村产权交易平台纳入市公共资源交易中心平台，进一步扩大农村产权交易平台的影响力，使群众能更快获取最新农村产权交易政策信息。

【雨台供销合作社有限公司项目】

2021 年，为带动农业专业化生产、社会化服务、规模化经营，提高农业生产效益、提升农产品质量以及实现农民增收。2021 年 7 月，农合联公司和盐泉雨台村村集体经济组织、个体经营户合作成立盐泉镇雨台供销合作社有限公司。在盐泉镇雨台村修建粮食烘干中心 1 个。该中心占地面积约 4000 平方米，总投资 600 万元，日烘干粮食 120 吨。该项目建成投入使用后，将提高当地粮食干燥机械化水平，加快粮食干燥效率，缩短粮食入仓时间，加强粮食安全，提高农业生产效益，提升农产品质量，实现农民增收。

（张俊益）

金融

概述

【概况】 2021年，全区银行机构达7家、保险业7家、融资性担保2家、小额贷款1家，金融机构营业网点达73个，金融从业人员1700余人。全区金融机构人民币存款余额370.86亿元，同比增速16.32%；人民币贷款余额290.2亿元，同比增速15.13%；人民币存贷款余额加权增速15.73%；直接融资共计17.46亿元。全区金融资产规模、机构种类数量、金融活跃程度、资金吸附能力等均居全市前列。

【财政支持力度】 2021年，贯彻执行财政金融互动支持企业融资奖补政策，全年发放各类财政金融奖补资金229.31万元。

【金融风险防控化解】 2021年，坚持防范非法集资宣传教育不松劲，保持打击非法集资高压态势，做到防范非法集资宣传教育无死角，广大人民群众防非意识和识别能力进一步增强。依法推进非法集资案件处置工作，妥善处置非访事件。开展“四川信托”涉案人信息核实登记。全区累计立、破非法吸收公众存款案2件，累计抓获涉案嫌疑人6人。全区非法集资风险隐患得到有效遏制，非法集资“人人喊打”的良好局面已然形成。各银行机构落实监管措施，努力化解不良贷款，坚决守住不发生系统性金融风险的底线。

【金融领域改革】 2021年，农发行新增融资审批额31.1亿元，新增融资发放额12.88亿元；持续推动辖区内规上企业对接资本市场规范化公司制改制，为13家规上非工业企业进行规范化公司制改制，4家规上企业进入省级上市资源后备库，培育1户拟上市企业。

银行业

【绵阳农商银行游仙支行】 绵阳农商银行游仙支行成立于2021年8月，属一类一级支行，设综合部1个，辖网点7个（其中1个营业部、6个二级支行），从业人员合计60人。截至2021年年末，游仙支行存款余额29.66亿元，贷款余额24.9亿元。游仙支行主要对接和服务绵阳市游仙区党政部门及辖区内企事业单位、商户、群众等，主要承继原游仙区农村信用合作联社业务。

2021年，绵阳农商银行游仙支行始终坚守“三农”定位，发挥主力军银行作用。围绕乡村振兴战略部署和工作重点，加大“三农”贷款投放，为推动乡村振兴注入源源不断的金融活水；做实整村评级授信工作，制定下发整村评级授信方案，以提高并改善农户信用覆盖率为重点，提升普惠贷款投放力度、广度；对接重点企业、项目。聚焦重大产业项目金融加速工程，及时对接兴事发、东材等大型企业，制定翔实的金融服务方案，加强支持和合作。

【工行绵阳游仙支行】 2021年，工行绵阳游仙支行有员工32人，客户数量超过23万户，存贷款总额达102.54亿元。其中，各项存款36.37亿元，各项贷款66.17亿元（法人贷款43.55亿元）。探索出企业账户开立的结算套餐服务，持续降低企业融资成本。先后获得中国银行业文明规范服务“千佳单位”、四川省人民政府“文明单位”、绵阳市文明建设委员会“文明窗口”、中国人民银行绵阳市中心支行“金融诚信服务示范点”、四川省分行“先进集体”、四川省分行“三十强”“三十快”网点、四川省总工会“四川省模范职工小家”等20多项荣誉。

【农行游仙支行】 2021年，中国农业银行股份有限公司绵阳游仙支行是游仙区境内四大国有商业银行中唯一一家县级金融机构，机关本部位于游仙区沈家坝东津路23号。内设综合管理部、风险管理部、公司业务部、零售银行业务部4个部门，下辖支行营业部、南河支行、经开区支行、南郊分理处、经济试验区支行、魏城支行、三江支行、科学城支行、东街分理处等9个营业网点，业务辐射涪城区、游仙区、绵阳经开区三大主城区域。有员工116人。截至2021年年底，全行各项存款余额53.45亿元，各项贷款余额57.03亿元，存贷规模达110.48亿元，支行连续2年被省分行评为综合管理先进集体，支行班子连续3年被市分行评为“四好班子”。

【中行游仙支行】 2021年，中国银行游仙支行有员工19人，县区内网点2个。截至2021年年底，存款总额20亿元，贷款总额5亿元，实现营收1300万元。

2021年，中国银行游仙支行创新推出面向小微企业的全线上贷款——中银企E贷，随借随还、循环使用。在风险可控的前提下，注重审核第一还款来源，减少对抵押担保的依赖，按照企业的生产、建设、销售周期确定贷款期限、还款方式等，大幅增加游仙区民营企业和中小微企业的信用贷款、首贷、无还本续贷。

【建行游仙支行】 截至2021年年底，建行游仙支行存款余额27.3亿元，贷款余额10亿元，其中金融对一、二、三产业的支持占比分别是0.35%、32.05%、67.60%。

2021年，建行游仙支行在普惠金融业务领域突进，支行客户经理服务小微企业客户从不到30户，两三年内迅速增加至500余户，小微企业信贷余额从不足5000万元，增长至4亿元。

【商行游仙支行】 截至2021年12月末，绵阳市商业银行游仙支行各项存款余额453443万元，贷款余额434630万元，其中小微企业贷款余额244858万元，1000万元以内小微企业贷款89341万元。

2021年，对游仙区内小微企业推出20余种特色信贷产品。其中，“养殖通”“扶贫贷”“成长贷”“品牌生产饲料供应链”等专属产品重点服务“三农”；“创业贷”满足借款人创业资金的需求；“科创多多贷”“文化创意贷”扶持一批科技型、文化型小微企业；“循环通”“续接贷”“年审贷”有效节约小微企业融资成本。同时有效利用央行支小再贷款和定向降准利好政策，加大力度化解小微企业“融资难、融资贵”的融资难题。

【邮储银行游仙支行】 截至2021年年底，游仙区内有邮储银行网点22个、员工100余人、存款13.49亿元、贷款11.91亿元，支行党支部获得“2021年全省先进基层党组织”荣誉称号。

2021年，支行服务地方经济发展，重点支持实体经济，将改善中小企业融资难、融资贵等问题放在首要位置，年利率较年初下降55个BP；大力发展乡村振兴战略，完成信用村建设32个，信用户建设496户，提供专属抗疫贷产品，授信额度1200万元，利率低至2.5%，助力企业发展。同时，与游仙高新产业园区开展金融服务合作，共同推出“科易贷”项目，为游仙园区企业提供专属融资产品，并率先执行小微企业贷款利率优惠政策，解决小微企业“融资难”和“融资贵”问题。

地方准金融机构

【概况】 截至2021年年末，游仙区3家融资性担保公司在保余额2.84亿元，共计为全区100多家企业、300多户个体工商户提供融资担保。组织开展两类公司现场检查4次，严控风险，无违规经营的现象。

【游仙国汇科技小额贷款公司】 国汇科技小额贷款公司于2009年9月8日挂牌营业，注册资本2.16亿元，截至2021年年底，有员工12人，公司资产总额32956万元，负债总额328万元，实现营业收入763万元，实现利润19.07万元。贷款余额为33526.98万元，在贷客户266户，主要投向“三农”、个体工商户和中小微企业。其中，“三农”贷款占20%，个体工商户贷款47.2%，中小微企业贷款占32.8%。

【绵阳市中信融资性担保公司】 2021年，中信融资担保公司新增担保贷款5110万元，年末在保余额18792万元，资本金放大倍数为3.8倍，公司总资产5986万元，营业收入83.4万元。

【绵阳市惠东融资性担保公司】 2021年，惠东融资性担保公司累计实现担保2229.8万元，担保发生额较2020年度减少716万元；年末在保余额9561.15万元，较2020年压缩担保额度3598.91万元；全年累计为园区工业企业提供担保贷款1784.8万元，占发生额的80%。

保险业

【概况】 2021年，全区实现保费收入6.15亿元，同比增长16.8%。区政策性农险领导小组印发《绵阳市游仙区关于中央财政优势特色农产品保险金额保险费率及保费补贴标准实施方案》，新增花椒、蚕桑气象指数2个保险品种，提高蔬菜、水果、育肥猪价格保费标准和费率；区财政局印发《游仙区金融机构2021年度目标任务及考核奖励工作方案》，鼓励辖区各金融机构加大对辖区内农业保险的支持。

【中国人保财险游仙支公司】 中国人民财产保险股份有限公司绵阳市游仙支公司，是游仙区业务规模大、保险人才多、服务网点广、偿付能力强的地市级财产保险公司。设立10家营销服务部、8个农村保险服务站、103个村社保险服务点，为全区广大客户提供优质保险服务。2021年，中国人保财险游仙支公司全险种保费收入10694万元，全年实现净利润585万元，车险实现保费收入5672万元，2021年非车非农险保费收入2919万元，政策性农险实现保费收入2102万元，缴纳税金总计1325.99万元。

【中国人寿游仙区支公司】 中国人寿游仙区支公司是县级支公司，是全区规模最大寿险公司，内设综合管理部、营销发展部、个险培训部、机构业务部、客户服务中心5个部门，员工及营销员280人，四川省文明单位。2021年，中国人寿游仙区支公司实现保费收入14349万元，业务关键指标同期增幅排名全市系统前列，连续7年获A类公司，2017—2020年连续4年被游仙区委区政府授予金融工作“一等奖”。开办业务涵盖政保业务、个人营销业务、法人业务及员工福利计划，产品涵盖意外、健康、养老、子女教育、投资理财等。

【中航安盟财产保险有限公司绵阳中心支公司】 中航安盟绵阳中心支公司于2017年3月成立，落户游仙沈家坝东津路，公司内设3个部门。2021年在游仙区开办首例蚕桑气象指数保险。全年承保桑蚕12704张，签单保费152.45万元，提供风险保障1905.6万元。绵阳中支（含分支机构）2021年度实现总保费收入4420.39万元，全险种综合赔付率86%。

【中国平安财产保险股份有限公司绵阳中心支公司游仙区营销服务部】 中国平安财产保险股份有限公司绵阳中心支公司游仙区营销服务部成立于2009年3月16日，位于四川省绵阳市游仙区游仙路30号1-2-2号。2021年度，平安财险游仙区营销服务部实现保费收入6206万元，缴纳各项税金890万元（车船税743万元，增值税及附加税147万元），纳税同比提升33.23%，提供就业岗位18个。

【中国人寿财险游仙区支公司】 中国人寿财险绵阳市游仙区支公司成立于2013年。2021年，公司有员工25人。总保费收入规模6971万元，财险市场排名全区第四。

【锦泰财产保险股份有限公司游仙支公司】 锦泰保险游仙支公司于2021年6月30日开业。公司主要业务范围涉及车辆保险、农业保险、财产保险、意外健康保险、责任保险等，保险服务涵盖经济社会发展和人民群众生产生活各个领域。2021年，实现农险保费收入185万元，实现非农险保费收入445万元。

【中华联合财产保险股份有限公司游仙支公司】 中华联合财产保险股份有限公司绵阳中心支公司是中华财险在绵阳的分支机构。2021年，公司保费规模1.48亿元，市场份额位居绵阳财险行业第六，农险业务规模稳居绵阳财险行业第二。公司综合偿付能力充足率为209.77%。

（李涵）

综合监管

审计

【概况】2021年，完成审计署、厅、市、区安排的各项审计项目21个，查出主要问题金额63987.89万元，发现非金额计量问题94个，提出审计建议63条，移送问题线索4条。撰写审计要情、专报20期，督促完成区委、区政府主要领导经济责任暨自然资源资产离任（任中）审计发现问题整改36项，组织开展全区内审培训1次，完成市区深化改革任务1项，完成区委区政府安排的中心工作任务7项。撰写的《医院系统管理及收费合规性数据分析方法》被省审计厅表彰为全省大数据审计应用优秀案例，资环审计等相关工作经验做法被《人民日报》《审计观察》《现代审计》《四川日报》《绵阳日报》《绵阳市委党史办党史学习教育简报》《绵阳审计简报》和“学习强国”学习平台等推广宣传。

【预算执行审计】2021年，扭住预算执行审计龙头，发挥审计建设性作用。完成2021年区级预算执行情况审计及决算草案审签、部门预算执行情况审计项目4个，出具审计报告4份，发现问题40个，涉及违法违规及管理不规范资金59748.82万元。

【重大政策跟踪审计】2021年，强化重大政策跟踪审计，促进政策措施落地见效。抽查单位和企业16个，发现问题2个，促使解决历史遗留问题2个，出具审计报告4份。

【经济责任审计】2021年，规范经济责任审计，强化权力监督制约。完成对区文广旅局党组书记、局长王庆任期经济责任审计项目，发现问题14个，提出审计建议2条；魏城镇党委书记张剑、魏城镇人民政府镇长陈洁任期经济责任审计项目，发现问题19个，提出审计建议4条；园城公司董事长何军任期经济责任审计项目，发现问题14个，提出审计建议4条。

【政府投资审计】2021年，提高政府投资效益，开展重大项目跟踪审计。推进游仙区激光产业基地工程、绵阳游仙经济开发区东区（魏城工业园）基础设施项目、石马特色小镇建设工程一期、先进材料中小微产业园项目、核医疗健康产业园等多个重大项目的跟踪审计。在跟踪审计过程中发现部分项目存在

2021年10月22日，游仙区审计局对市重点项目开展跟踪审计工作

未批先建，部分项目进度滞后等问题，做到及时与相关责任单位沟通对接，做到持续跟踪问效。持续深化投资审计“三转”，探索创新绩效审计新领域。在投资审计“三个转变”的基础上，从政府投资项目经济效益和社会效益层面出发，开展政府投资项目绩效审计。通过实施游仙区垃圾收转运体系及存量垃圾治理项目——非正规垃圾堆放点治理工程绩效情况专项审计调查，重点围绕项目建设实施过程和运行情况，项目建设投资管理，以及项目建成后社会影响和可持续发展成效等绩效情况，审计发现问题16个，提出审计建议4条，移送问题线索2条。

【资源环境审计】 2021年，持续推进资源环境审计，提升指标体系运用实效。联合省自然科学研究院继续完善全国首个乡镇领导干部自然资源资产离任（任中）审计评价指标体系，建成全省首个乡镇领导干部自然资源资产离任（任中）审计信息化系统。利用资环审计指标体系和信息系统实施完成安州区高标准农田管理和使用专项审计调查及魏城镇党委书记、魏城镇人民政府镇长任期自然资源资产审计，发现问题27个，提出审计建议8条。

【信息化审计】 2021年，关注网络安全，扎实推进信息化审计。完成市局统筹项目两保基金专项审计及保障房等4项审计数据分析工作，编制分析模型20余个，分析问题26类，疑点3700余条；完成联网平台2021年度数据更新工作，促使全区一、二级预算单位132个财务账套数据标准化。

【“三级联审”】 2021年，做好“三级联审”，促进依法理财能力。牵头组织实施对19个区级部门、5个乡镇（试验区）、1家国有企业的2020年度财经纪律执行情况审计工作。成立6个联系督导组对“三级联审”工作进行专项督查，重点对审计流程、疑点分析、问题查证、文书编纂等方面对中介审计单位进行业务指导，督促被审计单位审计发现问题整改。共出具审计报告25份，审计发现问题209个，移送问题线索5条。（罗云珑）

统计

【统计指标】 2021年，游仙区属实现地区生产总值（GDP）417.40亿元，同比增长8.4%，居县市区第四；第一产业增加值37.25亿元，同比增长7.2%，居县市区第七位；第二产业增加值152.86亿元，同比增长7.9%，居县市区第四；第三产业（服务业）增加值227.29亿元，同比增长9.0%，居县市区第八。规模以上工业增加值同比增长8.7%，增速位列县市区第八；全社会固定资产投资额同比增长17.7%，增速位列县市区第三；社会消费品零售总额152.71亿元，同比增长18.4%，增速位列县市区第七。城镇居民人均可支配收入50674元，同比增长8.8%，增速并列县市区第三；农村居民人均可支配收入22805元，同比增长10.6%，增速并列县市区第三。

【基本单位名录库建设】 2021年，推进基本单位名录库建设、“四上”企业入库工作，新增单位1008个，完成处理率100%；变更单位20个，完成处理率100%；核查单位6428个，核查率100%。申报新增调查单位131个（其中，规上工业17个，建筑业47个，房地产业9个，限上商贸18个，规上服务业21个，投资19个）；变更单位20个，退出单位35个。

【统计服务调查工作】 2021年，经市级验收，游仙区共建立1个五星级网点、11个四星级网点、5个三星级网点；月度劳动力调查工作共3个国家调查点、5个地方调查点，调查户由16户增加至128户。抓好、抓实采购经理指数、工业生产者价格指数调查、农民工市民化、农民工监测等其他调查工作。

【第七次全国人口普查后续工作】 2021年，通过全面回顾第七次全国人口普查全过程，系统梳理人口普查的阶段性成果，认真总结新时代开展人口普查的经验和有关做法，具体涵盖机构建立、经费落实、部门协调、工作部署、普查人员选调培训、宣传动员、户口整顿、区划绘图、摸底调查、普查登记、质量控制、成果发布、资料开发等人口普查各个方面工作、取得的主要成果、获得的经验、存在的主要问题，以及对今后人口普查和人口统计工作的建议等内容。以全面总结、系统回顾，客观真实、实事求是为原则撰写游仙区第七次全国人口普查公报，于6月底发布《游仙区第七次全国人口普查公报》，公布人口普查信息。

【涉农统计及乡村振兴统计监测】 2021年，完成3个省级调查点和17个地方调查点大小春面积、产量调查，完成19万头生猪生产指标监测。全区实现农林牧渔业总产值52.34亿元，同比增长7.9%。农林牧渔业增加值41.60亿元，同比增长7.1%。生猪出栏19.02万头，同比增长5.6%；牛出栏7343头，同比增长13.1%；羊出栏29649头，同比下降5.9%；家禽出栏738.55万羽，同比增长1.5%。通过统计监测平台数据录入对各项指标数据比对和核审，协助区农业农村局做好乡村振兴“回头看”工作，为游仙区争创全省乡村振兴战略先进县打下坚实基础。（谭焜烊）

财政管理

【一般公共预算】2021年，辖区一般公共预算收入完成152397万元。区级一般公共预算总收入完成119202万元，加上上级补助收入285445万元、一般债券收入80694万元、预算稳定调节基金1944万元、调入资金33359万元后，全区地方一般公共预算收入总计为520644万元。按照收支平衡原则，区级一般公共预算总支出为402026万元，加上上解上级支出24042万元、债券还本支出35070万元、安排预算稳定调节基金4598万元、结转下年54908万元后，全区地方一般公共预算支出总计为520644万元。其中，区级一般公共预算总收入完成119202万元，为预算的104.01%，同比增长10.88%，增长的主要原因是税收收入完成94929万元，较预算增长2.56%；非税收入完成24273万元，较预算增长10.13%。税收收入占一般公共预算收入的79.64%。区级一般公共预算总支出402026万元，为预算的109.92%，同比增长20.25%，增长的主要原因是上级补助收入和本级刚性支出增加。本级一般公共预算年初安排的预备费2500万元，主要用于“8·11”洪涝灾害灾后恢复重建、受新冠肺炎疫情影响企业电费补助和新冠肺炎疫情防控、富乐二中建设、生态环境治理、沈家坝北街地质灾害治理、自然灾害普查、农村人口饮水应急物资购置和河堰堤坝整治修复等支出。

【政府性基金预算】2021年，区级政府性基金预算总收入完成158480万元，加上上级补助收入59533万元、专项债券收入100000万元、上年结转收入5661万元后，全区政府性基金预算收入总计为323674万元。按照收支平衡原则，区级政府性基金预算总支出为240832万元，加上债券还本支出400万元、调出资金33359万元、结转下年49083万元后，全区政府性基金预算支出总计为323674万元。其中，区级政府性基金预算总收入完成158480万元，为预算的194.11%，同比增长1314.75%，增长的主要原因是土地出让收入较2020年大幅增加。区级政府性基金预算总支出完成240832万元，为预算的132.18%，同比增长51.35%，增长的主要原因是收入大幅增长后，有更充足财力保障基础设施建设、园区建设及其他专项项目支出。

【国有资本经营预算】2021年，国有资本经营预算收入完成200.32万元，为预算的100%，同比减少77.74%，减少的主要原因是计提的股利、股息收入不高和利润大幅下降。按照收支平衡原则，当年国有资本经营预算支出100.45万元，结转下年99.87万元，支出总计200.32万元。主要用于补助企业公益性项目建设的融资利息支出。

【社会保险基金预算】2021年，社会保险基金预算收入完成17410万元，为预算的96.21%，同比减少13.18%，减少的主要原因是预期的省级补助资金未拨付到游仙区。社会保险基金预算支出完成10516万元，为预算的101.26%，同比增长8.4%，增长的主要原因是失地农民人数增加和补发部分失地农民收入。收支相抵，当年结余6894万元，年末滚存结余53628万元。

【地方政府债务】2021年，全区地方政府债务余额为718101万元（其中，一般债务余额261823万元，专项债务余额456278万元）。全区政府债务限额为736708万元（其中，一般债务限额279352万元，专项债务限额457356万元）。债务余额控制在债务限额以内，债务风险总体可控。（肖蜀川）

国有资产管理

【概况】截至2021年年末，全区行政事业单位资产总额111.295191亿元。其中，流动资产41.566766亿元，固定资产13.58218亿元，在建工程6.7274.52亿元，长期投资100万元，无形资产3691.51万元，公共基础设施48.745926亿元，政府储备物资1004.62万元。

【资产管理制度体系】2021年，不断健全和完善资产管理制度机制，管理基础不断夯实，管理工作更加规范，有效保障各部门正常履职，增强对各项社会事业的整体支撑能力。按照资产配置、使用、处置、清查核实等管理流程，初步搭建起从“入口”到“出口”的资产管理全周期的制度体系，有效遏制行政事业单位超编制、超标准配置国有资产，随意处置国有资产等现象，有效规范行政事业单位国有资产管理行为。

【资产管理主体责任】按照《行政单位国有资产管理暂行办法》（财政部令第35号）、《事业单位国有资产管理暂行办法》（财政部令第36号）关于建立“国家统一所有，政府分级监管，单位占有、使用”的行政事业性国有资产管理体制要求，全区各级建立由财政部门实施综合管理、部门负责对所属单位实施监督管理、各单位负责实施具体管理的分层管理体制，形成财政部门、主管部门、下属事业单位各司其职、齐抓共管的管理模式。

【资产管理】 2021年，执行通用办公设备家具配置标准，有效降低行政运行成本。严格资产使用管理，确保资产安全完整。规范资产处置行为，防止国有资产流失。实行“收支两条线”管理，加强资产收益管理。特别在资产处置过程中，不断优化资产处置审批流程，提高资产处置审批效率，及时解决单位账实不符的情况。涉及房地产处置、对外投资、出租出借以及其他重大或复杂资产处置事项需报区人民政府审批。（那馨月）

税务

【组织收入】 2021年，坚持组织收入原则，守住不收“过头税费”底线，把该减的减到位，该收的收上来。重点加强税源监管和外部协作互动，形成纵向层级分级、横向部门共担的组织收入格局。累计组织各项收入41.33亿元，较2020年同期增收9.66亿元，增幅30.50%。其中，税收收入累计25.61亿元，较2020年增加1.48亿元，增幅6.17%；社保及非税收入累计15.73亿元，较2020年增加7.52亿元，增幅91.64%，总收入与税收收入均居全市第4位。

【减税降费】 2021年，持续优化完善优惠政策直达快享、不来即享工作机制，落实各项税费优惠政策，优化推动政策红利直达市场主体。累计减税9.17亿元，降费0.28万元，合计9.45亿元，惠及全区5万户次纳税人缴费人。落实小微企业税收优惠政策，享受小微企业所得税优惠企业1794户，政策受惠面保持100%；制造业中小微企业享受缓税2500万元，覆盖900余户。推广退税无纸化管理，全年实现各项退税1.5亿元、同比增长129.18%。全区新增涉税市场主体2702户、同比增长12%，激发市场主体活力。

【税收营商环境】 2021年，持续优化营商环境，做优以税咨政。紧扣新发展阶段“以纳税人缴费人为中心”服务理念新要求、新目标，落实“放管服”改革，开展好“便民办税春风行动”。实现178项业务全程网上办、156个单项业务“最多跑一次”“发票邮寄”“6912366”税收咨询热线、“长者通道”、不动产交易“一窗制”等特色亮点服务取得突破性进展。“银税互动”惠及全区3000户纳税人，纳税信用贷款余额达3.5亿元。为辖区2038户企业办理社保费缴纳服务，为2.3万灵活就业人员提供缴费服务，为45万名城乡居民提供医保、养保缴费服务。

【基础征管】 2021年，在保持机构改革时总局批准的机构数量、编制及名称不变的前提下，进一步对局内设机关和派出分局进行资源整合，试行“4+3+3”征管模式。打造“税费业务统筹中心+税费服务支持中心”模式，加强税费任务制发的统筹、监控、分析和管理，统筹征管任务、实施专业化管理。通过统筹中心发布“统筹任务书”44期，涉及具体工作任务共计8210条，初步实现征管事项“一盘棋”掌握。加强数据质量和征管质量指标5C管理，清理完善21批次4252条征管数据，2021年度5C指标综合评价为A+。

【风险管理】 2021年，成立欠税管理专班，专题研究欠税管理5次，推动欠税管理落实落细，查封资产5.66亿元，强制执行35万元，阻止出境7人次，入库陈欠10171万元（不含以退抵欠和留抵抵欠），新增欠税入库5819万元。重点做好个人股权转让风险监管、自然人大额代开、“长亏不倒”等涉税风险疑点监管，实现单笔自然人股权转让个人所得税入库税款820万元，全年共实现风险应对收入1.1亿元。全年完成市局政府投融资平台公司未及时报缴税款风险任务2户，查补税款19.24万元，加收滞纳金6.49万元，有力规范税收秩序、提升纳税遵从。

【依法治税】 2021年，开展“十个一”专项行动，推行“三项制度”，落实“首违不罚”清单。拟定《法治税务建设第一责任人年度工作清单》《依法治税账图》，建设完善“枫桥式税务分局”，配置法治审核人员13人，审核重大执法决定8件，公示执法信息13017条，形成执法音像记录64条。自评自查自改2021年行政征收类案卷25件、行政处罚类案卷26件。深化税、公、检、法、司“五维互动”，开展模拟法庭系列活动，落实欠税阻止出境制度，累计布控4人次，实现司法协助制度化、规范化、常态化。（肖笛）

市场监督管理

【价格计量监管】 2021年，对8家重点企业在用安全防护计量器具开展检查，立案查处使用超期未检的计量器具案件1件；开展民生计量专项整治，检查经营户42户、电子计价秤126台，立案查处计量违规案件4件；检查涉粮企业在用强检计量器具56台（件）、非强检计量器具48台（件），立案查处强检计量器具未检定案件11件。针对建材市场、旅游市场、防疫物资、交通运输服务等重点领域，春节、“五一”、国庆等重点时段开展专项检查，检查各类市场主体5600余户，立案查处价格违法案件50余件；开展粮食市场秩序整治，检查经营户58户次，未发现价格违法违规行为。指导11家供能企业全面落实价格收费公示制度。

【特种设备监管】2021年，持续开展特种设备安全专项整治三年行动、岁末年初特种设备安全“排险除患”专项执法行动、非法违法“小化工”专项整治；重点开展电梯鼓式制动器安全隐患排查治理、电梯维保质量整治工作，排查需拆解保养电磁铁电梯267台，免拆解电磁铁电梯3台，更换铁质等导磁材料松闸顶杆电梯51台，针对虚假维保、维保走过场、维保质量差等现象立案查处维保单位4家；开展起重机械安全隐患排查整治，检查在建公路起重机械使用单位3家，排查整改安全隐患2个；检查特种设备使用单位268家次，发现安全隐患49项，下达《特种设备安全监察指令书》49份。

【产品质量监管】2021年，开展燃气灶、消防产品、电线电缆等专项检查，检查市场主体55户次；开展打击整治成品油非法经营专项行动，立案1起；对涉及民生领域的冬季供暖产品、农业投入品、建材、儿童玩具等产品抽样113批次，完成对检定不合格的36批次产品的核查处置，检查低速电动车销售门市56个次。

【新冠肺炎疫情防控】2021年，召开、参加各类新冠肺炎疫情应急指挥部市场监管组防控会议14次，建设并用好进口冷链食品集中监管仓，设仓以来累计入仓货物54批次，货物总量648.7吨，对2890个样本进行核酸检测，检测结果均为阴性；推进冷链食品重点人群新冠疫苗接种工作，集中监管仓人员核酸检测497人次、疫苗接种26人；全力落实药品经营企业四类药品管理、实名登记销售等主体责任；累计检查各类冷链食品经营主体800余家，行政约谈5家，发现风险隐患20个，责令当场整改15个，立案查处11件。

【行政执法】2021年，在“春雷行动2021”暨冷链物流新冠肺炎疫情防控执法行动、2021民生领域案件查办“铁拳”行动及“长江禁捕打非断链”等行动中，共立案查处各类违法案件397件（其中大要案37件），移送司法机关立案8件。

【市场秩序维护】以集贸市场、餐饮行业等食品经营场所为重点，组织力量集中开展农贸市场、食品安全、“六小”行业等专项整治行动，共检查农贸市场43个次，规范熟食及散装食品“三防”设施192户次，规范活禽宰杀点5个，清理市场垃圾0.09吨，清除清洁“牛皮癣”小广告500余幅，共清理乱牵乱挂标语、内容过时标语19幅，张贴禁烟标识700余份，规范亮证亮照37户次。

【商标管理与保护】2021年，加强商标品牌建设，牢固树立“商标促发展、品牌树形象”发展思路。加强对中小企业自主商标注册指导，鼓励企业打造国际国内知名品牌，加强涉外经济贸易企业商标国际注册指导，全区有效注册商标达4360件，较2020年提升27%。不断挖掘地理标志资源优势，指导企业加强品牌培育，推进乡村振兴知识产权“富农工程”，不断挖掘地理标志资源优势，指导企业加强品牌培育，开展木龙观红萝卜地标产品商标培育、地标修订等工作，不断提升游仙区农产品竞争力。

【专利管理与保护】2021年，全区有效发明专利达2323件，每万人口发明专利拥有量达41件。专利实施项目新增产值201320.5万元。提升专利运用能力和产业创新驱动发展能力，促进企业专利技术转化实施，鼓励企业申报国、省专利奖评选，帮扶企业开展省市知识产权专项资金申报，争取各级资助资金达309万余元。

【年报与“双随机”】2021年，通过当面宣传讲解、业务群推送、短信提醒等方法，指导帮助企业完成年度报告，年报率达94.96%。牵头制发2021年“双随机、一公开”部门联合抽查工作计划，实现部门联合“双随机、一公开”监管在全区市场监管领域全覆盖，先后完成省、市级市场监管系统“双随机”抽查任务12次，抽查企业440户，部门联合“双随机”监管16次，抽查市场主体258户，责令整改111户，区市场监督管理局“双随机”抽查9次，抽查市场主体302户。

【信用信息基础建设】2021年，健全信息记录、归集、共享、公开及宣传教育、信用修复、权益保护等制度机制，在游仙区公共信用信息共享交换平台录入行政处罚信息177件；移出企业经营异常名录154件，督促指导个体工商户1594户解除经营异常状态，对230家“僵尸”企业完成清吊工作。

【消费者权益保护】2021年，受理各类投诉举报1040件次，投诉按时初查反馈率100%，举报按时核查反馈率100%，按时办结率100%，挽回消费者经济损失104万余元，诉转案16件；全区共有175户商家加入放心舒心消费环境“一码通”信息平台进行在线消费纠纷解决，14家企业通过“12315”“ODR”平台进行在线解决消费纠纷。

【食品安全】 2021年，开展春、秋季学校食堂及周边食品安全专项检查，全覆盖检查学校137所；开展“进货查验”“周三查餐厅 周四查市场”专项整治，监督覆盖率达100%，立案查处29件，完成2021年中高考、区两会等重大活动食品安全保障；坚持问题导向，检查食品经营单位2000户次，发放整改通知书50份，对辖区67家食品生产企业开展专项隐患排查治理和风险研判，发放《食品生产企业安全生产提醒函》300份，检查食品生产企业140户次，小作坊180户次，发现整改风险隐患30个；开展县级食品抽检工作，完成全区食品安全抽检850批次。

【药品安全】 2021年，开展含兴奋剂药品、儿童化妆品、医美医疗器械等专项整治，排查整改问题隐患32处；开展青少年近视矫正眼视光医疗器械经营风险隐患交叉排查治理，排查整改问题隐患10处；报送药品不良反应586例，医疗器械不良事件177例，化妆品不良反应53例；对区疾控中心、疫苗接种单位及5家新冠检测单位进行全覆盖检查，确保疫苗全过程信息可追溯。 （覃敬）

国土资源

【地灾防治】 2021年，坚持“防范胜于救灾”理念，采取群众性排查和专业性排查相结合的方式，对全区重点场镇、在建工程、人口密集区等重点地域开展拉网式排查，全面掌握隐患分布、危害程度和影响范围。属地管理原则，乡镇承担主体责任，确保地质灾害防治工作责任落实到位。结合隐患排查，逐点逐人明确，及时调整防灾责任人，按照“三个100%”（预案覆盖率、群测群防网络覆盖率和隐患告知率达100%）要求，确定监测人员、完善防灾预案，及时更新基础数据库，健全群测群防网络体系，打通防灾链路。以区政府名义印发《绵阳市游仙区2021年度地质灾害防治预案》，以区地质灾害指挥部名义印发《绵阳市游仙区2021年度地质灾害防治方案》。推进地质灾害综合防治体系建设，完成专职监测任务74处、地质灾害治理工程5处、排危除险8处、地质灾害风险调查与评价项目1处、群专结合监测项目8处。

【不动产登记】 2021年，开展绿色通道、上门服务、一次性告知单、公示继承等各类便民服务业务件92件。化解涉地涉房遗留问题，受理群众来信来访业务98件。实现抵押融资约39.98亿元，受理不动产登记业务12023件。其中，转移登记5672件，房地注销登记95件，抵押登记2775件，抵押注销登记1283件，查封业务375件，解封业务203件，不动产查询业务566件，遗失（作废）公告77件，数据关联及信息补录业务730件，自建房土地分割登记57件。为提升登记办理效率，不动产登记批量登记压缩到5个工作日办结，房屋首次登记压缩到4个工作日办结，转移抵押合并办理压缩到3个工作日办结，其他转移登记、抵押登记等高频登记业务均压缩到1—2个工作日办结，查询、查封、解封登记、注销登记等实现即时办结。参与农村房地一体确权登记前期工作（主要参与房地数据测绘阶段工作）及主导林权类不动产登记数据整合汇交工作。化解“开塑项目”“桑林小区统建房”等10余项涉房地产的重大民生项目和历史遗留办证问题；完成区政府领导交办“624航空家园”项目安居房转移登记132件。

【农村不动产确权登记】 2021年，正式启动农村房地一体和集体建设用地确权登记颁证工作，制定区级工作方案。2020年12月3日，完

2021年12月2日，魏城镇关帝村11组井儿湾滑坡地质灾害防治现场

成项目测绘单位招标工作，共分8个包段（1个汇总包、7个作业包）。2021年3月2日，完成项目的监理招标工作。截至2021年11月19日，完成外业测绘91041户，完成率100%；完成权籍调查90848户，完成率100%。全面完成内业数据矢量化及内业数据自检工作，并完成外业测绘成果公示资料，权籍成果资料并报省入库，数据汇总建立数据库以及县级验收工作。

【2020年度国土变更调查】 2021年，根据四川省自然资源厅办公室印发的《关于做好2020年度国土变更调查工作的通知》，游仙区自然资源局编制游仙区2020年度国土变更调查工作实施方案。通过各部门紧密配合及时推进内外业工作，严格把握时间进度，于2021年8月16日，通过国家核查。按期保质完成游仙区2020年度国土变更调查工作，是全市第一个通过国家核查的县（市、区）。

【土地统征储备和整理】 2021年，组织有关镇、街道和项目业主单位召开专题会议5次，研究解决涉及违法用地查处、土地卫片执法、例行督察和巡察审计整改要求土地报征工作。报区政府组织召开游仙区土地征收和供应工作专题会议1次，对2021年拟征收土地和存量土地相关情况进行专题研究。2021年，土地报征组卷报批13个批次1376亩，取得批文3个批次，10个批次待相关规费缴纳成功后取得批文；省、市重点项目单独选址组卷报批3个939亩，东西第二干道、科技城大道二期等2个项目缴纳相关规费后取得批文，绵苍高速项目纳入绵阳市区段统一上报。出库土地37宗，总面积1548亩。其中，经营性用地17宗，598亩；工业用地14宗，530亩；统建房、科研教育、医疗保健等用地6宗，420亩。完成中物院春蕾小学、中石油义新4井等4口井工程等重点项目用地及万鸿生态园、石马统建房等遗留问题项目用地出库工作。严格按照《绵阳市2021年度国有建设用地出让计划》实施土地出让，出让土地27宗，总面积约1316.91亩，实现土地出让金收入15.97亿元。发布征收土地公告21个。完成九绵高速、二环路四期、一环路南（北）段东延线、中石油义新4井等项目涉及的24个批次（项目）涉及的88个集体经济组织3609亩土地的《征地补偿安置方案》编制、公告和报批工作。

【耕地保护】 2021年，贯彻党中央、国务院关于严格耕地保护决策部署，采取“长牙齿”硬措施，推进农村乱占耕地建房专项整治，坚决遏制耕地“非农化”、防止“非粮化”，牢牢守住耕地红线。坚持每月报送，核查并累计发现“不应纳入而纳入”的项目4宗，“应纳入未纳入”项目1宗，参照《农村乱占耕地建房问题图斑举证细则》要求搜集举证资料，建立详细档案和台账的图斑29686个，对纳入问题台账的宗地项目建立档案（含基本情况资料及后期的整治资料923宗）；纳入问题台账的宗地实地测量1116个。（杜强）

综合行政执法

【概况】 2021年，游仙区综合行政执法局常态化开展省道205沿线、乡村旅游环线、绵梓路周边现状管控工作，召开专题会议，发布管控公告，会同自然资源、交通运输、农业农村、市场监管、住建、工信等部门以及试验区、镇街，通过摸底排查、锁定现状、严控新增、强力整治、常态巡查等工作措施，累计出动执法车辆1200余辆次、执法人员近5000人次。推进局管面、中队管片、人员管段、社区管店的工作模式，强化市容秩序管控和执法工作，先后开展“市容秩序集中整治”“校园周边专项整治”“环保督察及回头看”等集中整治70余次，重点线路保障50余次，综合行政执法队伍与区级有关部门和镇（街道）协调联动，为全国文明城市建设复查和国家卫生城市复审工作提

2021年5月27日，游仙生态环境综合行政执法大队对魏城镇华汉砖厂进行执法检查

2021 年 8 月 13 日，游仙区综合行政执法局开展违建整治工作

（区融媒体中心供图）

供保障。

【综合行政执法体制改革“后半篇”文章】 2021 年，不断完善 6 支城市管理执法中队工作职责和相关制度以及后勤保障等，督促执法中队认真履行城市领域 135 项执法权力事项，提升执法队员扎根基础干事创业热情。调整完善综合行政执法巡查大巡查体系，配强 3 支综合行政执法巡查大队力量，确保执法巡查人员全面履职；定期召开综合行政执法巡查工作推进会，协助辖区政府将各类问题处置在萌芽状态。

【违法建设查处】 2021 年，按照“消除存量、严控增量”原则，严查严管严处违法建设，制止和拆除违法建设 35 起 1799.16 平方米。依法立案查处领地・兰台府小区、星辰广场一期等一批建筑体量大、社会影响大的违法建设，完成紫金城临时售楼部违法建设查处程序。坚持“谁执法谁普法”，在执法过程中宣传违法建设整治相关法律法规，教育引导群众自觉抵制违法建设。

【投诉案件处置】 2021 年，以“第一时间发现问题、第一时间派遣问题、第一时间处置问题”的总体要求，创新工作流程，完善运行机制，强化沟通协调，提升数字城市管理的科技化、标准化和精细化水平。收到省市区群众反映问题信访投诉件 386 件，回复 386 件，满意率达 99%，群众合理诉求均得到有效处置，及时回应群众关切。

【《游仙区“综合行政执法 + 公安 + 交警”联勤联动工作实施方案》】 2021 年 10 月 13 日，区政府印发《游仙区“综合行政执法 + 公安 + 交警”联勤联动工作实施方案》通过统一领导、明确职责、密切配合、常态联勤、快速反应、就近支援等工作方式，进一步加强综合行政执法、公安、交警三部门在专项重点工作保障、城市精细化管理、治安联防联控、文明城市建设、应急抢险救灾等工作方面的深度互动，全面提升部门联勤联动水平，破解综合行政执法难题。

城乡建设·环境保护

市政建设

【概况】 2021年，完成芙蓉溪路北段、开元北街、开元路、滨江东路南段、绿水巷、沈家街段、沈家坝下街、沈家坝东街、李杜祠巷、驿亭路10个道路提升改造，总投资约3300万元。做好90条180万平方米市政道路、196千米管网、3座人行天桥、1条隧道等基础设施日常维护及城区防汛内涝工作。更换“五防”井盖1821套、雨水篦子1819座，维护破损人行道12879平方米、车行道3105平方米、树池修复26座、护栏1085米、阻车桩125个、隔音板16块，安装反光镜3座，疏通管道1.7万多米，抽污水460多车，管道维修14处共785米、混排点11处共915米。汛期前清理边沟5100余米、清掏淤泥3200余立方米；出动抢险队伍5支，防汛抢险500余人次、车辆285台次、发电机抽水泵180余台次。

【市政维护项目】 2021年，游仙区住建局负责工程建设项目14个，总投资约8785.41万元，其中续建项目2个、民生项目1个、代建项目2个、环保整改项目5个、城建攻坚项目4个。截至2021年年底，全面完工6个项目。

【环卫绿化】 2021年，牵头做好游仙主城区278万平方米道路清扫保洁、202个垃圾点清运、4座生活垃圾站转运和25口直管公厕管理工作，建立城区道路清扫保洁作业全程监督工作机制，不断提高生活垃圾清运作业质量，做到生活垃圾日产日清；严格执行《绵阳市城市精细化管理导则（试行）》《城市绿化条例》等法规，做好城区总面积157万平方米的绿地管养工作，在绵阳市住建委组织的历次检查评比中名列前茅，管理成效显著。

建筑业

【工程招标领域问题治理】 2021年，开展工程招标领域突出问题系统治理工作和招投标代理机构专项自查和排查工作，强化招标文件备案审查及项目标后监管，参与开标监督53次，发出招标监督意见书24份，提出修改意见55条，处理招投标投诉7起。

【建筑行业监管】 2021年，营造公平公正市场环境，核查建筑企业业绩300余条。优化落实管理服务政策措施，推进建筑企业健康发展，提升建筑业总产值。进一步规范预拌砂浆和商品混凝土企业管理，建立健全检查记录和整改台账，全年检查20余次，发出整改通知12份。进一步强化工程项目审查审批，办理招投标书面报告40件，建设工程初步设计审查复函4件，施工图审查备案42件，在建项目人员变更备案6件，结算备案12项。

【建筑业总产值】 2021年，新增入库国家统计直报平台建筑企业50家，在库企业共计103家。完成建筑业总产值172.12亿元，增速13%。

【施工现场质量监管】 2021年，监督在建工程63项，其中房屋建筑30项、市政工程33项。对全区受监督项目巡查、抽查270余次。通过检查，下达限期整改通知书21份，在建项目质量均在受控状态，建设工程项目整体质量良好，受监工程项目质量受检率达100%。共处理信访投诉20余件。

【行业安全生产监管】 2021 年，健全安全生产责任清单制管理机制。开展建筑施工安全、消防安全、扬尘整治、汛期安全生产暨白蚁防治综合大检查。组织在建工地防汛应急演练。对 60 余个在建项目进行 10 次集中大检查，400 余次不定期抽查，配合市、区部门联合检查 10 次。发出整改通知书 128 份，停工通知书 27 份；约谈施工企业 8 家，消除安全隐患 500 余处；处罚无证施工、违反施工现场管理规定等违法案件 28 起，处罚企业 36 家，处罚金额 250 余万元。

房地产业

【房地产开发投资】 2021 年，游仙区房地产开发完成投资 43 亿元，同比增长 16.3%，投资增速全市排名第 4；其中住宅完成投资 32.8 亿元，同比增长 13.9%，占房地产开发投资的比重为 76.3%。

【房地产开工上市】 2021 年，全区房屋新开工面积 108.4 万平方米，同比增长 3%。其中住宅新开工面积 78.4 万平方米，同比增长 9.6%。

【商品房交易】 2021 年，全区新建商品房销售面积 112.48 万平方米，同比增长 29.7%，销售增速全市排名第一。

【商品房库存】 截至 2021 年 12 月月底，游仙区商品住房可售面积 50.18 万平方米，去化周期 13.66 个月，较 11 月增加 2.35 个月。

【商品住宅价格】 2021 年，据房地产交易系统统计，全区新建商品住房成交均价 8229 元 / 平方米，同比增长 2.8%，环比下降 3%。

【二手房交易】 2021 年，据房地产交易系统统计，全区二手住房成交 1671 套、16.6 万平方米，成交均价 6361 元 / 平方米。

【物业治理】 2021 年，探索以“红色引擎工程”为统领的工作机制，推行小区党建公开、物业服务内容公开、公共收益公开的“三公开”制度，强力推进小区物业治理工作，游仙区实行“三公开”制度的小区达 100%。该项工作经验被省市住建系统推广交流。

城乡发展

【概况】 2021 年，游仙区有重点市政拆迁项目 3 个，老旧小区改造项目 8 个，启动新储备项目规划 4 个。

【重点项目工程】 朝阳景观大道及芙蓉路工程（含 1 座桥）拆迁准备中。东西第二干道工程完成拆迁任务的 70%，前期完成中核二十四公司和仙特米业的拆迁补偿、对拆迁范围内的林木果树进行补偿并倒青，对拆迁范围内的国有土地请第三方公司进行评估，并根据评估价值对开元电力集团进行补偿，开元电力集团已经完成开闸放水工作。乡村旅游环线工程完成拆迁任务的 99%。老旧小区改造项目，游

2021 年 9 月 3 日，涪江街道汉仙桥社区神泉小区改造后面貌　　（区融媒体中心供图）

仙区符合改造条件老旧小区有113个，“十三五”期间已改造64个，“十四五”期间需改造49个，2021年纳入改造计划的8个老旧小区已全部开工，2022年纳入改造计划的有15个，其余分年度在“十四五”期间全部改造。截至2021年年底，26个老旧小区改造项目全部入场开工。

【新储备项目规划】2021年，启动游仙经济实验区A、B地块城中村改造测划设计、游仙街道芙蓉社区三组城中村改造策划设计、石马镇老场镇城中村改造策划设计、小枧镇东材片区及老场镇城中村改造策划设计，均已完成初稿。

【省级百强中心镇建设】2021年，组织推进省级百强中心镇“6大提升工程”“5项改革措施”，魏城镇、新桥镇完成省级百强中心镇的申报工作，并备案入库省级百强中心镇候选镇名单；魏城镇作为全市4个候选镇之一，被市政府推荐为首批省级百强中心镇命名候选镇，已经住房城乡建设厅发布公示。

【农村住房建设】2021年，在魏城镇、信义镇探索推进宜居型农房建设，践行共同缔造，探索有益经验，在以夯土建筑维修、改造、新建为特色的农村住房建设上探索出有益经验。5月，全省宜居型农房建设现场推进会在魏城镇铁炉村召开。

【村镇建设】2021年，进一步规范乡镇污水运行管理。对新投入运行的10座乡镇污水处理厂（站）进行移交，加上此前已移交的乡镇污水处理场（站），游仙区25座乡镇污水处理厂（站）已全部由惠东绿洲市政管理有限公司负责运行管理。结合两项改革“后半篇”文章带来的新变化和污水处理设施前期运行中存在的问题，对部分污水处理厂实施提标改造，解决游仙区乡镇污水处理厂（站）设施设备陈旧老化的问题。

【农村房屋安全隐患排查及危房改造】2021年，按照国家、省、市和区委区政府关于农村房屋安全隐患排查整治工作部署，扎实开展农村房屋安全隐患排查整治工作，完成农村房屋的全面排查和重点整治任务，排查农村房屋8万余户，整治存在安全隐患的农村房屋2000余户。全面完成2020年9户农村危房改造任务，开工建设2021年25户农村危房改造任务。

城乡环境综合治理

【垃圾收运体系建设】2021年，向省、市争取项目资金200万元，用于垃圾收运体系建设。农村生活垃圾转运和垃圾中转站运营维护由绵阳城东投资控股（集团）有限公司负责，各镇生活垃圾进行全面收集压缩后，转运至绵阳市垃圾焚烧发电厂进行无害化处理，全面提高乡镇和农村的垃圾收集率，使全区农村生活垃圾做到日产日清，显著改善各乡镇农村生活环境。游仙区农村生活垃圾无害化处理达100%。

【环卫检查督查】2021年，按照《四川省城乡环境综合治理管理条例》《游仙区（场）镇生活垃圾收集及运输作业质量检查考核办法》《关于做好全区环卫设施设备管理工作的通知》《关于开展全区环卫设施设备管理专项检查的通知》等文件要求开展检查督查工作，检查内容主要包括公路沿线、城乡接合部、自建房、背街小巷等环境脏乱差现象，对发现的问题及时反馈给各辖区，并及时跟进整改进度及整改结果，发出督查整改通知书32份，督查通报7份。

【城区餐厨废弃物产生单位检查】2021年，根据《绵阳市餐厨垃圾管理办法》和省市关于规范餐厨废弃物收运转处相关会议精神要求，联合区综合行政执法局、区市场监管局、区商务局、辖区政府对城区餐厨废弃物产生单位进行检查，并建立检查台账，共计开展联合检查5次。

【铁路沿线环境排查】2021年，路地双方确认和自查问题108处。完成整治违法取水1处，整治危树383株，涉及林地5.6亩。采用公开招投标的形式进行整治彩钢棚加固，已整治54户，加固约7000平方米。清理垃圾杂物10余吨，基本实现保护区内无杂物垃圾堆放。

（张骞）

城乡规划管理

【国土空间规划编制】2021年，配合开展绵阳市国土空间规划编制工作，对接市自然资源和规划局、中规院，对区内存量土地提前梳理并建立数据库，为做大基数做好准备。严格按照规则划定三区三线，合理划定城镇开发边界及基本农田保护线。启动游仙区乡村国土空间规划编制工作。配合市自然资源和规划局编制城区内《五里堆片区控制性详细规划（修编）》《游仙经开区（中南片区）控制性详细规划》等控制性详细规划（修编）。梳理村级片区规划编制需求，拟定村片区编制计划。

【建设工程规划审批】2021年，审查（含技术咨询）建设项目总平面图、设计方案60件，核发建设工程规划许可证22件，办理建设工程规划核实及土地核验8件，协助调查违法建设事项23件。做好重大招商引资项目、国防事业规划审批、服务工作，全力支持项目建设，完成世诺科技产业园、航空航天装备精密机械零部件配套项目、绵阳市游仙区激光产业基地、中国科技城游仙高新区北区高新企业加速器等项目的建设规划管理工作。服务公益事业，做好基础设施建设相关工作。办理绵阳市游仙区公共卫生医疗中心、绵阳富乐国际学校、绵阳市游仙区五里路小学、绵阳市开元中学等公共服务项目建设规划管理工作，促进游仙区公共事业的发展；完成游仙经济试验区公交枢纽站、绵阳市游仙区魏城公交枢纽站、雨污水泵站建设工程等市政基础设施项目规划审批工作，助推基础设施建设工作。推进重大民生工程，保障重大项目拆迁安置。办理老旧小区加装电梯建筑红线审查工作30件次，完成桑林坝统建房规划核实工作，以及绵阳市东林镇农村人居环境改善项目（统建房）总平面图技术咨询工作，着力改善城市居住环境并保障重大项目的安置工作的有序推进。（杜强）

交通运输

【公路建设】 截至2021年年末，全区公路通车总里程达1860.39千米。其中，国道34.92千米，省道120.12千米，县道417.37千米，乡道610.08千米，村道677.86千米。公路密度183.75千米/百平方千米，32.74千米/万人。境内高速公路40.386千米，一级公路52.663千米，三级公路87.082千米，四级公路1716.376千米。

【道路项目建设】 2021年，游仙区道路建设项目14个，分别是：1.绵苍高速：绵苍高速起于魏城镇附近，经梓潼县至广元市剑阁县，止于苍溪县茶店乡，游仙区境内全长8.497千米，路基宽度25.5米、双向4车道高速公路技术标准，征地面积约801亩，项目总投资12亿元，路线经魏城镇相关村社，设徐家互通。截至2021年年底，已累计移交施工用地801亩，交地率100%；签订房屋拆迁协议85户，完成率100%；签订农业企业1家，完成率100%；杆管线迁改完成95%；累计完成投资4.42亿元。2.G5成绵高速扩容：G5成绵高速扩容起于魏城镇附近，止于成都绕城，全长127.7千米，其中游仙区境内全长15.76千米，路基宽度41.5米、双向8车道高速公路技术标准，征地面积约2336亩，项目总投资28.8亿元，路线经魏城镇、信义镇相关村社，设仙海互通、观太互通。截至2021年年底，已累计移交施工用地2336亩，交地率100%；签订房屋拆迁协议205户，完成率100%；签订农业企业15家，完成率100%；杆管线迁改完成85%；累计完成投资8.26亿元。3.G5广绵高速扩容：G5京昆高速广元起于广元市周家河附近，止于魏城镇，连接在建的G5成绵高速扩容，游仙区境内全长12.16千米，路基宽度34.5米、双向6车道高速公路技术标准，征地面积约1157亩，项目总投资17亿元，路线经魏城镇相关村社。截至2021年12月底，已完成征地拆迁协议签订工作和线型管控工作的安排部署，项目部正开展主体工程开工前的各项准备工作，混凝土拌和站、钢筋加工厂、试验室、施工便道、项目部驻地等临建工程正在建设。4.游仙区省道公路桥梁安全防护能力提升专项养护工程：对S210、S416上共计9座桥梁进行护栏提升改造，项目计划总投资189万元，已于2021年1月完工。5.游仙区2017—2018年度危桥改造工程：共7座桥梁，项目计划总投资1042万元，已于2021年1月完工。6.绵阳市游仙区中玉路（玉河镇—梓棉乡）产业化道路：全长8.016千米，项目总投资3213.26万元，项目于2019年1月开工建设，已于2021年7月完成。7.游仙区徐家镇白鹤村至东宣镇飞龙村旅游示范路项目：全长4.612千米，项目总投资981.47万元，项目于2021年3月开工，已于2021年6月完工。8.游仙区老中绵路石马镇横山村段路面改造工程：路线全长702.09米，项目总投资82万元，项目于2021年8月开工建设，已于2021年9月完工。9.绵阳市游仙区2019年度村道危桥改造项目工程：项目总投资1915.61万元，项目于2021年3月开工，截至2021年年底，主体工程完工。10.游仙区Y122白玉路白蝉至玉河幸福美丽乡村路：路线全长17.843千米，项目总投资2000.1015万元，项目于2021年9月开工，预计2022年5月完工。11.绵阳市游仙区鱼泉村桥危桥整治项目：桥梁全长86米，

2021 年，乡村旅游环线支线——盐泉镇白玉路

项目总投资 471.51 万元，项目于 2021 年 10 月开工，预计 2022 年 6 月完工。12. 游仙区魏街路魏城镇幸福美丽乡村路项目：全长 7.7 千米，项目总投资 980 万元，项目于 2021 年 5 月开工建设，已于 2021 年 12 月完工。13. 游仙区撤并建制村公路建设项目：总里程 12.7 千米，项目总投资 496 万元，其中新建 6.2 千米，改建 6.5 千米，涉及 3 个镇 6 个建制村，已于 2021 年 11 月完工。14. 游仙区乡村旅游环线项目：公路主线长约 23.2 千米，项目总投资约 5.2 亿元，配套建设有公路支线、绿道、绿化景观、游客集散中心、生态停车场、观景平台等，截至 2021 年年末已建设完成。

【养护管理】 2021 年，公路养护总里程 1847.66 千米，其中县道 417.37 千米，2021 年对全区 160 千米农村公路实施路况检测，检测路段路面技术状况指数（PQI）平均值 86.5，优等路率 41.09%，优良中等路率 94.46%。

【城乡公交建设】 截至 2021 年年末，已开通公交线路 57 条、城乡公交运力 388 台（含 25 台村村通客车），建成公交站台 1150 个，城乡公交通达所有镇村，新建魏城综合运输服务站，新建村级站点 103 个（金通·邮快驿站 42 个、邮政综合便民服务站 61 个），实现行政村公交全覆盖，为广大人民群众提供更加便捷、舒适、安全出行条件。通过对全区建制村通道路通客车状况进行摸底调查，瞄准制约老百姓出行的“最后一千米”，争取市交通运输局等部门的支持，协调市公交集团公司采取新增或延伸线路、迁移终点站等方法，新增 4 个村通公交车；协调（商）市公交集团公司投入 25 辆小客车（统一车型、颜色、标识），以魏城、忠兴为基站，采取预约式、响应式、定制包车、赶场车、往返乡村等灵活、机动的非公交化的乡村片区运营模式，开行乡村短途道路客运，具体为魏城镇牌坊村等 48 个不通“通返不通”客车的脱贫攻坚建制村群众出行提供服务。完成实施公交全覆盖模式下的“金通工程”，将破解“通返不通”作为交通运输的“兜底”目标。

【道路运输】 2021 年，继续推进“放、管、服”改革和优化营商环境政策落实落地，在取消“道路货物运输站（场）经营许可”和涉及道路运输行业的证明事项 4 个以及不再为总质量 4.5 吨及以下的普通货物运输车辆配发道路运输证的基础上，维修企业和驾驶培训企业由许可制改为备案制，进一步减轻企业的负担。实施货运车辆达标核查和环保达标准入制。全年新增普货运输经营业户 172 户、普通货运车辆 414 台；新增和更新驾驶培训教练车 19 辆、新增一、二、三类汽车维修业户备案共计 23 家；区内 9 所驾校执行落实“先培训后付费”等项综合改革，培训机动车驾驶员共 11979 人，驾驶员从业资格证培训 830 人，企业两类人员安全培训依法受理并承办道路运输及道路运输相关服务业备案共 127 件，办理运营车辆转籍过户 334 件，注销道路运输及道路运输相关服务经营户 22 户。

【物流业】 2021 年，规划绵阳邮件处理暨区域仓储中心项目位于高新区北区，建设项目净用地 38.65 亩，总投资 8000 万元。2021 年项目取得土地使用证，工程建设周期 3 年，2022 年完成一期工程——绵阳邮件处理中心暨区域仓储中心大楼修建。

【服务业】 2021 年，全面完成区委、区政府下达的各项经济指标，其中完成服务业规上企业入库任务 3 家（洪捷运输、美八汽修、绵阳申驿）。

【综合能力建设】 2021 年，组织全体执法人员开展《中华人民共和国行政处罚法》《中华人民共和国行政强制法》《交通运输行政执法程序规定》及《四川省交通运输综合行政执法条例》等法律法规培训 10 次，参学人数 490 人次，参培率达 100%；组织 44 名执法人员参加全省开展的交通综合行政执法人员“万人宣誓”活动及“大学习、大讨论、大比武”行政执法考试，并选派7名执法人员参加省厅组织的省交通运输综合行政执法“大比武大练兵”成都片区预赛。同时，全面梳理，重新编制区交通运输系统权力清单和责任清单，共计为290项（其中行政许可3项、行政处罚241项、行政征收1项、行政强制23项、行政裁决1项、行政检查15项、其他行政权力6项）。

【综合行政执法】 2021年，开展大气污染防治整治专项工作36次，检查车辆794台次（其中，货运车辆521台次，客运车辆147台次，出租车辆112台次，危化品运输车辆14台次）。清理沿线摆摊设点及利用公路用地堆物作业137处；对所管辖内开展客运市场秩序检查20次，出执法车辆60台次，规范经营场所34处；检查处理车辆超限691辆（其中，处理1台次，监督卸载90吨），发放超限治理宣传资料500份；清理管辖路段广告标牌11次（其中拆除广告标牌6块）。查访砂石场、商混站、货运业和涉路施工等企业23家，整治抛撒滴漏行为28次、规范运输车辆138辆，发出整改通知书18张，并发宣传资料300份。组织召开安全会议12次；执法安全检查24次，发现并排除一般隐患120处。在仙海收费站非洲猪瘟防控检查点，共开展检查12次，检查运输生猪车辆83辆；对管辖路段桥下空间乱搭、乱建、乱占等情况专项检查48次。全年未发生安全生产事故。全年出动执法人员2640人次，出动执法车辆782台次，巡（检）查行驶里程2万多千米；行政处罚案件20件，罚款金额78100元；检查冷链物流企业、寄递物流企业135次；维修企业及驾校60次；依法依规受理（回复）交通运输行业违章投诉受理投诉368件，办结（回复）率达100%。

（田玉海、朱君）

科学技术

概述

【科技创新生态】2021年，编写《游仙区“十四五”科技创新发展规划》，规划科创谷空间规划，为游仙科技创新先行区建设提供思路；组织建立《绵阳市游仙区科技创新实力指标体系（试行）》，以全面、客观、科学地监测和评价游仙区的年度科技创新实力；推行“科技创新专家库”制度，首批聘请28名专家；召开全区科技创新大会，为推动全区深入实施科技创新战略形成强大合力。研发（R&D）经费投入5.2亿元，技术合同认定登记额8300万元，科技服务业增加值达81.87亿元，占GDP比重达19%。

【科技创新激励政策】2021年，出台《绵阳市游仙区关于支持科技创新的若干措施（试行）》，针对中小型科技企业招引、发展高新技术企业、研发投入、科技成果转化等各个环节进行奖励支持，实行全链条培育。

【科技创新平台建设】2021年，推进中国（绵阳）科技城航空动力科技创新中心建成并投入运行，引入天津大学航空测试等16个研发团队进驻。推进光子技术研究院、高端核医疗装备技术创新中心、核医药研究院等规划建设。

【科技创新主体培育】2021年，新增国家科技型中小企业认定43户、总数达125户；高新技术产业主营业务收入达154亿元，同比增长20.31%；新认定高新技术企业9家，高新技术企业总数达58家；新增市级科技型中小企业73户、总数达1160户；培育升规入统科技型中小企业7户。

【科技成果转化】2021年，聚焦服务先进材料、电子信息、智能装备三大主导产业和核技术应用、激光技术应用、航空与燃机三大优势产业发展，做强“源头供给”，围绕“基础研究+技术攻关+成果产业化+科技金融+人才支撑”全过程构建创新生态；做优“转移转化”，大力推进以科技创新产业化体制机制改革为牵引的县域集成改革试点，集成探索全周期跨区域利益分配共享机制、全链条院地企精准招商协作机制、全要素一站式项目服务保障机制；做实“承接落地”，推行“一院所+一平台+一园区+一基金+一政策+一大会”科技成果产业化路径，打造跨区域协同、产学研一体的科技协同创新示范区。全年完成科技成果转化项目17项，完成市下达任务的141%。

【农业科技支撑能力提升】2021年，围绕提升农业特色产业创新能力，紧密结合绵阳市游仙区“7+1”现代农业园区建设推进方案，深入经科菌业、桑果白兰地等实地调研，加强与省农科院、西南大学的联系，为游仙农业提供科技支撑；依托游仙区生产力促进中心和省农科院联合申报的省级科技特派团项目，发挥科技特派员技术优势，邀请省农院科技特派员开展扶贫产业、农业科技项目指导专题培训5次，培训专业农户600余人次。

（张筱波、齐鑫）

【科技普及】2021年，围绕乡村振兴，结合“科技特派员”“科普宣传月”等主题活动，开展农业生产先进适用技术、新品种、设施农业、动物防疫、农业有害生物绿色防控，农业产品质量安全以及防灾减灾和农村人居环境整治等的宣传咨询活动，举办各类技术培训班、现场观摩会5次，培训1000多人次，培育市级科普示范基地1个。

【科技合作与交流】2021年6月29日，游仙区到天府新区学习考察借鉴天府实验室组建运营模式和推动高端核医疗装备技术创新中心（筹建）工作，与天府新区在激光、核医疗、航天航空产业等方面探索更多合作模式。2021年7月，游仙区科技局促成西南大学食品学院与绵阳常山农业科技有限公司在重庆市北碚区签约“臭黄荆叶小分子果胶构效关系及治疗前列腺炎、糖尿病效果研究”项目；2021年9月，游仙区科技局携手624科创中心共同举办“动力创新联盟”技术交流活动，加快推进游仙科技创新先行区建设，打造成渝绵“创新金三角”，促进中国航空研究院624所科技成果就近交由游仙区科技企业承接转化。（张筱波）

2021年9月2日，游仙区科技局与624科创中心“动力创新联盟”技术交流活动举行

地震监测与预警

【会商机制】2021年，游仙区无专业监测设施和专业人员，采取与市局和区级相关部门建立会商机制，加强与区抗震救灾指挥部成员单位定期开展会商研判工作，同时与市抗震救灾指挥部保持信息畅通。及时对全区地震监测点进一步优化，发现问题及时向市局报告。2021年，建设完成2个地震监测点施工建设和1个预警预报平台建设，整体提升全区防震减灾水平。

【隐患排查】2021年，对全区所有农房进行隐患排查，对13户进行C、D危房鉴定。开展地震隐患风险点位摸排，并要求相关单位及时对隐患进行整改，重点工程项目，限时整改完成。对因灾造成的农房倒损加大重建恢复力度，限时在2022年汛期前完成重建任务。

【教育宣传】2021年，在“5·12”全国防灾减灾日和“10·13”国际减灾日，充分利用媒体和网络，通过“线上+线下”的方式开展地震科普进家庭、学校、医院、社区、乡村和企事业单位活动，宣传防灾减灾知识和自救互救技能，不断增强全社会防灾减灾意识，提升应急避险和自救互救能力。进一步加强防汛期间防灾减灾知识宣传教育，实现宣传教育全覆盖，力争科普宣传无“死角”。

文化·旅游

公共文化

【概况】 截至2021年年底，全区共建设21个镇（场）综合文化站、3个街道综合文化站、172个村（社区）综合文化服务中心（文化广场），推动基层文化阵地设施设备标准化建设，并全面对外免费开放。

【文化阵地】 2021年，建成24个镇（街道、场）综合文化站，172个村（社区）级文化活动室，均配备电脑、音响、乐器、表演服装等文化设备，基本满足镇、村两级开展群众文化活动。2021年，投入公共文化服务体系建设、农村文化建设、文化免费开放等项目资金360余万元；实现区、镇（街道）、村（社区）公共文化服务项目全面实现对外免费开放，累计参与受益群众达35万余人次。

【文化活动】 2021年，围绕庆祝中国共产党成立100周年开展丰富多彩的群众文化活动：区文化馆推出有关庆祝中国共产党成立100周年线上活动18期，开展庆祝中国共产党成立100周年美术创作座谈会及创作活动，开展以“植根传统文化 献礼百年华诞”为主题的书法作品展，开展庆华诞快闪活动1场，开展“喜迎华诞 百年献礼”游仙区庆祝中国共产党成立100周年书画摄影作品展；区图书馆结合庆祝中国共产党成立100周年，新增党建专题“红色故事绘”，持续通过微信公众号发布“红色故事绘——党史上的今天”推文共55篇，新增“百年党史，峥嵘岁月”每周听书特别专栏共21场；各镇（街道）文化站组织开展庆祝中国共产党成立100周年群众文化活动；举办游仙区第七届广场舞大赛。组织一批优秀文艺作品开展送文化走基层，分别到经济试验区和涪江街道、魏城镇等11个镇（街道）开展送文化到基层、景区、景点29场；开展“颂歌献给党 奋进新时代”全区歌咏比赛及展演、“永远跟党走”系列文化活动、“在灿烂阳光下”群众文艺会演、全市红色歌曲群众周周唱等活动共计20余场次。

【文艺作品】 通过深入基层采风、开展创作座谈会等方式，打造一批精品文艺作品。全年创作美术作品13件、书法作品9件、音乐作品1件、实景舞蹈作品1件；完成《青

2021年12月6日，中共十九届六中全会精神宣讲暨2021年送文化下乡活动在新桥镇举行

春的你》MV拍摄制作，创作实景舞蹈《在希望的田野上》、国画作品《最美警察妈妈》、说唱节目《民法典护权和万家》、廉政小品《补贴款去哪儿了》等；《山湾农庄的笑声》舞台剧获全省优秀群众文艺作品会演“优秀作品”称号。（张闰棋）

【全民阅读活动】2021年4月22日，“学党史 感党恩 跟党走——书香游仙·全民阅读”系列活动暨版权宣传周启动仪式在游仙区科技馆广场举行。活动现场宣读全民阅读倡议书、对2021年全民阅读活动进行部署，进行“最美书屋”颁奖和捐书仪式，激发全民阅读积极性，把“阅读”两字深深扎入群众的心里。全区围绕庆祝中国共产党成立100周年和党史学习教育开展主题阅读活动160余场，开展金牌阅读推广人培训8次。11月23日，游仙区富乐街道李杜祠社区承办绵阳市全民阅读办主办的2021年“书香社区”科技城阅读新空间表彰授牌仪式活动。

【阅读活动成果】2021年，在农民读书征文活动中，石马小学罗美芝同学的作品《妈妈是“书虫”》获四川省一等奖第一名，白桦的作品《果农的“致富红娘”》获四川省优秀奖第三名。在“我的书屋·我的梦”少年儿童阅读实践活动中，选送的作品《吹尽狂沙始到金》《古诗两首》分别被评为全省优秀软笔和硬笔书法作品。富乐街道李杜祠社区和魏城镇桂花社区被绵阳市全民阅读指导委员会评为优秀“书香社区”2021年科技城阅读新空间。

（袁小茹）

广播、电视

【概况】2021年，共投入资金810多万元，架设光缆主干线550多千米，安装有线电视用户1820户，新发展宽带用户1750户；向上争取资金1200余万元，分别用于应急广播体系建设、智慧广电示范区建设、村村通运行维护以及贫困户看电视，完成全年的工作任务。

【项目建设】2021年8月，完成游仙区应急广播体系项目建设，共建成1个区级平台、9个镇级平台（8个镇、1个游仙街道办）、151个村（社区）级平台和2505个终端广播点，游仙区成为全省首批实现区域内村（社区）应急广播点位体系全覆盖、无盲点的县（区），自投入运行以来，共培训制播人员320人次，播放各类信息达600余条；申报智慧广电示范区项目建设任务，并争取到省级补助资金300万元，实施方案已通过上级评审，预计2022年启动项目建设。

【民生实事】2021年，全区所有行政村的对农广播村村响正常播放，34个广播电视公共服务网点规范运行，全年共维护300余台（套）、900余次，共计投入专项维护资金26.64万元；对建档立卡贫困户，继续减免有线数字电视基本收视费，共计支出4.5万元，保障贫困户享受基本有线数字电视服务。

【广电管理】强化广播电视安全播出工作，确保全年零事故。建立健全机房安全播出值班制度，完善广播电视安全播出应急预案，坚持24小时值班制度，重要时期和敏感时段坚持领导带班制度和巡查制度，对节假日的值班工作坚持报告制度。完成元旦、春节、两会、“七一”期间的安全播出工作，全年无安全播出事故。（蒋秉臻）

融媒体

【平台建设】2021年，区融媒体中心把握改革机遇，不断加强平台建设。整合应急广播指挥中心资源，实现“四中心”（融媒体中心、新时代文明实践中心、舆情监测中心）融合，应急广播功能整合实现本地官方媒体在农村宣传的无死角全覆盖。7个新媒体平台总粉丝量超过20万人。升级“直播游仙”App后台版本为2.0版本，完成新版本的数据迁移和技术对接。全年开展各类直播活动31场，吸引15万多名网友的观看和在线互动，社会反响热烈。

【主题报道】2021年，聚焦庆祝中国共产党成立100周年，学习贯彻中共十九届六中全会、市第八次党代会、区第七次党代会精神，围绕区委区政府中心工作、经济社会发展和重点工作，推出“百年初心映游仙”“科技之光映党旗”“学习贯彻十九届六中全会精神”“落实市、区党代会精神”“我们这五年”“新冠肺炎疫情防控”“向人民报告”等系列报道150余期，播发稿件2000余条次，累计点击量达100余万次，“百年党史每日一测”线上参与学习达6万余人次。

【对外宣传】2021年，及时报道游仙经济社会发展中的好经验好做法，发布10万多次阅读量稿件5条，上级主流媒体先后播发游仙相关报道200余篇，被“学习强国”学习平台采用稿件100余篇，月采用量多次排名全市第一。

【创新创优】2021年，30件次作品在各级评审中获得大奖，其中省级获奖4件次，实现游仙广播电视节目创作的历史突破。区融媒体中

心获绵阳市2021年度原创网宣作品展播活动优秀组织奖、“时代光影 百部川扬”网络视听节目征集优秀组织单位奖。（蒋思邑）

文物保护

【概况】截至2021年年底，游仙区各级不可移动文物保护单位（点）共有505处。游仙辖区内全国重点文物保护单位4处，分别是汉平阳府君阙、碧水寺摩崖石刻、鱼泉寺、马鞍寺；四川省文物保护单位9处，分别是李杜祠、宋哲元墓、白蝉朱家梁子崖墓群、魏城文风塔、绵阳圣水寺摩崖造像、石堂院石刻题记及摩崖造像、北山院摩崖造像及刻经、柏林王家旺天主教堂、飞龙山革命战斗遗址；绵阳市文物保护单位3处，分别是“滴米遗迹”题刻、宋李氏节孝坊、东宣乐楼；游仙区文物保护单位17处，分别分布在小枧、魏城、石马、仙鹤等镇。文物类型覆盖古民宅、古建筑、古桥梁、古墓葬、石窟寺及石刻、近现代史迹及代表性建筑和革命文物等。

【文物管理】坚持以“保护为主、抢救第一、合理利用、加强管理”的工作方针，坚持文物保护与文物综合开发利用相结合，依法加强文物保护和管理。联合绵阳市文化市场综合执法支队游仙大队、区消防应急救援大队开展文物安全专项检查3次，开展文物安全日常巡查80余次，对发现的问题要求文物属地人民政府加强整改；投入27万元，用于对省级文物保护单位王家旺天主教堂、区级文物保护单位郭家老宅、文物保护点火烧桥进行日常维护和对市级文物保护单位“滴米遗迹”题刻进行抢险加固。

【考古发掘】2021年4月7日，“游仙区申家坡道路改造项目”建设施工中发现古墓葬，依规邀请绵阳市博物馆考古队进驻现场，对发现的古墓葬进行抢救性文物考古调查、勘探、发掘工作。此次考古发掘共发掘东汉时期古墓葬6座，发掘出土铜钱、陶吹箫俑、陶捧笙俑、陶抚琴俑、陶舞蹈俑、陶鸡、陶猪、陶狗、陶罐、铁刀等有明显东汉时期的器物。此次考古发掘为研究绵阳早期历史、地理和社会环境，以及丧葬习俗情况提供重要依据。

【文物保护】2021年1月，区人民政府常务会议同意将鱼泉寺边坡病害抢险加固工程项目纳入抢险应急工程，3月开始施工，6月获国家文物局批准立项，10月工程（一期）竣工、完成初验。2021年10月，鱼泉寺消防工程在鱼泉寺边坡病害抢险加固工程（一期）竣工后，恢复施工。2021年，国家文物局下达专项资金421万元用于鱼泉寺安防工程。2021年12月，该工程在鱼泉寺边坡病害抢险加固工程（一期）竣工后，进入招投标环节。2021年7月，马鞍寺消防工程完工并完成初验。

2021年，全国重点文物保护单位——马鞍寺

（潘洁敏）

非物质文化遗产保护

【概况】截至2021年年底，游仙区共有非物质文化遗产35项。其中，省级2项，市级8项，区级25项（2021年新增1项，为董氏扎染技艺）。有传承人共28名。其中，市级传承人7名（2021年新增3人，分别为聋派指画刘准、文昌年画王贞龙、太极五子衍宗丸廖满琴）；区级传承人21名（2021年新增2人，分别为翡翠凉粉杨洪生、严家油坊传统土榨榨油工艺严常会）。有省级优秀“非遗”传习基地1个（太极五子衍宗丸集团有限公司），市级“非遗”传习基地5个（五里路小学、剑南路小学、富乐中学、富乐国际、仙海水利风景区中心学校），市级扶贫就业工坊1个（翡翠凉粉）。

【“非遗”申报】2021年，组织聋派指画项目申报省级“非遗”保护传承基地；完成第六批市级非物质文化遗产项目代表性传承人申报，“非遗”聋派指画刘准、文昌年画王贞龙、太极五子衍宗丸廖满琴通过审核并公布；完成2021年第四批区级“非遗”项目代表性传承人

2021 年 2 月 22 日，聋派指画传承人绘画　（区融媒体中心供图）

和 2021 年第九批区级“非遗”代表性项目申报工作；组织 3 所符合条件学校（游仙区万达学校、盐泉学校、徐家小学）参加第五批非物质文化传习基地（校园）申报工作。

【“非遗”推广】 2021 年，为庆祝中国共产党成立 100 周年，组织开展参加各类“非遗”活动。组织富乐糖画、太极五子衍宗丸等项目参加市“非遗”中心承办的“回望百年路，非遗谱新篇”系列活动；组织聋派指画作品《枣园曙光》参加庆祝中国共产党成立 100 周年专场画展；4 月 30 号，组织游仙“非遗”太极五子衍宗丸、聋派指画、文昌年画、古木造型、翡翠凉粉等项目参加“回望百年路 非遗谱新篇”庆祝中国共产党成立 100 周年 2021 绵阳“非遗”成果展活动；6 月，组织高空杂技参加峨眉山“家乡美、颂党恩”系列写生活动，深入七里坪、高庙古镇、柳江古镇；为礼赞中国共产党成立百年，传承经典文化，组织“非遗”川剧变脸走进康定“唱响双城记”；6 月 15 日，组织文昌年画、富乐糖画、古木造型、翡翠凉粉，在梓潼县人民广场，参加 2021 年“文化和自然遗产日”绵阳市宣传展示活动暨“‘非遗’购物节”为期 2 天展示活动；组织富乐吹糖人、翡翠凉粉参加庆祝中华人民共和国成立 72 周年“盛世欢歌颂国庆，璀璨‘非遗’谱新篇”活动，走进绵阳元通社区；8 月中旬组织“非遗”项目太极五子衍宗丸在四川非遗馆参加省“天府根脉——四川非遗精品展”；组织游仙“非遗”项目高空杂技在铁牛广场参加绵阳市首届米粉节；组织文昌年画、富乐糖画、翡翠凉粉、聋派指画、太极五子衍宗丸、古木造型 6 个项目，在平武报恩寺广场参加国家级羌族文化生态保护区暨省级白马文化生态保护实验区成果展；北京客商到游仙考察参观李杜祠，并对正在打造的省级“非遗”传习基地聋派指画进行指导；组织“非遗”项目聋派指画及文创产品进五里堆社区展示，迎接民政部的检查；组织“非遗”高空杂技项目与牵爱公益社一起走进魏城镇和仙鹤镇，开展扶贫慰问活动，送去大米、拖鞋、棉被等物资，折合现金约 4000 元；开展“‘非遗’文化进万家——视频直播家乡年”活动。推进“非遗”进校园活动。组织“非遗”项目《聋派指画》走进“七一”剑南路小学进行免费教学；组织传统古木造型、富乐吹糖人、翡翠凉粉、聋派指画等“非遗”项目参加“同守中华文化根脉，共塑中华文化自信”暨 2021 年“非遗”进校园活动，走进绵阳师范学院。

【“非遗”成效】 2021 年，游仙区省级“非遗”项目聋派指画传承人刘准获四川省 2020 年度“非遗”传承人薪传奖；富乐糖画传承人袁庆燕获四川省 2020 年度“非遗”传承人优秀实践奖；组织“非遗”项目文昌年画参加第二届天府文创大赛暨红色文创大赛，作品《福绵州米粉》《福钦元福饼》获天府文创产品实物类金奖，《古法线装品鉴册》获天府文创实物类优秀奖；文昌年画“绵阳造 · 福啤”斩获 2021 中国国际啤酒挑战赛天禄奖；7 月，游仙区市级“非遗”项目传承人杨国林带领弟子参加第七届群众运动会青少年武术比赛，赵门武术弟子获得 4 金 4 银 3 铜，同时获得小学组集体三等奖，杨国林被评为优秀教练员；10 月底，游仙区市级“非遗”项目《高空杂技》传承人张果成参加中央电视四台中文国际频道节目录制，表演高空书法李白《将进酒》，得到评委的一致好评。

（谢菊蓉）

旅游

【酒店业、旅行社】 2021 年，辖区内有旅游星级饭店 3 家（富乐山九洲国际酒店五星级、富乐山开元酒店四星级、东津酒店二星级）；星级乡村酒店 4 家（五星级 2 家、三星级 2 家）；星级农家乐 12 家（五星级 1 家、四星级 4 家、三星级 5 家、两星级 2 家）。

【景区、景点】 2021 年，辖区内有承载三国蜀汉文化的富乐山、唐代四大名楼之一的越王楼、全国唯一的诗仙李白和诗圣杜甫合祀的李杜祠、全国唯一的“两弹一星”博物馆。有蕴含科技文化的中华科学家公园、科技馆、娱乐风洞。全区已建成国家A级旅游景区3个（其中，AAAAA级2个，AA级1个）；国家生态农业旅游示范点1个，国家湿地公园1个，国家级森林康养基地1个、省级森林康养基地2个，四川省乡村旅游示范镇2个；四川省乡村旅游特色乡镇和精品村寨各1个，游仙区乡村旅游特色乡镇4个和精品村寨6个，AAAAA级旅游特色商品购物点1个；绵阳科技馆创建为四川省科技旅游示范基地；越王楼·三江半岛创建为第二批四川文创集市。（尹苗苗）

【“十四五”文旅融合发展规划编制】 2021年，围绕“一个发展核心”，打造“四条精品线路”，建设“两个品牌”。即：围绕城区、越王楼、芙蓉溪、富乐山四个重点区域的主要文旅资源，打造夜游经济项目，建设科技人文休闲精品走廊的发展核心。打造“三线科工·科技游仙”科技人文精品线路；“汉唐三国·人文游仙”历史人文休闲精品线路；“乡村风情·生态游仙”休闲度假精品线路；“教育研学·红色游仙”研学旅游精品线路的四条精品线路。建设天府旅游名县、全域旅游示范区两大品牌。以创建天府旅游名县、全域旅游示范区两大品牌为契机，主动融入全省大蜀道、大三线、大九寨文旅发展格局和绵阳西部文化旅游强市建设，推动游仙文旅融合高质量发展，打造“城市周末生活第二空间”的总体目标。已形成《游仙区“十四五”文旅融合发展规划（初稿）》。

【文旅品牌创建】 2021年，开展第三批天府旅游名县创建；组织红色旅游资源普查申报，绵阳科技馆已纳入四川省红色旅游资源普查系统；组织开展天府旅游名镇、名村建设。指导新桥镇创建天府旅游名镇，指导魏城镇星光村和忠兴镇兴和村创建天府旅游名村；指导太乙·仙山植物园对照创建标准争创国家AAAA级旅游景区；完成乡村文旅能人推荐评选工作。入选乡村文旅能人1名，突出贡献文旅能人1名；推动3家A级景区完善视频监控、线上预约、电子讲解等系统，建立线上预约制度，游仙智慧景区打造初具成效；逐步推进游仙区与四川旅游学院校地合作；推动“绵州记忆”文创产品、文昌年画等3件作品入围省“创意天府”主题作品；举办游仙区2021文旅融合发展专题培训班。组织文旅系统领导干部、文旅企业经营管理骨干等56人到西南大学学习，主动融入成渝地区双城经济圈建设。

【文旅项目推进】 截至2021年12月，有省市重点文旅推进项目9个，总投资108.89亿元。其中，续建项目3个（越王楼三江半岛景区、游仙区“芙蓉花溪”乡村振兴综合项目、川北野生动物乐园），总投资31.69亿元；新开工项目3个（东湖大酒店、金山驿站特色商业圈、“果满山川”农旅综合体），总投资27.2亿元；加快前期项目2个（云凤农业综合体新型康养示范基地；朝阳时光项目），总投资40亿元；储备项目1个（绵阳市游仙区小枧生态湿地公园二期），总投资10亿元。

【乡村旅游】 按照《游仙区乡镇行政区划和村级建制调整改革“后半篇”文章2021年重点工作任务》要求，落实好乡村旅游发展工作。一是策划推广区域精品旅游线路。与成都农业经济发展促进会和成都环球国旅对接，开发以游仙山水禾、飞龙山等景区景点与梓潼两弹城联合的旅游线路，主推红色观光旅游与农业体验游。二是联合各镇参加绵阳交通广播（FM103.3）“2021寻找绵阳最美小镇”文旅推广活动，激发文旅市场活力，全面助推乡村振兴，通过直播和微信公众号等渠道完成对相关镇（村）特色餐饮、新业态、新产品、民宿、景点等文旅资源的系列宣传推广，获得极高关注度，魏城镇、小枧镇获2021年“绵阳市最美乡镇”。三是开展省级乡村旅游重点村申报创建。推荐魏城镇星光村申报创建省级乡村旅游重点村，推动各相关镇村对标提升乡村旅游发展质量。四是做好乡村旅游业统计工作。建立联络制度，明确专人负责，并与各镇（街道）合力完成游仙区乡村旅游业统计前期普查清理工作，形成《游仙区乡村旅游业统计调查单位名录》，调查名录82家。五是完成乡村文化和旅游能人推荐和突出贡献乡村文化和旅游能人评选工作，推荐市场经营型乡村文旅能人2名，入选1名。推荐突出贡献文旅能人1名，进入省级审核阶段。（唐军）

【宣传推广】 2021年，持续围绕“城市周末生活第二空间”旅游发展主题定位，聚焦“线上+线下”推介，“微信+抖音+微博”新媒体矩阵持续联合发力，持续用好“两微一抖”新媒体平台做好文旅资源宣传推介，全年共发布动态信息323余条，抖音粉丝总量达10.1万人，点赞量达45.7万人次。“视频+推文”推出研学旅游、踏春赏花、休闲采摘、“非遗”文化、科工文化等主题资源，开展"'五一'·来游仙"线上推介活动；在中秋、国庆小长假期间，推出"中秋出游指南""国庆出游指南""人文科技·一日游指南"系列推介活动；开展"魅力游仙 情满七夕"送福利活动；开展秋季"赏红叶、赏秋菊、赏银杏"系列活动。推广宣传相关工作及活动，如：第十一期游仙区"新时代文明实践直播大讲堂"网络直播；"创建天府旅游名县""全域旅游示范区"；庆祝中国共产党成立100周年，开展"百年初心知党史"系列活动；推介"一方有难，八方支援"游仙区文广旅局干部职工向河南灾区捐款；推介游仙"非遗"项目《赵门武术》；推介"书画游仙话中秋"大型书画线上活动；推介区文化馆组建队伍在绵阳市第七届运动会获得佳绩；等等。参加各类推广活动。组织越王楼、科技馆、太乙仙山植物园等景区景点参加2021陕甘宁毗邻地区文化旅游博览会；参加在峨眉山市第八届四川国际旅游交易博览会；组织6家景区与商家参加市文广旅局主办的2021"多彩山水 富乐绵阳"游仙文旅专场推介会。组织太乙仙山植物园等4家文旅企业参加省文旅厅四川"宠"你福利推介活动；配合绵阳广播电台开展"寻找绵阳最美小镇"活动。参加各类线上评选活动。组织越王楼、科技馆参加"四川文旅宣传好作品评选活动"；组织越王楼、科技馆、富乐山参加"四川省景区、公共文化场馆百度百科换新计划"；组织文化馆、越王楼参加"2021年优秀地方文化外宣品"申报活动。（张闰祺）

教育·体育

教育综合管理

【项目建设】 2021年，新建鹤林幼儿园、新桥幼儿园、徐家幼儿园、五里路小学综合楼、开元中学实验楼。建成富乐二中、富乐二小、开元中学综合楼、游仙高新幼儿园、小枧幼儿园，2021年秋季全部投入使用，新增学位5300个，有效化解城区学校大班额，为全面完成“88·55”目标打下坚实基础。游仙中学、富乐中学高、中考标准化考点建设全面完成。完成“游仙区国家考试标准考点建设”“增补英语、艺术中考标准化考场建设”等设备采购。全区学校办学条件进一步改善。

【两项改革“后半篇”教育文章】 2021年，制定《关于提升城乡教育供给水平的工作方案》《2021年两项改革“后半篇”文章工作要点》。采取新建、改（扩）建、保留、撤并等方式优化校点布局。2021年撤销凤凰小学，并入忠兴小学，撤销东宣小学，并入徐家小学。3所学校闲置教育资产完成再利用，学校布局得到优化。

【校园安全】 2021年，按照“党政同责、一岗双责、齐抓共管”原则，与各学校签订安全维稳工作目标责任书，安全责任制有效落实。强化校园入口管理，加强保安队伍建设，完善校园防冲撞硬质设备。认真开展“安全生产咨询日”和“安全生产月”宣传教育活动。扎实做好学校防溺水、道路交通、食品卫生、毒品预防、汛期安全、防震减灾、反恐防暴和特种设备等重点领域的应急管理工作。扫黑除恶专项斗争工作被区委、区政府评为“先进单位”，26所学校（幼儿园）获评“平安校园”。

【学校艺术卫生工作】 2021年，继续开展“快乐星期三 特长竞展现”活动，促进学生艺术社团多样、均衡、协调发展。举办游仙区“颂党恩 跟党走”中小学生校园歌手大赛并参加市级比赛；举办“我心永向党 阳光下成长”庆祝中国共产党成立100周年暨第七届中小学生艺术节集中展演活动；参加省、市、区庆祝中国共产党成立百年系列活动。以最高标准、最严要求抓好新冠肺炎疫情防控工作。已完成12岁以上无禁忌师生群体新冠病毒疫苗接种工作37131人，完成率100%。3—11岁少年儿童新冠病毒疫苗接种准

2021年9月3日，富乐实验中学二中校区2021年秋季开学典礼举行

（区融媒体中心供图）

备工作正有序推进。迎接国家卫生城市复审相关工作有序推进。做好预防接种证查验工作，在校一年级新生一类疫苗接种率达100%。

【依法治教全面推进】2021年，开展“法治进校园”活动，邀请法治副校长、法律顾问到学校开展法治讲座40次。拍摄法治微视频、创作法治文艺作品、教师节普法网络答题、“宪法宣传周”“宪法小卫士”等网络学习活动深入开展。选派学生参加绵阳市青少年“学宪法、讲宪法”演讲比赛获特等奖。发挥审计监督作用，严格依法规范审计行为，确保教育体育资金安全。参与“阳光政务”热线值守工作，确保教育民生“件件有着落，事事有回音”。

学前教育

【概况】2021年，全区有幼儿园114所，在园幼儿14739人，其中公办园34所，在园幼儿7421人。普惠性民办幼儿园68所，在园幼儿5496人。全区有保教人员1618人。其中，专任教师1020人，在编教师79人，持有幼儿教师资格证教师805人。

【学前教育普及普惠发展】2021年，通过新建公办园、支持现有幼儿园扩大园所收托能力、鼓励优质公办园、示范性附设园与民办园联合办园等方式，不断扩大公办园规模。2021年秋，新建公办园小枧中心幼儿园、高新幼儿园投入使用，徐家幼儿园、新桥幼儿园、鹤林幼儿园3所新建幼儿园主体工程已完成。落实公办幼儿园生均公用经费财政拨款标准和普惠性民办园财政补助标准，2021年7月、12月，分别对全区34所公办幼儿园、68所普惠性民办幼儿园的幼儿，按照每生每期250元发放财政补贴。落实幼儿资助政策，确保应助尽助。2021年全区公办幼儿占比达50.35%，普惠性幼儿园覆盖率达87.63%，学前三年毛入园率达107%。

【科学保教】2021年，贯彻落实《幼儿园与小学科学衔接行动计划》，推进科学保教。游仙区承办绵阳市幼教研讨活动，在活动中，开元实验幼儿园进行主题“幼教深入解读监测结果，精准助力幼小衔接”的交流。在绵阳市学前教育质量评价中，获县域特等奖及幼儿园保教质量特等奖2个、一等奖7个。

【课程改革】2021年，实施“安吉游戏”推广计划，推进“安吉游戏”试点园建设，深入落实幼儿园以游戏为基本活动，探索富有特色的游戏课程。在绵阳市幼儿园骨干教师培训暨科学领域教育教学成果展评活动中，区教体局获先进集体，特殊贡献奖3个，优质教学示范活动一等奖2个、三等奖2个，优质论文一等奖、二等奖、三等奖各2篇。

【结对帮扶】2021年，发挥名园长工作室的示范引领作用。通过观摩学习、跟岗学习、定点帮扶、结对帮扶等方式，助力提升全区办园水平和保教质量，实现“资源共享、优势互补、共同提高”的目标，促进游仙学前教育普惠优质发展。

义务教育

【概况】2021年，游仙区有义务教育学校41所。其中，小学26所，初中9所，九年一贯制学校3所，十二年一贯制学校1所（富乐国际学校），特殊教育学校1所，完全中学1所。在校学生50900人，其中小学28250人、初中22650人。教职工3851人，专任教师3528人。一年来，在区委、区政府强有力的领导下，区教体局坚持“抓安全，提质量，建特色，树形象”的工作思路，持续加大教育投入，努力改善办学条件，推进教育改革，深入实施素质教育，全区教育事业发展态势良好，在绵阳市义务教育质量评价中，游仙教体局被评为县域义务教育质量A组特等奖，富乐小学、万达学校、魏城小学、富乐中学、游仙中学等8所学校分别获得A1、A2组特等奖和一等奖，富乐中学、富乐国际、游仙中学、小枧中学分别获得初中学校优质生源输送特、一、二等奖，游仙中学获得空军青少年航空学校生源推荐先进学校。10月，绵阳市义务教育质量提升现场推进会在游仙区召开，游仙教体局、徐家小学分别在会上作交流发言；12月，全省教育系统两项改革现场会在游仙召开。在两次现场会上，富乐二中、徐家小学分别作为现场观摩点。

【“双减”规定落实】2021年，严控作业总量，全区学校建立作业备案和公示制度，实行学科、年级统筹，推行“周三无作业日”，形成“学科组—年级组—教导处”三级审核备案，严格控制作业总量。创新作业方式，提倡设计分层作业，针对学生不同情况，精准设计作业；鼓励设计开放作业，合理布置科学探究、体育锻炼、艺术欣赏等作业，促进学生个性发展；探索设计跨学科综合性作业，提升学生综合能力。提高设计质量，区教研室印发《关于义务教育阶段语文等12个学科作业设计与实施意见（试行）的通知》，分学段、分学科开展“双减”背景下作业设计与布置研讨会，组织作业设计大比赛。

【课后服务】 2021年，坚持以“作业辅导+社团活动”为课后服务内容，推进“5+2”课后服务模式，构建“1+N”课后服务课程体系，为学生提供形式灵活、内容丰富的课后作业辅导、个性化课业辅导、社团拓展课程，分年级、分时段、分层次开展课后服务工作，实现周一至周四作业“不出校”，作业“不回家”。2021年，全区40所公办义务教育学校全部开展课后服务，自愿参与课后服务学生42563人，占在校人数的98%，对建档立卡贫困户等家庭经济困难的1046名学生予以减免服务费。受聘参与课后服务的教师2422人，占教师总人数的98%，聘请校外专业辅导教师85人，基本实现“全面覆盖、保证时间、提高质量，强化保障”课后服务16字要求。

【校外培训教育规范】 2021年，落实校外培训机构不得占用国家法定节假日、休息日及寒暑假期组织学科类培训，利用国庆，周末节假日持续开展校外培训机构专项工作检查，建立工作台账，督促继续举办义务阶段学科培训机构按照时间节点按时完成“营转非”工作，压减现有培训机构数量。

【义务教育优质均衡发展】 2021年，小学教育坚持“重基础、抓全面、显特色”，推行“学校互助、管理互通、课程共研、资源共享”的帮扶模式，将富乐小学、剑南路小学、五里路小学、万达学校等示范小学与观太小学、白蝉小学、云凤小学、东林小学等21所非示范小学缔结多个教育联盟，定期开展送管理、送示范课、送教研、送培训“四送”活动。通过管理交流、中层互动、名优引领、骨干培训、网络教研等多种途径，发挥教育联盟共同体的作用，最大程度提升联盟内成员学校的教育质量、师资水平、学生素质，促使学校优质资源共享向好发展。

2021年，富乐小学开展课后服务——科技兴趣活动

初中教育坚持“重课堂，抓落实，铸品牌”，探索“城市+乡村、优质+薄弱、名校+新建”的“三个+”办学模式，依托城区优质学校，采取“集团化办学、捆绑式管理”模式，深化集团化办学模式改革。以富乐中学为依托，围绕“以城带乡、整体融合、城乡一体、共同发展”的总体布局，领办小枧中学、石马中学、魏城中学等学校，形成“一校八区”的万人规模富乐教育集团。以游仙中学为依托，围绕“一套班子、多个校区、统一管理、资源共享”的总体布局，该校与忠兴中学、新桥中学整合，通过管理干部和学科教师双向交流调配，优化3所学校的师资组合，强化教育教学管理，提升薄弱学校办学水平。

【校园文化】 2021年，全区学校校园文化“一校一品、各具特色”，慈济学校开展的“川剧表演”“唢呐演奏”“花式跳绳”等少年宫活动，曾作为全国乡村学校少年宫建设现场观摩点，其经验在全国推广；徐家小学的“社团+基地+课程”艺美育人模式，形成“竹文化”“民间民俗文化”“农耕文化”三大特色校园

2021年1月15日，竹编老人王发富给学生上竹编课　（区融媒体中心供图）

文化，深受学生家长喜爱。

【控辍保学】2021年，建立和完善控辍保学长效机制，严格落实“六长”责任制，建立适龄儿童少年摸底排查、劝返复学、部门联控联保、辍学责任追究等制度，确保适龄儿童少年应入尽入。2021年，全区义务教育适龄儿童少年38157人，在校学生51011人，毛入学率133%。进一步完善进城务工人员随迁子女就学机制，扩大并统筹配置教育资源，保障享受“六同”（同进公办学校、同编班级、同一收费标准、同样评优评先、同享贫困生资助政策、同等中考中招政策）待遇。2021年，全区接收进城务工人员随迁子女5425名，实现符合条件的进城务工农民随迁子女安排就读公办义务教育学校达100%。全面摸清适龄残疾儿童少年底数，通过普通学校随班就读、特教学校就读、送教上门等多种方式，探索“医教结合”教学模式，保障全区适龄残疾儿童少年99.59%接受义务教育。

【留守儿童教育关爱】2021年，整合社会资源，调动各社会公益组织、各界爱心人士帮扶作用，开展机关干部和学校教师对留守儿童开展“一对一”或“一对N”的“师生结对帮扶”关爱活动。配合区妇联、团区委广泛招募“志愿者”，开展留守儿童和困境儿童“夏令营活动”，为困境儿童和留守儿童提供权益保护、心理咨询、生活扶助、学习辅导等服务。组织开展“圆梦蒲公英”贫困留守儿童走进建川博物馆、参观两弹城公益活动。邀请司法、公安、卫生等部门专业人员开展专题讲座。利用电话、QQ、微信以及“给家长的一封信”等，定期与留守儿童父母进行交流与沟通。

【塑造游仙教育品牌】2021年，学校的五心德育、诚信德育、知行德育、雅毅德育、慈慧德育成为全市知名德育品牌；以富乐文化、君子文化、贤学文化、农耕文化、诗歌文化为主题的校园文化呈现出“一校一品、一校一特”，被市教体局作为全市学校校园文化建设的典范和模板。田径、轮滑、举重、游泳、跆拳道成为省第十四届运动会布点单位。体育后备人才不断涌现，向国家短道速滑队输送队员1名，向国家帆板队输送队员1名，向省短道速滑队输送队员3名，向省帆板队输送队员1名。全区有全国足球特色学校13所、篮球特色学校2所、冰雪运动特色学校5所，建成全省文明校园6所、优秀乡村学校少年宫2所、艺术教育特色学校4所、学生美育实践基地2所、优秀传统文化传承学校1所。

游仙区义务教育学校情况一览表

表6

学校名称	办学类型	学校地址	占地面积（平方米）	教职工数（人）	班数（个）	在校生数（人）	备注（公办/民办）
游仙区魏城小学	小学	绵阳阳市游仙区魏城镇红岩村二三社	31333	120	45	1902	公办
游仙区新桥小学	小学	绵阳市游仙区新桥镇桩子社区阳关路2号	18600	79	13	499	公办
游仙区小枧小学	小学	四川省绵阳市游仙区小枧镇利民华社区75号	27996	117	36	1956	公办
游仙区新桥镇街子小学	小学	绵阳市游仙区新桥镇街子场复兴街1号	14666	29	6	250	公办
游仙区新桥镇云凤小学	小学	四川省绵阳市游仙区新桥镇云凤社区万圣街218号	12006	28	6	160	公办
游仙区小枧镇建华小学	小学	四川省绵阳市游仙区小枧镇建华社区太平街110号	12644	53	6	132	公办
游仙区忠兴小学	小学	四川省绵阳市游仙区忠兴镇忠兴社区学府街1号	31570	64	18	866	公办

续表 6

学校名称	办学类型	学校地址	占地面积（平方米）	教职工数（人）	班数（个）	在校生数（人）	备注（公办/民办）
游仙区仙鹤镇朝真小学	小学	四川省绵阳市游仙区仙鹤镇朝真场朝兴街 1 号	10677	19	6	169	公办
游仙区魏城镇徐家小学	小学	四川省绵阳市游仙区魏城镇徐家社区宣竹路	29450	76	15	616	公办
游仙区信义镇观太小学	小学	四川省绵阳市游仙区信义镇观音桥社区荣华街 89 号	15974	35	7	289	公办
游仙区信义镇刘家小学	小学	四川省绵阳市游仙区信义镇刘家场新建东街 15 号	19026	43	10	320	公办
游仙区盐泉镇梓棉小学	小学	四川省绵阳市游仙区盐泉镇梓棉社区	13610	24	6	207	公办
游仙区盐泉镇白蝉小学	小学	绵阳市游仙区盐泉镇白蝉社区兴蝉街 1 号	12200	23	6	143	公办
游仙区石马小学	小学	绵阳市游仙区石马镇甘泉街 12 号	12050	73	21	965	公办
游仙区剑南路小学	小学	绵阳市游仙区剑南路东段 314 号	18000	141	46	2084	公办
游仙区五里路小学	小学	绵阳市游仙区五里堆路 20 号	16446	125	38	1947	公办
富乐实验小学	小学	绵阳市游仙区沈家坝东街一号	32400	165	60	3054	公办
游仙区石马镇东林小学	小学	四川省绵阳市游仙区石马镇东林社区东街 20 号	13000	51	6	134	公办
游仙区东原小学	小学	四川省绵阳市游仙区东原路 7 号	20000	115	23	1035	公办
游仙区育红小学	小学	四川省绵阳市游仙区游仙街道游仙路 11–4 号	9481	81	19	946	公办
绵阳市万达学校	小学	四川省绵阳市游仙区游仙街道民康路 6 号	38659	150	56	2744	公办
游仙区鹤林小学	小学	绵阳市游仙区游仙街道游仙观社区	16997	79	20	920	公办
游仙区涪江小学	小学	绵阳市游仙区石马镇中科社区涪江村二社 1 号	21656	54	11	445	公办
游仙区富乐第二实验小学	小学	绵阳市游仙区小枧镇三星社区	19985	61	40	2021	公办
游仙区忠兴镇太平小学	小学	绵阳市游仙区忠兴镇太平社区南桥村六社	19610	29	6	187	公办
游仙区仙鹤小学	小学	四川省绵阳市游仙区仙鹤镇柏林社区永安街 19 号	33333	40	8	283	公办

续表 6

<table>
<tr><th>学校名称</th><th colspan="2">办学类型</th><th>学校地址</th><th>占地面积（平方米）</th><th>教职工数（人）</th><th>班数（个）</th><th>在校生数（人）</th><th>备注（公办/民办）</th></tr>
<tr><td>游仙中学</td><td colspan="2">初级中学</td><td>四川省绵阳市游仙区游仙街道游仙西路 78 号</td><td>47784</td><td>173</td><td>61</td><td>2825</td><td>公办</td></tr>
<tr><td>游仙区小枧中学</td><td colspan="2">初级中学</td><td>绵阳市游仙区小枧镇利民社区惠安街 37 号</td><td>20088</td><td>110</td><td>34</td><td>1704</td><td>公办</td></tr>
<tr><td>游仙区新桥中学</td><td colspan="2">初级中学</td><td>绵阳市游仙区新桥镇桩子社区芙蓉路 51 号</td><td>42365</td><td>101</td><td>34</td><td>1639</td><td>公办</td></tr>
<tr><td>游仙区富乐第二实验中学</td><td colspan="2">初级中学</td><td>四川省绵阳市游仙区小枧镇大河社区</td><td>42333</td><td>80</td><td>30</td><td>1415</td><td>公办</td></tr>
<tr><td>绵阳市游仙区忠兴中学</td><td colspan="2">初级中学</td><td>绵阳市游仙区忠兴镇教师街 56 号</td><td>32293</td><td>114</td><td>38</td><td>1906</td><td>公办</td></tr>
<tr><td>游仙区魏城中学</td><td colspan="2">初级中学</td><td>绵阳市游仙区魏城镇红岩村二社</td><td>34668</td><td>46</td><td>13</td><td>653</td><td>公办</td></tr>
<tr><td>游仙区信义中学</td><td colspan="2">初级中学</td><td>四川省绵阳市游仙区信义镇刘家场文化街 38 号</td><td>28604</td><td>17</td><td>5</td><td>119</td><td>公办</td></tr>
<tr><td>绵阳市富乐实验中学</td><td colspan="2">初级中学</td><td>绵阳市游仙区富乐街道沈家坝东津路 30 号</td><td>79172</td><td>277</td><td>89</td><td>4810</td><td>公办</td></tr>
<tr><td>绵阳市游仙区石马中学</td><td colspan="2">初级中学</td><td>绵阳市游仙区石马镇解放社区通江街 75 号</td><td>31109</td><td>141</td><td>45</td><td>2304</td><td>公办</td></tr>
<tr><td rowspan="2">游仙区朝阳学校</td><td rowspan="2">九年一贯制学校</td><td>小学</td><td rowspan="2">绵阳市游仙区仙人路 2 段 6 号</td><td rowspan="2">59661</td><td rowspan="2">124</td><td>27</td><td>1291</td><td rowspan="2">公办</td></tr>
<tr><td>初中</td><td>0</td><td>0</td></tr>
<tr><td rowspan="2">游仙区信义小学</td><td rowspan="2">九年一贯制学校</td><td>小学</td><td rowspan="2">四川省绵阳市游仙区信义镇银河街 42 号</td><td rowspan="2">34680</td><td rowspan="2">32</td><td>9</td><td>318</td><td rowspan="2">公办</td></tr>
<tr><td>初中</td><td>0</td><td>0</td></tr>
<tr><td rowspan="2">游仙区盐泉学校</td><td rowspan="2">九年一贯制学校</td><td>小学</td><td rowspan="2">四川省绵阳市游仙区盐泉镇玉河社区桥西街 53 号</td><td rowspan="2">29333</td><td rowspan="2">59</td><td>13</td><td>523</td><td rowspan="2">公办</td></tr>
<tr><td>初中</td><td>7</td><td>303</td></tr>
<tr><td rowspan="2">绵阳富乐国际学校</td><td rowspan="2">十二年一贯制学校</td><td>小学</td><td rowspan="2">绵阳市游仙区小枧镇思源社区</td><td rowspan="2">141757</td><td rowspan="2">395</td><td>46</td><td>1844</td><td rowspan="2">民办</td></tr>
<tr><td>初中</td><td>80</td><td>3639</td></tr>
<tr><td rowspan="2">绵阳市开元中学</td><td rowspan="2">完全中学</td><td>初中</td><td rowspan="2">四川省绵阳市游仙区涪江街道绵山路社区绵山路 10 号</td><td rowspan="2">43115</td><td rowspan="2">284</td><td>26</td><td>1333</td><td rowspan="2">公办</td></tr>
<tr><td>高中</td><td>58</td><td>3071</td></tr>
<tr><td>绵阳市特殊教育学校</td><td>其他特教学校</td><td>小学</td><td>四川省绵阳市游仙区游仙街道游仙东路社区仙鹤街 69 号</td><td>17215</td><td>24</td><td>14</td><td>127</td><td>公办</td></tr>
</table>

普高教育

【绵阳开元中学】 绵阳开元中学始建于1993年，是辖区内唯一一所普通高中学校。2021年，有教职工290余人，专任教师学历达标率100%，高、中级专业技术职务教师171人，省、市、区骨干教师、名优教师、学科带头教师130人，在校学生4400余人。是全国国防教育先进单位、全国青少年冰雪运动特色学校、四川省足球特色学校、四川省阳光体育示范学校、四川省青少年篮球学校、四川省艺术教育特色学校、四川省五四红旗团委、绵阳市示范高中。

【"艺体特色"课程体系】 2021年，学校开设日语、轮滑、举重、美术、传媒、声乐、体育等特色课程。近两年，有500余人次在全国、省、市比赛中获奖励，特别是高二学生宋佳蕊近年来共获全国短道速滑等金牌40余枚，已入选国家青年队；冷世航、赵应森和张钰琳在2021年四川省游泳锦标赛中分别获甲A组200米蛙泳、200米仰泳和200米自由泳第二名；刘响、刘章、吴佳颖入选四川省冰上舞蹈集训队。还建有朗诵、舞蹈、书画、表演、合唱等17个学生社团，其中梦之声朗诵团被遴选为绵阳市优秀学生艺术社团，轻舞飞扬舞蹈社团入选为四川省优秀学生艺术社团。

【办学成就】 2021年，高考本科上线人数341人，重本上线人数43人，学校连续3年蝉联绵阳市普通高中教育质量评价特等奖，连续6年获游仙区教育质量综合评价特等奖。

【教师成长迅速】 学校一大批专家型教师、明星教师和骨干教师脱颖而出，校长王力被聘任为绵阳市基础教育专家库成员，教师苏德会、宋丽蓉为绵阳市专家型教师，余红、张莉、赵鸿鹰、彭芳等为绵阳市明星教师，阳林凤参加四川省"一师一优课，一课一名师"获省级一等奖、教育部优课奖，参加巴蜀好教育联盟第八届"同课异构"说课、上课大赛，获省说课、上课双冠军，并代表四川省参加全国冠军总决赛获一等奖。

【教育设施建设】 新建成的综合大楼已投入使用，总建筑面积为4700余平方米。校园道路黑化、彩化改造和篮球场改造项目已全部完成。学校实验大楼于2021年12月开工在建，此大楼总投资2760万元，总建筑面积4800平方米，计划2022年8月竣工并投入使用。

中等职业教育

【概况】 2021年，游仙职业技术学校有教职工316人（含编外用工），在籍学生4700余人，教学班106个。学校开设有机械加工技术、汽车运用与维修、电子商务、旅游管理与服务、信息技术、航空服务、烹饪等11个专业。

【产教融合】 2021年，召开游仙职业技术学校校企合作委员会年会、游仙职业技术学校专业建设指导委员会。与京东集团共同完成对京东实训中心改造升级，京东实训中心在京东全国几百所合作院校中脱颖而出。与绵阳众车汇汽车服务有限公司共同设计并完成汽修实训车间"工厂式"生产性实训改造。引进四川爱力教育、四川启胜军旅，共建研学旅行中心。

【"双示范"学校创建】 2021年，四川省示范校建设和四川省示范专业建设在省教厅组织的专家中期指导评估中双双获得好评，电子商务专业实训基地京东实训室教学运行情况成为特色亮点。

【职业技能大赛】 2021年，参加绵阳市2021年职业院校师生技能大赛，取得3个一等奖（电子商务组教师第一名、学生组第一名、网络搭建组第一名），5个二等奖，7个三等奖的好成绩。教师刘权利、谭炬坤代表绵阳市参加四川省班主任能力大赛，分别获一、二等奖；季瑞雪、何柳岑、苏晏冰、白宗信代表绵阳市参加四川省教学能力比赛，获二等奖。

【人才培养】 2021年，在调研和论证的基础上形成"四方合力、四阶九步"的人才培养方案制定法，并修订完善机械加工技术、汽车运用与维修、电子商务、旅游管理与服务等示范专业的人才培养方案，制定"一体双核、五育并举"的人才质量评价体系，持续推进"三教"改革，教学质量得到全面提升。高考升学续创佳绩，本科上线18人，专科上线率达90%。

【"三名工程"】 2021年，学校及时启动"三名工程"（名校、名专业、名实训基地）建设，制定学校"三名工程"实施方案，向省教厅、人社厅、财政厅递交"三名工程申报书"，被省"三厅"确定为"四星级三名工程学校"建设单位。

【教研师培】 2021年，推进在研省级重点课题，申报省级课题1个，市级规划课题1个，市级一般课题1个。参加国家、省级培训以及校本研修，教学能力得到提升，参加省市级比赛获奖41人次，省级二等奖1项，省级三等奖1项，市级获奖11项。与重庆市北碚职教中心结对交流，进行干部培训、骨干教师、学科带头人培训。学校双师型教师达70%。继蒲元聪获绵阳市中职名校长、张强获绵阳市中职名教师、陈兴贵获四川省中职名教师、勾俊获四川省中职名班主任之后，陈兴贵再获四川省特级教师称号。

【艺体特色】2021年，学校足球队参加绵阳市大专中专院校足球联赛获冠军。学校代表游仙区参加绵阳市第七届运动会，获乒乓球中学组男子单打、男子双打、混合双打3个冠军。学生参加全国首届清池杯硬笔书法大赛39名同学获奖（金奖2人、银奖10人、铜奖27人）。

民办教育

【概况】2021年，全区共有民办学校（幼儿园）、培训机构156所。其中，民办幼儿园83所、民办中小学2所（绵阳富乐国际学校、绵阳润禾实验高中），民办中等职业学校3所（绵阳机电工程学校、绵阳市世纪石油工程技术学校、绵阳市阳光职业技术学校），培训机构68所。常年在校学生17192人。

【民办教育管理】2021年，全区民办教育规范发展，规范民间投资办学准入，强化统筹规划和管理工作，分类管理工作稳步推进。加强新冠肺炎疫情防控常态化管理，开展培训机构师德师风专项工作检查，发放了“告家长的一封信”，向社会公示“黑白名单”。认真落实“双减”政策，落实校外培训机构不得占用国家法定节假日、休息日及寒暑假期组织学科类培训，利用国庆，周末节假日持续开展校外培训机构专项工作检查，建立工作台账，督促继续举办义务阶段学科培训机构按照时间节点按时完成“营转非”工作，压减现有培训机构数量。及时统计上报相关信息，开展培训机构备案内容审核工作，督促做好校外培训机构信息平台录入和风险资金缴纳工作。部门联动定期开展“双随机、一公开”学科类校外培训机构的清理清查，游仙区校外培训市场进一步规范、有序、健康发展。

绵阳润禾实验高中　（游仙经济试验区供图）

【绵阳富乐国际学校】该校是一所集特色小学、精品初中、卓越高中为一体的现代民办学校。2021年，学校工作全面推进、多点开花。思政工作成效显著，“品格教育”系列德育活动修身立德、砥品树人，参加省级展评获特等奖，富乐国际党总支代表绵阳民办学校接受教育部调研获得好评，“双先六同”创新党建工作法被市、区党委点名表扬。办学质量持续走高，初中、小学双双获游仙区质量最高奖——特等奖；中考继续巩固优势地位，获评绵阳市优质生源输送最高奖——特等奖。素质教育硕果满枝，纸鸢工作坊受邀参加国际风筝赛，斩获佳绩，演讲主持社团入围全省朗诵决赛，荣膺桂冠，轮滑社团亮相全省冠军赛，包揽“金银铜”，“全国冰雪项目特色学校”花落富乐国际。发展平台更加高阔，加入“四川省中学校长协会”，获评“中国民办教育改革创新示范学校”，扩大学校朋友圈，拓宽高质前行的快车道。

【绵阳市润禾实验高中】2021年，市教体局批准设立、绵阳市润禾投资有限公司全资兴办、百年名校南山中学指导办学的绵阳市润禾实验高中正式成立。该校位于绵阳游仙经济试验区民生路366号。学校办学理念为“德润万物、禾生天下”，校园环境幽雅，设施先进，高规格高标准配齐现代化教育教学设施，拥有一支精英型管理团队和教师团队。学校实施小班化教学，每班不超过50人，2022年正式招生。

特殊教育

【概况】2021年，有特殊教育学校1所，随班就读普通义务教育学校40所。义务教育阶段残疾学生355人，普通学校就读186人，特教学校就读169人，其中送教上门63人。全区6—14周岁适龄残疾儿童少年入学率达99.59%，做到零拒绝、全覆盖。全区招收残疾学生5人以上的22所普通学校全部建有资源教室，初步构建“随班就读为主体、特殊教育学校为骨干、送教上门为补充”的特殊教育模式。坚持以人为本，聚焦内涵，努力为每一名特殊孩子提供适合的教育，促进特殊教育优质融合发展。

【课程设置】 基础课程。按国家培智教育课程设置方案开齐开足基础课程，包括生活语文、生活数学、生活适应、运动与保健、唱游与律动、绘画与手工、劳动技能7门一般性课程。基础课着眼于学生的需要，使学生掌握与其生活密切相关的基础知识和基本技能，培养学生运用所学知识解决生活实际问题的能力。支持课程。按学生身心特点、能力兴趣等分成高、中、低三个段共10个组。高段为特色课程，包括美食烹饪、特奥运动、音乐律动、美术工坊4个组；中段为技能及康复训练，包括技能康复、综合康复、认知康复、动作康复4个组；低段为习惯养成组，包括彩虹宝贝、向阳宝贝2个组。支持课程旨在对学生进行缺陷补偿与潜能开发，促进个性化发展，提高生活能力及生存技能，为学生全面融入正常社会做好铺垫。个训及小组康复训练。利用感统训练室、多感官训练室、桌面游戏室、康复训练室、情境教室（超市、茶楼、银行、理发店、家政）等功能室资源，对学生有计划地开展针对性的个训及小组康复训练，涉及语言、动作、情绪、感统、戏剧疗法等领域。进一步提高教育及康复训练效果，促进学生身心康复及能力发展，增强学生的生活及社会适应性。

【教育资助】 2021年，所有在籍学生全部享受“三免一补”资助政策，义务教育免学杂费、义务教育免教科书费和义务教育免作业本费，享受家庭经济困难学生生活补助每年每生1250元。建立特殊学生全方位的资助政策体系，形成“应助尽助”的资助格局，保障家庭经济困难残疾学生的教育权益。

（唐诚）

师资队伍

【概况】 截至2021年年底，全区公办学校（园）有教职工3027人（含特岗教师187人）。其中，专任教师2908人，行政管理及工勤、教辅人员119人。2908名专任教师中：男教师1187人，女教师1721人；有研究生学历教师66人、本科学历教师1939人、专科及以下学历教师903人；有正高级教师3人，副高级教师759人，一级教师1136人，初级员级教师1010人。

【人才引进】 2021年，公开招聘教师100名（含直接考核招聘5名、公开考核招聘35名和特岗教师60名），引进教师50余名。使用顶岗实习教师70余名，优先补充到薄弱学校和学科教师紧缺学校。

【师德师风建设】 2021年，重点开展以有偿补课和中小学教师违规收受礼品礼金问题专项整治为主题的师德师风建设活动，围绕师德师风开展师德宣誓、师德承诺和学习讨论等活动。区教体局加大师德师风的督（巡）查力度，坚决杜绝有偿补课、体罚或变相体罚学生等不良师德现象的发生，严肃查处不良师德。各学校（园）落实师德考核，师德考核不合格实行“一票否决”制。区委、区政府隆重举行2021年教师节座谈会，130余名教师受到省、市、区教委表扬，其中5名校长、20名教师和5所学校分别被表扬为游仙区第四届中小学名校长、名教师和名学校，全区大力宣传学习陈德勤、龚仙彦和王玉娟等优秀教师的先进事迹，投资80万元在鹤林小学建设“师心如莲·游仙区师德师风教育基地”，加强师德师风教育和管理。

2021年，信义小学援藏教师龚仙彦、游仙职业技术学校陈兴贵、富乐实验中学王碧友、富乐实验小学滕敏等4名教师，被四川省人民政府表彰为四川省特级教师；游仙中学被省教育厅表扬为“2020年度四川省优质学校对口帮扶深度贫困县中小学校工作先进集体”，新桥小学援藏教师张澍、信义中学援藏教师宋永强分别被省教育厅表扬为“2020年度四川省优质学校对口帮扶深度贫困县中小学校工作先进个人”；2021年教师节，盐泉镇梓棉小学教师王玉娟被市委办、市府办联合表扬为绵阳市“最美乡村教师”；绵阳市富乐实验中学李永明、安琼、黄英、郭刚，绵阳市游仙中学何红艳，绵阳市富乐实验小学左发兵，绵阳市开元中学阳林凤，游仙职业技术学校何青峰、李怡均，绵阳市万达学校赵敏、王魏曦，魏城小学蒋彬，信义小学加美基，开元实验幼儿园刘朝霞，绵阳市特教学校王玉竹等15名教师分别被市教育工委、市教体局表扬为“绵阳市优秀教师”，绵阳市剑南路小学李伟、游仙中学叶云胜被市教育工委、市教体局表扬为“绵阳市优秀教育工作者”。

【教育培训】 2021年，培训在职公办教师2900余人，完成各学科教师全员培训任务。中小学校（园）长及教育管理干部75人到陕西师范大学参加为期1周的暑期能力提升培训，88名骨干教师暑假在教师进修校参加为期1周的培训，参加市级及以上专项培训达330人次。

【教师待遇】 2021年，探索实施义务教育教师“县管校聘”的机制，

2021年9月9日，剑南路小学开展教师节活动 （区融媒体中心供图）

区教体局在核定的岗位总量内，将教职工岗位设置到校并统筹管理教师，加强区域内教师的考核评价、岗位竞聘、交流轮岗等工作。对自愿到农村学校终身从教的教师，在评聘职称时予以优先考虑（按照川人社发〔2015〕55号文件，对农村教师职称评聘时应享尽享）。完善教师目标绩效考核，全面落实绩效工资制度，提高教师待遇。配合市区教育督导工作，区教体局、区人社局和区财政局对义务教育学校教师工资平均水平不低于当地公务员平均工资水平开展督（自）查。教师工资收入水平得以大幅度提高，已达不低于当地公务员的平均工资水平，维护教师队伍的稳定和发展。

（唐建）

体育

【概况】 2021年，全区中小学拥有400米标准田径场5个，200米塑胶环形跑道36个，篮球场、排球场165个，足球场42个，专职体育教师167人，全区体育教师学历达标率100%。游仙辖区有社区体育健身设施、村级农民体育健身工程136个，体育场8个，室内体育馆5个，游泳池14个，有固定看台的球场5个，篮球馆3个，乒乓球、羽毛球馆10个，健身房4个，全民健身中心1个，覆盖城区市民“15分钟”健身圈基本形成，现有社会体育指导员3180余人，基本可满足群众的体育健身需求。

【体育运动】 2021年5月，在东山公园承办“川体集团杯”四川省第三届全民健身运动会暨“我要上全运”社区运动会轮滑比赛；2021年12月在东山公园承办绵阳市“体彩杯”第二届篮球比赛；全年共举办12项群众喜闻乐见的单项体育赛事活动，参与活动群众达3万余人。截至2021年年底，全区有足球、篮球、羽毛球、围棋、象棋、桥牌、轮滑、信鸽、柔力球、武术、柔道、跆拳道等社会体育组织，会员上万人。全区学校全年体育场对外免费开放达3万人次，引导广大群众参加体育锻炼，常年参加体育锻炼的人口比例达32.3%。

【学校体育】 2021年，全区各学校认真贯彻落实国家、省、市、区《强化学校体育促进学生身心健康发展工作方案》文件精神，扎实推进阳光体育，幸福教育活动，按国家课程标准开齐开足体育课，采取有效措施，开展阳光大课间活动，确保学生每天在校体育锻炼时间不少于1小时。2021年，组织6次区级青少年体育比赛，区级校园三大球比赛500余场。青少年组参加市七运会获1金2银4铜，参加全市校园足球联赛总决赛获5枚银牌。组队参加四川省青少年轮滑、游泳、举重、跆拳道锦标赛获2金5银3铜。万达学校、五里路小学、新桥小学、徐家小学、小枧小学的足球，富乐中学、富乐小学、开元中学、万达学校、小枧中学的篮球，慈济中学、五里路小学的排球，剑南路小学、富乐国际学校的轮滑，富乐国际学校的游泳，富乐中学、万达小学的田径，徐家小学、富乐小学的花式跳绳，忠兴小学的棋类项目已形成校园体育特色项目，全区各学校都在根据本校实际情况努力创建校园体育特色项目。

【青少年竞技体育】 2021年，游仙区组队参加绵阳市七运会获得团体总分第三名；参加省运会足球选拔赛暨绵阳市新苗选拔赛获得2个冠军、1个第三名；参加2021年绵阳市校园足球总决赛获得小学组3个亚军，中甲组（高中组）2个亚军；参加2021年四川省短道速度轮滑冠军赛获得9金7银2铜；参加2021年四川省青少年速度轮滑锦标赛2金4银3铜；省运会布点校富乐中学18人参加省运会田径资格赛，获得32个省运会参赛席位；参加2021年四川省青少年跆拳道锦标赛，游仙中学获得1个第三名、4个第五名；新桥中学获得1个第五名；参加2021年四川省青少年举重锦标赛，开元中学获得1个第三名、1个第四名、1个第五名、1个第六名、2个第八名；参加四川省游泳锦标赛，富乐国际学校获得女子50米蝶

2021 年 5 月 15 日，“川体集团杯”四川省第三届全民健身运动会暨“我要上全运”社区运动会轮滑比赛在绵阳市游仙区举行（区融媒体供图）

泳第二名。

【体育产业】 2021 年，游仙区兴办体育健身技术培训、体育用品制造、体育用品消费、体育器材销售等体育服务经营实体。有健身企业 4 家，体育协会 7 家，一星级体育服务综合体 1 家（绵阳花样年华足球俱乐部），体育类企业 360 余家。加强体育彩票的销售和市场调研工作，在提升网点业主素质、提高服务质量上下功夫，促进电脑彩票销售，助推体育产业发展。（代志斌）

卫生与健康

卫生健康综合管理

【概况】 2021年，游仙区有各级各类医疗卫生机构404个。其中，区级公立医疗机构4个［区人民医院、区中医医院、区妇幼保健计划生育服务中心、区中心医院（属于四川省科学城医院的增挂牌子）］；其他公立医院2个（科学城医院航空城分院、四川省川北监狱医院），4个社区卫生服务中心、8家中心卫生院，13家卫生院分院，14个社区卫生服务站，2个公立医疗机构门诊部，200个村卫生室；学校及事业单位医务室（卫生所）7个，民营医疗机构150个［民营综合医院3个（绵阳开元医院、游仙康耀医院、瓦子医院），民营综合门诊部7个，中医门诊部1个，口腔门诊部4个，诊所135个］。

【国家卫生城市复审】 2021年，全区发放国家卫生城市复审指南、宣传折页等1万余份、海报5000余份、新增国家卫生城市复审固定标语30余幅、宣传栏200余个，发放禁烟标识1万余张，制作国家卫生城市复审“三大纪律八项注意”专题直播，在线观看人数达6000余人。制定区级领导及区级部门联系指导镇（街道）开展全国卫生城市建设的工作方案，统一落实部门干部包镇（街道）、镇（街道）干部包村（社区）、村（社区）干部包重点路段和小区的四级责任包干体系，分区域、分行业开展综合整治和督查督办，通过国家级暗访检查。

【人才队伍建设】 2021年，完善卫生人才队伍管理、服务、激励机制，探索在全区基层医疗卫生机构开展岗编适度分离试点工作，解决当前医疗卫生单位的事业单位岗位设置存在中、高级专业技术岗位数设置比例偏低现象，出台《绵阳市游仙区镇卫生院岗位与编制适度分离管理实施暂行办法》，被绵阳市委组织部在全市范围内进行推广。

【两项改革“后半篇”文章】 2021年，结合乡镇行政区划调整，将原22家乡镇卫生院按照“统一组织领导，人、财、物集中管理”的原则，整合组建成8个镇域多点型医合体。通过突出“融合发展、错位发展、高质量发展”的举措，实现广大群众得实惠、医务人员得鼓舞、医疗机构得发展的改革目标。3月24日，忠兴中心卫生院作为点位在全省基层卫生健康工作大会暨两项改革“后半篇”文章专题培训会上交流展示。5月11日，上报的《绵阳市游仙区创新方法提升基层医疗服务保障能力》一文被省委办公厅《每日要情》刊登。

【医疗设备捐赠】 2021年，争取中国初保基金会向区妇幼保健院、忠兴中心卫生院、新桥中心卫生院等13家医疗卫生单位捐赠医疗设备90台（件），总价值1746.476万元。接收中国初保基金会捐赠《人生》杂志6期共1200份，价值1.44万元。

【卫生健康项目建设】 2021年，区妇女儿童医院第二院区综合楼、区

2021年3月11日，游仙区国家卫生城市复审工作会议召开

2021 年 3 月 24 日，四川省 2021 年基层卫生健康工作大会暨两项改革“后半篇”文章专题培训会到忠兴中心卫生院参观

人民医院老年医学中心、区公共卫生医疗中心项目均完成主体建设。储备上报争取中央预算内投资项目 3 个，上报争取地方政府专项债券资金项目 5 个，上报争取地方政府一般债券资金 7 个。固定资产投资工程新入库项目 8 个，完成投资任务 2.6 亿元。（贾金燕）

医疗保障

【概况】 2021 年，游仙辖区内城镇职工基本医疗保险累计参保 47470 人（在职 41472 人、退休 5998 人），同比增加 3080 人；生育保险参保 31898 人，同比增加 2985 人；城乡居民基本医疗保险累计参保 351804 人，同比减少 8830 人。

【医疗保障水平】 2021 年，职工医保待遇等待期从 1 年缩短至 6 个月，居民医保集中征缴期缴费不设待遇等待期；乡镇卫生院、社区卫生服务中心住院起付线降低到 100 元，报销比例提高到 90%；城乡居民生育医疗费用报销限额标准提高至 1500 元（顺产）、2000 元（剖宫产）；纳入医保基金支付的药品由原来的 2643 个品种增加到 2800 个，纳入“双通道”供药管理的国家谈判及高值药品品种增加至 106 种；医保医用耗材不再区分国产、进口，执行统一报销比例。支持新冠肺炎疫情防控，将核酸检测费用、新冠病毒疫苗及接种费用纳入医保基金支付，核酸混检价格降低至 10 元 / 人。2021 年新增认定“两病”高血压患者 15401 人、糖尿病患者 7482 人；新增医保定点机构 17 家；新增异地就医直接结算定点医药机构 34 家。常态化开展药品、耗材带量集中采购，已有 792 个品规的集采中选药品在游仙区落地使用，涵盖慢性病用药、抗感染用药，降价幅度 50% 以上。

【基金收支】 2021 年，全区城镇职工基本医疗保险基金征缴收入 26088 万元（含生育保险），累计支出 15522 万元，享受待遇 76.07 万人次，当年结余 10566 万元。其中，个人门诊账户上卡 10668 万元，门诊统筹支出 555 万元，住院统筹支出 4299 万元（含生育保险支出 730 万元）。城乡居民基本医疗保险收入 29964 万元，为参保人员购买大病医疗保险支出 2109 万元，医疗待遇累计支出 26206 万元（门诊支出 3246 万元、住院统筹支出 22960 万元），享受待遇 62.49 万人次，当年结余 1649 万元。

【医疗救助兜底保障】 2021 年，累计资助 14705 名城乡困难群众参加城乡居民医保，资助总金额 291.6 万元。救助各类困难群众 9758 人次，拨付医疗救助资金 433.86 万元。其中，救助区定建档立卡贫困户 1931 人次，拨付医疗救助资金 38.7 万元；救助严重精神障碍患者 457 人次，拨付医疗救助资金 42.85 万元；救助五保、低保及重特大疾病患者 7370 人次，拨付医疗救助资

2021 年 4 月 9 日，游仙区在绵阳科技馆广场举行“宣传贯彻条例，加强基金监管”宣传月启动仪式

金352.31万元。

【基金监管】2021年，对辖区33家定点医院、149家定点药店和78家定点诊所开展全覆盖专项治理检查，先后印发《2021年打击欺诈骗保专项整治行动方案》《游仙区打击“假病人”“假病情”“假票据”欺诈骗保问题专项整治工作方案》，重点对挂床住院、体检式住院、伪造医疗文书、虚构医疗服务、过度诊疗、重复检查、打包式检查、过度用药、中医适宜技术不规范；药品、耗材“进、销、存”制度不健全，医保管理混乱以及其他骗取医保基金支出等突出问题进行检查。累计抽审病历2100份，入户走访患者256人次，追回医保基金225.7万元，依据服务协议扣减定点医药机构违约金242.95万元，停机整改6家，取消医保定点资格10家。印发《关于征集医保卡违规兑付现金等问题线索的公告》，重点整治医保卡违规兑付现金乱象。对2020年度基本医疗保险基金筹集、使用和运行管理情况国家审计反馈问题，按照《医疗保障定点医疗机构服务协议》相关规定逗硬处理医疗机构，追回医保基金3.37万元，扣减违约金10.1万元。

【存量问题“清零行动”】2021年，全面梳理2019年3月至2020年12月期间，经飞行检查、抽查复查、专项检查、自查自纠、信访举报发现但未查处完结的问题，建立工作台账，重点核实、处理发现问题未核实、核实问题未处理、违规金额未追回、违规行为未整改的存量问题。截至2021年5月31日，存量问题全面完成清理。

【服务效能】2021年，强化政企服务平台建设，开通企业参保绿色通道，及时为企业办理新参保登记、人员增减、信息变更等业务。截至2021年年底，全区共服务参保企业1831家24514人、参保机关事业单位153家6922人。进一步精简办事流程和手续，实现省内短期异地就医无须备案，居民医保“高血压、糖尿病”由乡镇定点医疗机构全面认定，“四川医保公共服务”微信小程序、“国家医保服务平台”App可直接办理居民医保参保登记、基本信息查询、长期异地就医备案和省外异地就医备案。辖区内定点医药机构全面开通电子医保凭证使用功能，看病购药结算实现扫码支付。基本医保、大病补充保险、医疗救助实现市内市外医保系统“一单式”结算。（乔静）

2021年1月25日，区医疗保障局到药店验收停机整改情况

疾控防疫

【新冠肺炎疫情防控】2021年，完成绵阳市涪城区惠科新冠肺炎疫情、成都11月新冠肺炎本土疫情、三台县回国人员核酸复阳等11起新冠肺炎疫情人员调查追踪和排查；规范开展人员接收和转运，累计排查追踪和隔离密切接触者26人次、次密切接触者314人次、境外返回游仙463人次、国内中高风险地区往返游仙4064人次。规范开展新冠肺炎疫情监测，完成新冠肺炎核酸检测246355份，其中区疾控中心针对重点场所、重点人群开展检测136798份，检测结果均为阴性。主持或参加新冠肺炎疫情防控技术培训会14期，累计培训基层政府、村（居）人员、网格员、学校卫生人员、医务人员和隔离场所人员1000余人次。围绕镇（街道）、区级各部门、辖区医疗机构、隔离场所等重点场所防控措施落实情况，先后开展多轮次督导指导，下发指导意见书96份，提出工作建议200余条。完成辖区党代会、人代会、政协会和中广核启动仪式等重大活动新冠肺炎疫情防控卫生防疫保障任务、辖区中高考、公务员招考、教师招考等其他各类集中考试卫生防疫保障；累计完成重大活动防疫保障8次，重点考试防疫保障15次。

【传染病防控】2021年，审核报告法定传染病14种4068例，死亡6例，报告发病率1139.5/10万，比2020年同期（1904例）上升113.66%；处置传染病预警信息164条。完成突发公共卫生事件及需要关注的传染病风险评估报告12期，完成重点传染病手足口病、流感等专题分析2期。2021年开展传染病网络直报及防控工作培训会2次，培训70余人次；每季度对辖区传染病直报医疗机构传染病报告与管理工作开展考核评估，形成工作通报4期，反馈工作建议150余条。现场处置传染病报告病例及群体突发事件99起。其中，报告突发公共卫生事件1起（未分级），流浪犬咬伤多人事件1起，聚集性食源性疾病事件8起，包虫病病例1起，猪感染链球菌病例1起，学校卫生群体事件23起（水痘聚集性病例4起、流行性感冒聚集病例3起、活动性肺结核16起），饮用水投诉5起，托幼机构手足口病防控现场指导10次，新冠肺炎疫情处置50起，整理分析并撰写调查处置报告39期。

【食源性疾病监测】 2021年，报告食源性个案病例1216例；无食源性疾病暴发事件报告，无食源性疾病死亡病例报告，无食源性疾病突发公共卫生事件报告。上报并处置聚集性食源性疾病8例。其中，7例为家庭聚餐引起的食源性疾病，1例为餐馆聚餐引起的聚集性食源性疾病；各哨点医院报告覆盖率达100%（6/6），全区食源性疾病病例报告准确率、及时率分别为97.95%、99.42%，较2020年同期有所提高。

【血吸虫病防治和碘缺乏病控制】 2021年，易感人群监测中共筛查流动人口200人，血检阳性0人、阴性200人，无阳性病人；筛查有血吸虫病感染风险的发热病人300人，筛查结果全部为阴性；采集游仙区范围内从其他血吸虫病流行区引进的牛、羊、猪、马、狗等家畜粪样100份，采用尼龙绢袋集卵孵化法和塑料杯顶管孵化法（一粪三检）进行检测，检测结果全部为阴性；在国家级监测点石马镇紫府村，仙海区月台村、蔡家桥村、抗香村作为游仙区监测点组织开展螺情调查，调查钉螺面积352560平方米，查出有螺面积9600平方米，查螺框数6547框，有螺框数85框，活螺数126颗，压检和LAMP检查结果全部阴性，无感染性钉螺。对查出的有螺面积实施药物灭螺，药物灭螺总面积38600平方米，实际药物灭螺9600平方米，经灭螺效果评估，评估结果显示土表无螺。

【地方病防治】 2021年，检查200名8—10岁儿童，显示甲状腺肿大人数6人，甲状腺肿大率0.03%；甲状腺有结节人数30人，检出率15%；采集8—10岁儿童尿样200份，孕妇、育龄妇女、哺乳期妇女和婴幼儿尿样各100份，尿碘中位数在140.92—201.35微克/升，尿碘＜50微克/升人数为62人；抽取全区重点人群检测500份，监测碘盐覆盖率99.20%，合格碘盐食用率93.40%，碘盐合格率93.40%，加碘盐均值26.71毫克/公斤，食用碘盐中位数27.12毫克/公斤。

【严重精神障碍患者管理】 2021年，登记在册患者2335人、报告患病率5.04‰，在管患者2247人、管理率96.23%，规范管理人数2223人、规范管理率95.20%，居家患者1987人，体检率65.27%，稳定率93.31%；服药2053人，服药率87.92%，规范服药人数1527人，规范服药率65.40%；全年复核诊断1484人，筛查疑似患者61人，新增患者31人，全部纳入管理。精神卫生综合管理小组及关爱帮扶小组建设覆盖率100%。

【“三大监测”】 2021年，完成两轮死因监测工作督导，全区共报告急性心脑血管事件3122例，粗死亡率706.29.46/10万；填卡准确率＞95%，及时率＞95%，多死因链填写完整率＞67%，审核通过率99.51%，死因诊断不明比0.49%。完成二轮工作督导对基层单位存在问题提出指导意见。恶性肿瘤新发病例1130例，粗发病率1229.60/10万，恶性肿瘤死亡病例，粗死亡率176.37/10万，死亡/发病比0.76，病理诊断比0.76。随访病例3912例，随访率89%。组织召开全区业务人员技术培训1期，培训业务骨干50余人，报告医疗机构覆盖率100%。全区共报告3122例次，报告发病率637.58/10万，卡片填写完整率、准确率均达95%，审核率100%。

【口腔卫生项目】 2021年，在石马、魏城、新桥、小枧4所中学开展龋齿患病风险因素调查。完成初一学生口腔健康检查1100余人，完成学生及家长调查问卷4000份，各类问卷信息已录入“四川省儿童青少年龋齿患病风险影响因素”网络平台；组织开展“9·20”爱牙日主题宣传活动1次；持续开展“健康口腔促成长”活动进学校，全区中、小学校把口腔卫生相关知识纳入健康教育课程，授课80余学时；各镇（街道）利用赶集日或重大节日举办口腔知识讲座20余次，受众1万余人。

【脑卒中高危人群筛查和干预项目试点】 2021年，按照绵阳市2021年度脑卒中高危人群筛查和干预项目方案要求，抽取游仙区涪江街道办事处、忠兴镇等2个项目点开展脑卒中高危人群筛查和干预工作。完成项目筛查任务4111人，任务完成率102.4%，随访干预3159例，随访干预率达78.98%。儿童伤害监测覆盖127所幼儿园、中小学校，覆盖率100%，覆盖学生65883名，全年报告儿童伤害74例，儿童伤害发生率112.3/10万。

【老高糖患者管理】 2021年，常住65岁及以上老年人健康管理率66.18%；老年人中医药健康管理服务率67.68%。应发现高血压患者人数95173人，实际管理患者数29226人，管理率为30.70%；高血压患者体检20144人，已管理患者体检率68.92%。全区应发现2型糖尿病患者人数为36634人，实际管理患者数为11161人，管理率为30.47%。糖尿病患者体检7834人，已管理患者体检率70.19%。

【常规免疫规划工作】 2021年，免疫规划类疫苗接种率继续保持较高水平，报告接种国家免疫规划疫苗75991剂次，较2020年同期90417剂次同期报告接种下降14426剂次，国家免疫规划类疫苗累计报告接种率达99.81%。乙肝疫苗第一剂及时接种率98.60%，非免疫规划类疫苗报告接种129885剂次，较2020年同期（117621剂次）增加12264剂次。

【入托、入学查验预防接种证及补种工作】 2021年，举办2次预防接种人员岗前培训班及4次免疫规划工作例会，对2021年入托入学查验预防接种证及补种相关知识进行培训，完成医务人员培训620人次，教师490人次。现场督导托幼机构及小学覆盖率达100%。应查验小学和托幼机构人数12451人，实际查验12451人，查验率100%。其中，托幼机构查验7226人，查验率100%；小学查验5225人，查验率100%。所查对象中，持证12449人，持证率99.98%；应补证2个，实际完成补证2个，补证率100%；

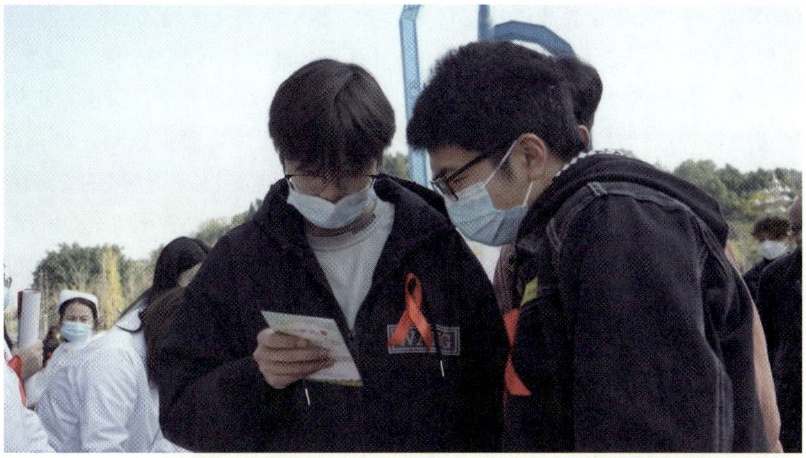

2021年12月1日，绵阳市第34个“世界艾滋病日”主题宣传活动在游仙区举行

（区融媒体中心供图）

全年各级托幼机构和小学漏种儿童212人，完成全程补种人数193人，补种率91%。

【艾滋病防治】 2021年，接受抗病毒治疗673人，治疗覆盖率96.28%（673/699，目标为91%）。完成艾滋病检测209028人次，完成全年总任务进度的160.17%，检测人数占全区常住人口（356999人次）的58.55%，较2020年同期（193818人次）增长7.85%，确证阳性77例，确证阳性率为0.0368%。全年共计完成CD4细胞检测668人，完成率95.57%（668/699，目标为90%）。病毒载量检测577人，完成率94.75%（577/609，目标为90%），病毒抑制550人，病毒抑制率95.32%（550/577，目标为90%）。开展“网底”建设技术指导4次，其中牵头组织联合督导2次。邀请市级专家组织召开艾滋病防治业务培训会2次，培训240余人。

【结核病防治】 2021年，大疫情报告游仙区可疑肺结核病患者292例（2020年12月1日至2021年11月30日），其中转诊到位71例、追踪到位76例、其他方式到位145例、未到位0例，总体到位率达100%。167例活动性肺结核患者中病原学阳性患者105例，病原学阳性率达

2021年12月，区疾控中心结防科工作人员在学校开展结核菌素试验筛查

68.18%；对病原学阳性患者的密切接触者198人均进行肺结核相关项目筛查，筛查率100%。2021年辖区接受管理活动性肺结核患者130例（不含仙海风景区6例、科学城8例、新华强戒所和川北监狱8例、拒管患者15例），建档管理患者130例，管理率100%；规范管理过程中丢失0人，不良反应2例（不含死亡5例），规范管理率98.46%；结案患者175例，完成疗程患者170例，治疗成功率97.14%。各项考核指标均如期完成。全年共开展督导3轮次，督导访视患者66人次；2021年6月、10月，会同区基本公共卫生服务指导中心开展基本公共卫生半年及全年考核，肺结核患者健康管理工作考核情况总体良好。

【学校结核病管理】 2021年，联合教体部门召开学校结核病防控工作培训会2次；将结核病筛查纳入新生体检；辖区寄宿制初中、高中、职业学校及高校入学新生结核病筛查率达100%；辖区中心卫生院、社区卫生服务中心分别在春、秋学期对辖区各学校、托幼机构进行专项督导检查及健康教育活动。全年辖区各学校及托幼机构未发生集聚性新冠肺炎疫情和突发公共卫生事件。

【生活饮用水监测】 2021年，制定《2021年游仙区饮用水水质监测工作方案》，完成城区武引自来水公司、22个（包括仙海风景区）集中式供水单位基本情况调查和枯水期、丰水期出厂水、末梢水及每月城市龙头水监测。监测结果值已录入国家饮用水卫生监测信息网。处置各级政府来函要求监测老百姓反映、投诉饮用水水质问题事件3起，检测水质10个样，各类学校设考场的医卫保障水质监测4所学校，检测水质4个样。

【医疗机构、学校及托幼机构监测】 2021年，对辖区4家二级医疗机构进行4轮次消毒质量监测，对8家中心卫生院及14家下属分院、4家社区卫生服务中心进行2轮次消毒质量监测，对127家个体诊所（包括私立医院、口腔诊所、社区卫生服务站）进行1轮次消毒质量监测，对60余家个体诊所进行2轮次消毒质量监测，对113所托幼机构进行1轮次的消毒质量监测。对第一轮监测不合格的20所托幼机构进行2轮次的消毒质量监测，监测结果分别报区卫健局、区教体局和市疾控中心。

【病媒生物监测和委托监测】 2021年，按要求完成蚊类、蝇类、蟑螂等病媒常规监测工作，游仙区病媒生物密度控制在C级水平，通过国家卫生城市复评审；协助区卫生计生监督执法大队对辖区36家公共场所进行卫生监测，对11所校外培训机构和托幼机构进行教学环境监测。完成辖区医疗机构污水监测75份（包括仙海医院8份）。完成红原县疾控中心、仙海水利风景区社发局、仙海自来水有限公司等单位委托水样监测140个。（何浩）

健康教育

【健康知识宣传】 2021年，围绕重点传染病防控、慢性病防治和全民健康生活方式等内容开展12次相关宣传、咨询活动。辖区各医疗卫生单位累计发放健康教育宣传资料60余种449320份；播放健康教育音像资料327种34610小时；设置健康教育宣传栏272个，累计更换1629次；开展健康知识讲座817次，参与社区居民68582人次；开展公众健康咨询307次，参与群众15903人次。

【全民健康生活方式行动】 2021年，制定并印发《绵阳市游仙区2021年全民健康生活方式行动实施方案》《绵阳市游仙区2021年“三减三健”专项行动实施方案》，对辖区各项目单位开展2轮次工作督导。结合健康主题日、全民健康生活方式宣传月和大型节假日，多部门联合开展“三减三健”专项行动讲座和咨询活动20余场次，参与人数达2万余人，发放“三减三健”和慢性病防治等宣传资料近10万份，发放控油壶、限盐勺等健康支持性工具3000余套。持续开展辖区健康生活方式指导员培训和招募工作，新增培养合格健康生活方式指导员132人，全区健康生活方式指导员累计1200名（含社会卫生员427名）。

【健康素养促进行动】 2021年，重点指导和督促各医疗卫生单位利用传统媒体和新媒体开展健康素养66条相关知识宣传；持续开展健康促进医院和戒烟门诊建设，推广“12320”卫生热线和“4008085531”戒烟热线，加强控烟宣传和简短戒烟干预；完成芙蓉溪博物馆旁健康步道、富乐山健康主题公园的升级改造，结合健康企业建设完成四川东材科技集团股份有限公司健康单位、健康食堂的评价工作。4月28日和11月26日，先后在全省、全市健康促进区建设能力培训会上作交流发言，分享创建经验和体会。规范居民健康档案管理，已建立居民电子健康档案441520份，建档率95.36%，达省、市工作指标要求（93%）。居民健康档案建档合格率为86%，动态使用率为72.5%，均较上年有所增长。

【健康体检】 2021 年，体检 20126 人，办证 19927 人，监护 479 人，审核职业健康监护系统体检个案 5569 人。完成辖区中小学生体检总人数 44000 人，学校新生 PPD（结核菌素试验）筛查 9300 余人，肝功化验 5500 余人。

【放射卫生】 2021 年，完成辖区各卫生医疗单位放射设备清单，防护用品数据，人员个人剂量监测数据，体检、培训数据收集。对辖区 10 个点进行放射本底监测，协助市疾控完成辖区水源、土壤、粮食、蔬菜等的采样监测。（何浩）

人口与计划生育

【人口】 2021 年，全区总人口为 427438 人，已婚育龄妇女 66844 人，出生人口 2010 人，出生率为 4.7‰，与 2020 年同比减少 2628 人。一孩出生 1098 人，二孩出生 874 人，多孩出生 38 人；死亡人口 2555 人，死亡率 5.98‰；人口自增率 -1.28‰，政策生育符合率 99.85%；出生人口性别比为 104.8（以女性为 100）。

【计划生育】 2021 年，落实农村部分计划生育家庭奖励扶助对象共 28541 人；计划生育家庭特别扶助对象 1336 人，独生子女父母奖励对象共 19634 人。全年发放计生奖扶、特扶资金共计 4057.3 万元，全年共赔付计生特殊家庭住院护理补贴 18.22 万元。落实走访联系制度，全年发放联系慰问金共计 32.44 万元。（李晶）

妇女儿童健康服务

【母婴传播预防】 2021 年，规范实施“预防艾滋病、梅毒和乙肝母婴传播”，年初修订完善项目实施方案，明确项目工作职责和目标任务；加强项目工作组织实施、技术培训、现场督导、信息管理、效果评估、资金物资管理，促进服务质量持续改进，提高项目覆盖面和目标人群妇幼健康知识知晓率，确保目标任务的完成。

【育龄妇女孕情监管】 2021 年，辖区常住育龄妇女 66487 人，孕情监测 59535 人，孕情监测率 89.54%；HIV 检测 13810 人，检测率 20.77%；梅毒检测 8724 人，检测率 13.12%；乙肝检测 8614 人，检测率 12.96%。

【孕产妇咨询检测】 2021 年，初次产前保健孕妇 3481 人，孕早期 12+6 周前艾滋病、梅毒和乙肝检测 3363 人，孕早期 12+6 周前检测率 96.61%。住院分娩产妇 3055 人，孕期艾滋病、梅毒和乙肝检测 3053 人，孕期检测率 99.93%。孕早期 12+6 周前检测 2930 人，孕早期检测率 95.91%。

【HIV 感染孕产妇及所生儿童】 2021 年，HIV 感染孕产妇所生儿童 3 人，结案 1 人，在管 2 人，早诊结果均为阴性。感染孕产妇所生婴儿抗病毒用药率、满 6 月龄儿童早期诊断率、儿童人工喂养率均为 100%，艾滋病母婴传播率为 0。

【梅毒感染孕产妇及所生儿童】 2021 年，梅毒感染孕妇 9 人，治疗 9 人，治疗率 100%；梅毒感染产妇 10 人，治疗 10 人，治疗率 100%；梅毒感染产妇所生儿童 11 人，接受预防性治疗 11 人，预防性治疗率 100%。先天梅毒报告发病率为 0。

【乙肝感染孕产妇所生儿童】 2021 年，乙肝病毒表面抗原阳性孕妇 172 人，落实干预措施 172 人。乙肝病毒表面抗原阳性产妇 169 人，分娩活产婴儿 171 人，乙肝免疫球蛋白及时注射率、第一针乙肝疫苗接种率均达 100%。乙肝病毒表面抗原阳性产妇所生满 12 月龄儿童 234 人，免疫效果检测 234 人，检测率 100%；乙肝表面抗原检测阳性率为 0。

【农村妇女“两癌”检查项目】 2021 年，下发《关于做好 2021 年农村妇女“两癌”检查工作的通知》。举办 2021 年农村妇女“两癌”检查项目培训会，培训管理人员和技术人员共计 49 人。宫颈癌检查 3918 人，任务完成率 145.11%；阴

2021 年 6 月 29 日，游仙区 2021 年 2 季度预防艾滋病、梅毒和乙肝母婴传播管理暨技术培训会召开

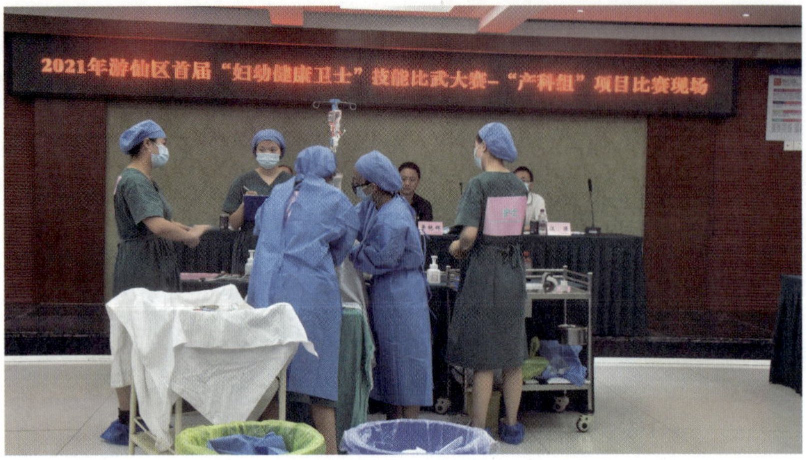

2021 年 9 月 29 日，2021 年游仙区首届“妇幼健康卫士”技能比武大赛—“产科组”项目比赛现场

道镜检查289人；宫颈组织病理学检查99人，检出异常35人，其中CIN1 21人、CIN2 3人、CIN3 10人、宫颈癌1人。乳腺癌检查650人，任务完成率130%。检出乳腺异常56人，其中B超3级41人、B超4级15人，乳腺浸润癌1人。对查出乳腺病变、宫颈病变及生殖系统疾病的妇女，均按规范要求进行转诊、治疗及随访管理。

【孕产妇保健、0—6岁儿童保健】 2021年，举办2021年国家基本公共卫生服务妇幼项目管理培训班1次、1季度妇幼健康服务工作例会暨业务培训会1次、孕产妇及0—6岁儿童健康管理整改提高培训班1次，培训人员143人次；开展督导3次、绩效考核与指导2次。落实高危孕产妇和高危新生儿的筛查、分级管理和分级转诊制度；加强早孕建卡、孕期保健、产后访视、新生儿访视和儿童健康问题处理等服务工作，提高孕产妇、儿童保健管理率。落实早产儿保健、儿童眼保健及视力检查工作。2020年度基本公卫市级考核，游仙区孕产妇、儿童健康管理得分24分（满分），稳居全市第一名。

【首届“妇幼健康卫士”技能比武大赛】 9月28—29日，由区卫健局、区人社局、区总工会、区妇女联合会联合主办，游仙区妇幼保健院承办的游仙区首届“妇幼健康卫士”技能比武大赛在区妇幼保健院举办。全区共13支参赛队、91名选手参加技能比武大赛。提升全区妇幼健康服务能力和文化素养，对保障全区母婴健康与安全、促进妇女儿童健康起到推动作用。

【托幼机构卫生保健】 2021年，下发《关于做好2021年春季/秋季儿童入托前健康体检工作的通知》。开展综合评估及业务指导25家、卫生保健工作调查112家。举办托幼机构卫生保健管理线上培训1次，培训人员126人。全区托幼机构现有专兼职卫生保健人员113人（专职26人、兼职87人），保教人员2191人，健康合格证已到期的2191人，2021年取得健康合格证2174人，健康持证率99.22%。在园儿童16361人，健康体检16206人，健康体检率99.05%。新入园儿童3765人，入园体检3759人，入园体检率99.84%。

【叶酸项目】 2021年，开展增补叶酸预防神经管缺陷项目管理培训班；全区机构活产数3093人，死胎、死产3人，出生缺陷15人，出生缺陷率48.49/万，较2020年下降36.53%。目标人群服用叶酸人数3550人，任务完成率122.41%。

【自愿免费婚检】 2021年，结婚登记2904对，免费婚检2832对，婚检率97.52%，较2020年同期提高0.93%。

【免费孕前优生健康检查】 2021年，在7个乡镇、2个社区和仙海区开展优生优育知识培训10场，根据季度孕优健康检查目标人群摸

2021 年 1 月 20 日，区妇幼保健院到托幼机构开展卫生保健管理综合评估及业务指导

2021 年 1 月 26 日，绵阳市游仙区婴幼儿照护和托育服务指导中心揭牌仪式举行

底统计，全区已孕妇女、备孕妇女及村妇女主任应培训 2577 人次，实际参训 2068 人次，知识测试 2068 人，优生优育知识培训率 80.2%。优生优育健康指导 11267 人次，优生优育知识覆盖率 100%。全年全区孕优检查任务为 3140 人，实际完成孕前优生健康检查 4386 人，其中男性 1927 人、女性 2459 人，完成率达 139.68%，全市排名第一。

【新生儿疾病筛查】 2021 年，继续推进新生儿疾病筛查及听力筛查工作，机构分娩活产数 3093 人，新生儿疾病筛查 3093 例，筛查率 100%。新生儿听力筛查 3093 人，筛查率 100%。免费“四病”筛查 2460 人、听力筛查 2459 人，补助经费 55.0948 万元。对符合条件的，做到应筛尽筛、应补尽补。

【“一院多区”推动优质医疗资源均衡分布】 2021 年，全市第一家由公立医疗机构主导开办的月子中心和托育中心投入使用，实现 0—3 岁婴幼儿标准化照护和“10 月孕期关怀 +28 天产后照护 +N 年跟踪陪伴”的服务目标；妇女儿童医院二院区于 2021 年 11 月 23 日完成主体封顶，2022 年年底投入使用，届时将助力医院“三乙”创建，医院“大专科、强综合”的功能定位将极大改善区域就医条件，提升危重孕产妇、新生儿救治能力，实现妇女儿童全生命周期健康“一站式”服务新模式；发挥富乐院区地域环境优势，针对老龄化问题加重、老年人医疗养老需求与日俱增这一社会热点，以老年人健康需求为导向，不断拓展服务内涵、创新服务形式、提升为老服务能力，实现老有所医、老有所养的医养结合卫生健康新格局。

【华西二院医联体】 2021 年，持续深化与华西二院互联网 + 远程医疗模式，远程会诊平台全年开展会诊、绿色上转通道惠及群众 92 人次；强力开启“输血 + 造血”模式，推动华西二院优质资源下沉，华西二院妇科主任何跃东等一线专家团队到院坐诊、查房、手术指导成常态，开展首例腹腔镜下双侧输卵管吻合术，宫颈癌广泛性子宫切除 + 盆腔淋巴清扫、子宫内膜癌手术等腔镜技术已日趋成熟，妇科、外科腔镜微创手术占手术总量的 80%，科室技术水平和服务能力明显提升，妇产科申报绵阳市重点专科已立项，一支“带不走的医疗团队”已基本形成；同时聘请四川省妇幼保健院新生儿科主任张勇教授为院新生儿科专家顾问，定期到院，直接参与科室管理和日常技术指导，帮助开展新技术，协助解决疑难病例的诊治，独立开展新生儿换血术、多动症诊断筛查，医院新生儿急救中心技术水平和服务能力得到大幅度提升。

【新技术新项目】 2021 年，新增超高档四维彩色超声、电外科工作站、血球分析仪、臭氧治疗仪、热成像仪等设备，超声引导下星状神经节阻滞（腹横肌平面阻滞）、输卵管造影、导乐分娩、肺功能、产前筛查等新技术、新项目相继投入临床应用；拓展麻醉无痛诊疗技术，开启疼痛治疗新科目，为建设“无痛医院”奠定基础，顺应群众舒适化就医需求，进一步提升医院核心竞争力。（刘蕾蕾）

社会民生

社会保障

【概况】 2021年，城镇企业职工基本养老保险在职参保69061人，机关事业单位养老保险在职参保6585人，城乡居民基本养老保险在职参保126736人；失业保险参保28097人，工伤保险参保36285人；领取城乡居民基本养老保险待遇62576人；领取城镇企业职工养老保险待遇30708人，领取机关事业单位养老保险待遇2771人。全力提升待遇领取人员社会保障卡使用率，通过社会保障卡发放待遇达99.06%。

【社会保险扩面征缴】 2021年，继续深化园区、镇（街道）扩面征缴专项行动。全年新增参保企业411家5661人，新增灵活就业人员参加城镇企业职工基本养老保险3456人，共计参保企业2307家33632人，灵活就业人员参加城镇企业职工基本养老保险35429人。

【社会保险待遇支付】 2021年，按时、足额发放城镇企业职工基本养老、机关事业单位养老保险退休人员养老91915.97万元，支付城镇企业职工丧葬抚恤金3299.36万元，发放工伤保险待遇882万元。发放失业保险金596.25万元，发放失业补助金205.63万元。城乡居民基本养老保险待遇发放9795.26万元。

【社会保险基金管理】 2021年，开展2020年度基本养老保险基金筹集、使用和运行管理专项审计疑点数据专项清理，追回违规领取待遇175万元。

【养老保险转移接续】 2021年，办理养老保险转移接续3930件，转入转出金额3279万元，其中通过“国家社保公共服务平台”或“掌上12333”手机App等网上转移业务1570件。

【退休人员社会化管理】 2021年，为区属30423名退休人员提供生存认证服务，认证率达99.99%。继续做好国有企业退休人员常态化移交工作，共计移交2735人，纳入统一管理。

【工伤保险降费率政策】 2021年，落实省、市关于阶段性减半征收工伤保险费政策，为区内2275家企业减免工伤保险费467.52万元，减轻企业负担，促进企业发展。（萧懿）

2021年11月19日，游仙区新就业形态劳动者权益维护工作推进会暨“双11”优秀快递员表扬大会举行

（区总工会供图）

劳动就业

【概况】 2021年，全区城镇新增就业7035人，完成目标任务的125.6%；失业人员再就业1128人，完成目标任务的100.7%；就业困难对象再就业345人，完成目标任务的115%；城镇登记失业率3.33%，低于4%目标数0.67个百分点；发放创业担保贷款1035万元，完成目标任务的104%。

【特殊群体和就业困难人员就业】 2021年，开展就业援助，摸清就业援助对象基本情况，实行动态管理，有针对性制定帮扶措施。推进就业见习基地建设，新增湖山电器为就业见习基地，组织在岗见习大学生30人，发放见习补贴3.56万元。搭建用工招聘平台促进就业，开展线上线下就业求职招聘会12场，其中高校毕业生专场招聘会2场，促成1800余人与企业达成就业意向，正式入职300余人。公岗兜底解决保障就业，开发公益性岗位100个，兜底解决零就业家庭人员和特殊困难人员就业，全区公岗在岗291人。

【创业指导工作】 2021年，强化创贷支撑，将个人创业贷款最高限额提到20万元，小微企业最高限额提到300万元。强化服务支撑，引进省内创业专家服务咨询团队巡诊指导，为各类创业群体提供“一条龙”“零距离”服务，开展“创业巡诊”“创业沙龙”等活动120余场。发放创业补贴15万元，扶持创业94人，项目库优质项目达626个，开展各类创业指导964人次。强化载体支撑，推进创新创业孵化基地建设，省级西城大学生创新创业产业园入驻企业11家。组织绵阳职业技术学院、绵阳城市学院参加四川省第七届国际“互联网+”大学生创新创业大赛决赛，获银奖3项、铜奖23项。举办游仙区2021年“科技游仙·智创未来”创新创业大赛，共57个项目报名参赛，评选优质创业项目20个。

【失业保险管理及援企稳岗】 2021年，失业保险基金收入1021.95万元。兑现2020年未审核拨付的失业保险稳岗补贴158.82万元。受理220家企业享受稳岗返还申请，初步审核74家通过，预计发放补贴28.14万元，惠及职工937人。迎接省就业局失业保险稳岗返还专项检查工作，9月，接受市财政局派出第三方会计师事务所对2020年40家普通企业和22户暂时经营困难企业的资金使用效益抽检。

【劳动仲裁】 2021年，坚持“鼓励和解、强化调解、加快仲裁、衔接诉讼”的方针，落实“调为先、和为贵、实为据、法为准”的工作方法，创新开展仲裁“前置服务”“快捷服务”“衔接服务”“法治服务”，接待处理劳动争议案件124件，其中立案处理102件，作出不予受理决定22件，劳动仲裁结案率96.08%，劳动争议调解成功率74.5%，劳动争议仲裁终结率73.47%。（萧懿）

2021年9月28日，游仙区2021年“科技游仙·智创未来”创新创业大赛（初赛）举行（区融媒体中心供图）

社会事务

【概况】 2021年，深化两项改革“后半篇”文章民政领域工作，建成1个社区养老服务综合体，完成7个农村公办养老机构适老化改造和4个敬老院灾后房屋维修加固，完成独居空巢老人巡防试点。政府购买居家养老服务惠及11496名老人。推进“全国未成年人保护示范区”创建工作，开展省级社会工作服务体系建设全域试点，构建“三级社会工作服务平台”，建成1个区级社工总站、12个镇（街道）社工站、11个村（社区）社工室。实施特殊困难群体慈善扶助项目，区慈善总会被省政府表彰为全省“最具影响力慈善组织”。区民政局先后获全省乡镇行政区划和村级建制调整改革先进集体、全市拥军优属先进单位、全市民政工作绩效管理特等奖第一名等荣誉和奖励。两项改革“后半篇”文章工作、救助体系建设、社区治理、养老服务、社会组织管理等工作走在全市前列。

【省级社会工作服务体系全域试点】 2021年，开展省级社会工作服务体系全域试点，印发《绵阳市游仙区社会工作服务体系建设实施方案（试行）》《加强社会工作专业人才队伍建设的实施方案》等文件，整合690万元建设资金，建成1个区级社工总站、12个镇（街道）社工站、11个村（社区）社工室。整合民政领域服务资金675万元，引进9个专业机构运行站点，大力实施老幼关爱、精准救助等公共服务，推进基层社会治理体系和治理能力现代化。持续开展社会工作职业继续教育，参训人数累积突破1000人次，组织480余人参加国家职业资格考试，参考人数是2020年的500%。迎接民政部及省、市等部门专题调研30余次，“中国社会工作”微信公众号和市委办《每日要情》、市两项改革“后半篇”文章《工作简报》分别刊登相关经验，并在全省民政工作会上作经验交流。

【社会组织培育】 2021年，出台《绵阳市游仙区培育发展社会组织的实施意见》，将社会组织培育发展方向、类型、办法、责任等分部门分片区明确部署。印发《游仙区社会组织党建和社会组织培育发展目标绩效考核实施方案》，将社会组织培育工作持续纳入对区直部门、镇（街道）的党建目标考核，促进行政资源在释放方面形成合力。整合资金100万元，开展全区首届“公益创投”活动，营造全民参与基层治理良好氛围。依托社会工作服务体系，强化项目资源释放，大力培育社会组织、社区社会组织，提升基层公共服务质效。2021年，新培育注册类社会组织11个，备案类社区社会组织80余个。

【社会组织监管】 2021年，按照民政部等22部委联合下发《关于铲除非法社会组织滋生土壤净化社会组织生态空间的通知》精神，多举措开展社会组织管理工作，确保全区社会组织健康有序发展。一是改革年检方式，首次采取线上线下并行模式，确保各级管理部门资源共享。全年共审查社会组织127个。二是开展上门抽查，联合相关行业主管单位和属地政府，对不同领域、区域的社会组织实施上门抽查，指导整改在活动开展、财务管理、安全建设等方面的问题17个。三是根据举报，联合区教体等职能部门，对涉嫌非法办学的“绵阳市游仙区益家社会工作服务中心”实施调查和行政处罚，责令其限期整改所涉问题。四是打击非法社会组织，联合公安、民宗等职能部门，对“归一教会”等2个非法团体依法取缔，进一步净化社会组织生态。

【县域内片区划分】 2021年，按照《中共四川省委办公厅、省政府办公厅印发〈关于全省县域内片区划分的指导意见〉〈关于以片区为单元编制乡村国土空间规划的指导意见〉的通知》和省委、市委、区委相关决策部署，划分乡镇级片区4个（城市片区1个，城乡融合片区2个，农村片区1个），中心镇3个。具体为：涪东都市经济发展片区包括科学城春雷街道、涪江街道、富乐街道、游仙街道、石马镇、小枧镇、松垭镇。芙蓉溪三产融合发展片区包括新桥镇、忠兴镇和沉抗镇，以新桥镇为中心镇。魏城驿城乡融合发展片区包括魏城镇、仙鹤镇，以魏城镇为中心镇。魏柳河农旅融合发展片区包括信义镇、盐泉镇，以信义镇为中心镇。

【区划地名】 2021年，加强行政区划、行政区域界线勘定档案管理，完成乡级行政区域界勘定成果资料上报及备案工作。配合三台县、梓潼县开展三交界联检工作，做好行政区域界线领域风险防范化解，维护边界地区和谐稳定。配合做好全省行政区划简册、全市行政区划简册（2019—2020年）和领导干部用图的审核及上报工作。整治“润森·加州阳光”不规范地名，拟更名称于2021年11月12日经区政府常务会审议通过。清理未命名道路、桥梁30余条，规范居民区、建筑物审核备案工作，核准门牌30余起。推进地名文化建设，开展

2021年4月8日，富乐街道社工周系列宣传活动暨沈家坝东街社区社工驿站启动仪式举行

（区融媒体中心供图）

"保护地名文化、记住美丽乡愁"乡村地名信息服务提升行动，完成国家地名信息库2015—2020年地名信息更新及新增入库信息7300余条、地名词典信息60余条、地名志130余条、地名录3000余条、地名故事20余个。

【未成年人保护】2021年，加强《中华人民共和国未成年人保护法》等法规宣传，印发《儿童自我保护》《良好的家风熏陶》《隔代教育》《反对家庭暴力》等知识手册。开展"全国未成年人保护示范区"创建活动，搭建未成年人保护工作议事协调机制平台，成立由区长任组长，区政府分管公安、民政和妇女儿童工作的副区长任副组长，法院、检察院等30个区级部门负责人为成员的区未成年人保护工作领导小组，定期召开领导小组会议，及时研究解决未成年人保护重大事项，统筹协调推进游仙区未成年人保护工作。建立112个村级"儿童之家"、60个社区儿童服务中心，行政村儿童之家实现全覆盖。落实镇街儿童督导员12人，儿童主任172人。依托镇街道社工站，建立镇街道未成年人关爱保护工作站，实行"双站合一"，实现专业机构介入和专业服务链接，有效履行政府临时监护职责，为协助家庭困难的农村留守（困境）儿童落实民政、卫计、人社、残联等部门的保障政策提供阵地。发放253人次孤儿基本生活费25.84万元，补差发放事实无人抚养儿童84人次基本生活费4.818万元，发放6名孤儿"福彩圆梦·孤儿助学"工程助学金4.5万元。推进"百镇千村、助爱牵手"项目，4000余名儿童和家庭受益。与海南成美慈善基金会、成都吾乐公益服务中心对接，以游仙区录入全国儿童福利信息系统的动态数据为依据，2021年资助72人11.84万元。区民政局1名干部被民政部表彰为"全国农村留守儿童和困境儿童保护工作"先进个人。

【收养登记】2021年，游仙区严格落实收养程序、法律审核和家庭走访工作，保障被收养孩子的合法权益，全年办理收养登记4人。

【生活无着的流浪乞讨人员救助】2021年，游仙区持续开展救助服务质量大提升专项行动，强化站内新冠肺炎疫情防控等安全管理，提高服务水平。开展"夏季送清凉""寒冬送温暖"等活动，按照"自愿求助，无偿救助"的原则，2021年救助流浪乞讨人员61人次，其中站内救助48人次、站外救助13人次。送医救治21人次，临时安置16人次，落实安置上户2人次。通过加大寻亲力度，帮助3名无户籍人员返乡。

【精神障碍社区康复项目建设】2021年，投入资金15万元，通过竞争性谈判确定绵阳睿达精神病医院为实施"精神障碍社区康复点服务"项目建设工作单位，服务期限为2年，服务人员数量不低于150人。

【贫困重度残疾人照护服务试点】2021年，通过政府采购公开招标方式确定贫困重度残疾人照护服务试点社会组织，全区有1289名贫困重度残疾人享受社会化照护服务。

【慈善捐赠】2021年，游仙区慈善总会共募集善款307万元。其中，为河南洪灾募集292万元，为游仙区民生事业募集资金15万元。严格按照慈善总会章程和慈善基金管理办法，对各项善款精准发放。依托邮善促民生、爱心超市开展慈善送温暖活动7场次，为5000余名困难群众赠送价值9.5万元的生活用品。实施特殊困难群体慈善扶助项目，为23户患重大疾病困境儿童、留守妇女发放大病医疗救助资金14.4万元，为100余名困难大学、高中新生发放助学金16.2万元。区慈善总会被省政府表彰为全省"最具影响力慈善组织"。

村（社区）发展治理

【概况】2021年，完成172个村（社区）阵地"亲民化"改造，建立完善村级民事代办制度和村级"小微权力"运行体制机制。通过政府购买服务引导多元主体参与城乡社区治理。

【村（社区）综合服务设施达标"补短板"工程】2021年，争取省、市社区建设资金309万元，新建、改（扩）建11个村（社区）阵地，配置办公自动化和信息化服务设备，进一步优化村（社区）办公环境和服务能力。

【城市社区"亲民化"改造】2021年，按照"办公阵地最小化、便民服务最大化""一室多用"原则，对全区60个社区进行阵地亲民化改造，改变以往行政化、办公化模式，推广运用"无柜台、面对面、零距离"便民服务模式，科学设置便民服务区、休闲生活区、共建共享区等基本功能分区，打造互动式、开放式办事环境，空间布局得到优化，服务设施得到升级，办事氛围更加温馨。

【首批省级城乡社区治理试点】2021年，争取试点项目资金320万元，在富乐、涪江2个街道和五里堆、仙人路、韩家脊、沈家坝北街4个社区，实施6个省级城乡社区治理试点项目。围绕"正本清源，赋能聚源"，构建社区治理项目化联动机制，明确"一个核心、两个结合"工作思路，以政府购买服务为抓手，

2021 年 3 月 11 日，游仙街道金山村村民协商议事"连心桥"院坝会举行
（区融媒体中心供图）

引导多元主体参与城乡社区治理，构建完整的社区治理管理体系，创新形成社区治理可复制、可推广的新机制、新场景、新渠道和新路径，有效推动基层治理工作高质量完成。富乐、涪江街道被省委组织部和省民政厅评为"全省基层治理示范街道"，沈家坝北街和韩家脊社区被评为"全省基层治理示范社区"。

【村（社区）工作事项准入制】2021 年，印发《绵阳市游仙区区直部门政务服务事项准入村（社区）管理办法》，建立健全社区工作事项备案制度和动态管理制度，编制依法履职事项、协助办理事项和工作负面事项"三张清单"79 项，依法厘清基层群众性自治组织与上级政府权责边界，明确政务服务事项准入村（社区）以"优化程序、厘清职责、提高自治"为指导思想，以"权随责走、费随事转"为工作原则，严格事项准入制度，实现公共服务资源有序下沉。

【基层民主协商试点】2021 年，按照中共中央、国务院《关于加强基层治理体系和治理能力现代化建设的意见》文件要求，在富乐、游仙街道和忠兴镇开展基层民主协商建设试点，探索基层民主协商新方法，并将民主协商作为基层治理的重要切入点，完善群众自治机制，尊重社区依法自治地位和依法自治权利，保障居民委员会依法开展自治实践。

【社区专职工作者配备】2021 年，通过"三化一型"（建设"管理服务规范化、岗位待遇职业化、能力素养专业化、培塑匠心扎根型"社区专职工作者队伍）试点，按照每个社区设置专职工作者 4—9 人的比例，面向社会公开招聘社区专职工作者。社区专职工作者（含社区常职干部）从 113 名增加至 195 名，实现"三化一型"社区专职工作者城市社区全覆盖，进一步优化社区专职干部年龄文化层次结构，壮大社区干部队伍。

【村级"小微权力"运行体制机制】2021 年，聚焦村级组织"三重一大"决策运行，规范村书记、主任"一肩挑"后农村基层权力运行，梳理形成重大决策类等 6 大类 27 项村级"小微权力"清单。制定"一事一流程"，绘制村集体资源对外发包等运行流程图，明确申请条件、办理程序等内容，梳理标注廉政风险点并逐一细化防控措施。建立多部门对口指导、联合督查机制，探索推行党员群众"点题公开"、村务监委会"一例会一记录"等机制，确保权力正确行使。同时，将村级"小微权力"清单运行情况作为村（社区）干部年度工作述职考评的重要内容，并与评先评优、年度考核挂钩，夯实农村基层治理基础，维护广大群众合法权益。（吴曙东）

城乡居民生活

【概况】2021 年，游仙区不断完善社会救助体系，全力做好困难群众兜底保障工作，强化最低生活保障兜底功能、发挥临时救助重要作用。健全城乡低收入人口主动发现机制、动态监测机制、分类救助帮扶机制，让困难群众救助更加及时、精准、高效，不断编密织牢困难群众基本生活保障网。全年向困难群众发放救助资金 3679.9327 万元。

【城乡低保】2021 年，游仙区有城乡低保 4497 户 6117 人。其中，城市低保 764 户 982 人，农村低保 3733 户 5135 人。累计发放城乡低保资金 2367.3807 万元。其中，城市低保资金 552.8008 万元，人均救助 451 元；农村低保资金 1814.5799 万元，人均救助 305 元。全年新增城乡低保 293 户 431 人。

【城乡特困】2021 年，游仙区有城乡特困供养人员 1533 人。其中，农村特困 959 人，城市特困 574 人。累计发放城乡特困供养资金 1173.952 万元。全年新增城乡特困供养人员 96 人。

【临时生活救助】2021 年，游仙区拨付 63 万元临时救助备用金至各镇（街道），提高临时救助时效性。全年累计救助 1547 人次，发放临时生活救助资金 138.6 万元，人均救助896元。

【急难救助】2021年，游仙区将镇（街道）临时生活救助审批金额由最高500元提高至1000元。根据救助对象自救能力大小、困难程度等因素分类分档救助，一次享受最高救助金额由2000元提高至5000元。救助金额在1000元以下的“急难型”救助由镇（街道）人民政府（办事处）审批，启用备用金通过涉农专户直接上账至困难群众社会保障卡，确保救助金足额、及时发放到位。

【低收入人口认定和动态监测】2021年，游仙区印发《游仙区低收入动态监测和常态化救助实施方案》《游仙区城市低收入家庭认定实施细则》和《关于开展城乡低收入家庭认定工作的通知》，并向各镇（街道）印制低收入认定和动态监测政策解答海报和宣传单2500份。同时，运用各镇（街道）社会工作站平台对辖区低收入群体进行调查核实，动态监控，适时调整低收入群体信息库，推动形成健康可持续的社会救助长效机制，巩固拓展脱贫攻坚成果，兜住兜牢基本民生保障底线。（吴曙东）

婚姻

【概况】2021年，游仙区民政局婚姻登记处配齐设备，配强人员，强化宣传，结合新冠肺炎疫情常态化防控管理要求，认真学习贯彻落实法律法规及相关政策，全力依法做好婚姻登记工作。全年共办理婚姻登记8131对。其中，办理结婚登记3057对，受理离婚申请1944对，办理离婚登记1061对（同比2020年离婚人数减少853对），补办结婚登记1880对，补发离婚证189人次。

【婚姻登记规范化管理】2021年，游仙区严格落实“首问责任”“一次性告知”“限时办结”等制度。持续开展婚姻登记“延时服务”、上门服务、预约登记、档案查询等服务，常态化做好新冠肺炎疫情防控、免费复印、婚姻家庭调解、婚姻登记业务培训等工作，为文明高效、依法登记提供有力保障。

【婚姻登记相关法规】2021年，游仙区认真贯彻落实《中华人民共和国民法典》（以下简称《民法典》），将离婚冷静期正式纳入离婚登记程序。新规施行后，离婚人数较2020年减少853对。按照《国务院关于同意在部分地区开展内地居民婚姻登记“跨省通办”试点的批复》《民政部办公厅关于开展婚姻登记“跨省通办”试点工作的通知》《四川省民政厅关于在自贡等11市开展婚姻登记“全市通办”试点工作的批复》和《绵阳市民政局关于印发〈开展婚姻登记“全市通办”试点工作实施方案〉的通知》文件精神，游仙区民政局婚姻登记处于2021年6月1日起开展内地居民结婚登记和离婚登记“跨省通办”及内地居民结婚登记、离婚登记和补领婚姻登记证“全市通办”试点工作。2021年共完成170项跨区域婚姻登记业务。（吴曙东）

养老服务

【概况】2021年，游仙区有各类养老机构31个（敬老院21个、光荣院1个、公建民营养老机构1个、社会福利中心1个、区社会福利院1个、民办养老机构6个），有养老床位3889张，每千名老人拥有床位35张。建有区域性养老服务中心5个，社区养老服务中心3个，城乡社区老年人日间照料中心160个，农村幸福院45个，养老设施建成覆盖率达72%。为城乡老年人提供居家养老服务覆盖率达40%。

【高龄老人津贴】2021年，通过个人申请、镇（街道）核实审批、区民政局备案核查的方式，发放高龄补贴155664人次，发放资金532.6025万元。

【居家养老服务】2021年，游仙区投入居家养老服务资金344.88万元，通过政府采购公开招标确定专业养老服务机构为全区11496名老人提供居家养老服务。同时，探索将居家养老服务下沉到镇（街道），通过试点培育当地服务力量，发挥志愿者互助功能，运用社会力量服务身边老人，实现为老服务“零距离”。

【养老基础设施建设】2021年，游仙区投入资金931万元，对石马、凤凰、朝真、徐家、石板、梓棉、玉河共7个敬老院和1个区社会福利院进行适老化改造。投入资金200万元，在经济试验区游仙路社区建成1个社区养老服务综合体。投入资金79万元，对忠兴、凤凰、玉河、梓棉敬老院进行灾后房屋维修加固。

【养老服务人才培育】2021年，游仙区组织全区养老从业人员参与省、市组织的各类线上培训和线下培训，共计培训400余人次。2021年6月，组建游仙区代表队参加“绵阳市第一届养老护理员职业技能竞赛”，获团体三等奖。

【养老服务体系建设试点】2021年，游仙区投入资金10万元在新桥镇开展独居老人巡防体系建设试点，线上依托新桥镇社会治理调度平台收集服务需求，线下依托“1中心+N站、点”建立安全巡防队伍，不定期通过上门入户和电话了解等形式对独居老人、重度残疾人等民政特殊服务对象进行安全巡访。投入资金10万元在忠兴镇凤凰村开展“益老益少”农村养老照护服务试点，为凤凰村106名独居老人和30余名留守、困境儿童提供接送、餐饮、体检和休闲娱乐等多项免费服务，取得良好效果。

【“敬老月”活动】2021年，游仙区组织参加全市重阳节相关活动，在活动现场摆放游仙区养老服务宣传展板1张，选送参演节目1个，受到市级表彰最美老人、优秀养老护理员各1名。开展以“加快养老服务体系建设，提升养老服务水平，游仙在行动”为主题的直播宣传，并印发《关于深入开展2021年全区“敬老月”活动的通知》，指导各镇（街道）开展走访慰问活动、“智慧助老”行动、维权活动，做实做优健康服务，加强宣传倡导，营造养老孝老敬老社会氛围。

【补贴发放】2021年，游仙区严格落实养老机构新冠肺炎疫情防控措施，下拨公办养老机构供养人员核酸检测费5.719万元，下拨新冠肺炎疫情防控期间养老机构一次性运营补贴30.41万元。通过金民工程中的养老服务系统填报和每月核实，全年发放5家民办养老机构运营补贴29.28万元，发放农村公办养老机构办公经费13.72万元。通过严格考核，对运营管理良好的13个日间照料中心发放运营补贴资金29万元。

（吴曙东）

【医养结合服务】2021年，做好65岁及以上老年人健康管理、老年人健康与医养结合服务、对65岁及以上失能老年人提供健康评估和健康服务。根据四川省基层医疗卫生机构管理信息系统统计，全区65岁以上老年人共82812人，老年人健康管理率达43.09%。完成医养结合服务29900人次；失能老年人4044人，提供健康评估1603人次，提供健康服务1275人次。全面完成市卫健委的20%、10%工作目标任务。广泛开展老年人健康教育活动，组织老年人健康保健知识讲座30场次，义诊、咨询等健康宣传70场，发放宣传资料2万余份，义诊人数达5000余人，提供健康咨询7000余次。

（刘均）

殡葬

【概况】2021年，游仙区深入贯彻落实民政部和省、市民政部门殡葬工作相关部署，加强法规政策宣传和文明祭祀引导，落实公墓建设运营指导和监管机制，率先启动殡葬专项规划编制工作，创新推动殡葬服务进社区试点工作，常规开展新冠肺炎疫情防控、安全生产、惠民殡葬、防灭火管理、生态环境保护等工作。全年减免2834人绿色惠民殡葬资金120.5126万元，发放节地生态安葬奖补资金1万元。

【祭祀安全管理】2021年，游仙区从“倡导文明祭祀、节俭祭祀、安全祭祀、党员干部以身作则”四个方面向全区干部群众发布《文明祭祀倡议书》。围绕“生态祭扫，平安清明”主题，组织宣传车深入全区各镇（街道），进村入组开展以“节地生态、绿色祭祀”为主题的殡葬宣传活动24场次。印发《关于做好2021年春节期间群众祭祀安全管理工作的通知》和《2021年清明节期间群众安全祭扫保障工作实施方案》等文件，成立游仙区清明祭扫保障领导小组，细化区级部门、镇（街道）和殡葬服务机构责任，全面落实工作职责。清明期间，全区各镇（街道）、村（社区）共设置卡点130余个、集中祭祀点80余处，成立巡逻小组150余个，印发防灭火宣传资料2万余份，强化祭祀安全保障力量。

【“节地生态安葬”公益活动】2021年，游仙区持续推进“节地生态安葬”公益活动，指导殡葬服务机构设置便民服务站，采用“鲜花换纸钱”“丝带换香烛”“描碑寄哀思”等文明生态祭扫方式，免费为群众赠送鲜花、祈福丝带、擦墓毛巾和墓碑描字的毛笔和油漆。教育引导群众文明祭扫、生态殡葬，推广树葬、花葬、草坪葬等节地葬

2021年10月13日，忠兴镇“大爱传递　幸福夕阳”重阳节慰问活动举行

法。发放节地生态安葬奖补资金1万元。

【绿色惠民殡葬】2021年，游仙区对绿色惠民殡葬减免金额全面提标，实现辖区户籍城乡居民殡葬基本服务项目减免全覆盖。调整后，困难群众“一站式”殡葬服务减免金额最高提高至733元，绿色惠民殡葬基本服务减免最高提高至688元，节地生态安葬奖补由500元提高至1000元。2021年全区减免2834人绿色惠民殡葬资金120.5126万元。

【殡葬服务进社区试点】2021年，游仙区以省民政厅《2021年社会工作服务试点示范项目任务书》和《2021年社会工作服务试点示范项目服务协议书》为指南，依托社会工作站（点）推进全区殡葬服务进社区试点工作。采取政府购买服务方式，引进2家社会组织承接试点工作。其中，“春天社工”负责承接小规镇试点任务，“阳光社工”负责承接游仙街道试点任务。试点任务主要为殡葬法规政策宣传、惠民殡葬政策宣传、协助殡葬服务机构开展殡葬公益宣传、发放《殡葬服务手册》和协助居民治丧。

【殡葬业价格秩序和公益性安葬设施建设经营专项整治】2021年，游仙区根据民政部等八部委《关于开展殡葬业价格秩序、公益性安葬设施建设经营专项整治的通知》及省民政厅等八部门《关于印发〈四川省开展殡葬业价格秩序和公益性安葬设施建设经营专项整治工作实施方案〉的通知》相关要求，组织区民政局、区发改局、区市场监管局及殡葬服务机构属地业务分管领导组成联合检查组，开展专项检查整治3次。通过殡葬服务机构自查和联合检查组检查，辖区内百芳公墓、圣水陵园2家经营性殡葬服务机构均实行服务承诺制度、实名合同档案管理制度，严格落实收费公示制度，将收费标准、收费项目公示在显著位置，未有群众反映价格偏高情况。对存在价格秩序和违规经营的沉抗镇抗香村农村公益性公墓已责令整改。

【违建墓地专项整治考核验收】2021年，游仙区民政局、区发改局、区公安分局等7个部门联合印发《绵阳市游仙区违建墓地专项整治考核验收工作方案》全面考核验收各镇（街道）违建墓地专项整治成果。在专项整治工作中，未发现公墓建设运营违法违规问题。

【农村公益性公墓筹建】2021年，游仙区将石马镇紫府村、盐泉镇圣谕村、游仙街道长明村、忠兴镇明龙村和信义镇龙园村5个农村公益性公墓建设项目纳入“十四五”重点建设项目，拟定于2022年年底前规划建设1处农村公益性墓地，于2024年年底前新增规划建设2处农村公益性墓地，于2025年年底前新增规划建设2处农村公益性墓地。2021年，已正式批复筹建忠兴镇明龙村农村公益性公墓。

【殡葬专项规划编制】2021年，由区民政局牵头，会同区财政局、区自然资源局、城东公司及各镇（街道），根据游仙区城乡建设规划和人口数量、地理环境、丧葬需求等，按照因地制宜、分类推进原则，启动《绵阳市游仙区殡葬设施建设专项规划（2021—2035年）》编制工作，原则上每个镇（街道）规划建设1处农村公益性公墓，全区共规划建设9处农村公益性公墓。2021年已完成意见征求和专家评审。

（吴曙东）

慈善事业

【备灾救灾】2021年，区红十字会联合区教育和体育局组织1万名青少年开展2021年红十字应急救护知识竞赛活动。3月组织民安社区开展消防演练，为提升区内防灾减灾能力贡献红十字力量。6月，开展“安全生产月”宣传活动，以应急救护体验、急救知识有奖问答等群众喜爱的形式进行。8月，搭建爱心人士和受灾地区之间的桥梁，接收社会各界爱心人士捐款51.37万元，支持河南灾区开展救灾工作，及时向社会进行5次捐赠公示。成立红十字应急志愿服务队，招募志愿者47名。组织5名队员参加全市首届红十字应急救护技能大赛、20余名志愿者参加“安全生产月”应急救护知识宣传暨技能体验活动、30余名志愿者参加新冠肺炎疫情防控专业培训，发挥示范引领作用。继续推进与应急管理部门协同配合，承担组织动员志愿者参与医疗救助等工作。

【人道救助】2021年，通过向上级红十字会争取、区红十字会自筹等形式募集资金（物资）3万余元，开展2021年“红十字博爱送万家”活动，为106户275名困难群众发放急救包、家庭包等红十字会特色慰问物资。为仙人路社区100名老战士、老党员、困难群众发放价值1.18万元党史学习教育主题慰问品。为4户困难家庭发放“芳草助学金”0.6万元；为遗体器官捐献者子女发放慰问金0.15万元。联系爱心企业为10名困难学子捐助1.9万元助学金。北京联合保险经济有限公司四川省分公司向游仙区教育公益事业捐款30万元；四川贝尔康君谦医药有限公司向游仙区卫生健康

2021年6月16日，游仙区红十字志愿者在市人民公园参加“安全生产月”应急救护知识宣传暨技能体验活动

公益事业捐赠价值7.62万元的病床。为4名白血病患儿争取“小天使基金”项目资助，每名患儿费用按援助标准3万—5万元报销。2名先天性心脏病患儿争取到术后自费报销的救助。区人道救助资金5万元帮扶48人。购买2069元的农特产品参与“消费扶贫”精准帮扶活动，助力对口帮扶壤塘县。

【应急救护】2021年，组织5名师资参加全市首届红十字应急救护技能大赛，提升应急救护师资素质。以点带面，携手区总工会、区妇联等群团组织，努力提升应急救护培训竞争力。推进应急救护培训进校园活动，组织12名校医参加中国红十字基金会校医培训班；组织6名应急志愿者助力开展“健康进校园”等公益活动；为学校赠送急救包35个、急救箱1个，提升应急救护培训生命力。在社区、学校开展主题活动6场，以急救知识普及等内容为载体，营造“人人学急救、急救为人人”的社会氛围。购买训练用体外自动除颤仪3台，为救护培训添加新课程，参训学员参与互动和模拟练习，提升应急救护培训吸引力。专业拍摄《心肺复苏》等急救小视频3个，向群众普及急救知识。为辖区物流、货运驾驶员、环卫工人等发放“急救包”160个。实施民安社区健康促进项目1个，投入资金3万元。全年开展救护员培训13期培训救护员534人，开展应急救护普及培训25场3486人次。

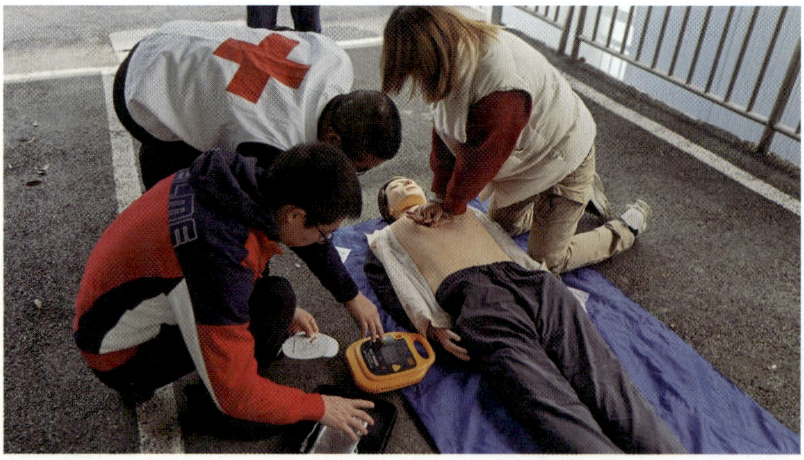

2021年3月22日，游仙区红十字会对救护培训师资进行AED（心脏除颤仪）使用培训

【“三献”工作】2021年，及时掌握捐献意愿，做好网上注册，纳入“中国人体器官捐献”“中华骨髓库”等。在直播游仙“阳光政务”栏目，针对“三救”“三献”核心业务、红十字志愿者、救护员培训、造血干细胞捐献、遗体（器官）捐献、红十字与其他慈善组织的区别等广大群众关心的问题做出详细解答。利用“5·8”红十字日、“红十字博爱周”、“安全生产月”、“世界急救日”等契机，深入广场、社区、机关开展红十字运动、献血、造血干细胞捐献、人体器官捐献、艾滋病预防宣传活动；市、区活动中专题朗诵《生命的乐章》，营造“人人为我，我为人人”的捐献崇高社会氛围。全年被《中国红十字报》、四川省红十字会网、“博爱绵阳”微信公众号等各级新闻媒体采用信息28条，发放宣传资料5000余份。开展献血动员工作，遗体和眼角膜捐赠登记587例，实现器官、遗体、眼角膜捐赠各1例，传递生命的大爱，生动诠释社会主义核心价值观，履行精神文明建设责任。（岳丽蓉）

残疾人事业

【康复救助】2021年，引进绵阳市第三人民医院、绵阳市游仙区妇幼保健院等4家社会专业机构成为游仙区残疾儿童康复训练定点机构，逐步形成“区残联＋区残疾人康复中心＋社会专业机构”的“1+1+N”新模式，补全服务项目不足的短板，

有效促进残疾儿童康复良性发展。邀请“四川扬康残疾人康复技术培训指导中心”对残疾儿童康复救助项目实施效能进行评估，并组织区卫健、民政等成员单位对承担游仙区残疾儿童康复训练救助的4家定点机构服务情况进行效能评估，合格率达100%。实施残疾儿童康复救助提标扩面工程，救助标准由每人每年1.2万—1.6万元提升到1.3万—1.8万元，全年共为94名残疾儿童落实康复救助金148.8万元。持续推进辅具适配全覆盖工作，使用资金28.64万元，为720名残疾人免费适配辅助器具1030件，帮助10名肢体残疾人完成假肢装配。常态开展白内障免费筛查进社区活动，完成白内障复明手术救助139例，组织35名盲人参加定向行走融合训练。向省、市残联争取，在沈家坝东街、新桥社区等4个残疾人社区复康复站增设各类康复器材20余件。

【教育就业扶持】2021年，开展6—14周岁残疾儿童入学情况摸底核查，通过送教上门、随班就读和特殊教育学校就读方式，确保入学率保持95%以上。为富乐街道残疾考生协调落实“延长考试时间”“轮椅进考场”等中高考便利服务，帮助10名符合政策的残疾人大学生和残疾家庭子女大学生享受“金秋助学金”3.4万元，支持他们平等接受教育，更好融入社会。做好残疾人日常求职登记，收集整理企业用工信息，组织残疾人参加绵阳市第七届残疾人就业专场招聘会、游仙区2021年民营企业专场招聘会等招聘活动，30余名残疾人与企业现场达成就业意向。引导残疾人朋友关注残联微信公众号、残疾人就业服务中心官网、残疾人就业QQ招聘群，发送各类岗位信息5000余条。为380名居家灵活就业残疾人发放直补资金共计19万元，帮助260名自主创业残疾人争取到市级自主创业补贴26.9万元，组织55名残疾人参加刺绣、插花、手工编织等个性化职业技能培训。投入资金70.95万元，分别在8个镇和游仙街道开设农村残疾人实用技术培训13期，培训学员1419名，发放养殖禽苗2.2万余只。推荐3名残疾人参加全省第十二届“我能飞”创业提升培训、2名盲人参加省级盲人按摩继续教育培训，不断提升残疾人就业创业能力。

【文体宣传】2021年，在全国第十一届残运会暨第八届特奥会轮椅舞蹈比赛上，代表四川省首次参赛的游仙籍运动员鲜娇姣、陈钟进入混合拉丁舞决赛，并取得较好成绩，实现四川省在全国残运会轮椅舞项目上奖牌“零的突破”。组织残疾人参加绵阳市第三届残疾人文化艺术节，选送声乐、舞蹈等4个展演类节目和绘画、书法、手工艺等17件展示类作品参与评奖，获得金奖在内的10余个奖项，游仙区被市残工委评为5个“优秀组织奖”之一。组织特校参加绵阳市首届特奥运动项目培训暨校园联赛，游仙代表团夺得滚球男子个人13—17岁组第一名、滚球混合团体8—17岁组第二名、旱地冰壶女子个人8—12岁组第二名、旱地冰壶混合团体8—17岁组第三名。选送的残疾人代表鲜娇姣获评“第五届全省自强模范”，被四川省精神文明办评为“助人为乐好人”，入选中国好人榜。实施“复健进校园”“器材进家庭”项目受好评，开展康复（健身）体育器材进家庭、“体育复健进校园”项目，向省、市残联争取康复（健身）器材1200余件，全部送入残疾人家庭；投入资金12.14万元，开展“体育复健进校园”项目，在特殊教育学校开设旱地冰壶、特奥轮滑等多项体育项目，不断提高在校残疾学生身心健康、体质体能，得到残疾师生广泛好评。

【社会权益保障】2021年，召开纪念《中华人民共和国残疾人保障法》实施30周年座谈会，利用“爱耳日”“爱眼日”“全国助残日”等重要时间节点，组织开展残疾人“一法四条例”宣讲和普法宣传等活动20余次，接待来电来访40余人次，协调处理各类信访转接件5件，两会期间无一例残疾人赴京、到省上访事件发生。完成残疾人“两项补贴”与养老保险、医疗保险代缴审核工作，共为397名残疾人落实困难残疾人生活补贴或重度残疾人护理补贴，为4978名重度残疾人落实城乡医保代缴。新办理残疾人证426份、换证524份，为170名符合条件的新办证残疾人发放评残补贴2.55万元，为100名残疾人发放机动轮椅车燃油补贴3.65万元，为3名残疾人发放C5驾照一次性补贴3000元，帮助60户困难残疾人家庭完成无障碍改造。投入54.9万元，为405名残疾人提供居家托养服务，为88名残疾人提供寄宿托养服务，为30名重度残疾人提供日间照料服务，有效缓解残疾人家庭压力，进一步改善残疾人照护状况。持续开展“温暖万家行”慰问活动，为1000余名困难残疾人送去价值40余万元的“春节礼包”，帮助困难残疾人家庭温暖过冬、幸福过节。邀请45名残疾患儿及家属参加“特别的爱给特别的你”主题亲子活动和“庆六一、送温暖”系列活动，为绵阳市特殊教育学校送去慰问金5000元，为石马三星博爱小学送去价值5000元的文具礼盒。

【残疾人脱贫攻坚成果巩固拓展】2021年，实行动态监测，将存在返贫和致贫风险的残疾人作为重点扶持对象，及早发现、及时帮扶，继续实施农村残疾人实用技术培训等项目，扶持有劳动能力的残疾人从事具有地方特色和市场潜力的农村种植养殖和加工业。配合教育、卫健、人社等部门进一步落实残疾人教育、医疗、养老等基本保障和公共服务政策，推动残疾人纳入“1+8”社会救助体系，确保符合条件的残疾人应享尽享低保、特困救助供养、临时救助、医疗救助、教育救助、就业救助、住房救助、“两项补贴”、养老和医疗保险政府代缴等政策。（谭小霞）

扶贫工作

【概况】2021年，全区脱贫攻坚取得全面胜利后，按照中央、省、市统一部署，游仙区移民和扶贫开发服务中心主要工作与全省同步转向推动巩固拓展扶贫攻坚成果与乡村振兴有效衔接，6月8日，原“绵阳市游仙区移民和扶贫开发服务中心”更名为“绵阳市游仙区乡村振兴服务中心”，为区政府直属正科级事业机构。8月底，移民工作及编制、人员移交区水利建设发展中心，区乡村振兴服务中心在岗人员11名。

【《绵阳市游仙区防返贫预警处置基金管理办法》】2021年10月14日，区乡村振兴服务中心、联合区财政局印发《绵阳市游仙区防返贫预警处置基金管理办法》，明确由区财政每年保障预警处置基金100万元，对有返贫致贫风险的困难农户实施救助，确保不发生返贫致贫现象。2021年共审核拨付防返贫预警处置基金114.1万余元帮助65户困难农户解决生产生活困难。

【主要帮扶政策】2021年，严格按照“四个不摘”要求，明确“思想不乱、队伍不散、工作不断、力度不减”帮扶思路，以游仙区委农办名义印发《关于调整优化巩固脱贫攻坚相关措施严格落实“四不摘”要求的通知》，对原区定建档立卡贫困户剩余的375户783人继续开展帮扶，保持现有医疗、教育、住房、饮水安全等主要帮扶政策总体稳定，并逐步优化调整，巩固脱贫攻坚成果。

【防返贫动态监测和帮扶机制】2021年，按照省市要求，开展两轮防返贫动态监测集中排查，认定监测对象88户200人。其中，6月共排查认定监测对象54户118人，11月共排查认定监测对象34户82人。为做好监测对象帮扶工作，以游仙区委农办名义印发《关于做好防止返贫动态监测和帮扶工作的通知》，为监测对象全覆盖确定联系区级领导、帮扶单位和帮扶责任人，明确全区防返贫动态监测和帮扶机制，组织相关行业部门对存在的问题和短板弱项，按照“缺什么补什么”的原则，制定帮扶措施，稳步消除致贫返贫风险。

【重点帮扶村】2021年，游仙区有6个行政村被确定为乡村振兴省级重点帮扶村，其中盐泉镇玉溪村被定为省级重点帮扶优秀村。游仙区委组织部分别向6个乡村振兴重点帮扶村选派驻村第一书记和工作队，明确选派干部日常管理、实绩考核和激励保障机制。（王涛）

农民工服务

【就业招聘】2021年，大力实施就业招聘活动，促进就地就业，利用农民工返乡集中时段，开展“春风送岗”线上线下招聘会8场次，发布招聘信息1.5万余条，收集企业用工岗位1.1万余个，为辖区兴事发、开元磁材、太极药业、东材科技等企业提供用工1202名。多渠道推广信息平台宣传，拓宽就业渠道，通过微信公众号、宣传海报大力推广四川省农民工服务平台，引导农民工通过平台了解省内外就业岗位、创业政策、法律援助及社会保障等信息，进一步拓宽就业渠道。

【职业技能培训】2021年，实施职业技能提升行动，不断提升素质。遵

2021年12月3日，区农民工服务中心到魏城镇铁炉村开展送岗入户服务

循以“产业发展和市场需求为导向”的原则，开展品牌和技能提升培训44次培训1453人；针对仙鹤镇葡萄产业园葡萄种植技能提升，开展实用技能培训班1次培训50人。

【阵地建设】2021年，落实精准就业，先后在魏城镇、忠兴镇开展农民工服务基地标准化建设，搭建“人力资源公司+村（社区）集体经济组织+农民工”的劳务输出模式，实现精准摸清农民工就业意愿、推送就业岗位，开展岗前培训、网上面试等功能，落实精准就业。强化服务站建设，加大回引力度，分别在广东、重庆和浙江建立驻外农民工服务站3个，为游仙籍农民工在回引培养、关心关爱、协助维权、就业创业等方面提供服务，宣传全区发展优势和创业政策，累计回引返乡农民工819人，返乡创业经营主体315户，吸纳带动就业3600余人，实现年产值7.6亿余元。

【返乡创业政策】2021年，制定出台《游仙区农民工返乡入乡创业示范园区评审认定办法（试行）》《游仙区农民工返乡入乡创业明星认定办法（试行）》，对争创成功的园区、个人，从就业创业补助资金中分别给予2万元、4000元的一次性奖励，并由农行直接授信50万元、30万元。2021年评定返乡创业示范园2个、返乡入乡创业明星5人。

（杨宏）

消防

【概况】2021年，全区消防救援站队伍共接警出动612次（火灾扑救197起、抢险救援166起，社会救助249起），共计出动车辆764辆次，出动人员4280人次，抢救被困人员15人，疏散被困人员13人，抢救财产价值3921.82余万元。截至2021年12月，区消防救援大队共开展日常监督检查1104家次，督促整改隐患450处，行政处罚93家，临时查封10家，责令“三停”单位6家，罚款46.05万元。联合住建、公安、市场监督、商务、教体、文广旅、综合执法、应急等部门开展联合执法检查30余次。处理火灾隐患举报投诉93个，发动全区网格员、物业服务企业、乡镇街道工作人员、派出所民警深入村（居）民住宅开展火灾隐患排查2000余户。

2021年7月8日，游仙区石马镇专职消防救援站进驻执勤仪式举行

（石马镇供图）

【消防安全工作会议】2021年11月2日，区政府组织召开2021年全区消防安全工作会议，区委常委、副区长陈政出席会议，副区长姚永强，区政府办联系消防工作副主任，高新区管委会安办，城乡融合发展试验区、经济试验区管委会，各镇（街道）人民政府（办事处）、区级各部门及重点单位主要负责人参加会议。会议对如何抓好全区消防工作作出部署并签订年度消防工作目标责任书。

【专项治理】2021年，以“专项整治三年行动”为目标，先后开展“中国共产党成立100周年消防安全百日攻坚行动”“全面打通消防生命通道”“集中整治高层建筑”“文博单位和宗教活动”“大型商业综合体消防安全治理”“消防技术服务活动的监督管理”“今冬明春火灾防控”“节庆活动安保”等场所领域的防安全突出风险隐患。推进“城中村”、老旧小区、企业厂房消防隐患、消防水源大排查。落实“放管服”改革和深化消防执法改革惠民措施，推广“双随机、一公开”监管工作，全区消防安全工作再上新台阶。

【消防知识宣传】2021年，严格落实消防宣传“五进”要求，开展开学第一课、校园安全日、“119”宣传月等大型宣传活动，采用线上线下相结合的方式，线上通过推广注册全民消防学习平台2.9万余人次，线下通过到全区机关、社区、企业、学校、医院、家庭等场所上门开展消防宣传培训200余次，利用广播、LED、横幅、传单、微信群发相关文件和消防提醒、宣传车流动宣传、户外大屏幕滚动播放消防知识以及对外开放消防站等多种形式开展消防安全宣传。依托住宅小区宣传栏全方位开展社会化消防宣传。发放各类宣传资料3万余份，与企（事）业单位、人员密集场所

2021 年 9 月 23 日，游仙区基层应急救援队伍培训现场

联合开展消防实战演练 20 次，各类培训人数超过 1.2 万人，重大节假日通过手机短信发送消防安全提示 10 余万条，印发中小学消防教材图册 4000 余份，发放宣传海报 8000 余份，在全区营造出良好的宣传氛围。

【消防站建设】 2021 年，按照省委“两改办”任务要求，游仙区全面完成石马镇一级消防站建设任务，于 2021 年 7 月 8 日正式揭牌投入执勤备战。魏城镇一级消防站已于 2020 年 4 月 20 日投入执勤备战和实体化运行。同时，游仙高新区城市二级消防站全面建成，标志游仙区实现“一队三站”的消防力量战略布局。

【基层应急救援队伍能力提升】 为加快提升基层应急救援能力和应急救援队员在救援活动中的自我防护和自救水平，2021 年 9 月 23 至 24 日，消防大队持续 2 天对全区基层应急救援队伍队员开展应急救援知识轮训工作。10 月 28 日，组织全区镇（街道）、试验区、管委会综合应急救援队伍队员及部分重点单位微型消防站人员共 80 余人开展应急救援大比武，全面提升基层应急救援队伍突发事件处置能力。 （屈德鲜）

2021 年 11 月 2 日，游仙区消防安全工作会议召开　（区融媒体中心供图）

环境保护

【环境质量】 2021 年，全区空气质量优良天数 320 天、较 2020 年同期增加 4 天、优良率达 92.0%，$PM_{2.5}$ 平均浓度 27.1 微克 / 立方米，PM_{10} 平均浓度 42.1 微克 / 立方米，空气质量综合指数 3.04。城市集中式饮用水（仙鹤湖水库）水源达标率 100%，芙蓉溪仙鱼桥市考断面水质优良率 100%。全区土壤环境质量总体保持稳定，农用地和建设用地土壤环境安全得到基本保障，土壤环境风险总体得到有效管控。全区辐射环境质量保持良好。

【环境保护督察】 2021 年，中央环境保护督查组进驻游仙期间，全区收到信访转办件 26 件，无“加星”件，全部按时按质办结，案件总数同比下降 32%，未反馈涉及游仙个性问题。

【政务服务】 2021 年，全年审批建设项目 9 个，现场核查承诺制项目 3 个，指导企业办理登记备案 91 家，累计豁免环境影响登记表备案 30 余家。申领许可证 15 张，指导帮扶及业主自行填报排污登记 42 张。

【污染防治攻坚战】 2021 年，强化多污染物协同控制和区域协同治理，以细颗粒物和臭氧协同控制为主线，抓好挥发性有机物和氮氧化物协同治理，加强道路扬尘精细化管控，落实重污染天气应急各项措施；开展入河排污口排查整治，推动芙蓉溪魏城河等重点小流域水生态环境综合整治，实施魏城河信义段生态修复工程。开展污水处理厂技术改造和提升，系统推动“三水共治”，开展“三磷”整治“回头看”及医疗机构污水处理设施提质增效专项行动；全年共审批医疗废物39家、危险废物105家、一般固体废弃物12家，危险废物转移申报407次。

【生态环境执法】2021年，累计完成“双随机”执法检查271件，检查发现各类生态环境问题50余个，下发限期整改通知书30余份；指导督促企事业单位完成应急预案备案37家；调查处理生态环境类信访投诉累计235件，办结率100%，群众满意率98%；累计查处生态环境类违法案件15件，处罚金70余万元。

【省级生态县创建】2021年，印发《绵阳市游仙区环境保护工作“党政同责、一岗双责、一案三查”实施细则（试行）》，落实生态环境保护目标责任，完善环境问题责任追究制度，严格生态环境监管执法，构建“党委统一领导、政府全面负责、部门依法监管、社会支持监督”的生态环境保护格局。在全市率先实现乡镇污水处理设施全覆盖，公共交通畅达所有镇村。整改销号“散乱污”企业165家，环境空气质量优良率达92%，全面落实“水十条”，推行“河（湖）长制”，深入推进“大规模绿化游仙行动”，全区林草覆盖率达42%，城镇新建绿色建筑比例达70%，实现居民“开门见绿，推窗见景”。（周晓燕）

退役军人事务

【双拥共建】2021年，游仙区退役军人事务局为立功受奖现役军人家属送上喜报，发放奖励金5.2万元，为家属披绶带、戴红花，唱响爱国拥军主旋律。在石马镇投资25万余元打造双拥广场，以图文并茂的方式向全区军民进行国防教育和爱国主义宣传；选址小枧镇东山运动公园打造双拥公园，总占地4570余亩，共分3期打造，一期建设已基本完成并于2021年5月1日正式开园。

2021年9月30日，绵阳市游仙区2021年退役士兵现场招聘会在游仙区职业技术学校举行

【褒扬纪念】2021年，游仙区“军人之家”光荣牌悬挂率达99.9%，营造“一人当兵，全家光荣”良好氛围。开展烈士褒扬和烈士寻亲工作，完善并上传259名烈士基本信息至烈士褒扬系统，加强信息互通，开展缅怀英烈活动，举行“9·30”烈士公祭活动，走访慰问烈属47户（次）。争取烈士纪念保护设施资金15.54万元，整修飞龙山教育基地、军工记忆墙等红色文化基地，以实物实景弘扬英烈精神。

【优待抚恤】2021年，游仙区为优抚对象发放抚恤和生活补助金3892万元；解决重点优抚对象医疗救助，落实医疗救助经费75万余元；核查部分退役军人原始档案。走访慰问退役军人代表和其他优抚对象，送上慰问信；常态化走访现役边防军人家属、困难退役军人、重点信访人员等，“温暖过冬”关怀困难退役士兵，发放慰问金和采购慰问品。清查伤残人员评残资料，通过省厅审核并换得新证，通过率达99.15%，帮助1—6级伤残退役军人购买城镇职工医疗保险；妥善接收部队移交地方病故军人，为其家属发放一次性抚恤金。继续巩固部分退役士兵社保接续工作成果，办结率98.91%。推进优抚对象年度确认，核对完成度达95.98%；受理新增优抚对象，通过率达93.10%。

【移交安置】2021年，游仙区发放2020年度一次性地方补助金、待安置期间生活补助、军休人员待遇。接收安置转业军官，全部安置到政府机关；接收由政府安排工作退役士兵，分别安置到央属国企、市级单位、游仙区；接收自主就业退役士兵。全面落实军休人员和自主择业干部政治生活待遇。在春节、端午等时间节点对军休人员和自主择业干部进行慰问；组织军休人员集中体检1次，到眉山开展疗养活动1次；组织自主择业干部开展集中座谈会1次，到广安开展学习教育活动1次。

【就业创业】2021年，游仙区退役军人事务局组织招聘会3场，印发企业用工招聘信息目录5期，提供100余家用工单位就业岗位。创新培训方式，采取“订单式”方式组

2021 年 10 月 14 日，“老兵永远跟党走 · 军人本色 老兵风采”书画摄影巡展在绵阳美术馆越王楼展厅启动

织人员参加职业技能培训，培训期间推荐就业。加大创业典型宣传力度，推荐中科国兴何成龙、科莱电梯曾斌参加省退役军人就业创业之星评选；同人精工杨琳参加全国退役军人创业创新大赛并获省赛二等奖，入选 2021 绵阳市退役军人风采录。协助部分困难退役人员申请公益性岗位继续使用，发放补助；为退役军人出具绵阳市“九类退役人员”认定审核表，帮助解决享受国家规定的与工龄有关的养老待遇；为退役军人出具基本医疗保险缴费年限认定表，帮助解决享受国家规定的有关医保相应待遇。

【《绵阳市游仙区困难退役军人关爱帮扶专项基金管理使用办法（试行）》印发】 2021 年 4 月 19 日，游仙区退役军人事务局印发《绵阳市游仙区困难退役军人关爱帮扶专项基金管理使用办法（试行）》，使困难退役军人及家庭能及时、准确地得到关爱帮扶。截至 2021 年 12 月 31 日，帮扶金额达 49.95 万元。

【“老兵永远跟党走 · 军人本色 老兵风采”书画摄影巡展】 2021 年 10 月 14 日，由省退役军人事务厅、省文联主办，绵阳市退役军人事务局、市文联、游仙区退役军人事务局承办的“老兵永远跟党走 · 军人本色 老兵风采”书画摄影巡展在绵阳美术馆越王楼展厅启动。“军人本色 老兵风采”书画摄影作品征集展评活动是“老兵永远跟党走”系列宣传教育活动的重要组成部分。活动面向全省，共征集作品 2930 件，其中书法 1232 件、绘画 543 件、摄影 1155 件。游仙区报送书画摄影作品 45 件。（魏贤春）

镇（街道）

游仙经济试验区

【概况】 游仙经济试验区是1993年8月成立的开发区，2012年3月根据游仙区整体规划定位为游仙经济开发区东区。位于北纬31°21′13″—31°33′40″、东经104°42′15″—105°8′58″。南起仙人桥，北至石门垭，东至绵阳师院公路，西至中国工程物理研究院地界，规划面积3平方千米，市人民政府批准的控制性详细规划为5平方千米。辖六里、游仙东路、汉城、汉仙桥、小岛、桑林、民安、游仙路8个社区居委会和51个居民组。户籍人口43521人，常住人口145427人。驻地位于游仙区龙山街90号。

2021年，经济试验区以“建设生态、美丽、繁荣、宜居、和谐、人文的现代新城”为目标，以推动高质量发展为主题，以满足人民日益增长的美好生活需要为根本目的，巩固拓展新冠肺炎疫情防控和经济社会发展成果，大力开展项目建设攻坚、招商引资攻坚和作风能力攻坚，奋力推进“党建引领、产业强区、城建攻坚、基层治理”四大工程，着力建设“科技型创新示范区”“公园型城市示范区”和“基层治理示范区”，奋力推动社会主义现代化游仙建设再上新台阶。

【主要经济指标】 2021年，实现规模工业总产值110亿元，同比增长15.8%；财政总收入1.12亿元，其中地方财政收入6524.7万元；税收收入1.5亿元。全社会固定资产投资18.8亿元，工业性投资2.96亿元；社会消费品零售总额6.63亿元；新增规模工业企业2家，新增限额以上社消零企业6家，新增规上服务业企业4家，招引科技型中小企业4家。

【项目建设】 2021年，辖区在建项目21个，新开工项目9个，续建项目12个，总投资42.26亿元。其中，列入区重点项目4个：计划投资5.496亿元的兴发孔雀城房产项目、计划投资3.5亿元的兴发御府花园房产项目、计划投资1.5亿元的英才学府项目、计划投资7亿元的海天瑞府房产项目；新包装入库项目9个、投资额5.52亿元：投资1.5亿元的英才学府项目、投资2032万元的高精密电子零部件生产线项目、投资2260万元的年产1000吨高稳定性宽温域锰锌铁氧体项目、投资1008万元的通信、腔体类产品生产工艺改造提升项目、投资1800万元的游仙东路社区便民市场项目、投资4860万元的2021年度通信基站5G项目、投资4055万元的游仙供电公司2021年第一批综合计划项目、投资2亿元的兴发公园华府二期房产项目、投资4180万元的2021年度通信基站第二批5G项目。

【基础设施建设】 2021年，完成游仙城区试验区片区城市道路改造提升二标段（欧家坝片区）新建民生路后续施工工程地勘和初步设计，完成省道205线试验区段综合管线迁改、民安社区连接省道205线（万达学校至金山村道路）道路边坡治理、牡丹亭小区围墙旁道路污水管网渗漏治理。投入70余万元实施“汉城·幸福里”小巷提升工程，设置无人值守智慧道闸系统，升级400万像素夜视高清监控系统，完善消防设施设备，新增停车位120余个，五里堆南路20号、五里堆中路6号片区全部改造完成并投入使用。完成游仙东路社区便民市场项目、游仙东路社区老龙山防洪抢险地质灾害治理工程、游仙东路社区老年服务中心、绵阳市公交换乘站建设项目10千伏电力线路迁改工程4个项目立项工作。

【生态环境建设】2021年，制定印发《网格化环境监管实施方案》，建立分级监管体系，实现辖区环保巡查管理全覆盖。聚焦市场周边、背街小巷、自建小区等环境卫生薄弱环节，开展市容市貌、餐饮油烟、扬尘治理等专项整治行动228次，发现、整改相关问题260余起，建设辐射监测站1个，销号违法建设3起。开展中央、省环保督察问题“回头看”，处理环保问题17件。高质量通过国卫复审和典范文明城市创建验收。

【拆迁安置】2021年，按要求推进省道205线二、三期及一环路北段东延线项目、乡村旅游环线项目扫尾工作，完成公交枢纽站用地范围内189户农户林木果树拆迁补偿、游东路鹤林沟段及华兴上街项目32户拆迁补偿、东西第二干道项目范围内4家企业建构筑物及附属设施拆迁补偿、兴事发用地范围内2户农户的房屋拆迁补偿、东路社区六组居民点建设范围内14户农户林木果树、5户农户建构筑物及1家企业建构筑物的拆迁补偿、绵梓线道路沿线行业乱象及环境综合整治项目23户商户搬迁和21户农户拆迁补偿，完成南星街6号旧改范围内13户住户的模拟搬迁补偿安置协议签订。推进桑林坝土地整理项目拆迁安置，新增56户签订拆迁安置协议并完成抓阄选房。

【信访工作】2021年，将“解决问题”作为工作核心，建立“1+3+5+N”（“1”即1名包案领导，“3”即3名责任部门包案人员，“5”即5名社区干部，“N”即多名社区群众）工作组。健全问题收集、梳理、汇总、分类、处理等“全过程”工作机制，落实问题交办、办理和督办责任。包案领导对包案对象每周一次家访、每三天一次电话联系，包案人员与包案对象每天一见面、3次“零报告”、24小时接受电话咨询。每周召开一次“治重化积”工作调度会。联合辖区派出所对缠访、闹访群众进行法治谈话30余次，化解信访积案19件、办理网信系统各类信访件75件、调解群众各项矛盾129件。

【社会事业】2021年，扎实履行民生保障、社会服务等职责，将惠民资金补贴到位，对困难群体关爱到位，把社会保障落实到位。按时足额发放低保、临时救助、高龄补贴、公共租赁补贴等各类资金274万余元，完成城镇新增就业79人、城镇失业人员再就业72人，开发“公益性岗位”31个，为灵活就业困难人员“4050”申请社保补贴125人。对计划生育特殊家庭进行家庭医生签约服务，累计签约146人；为辖区11106名退休人员进行社会化管理服务；投入约30万元采购居家养老服务，惠及辖区984名困难老人。建成游仙经济试验区社会工作服务站、未成年人保护站双站双体系省级试点项目，签约专业社工组织提供规范化、标准化、便利化的服务。承接事权下放，办理各类证照2250件。

【新冠肺炎疫情防控】2021年，全面落实常态化新冠肺炎疫情防控部署要求，继续坚持“外防输入、内防反弹”的防控策略，结合新冠肺炎疫情态势走向，适时调整新冠肺炎疫情防控策略，不断巩固新冠肺炎疫情防控成果。织密“试验区—社区—小单元—居民”防控网，按照属地负责原则，对重点地区、境外来（返）游人员进行网格化管理，扎实做好排查管控、宣传引导、舆情监测、应急准备、疫苗接种等工作，确保来（返）游人员找得出、管得好、数据清。扎实开展疫苗接种工作，辖区共接种新冠肺炎疫苗11.8万人次，未发生新增确诊病例。

【全国综合减灾示范社区创建】2021年8月，经济试验区投入30余万元，在游仙路社区开展全国综合减灾示范社区创建。成立抢险救灾组、医疗救援组、隐患监测组、效能监督组、宣传报道组，根据社区实际情况制定《风险辨识及其评价制度》《危险源监控管理制度》《应急救援物资管理制度》等10项制度及各类应急预案，建立社区隐患风险数据库，建设社区微型消防站1个，设立事故与伤害监测点3个、应急避难场所2处，依托社区卫生服务中心建立社区医疗应急救援站1个，与辖区超市达成救援物资储备协议，组织民警、复退军人、社区党员等成立“文明劝导”“治安巡逻”“应急抢险”“扶弱助残”志愿者队伍4支，开展各类应急培训及演练活动3次，广泛开展防灾减灾宣传教育，创建为全国综合减灾示范社区。

【省级示范性退役军人服务站创建】2021年3月，经济试验区投资35万元，在桑林社区建设310余平方米退役军人服务站。该站以“推动退役军人工作高质量发展”为目标，以“精准服务保障”为重点，以“体系建设标准化、服务管理一体化、服务队伍专业化、功能作用多样化”为工作思路，配备专（兼）职工作人员10名，设置服务窗口、会议室、接待室、档案室、活动室、

2021 年，绵阳市游仙经济试验区退役军人服务站

阅读休闲大厅，为辖区军转干部、退役士兵、现役军人家属和重点优抚对象，提供政策咨询、信息采集、立功喜报、就业创业、困难帮扶、志愿服务等服务，形成全覆盖、点对点、零距离的退役军人服务体系。2021 年 11 月，通过省级示范性退役军人服务站验收。

【渔人码头“数字文化商业街”特色街区建设】 2021 年 5 月，经济试验区引进四川千奇兔数字科技有限公司对渔人码头进行整体升级打造。计划投入资金 6800 万元，以数字未来特色为主题，打造集特色数字影视互动体验长廊、数字影楼、数字网红孵化基地、特色美食小吃、网红打卡、夜生活文化娱乐、网红直播带货、数字场景展示互动等为一体的特色商业街区。截至 2021 年 12 月底，已完成投资 1800 万元，搭建国内首家全民数字影视互动体验长廊。

【桑林社区“左零右社”党群服务站】 2021 年 4 月，经济试验区依托“党建大联盟”平台，利用桑林社区东原长洲闲置公益性用房，整合各方优势资源，打造以“试验区规范指导 + 公司专业运营 + 广电全面推广 + 社区直接管理”为模式的“左零右社”党群服务站。服务站共二层，一楼为惠民惠农超市，推出农产品定制系列服务，主要销售来自游仙、三台、北川、平武等周边区县的优质农副产品，完善居民“15 分钟生活圈”，助力乡村振兴。二楼为便民服务点，为居民提供就业失业登记、医疗保险、城乡低保办理等服务事项；同时联合辖区梦想家培训学校、西蜀诗书画研究院、安妮花阅读馆等优势资源，开展亲子陪伴、儿童托管、兴趣培训等活动，实现社情民意“零盲点”、矛盾纠纷“零激化”、社区服务“零距离”、关爱帮扶“零缺失”、共驻共建“零障碍”。

【“街坊议事厅”基层协商议事平台】 2021 年 4 月，经济试验区搭建“街坊议事厅”基层协商议事平台，围绕中心工作和民生“关键小事”，引导居民参与社区治理。探索基层协商“114”工作法，即：坚持 1 个核心（坚持基层党组织的全面领导）；健全 1 套制度（协商民主议事工作规则、工作流程等）；抓实 4 个步骤（依规产生协商主体、筛选协商议题、开好协商会议、重视结果落实）。将辖区内威望较高、办事公道的老党员、老干部、人大代表、政协委员、乡贤以及基层群团组织负责人、社会工作者吸收到协商议事会中，按照“五议五不议”原则开展基层协商，并运用党务、居务公开栏、微信群等传统和新兴媒介及时公开协商主体、协商议题和协商结果。平台启动运行以来，共登记社会治理、公共基础设施建设、生态环境、公共服务需求等方面议题 29 个，召开协商议事会议 19 次，完成协商议定事项 16 个。

【绵梓路沿线行业乱象及环境问题综合整治】 2021 年 11 月，为有效解决绵梓路（试验区段）道路沿线

2021 年 4 月 18 日，游仙经济试验区桑林社区“左零右社”党群服务站启动仪式举行

2021年4月2日，游仙经济试验区"汉城·幸福里"小巷治理协商会召开

行业乱象，经济试验区抽调精兵强将，统筹拆迁办、城管办、综治办、社发局和执法中队力量，成立依法治理、规范经营秩序等7个工作组，实行工作职责、工作时限、目标要求、督导检查"四到位"；通过购买社会服务方式对地上构筑物进行测绘，按照二手车经营、汽车修理、材料加工等行业类别细分拆迁户，根据类别、体量和搬迁时限制定并公开搬迁补偿标准。工作组采取"白加黑""5+2"逐户协商工作模式，同时巡回播放搬迁政策，并为商家寻找经营场所。11月下旬，所有商家均签订补偿搬迁协议，快速清理搬迁沿线商家23户、房屋1户、违规搭建彩钢棚17户4000余平方米。（郑萍）

游仙街道

【概况】2021年，游仙街道总面积约44.5平方千米，辖游仙观、芙蓉、龙申、吴家4个城市社区，长明、金山、文胜、石垭4个行政村，37个村民小组，22个居民组。总户数20707户，其中农业户4082户。总人口39533人。其中，农业人口9433人，外来人口10137人。

【镇域经济】2021年，完成固定资产投资11.3亿元，完成率125.49%；规模以上工业突破，实现产值4000万元；规上服务业产值2.5亿元；限上社消零7.9亿元，新增限上社消零企业4家；全年招商引资实际到位资金2亿元。

【项目拆迁】2021年，完成13个项目415户农房、6家企业、2000余亩林木果树的拆迁补偿，完成绵投加油站排洪沟改建、省道205改线、朝阳景观大道、绵梓路风貌提升等项目。在完成征地拆迁安置各项工作的基础上，对因拆迁项目建设造成的村（社区）基础设施损毁的，对接上级部门争取项目。完成省道205线、一环路北段东延线、二环路四期道路交通、安全隐患整治、水利灌溉等10余个拆迁还建工程建设，并配合社计办、村建办、涪东公司等部门，参与完成阶段性工作，确保街道项目建设进度按要求推进。

【城乡环境治理】2021年，对芙蓉溪河岸线14.8千米白色生活垃圾、漂流物等卫生及垃圾问题开展强力整治，向上级申请专项经费20余万元，梳理整治各村（社区）排污口80余个，累计清理白色垃圾15余吨。投入9万余元，对各村（社区）生活垃圾清运140多车。

【农业总量】2021年，土地确权涉及农户2194户。2021年街道已颁发农村土地承包经营权证1319户，测绘公司进行纠错，待返还街道67户，剩余875户。其中，59户因土地流转四至界限被破坏，无法确认地块；749户因土地征占无上级批复。落实各项惠农政策，发放耕地地力保护补贴资金741671.4元，2480户；发放稻谷种植补贴

2021年游仙街道各行政村基本情况表

表7

村名	面积（平方千米）	户数（户）	人口（人）	农村/集体经济收入（万元）	农村经济总费用（元）	农村经济净收入（元）
长明村	8.23	998	3433	53.10	—	—
文胜村	4.89	447	1346	170.37	—	—
石垭村	3.72	520	1568	41.1	—	—
金山村	8.8	800	2580	16.88	—	—

资金94073.63元，746户；发放实际种粮农民一次性补贴资金102961元，746户。实现粮食扩种目标面积24.24亩，完成下达任务。

【乡镇工业总量】 2021年，集体企业同比上年有小幅上涨，2021年企业市场主体数量同比2020年增长30%，规上社消零企业营业收入为56421.94万元，同比增长58%，规上服务业营业收入为17106万元，同比增长28.9%。

【基础设施建设】 2021年，治理地质灾害或公共安全隐患点，共计7处。其中，避让搬迁农户1户，投入治理经费56万元，临水道路隐患治理。通过安装防护栏、防护桩的方式治理隐患7处，共投入治理经费9万余元；通过安装减速带、波形护栏、弯道凸透镜、各类标识标牌等方式治理农村道路安全隐患8处约4千米，共投入治理经费12万余元。

【社会事业】 2021年，计划生育奖扶享受对象1001人，特别扶助对象46人，全年发放资金130余万元。新增计划生育奖励扶助对象188人，特别扶助对象4人。新增参保人数120余人，发放待遇人员1406人。全年新增就业登记700余人，失业登记20人，就业困难人员再就业20人，办理就业失业登记证45本，就业困难人员认定30人，开发公益性岗位12人，落实大学生创业补贴2人，开办就业培训班2次，落实公益性岗位补贴资金78万余元，落实就业困难人员社保补贴4万余元。深入开展医疗救助工作，全年争取救助资金46220元，为20名退休工人申报发放医保和门诊补贴15520元。做好2021年医疗保险工作，全年参保人数达14083人，办理医保退费56人。农村低保金发放315人次，累计发放134014元；城镇低保金发放108人次，累计发放70058元；街道办80岁以上高龄老人337人，全年发放3895人次，累计发放资金135750元。

【社会治理】 2021年，接待群众来访45余批次300余人，办理、回复信访件42件、市长热线260件，网络问政24件，回复省委巡察组交办件2件，调解各类矛盾纠纷69件；处置涉稳事件，化解芙蓉世纪阳光办证、芙蓉社区小区43亩修建等多年遗留突出问题，百乐汇广场租赁合同纠纷、仙特米业21户业主用电遗留问题等重大安全稳定问题。同时，着力推进芙蓉社区二组历史遗留建房问题、仙鹤湖社保、统建房小区供地办证等问题寻求化解途径，努力确保辖区内安全稳定。

【党的建设】 2021年，开展中心组学习6次，周五集中学23期，推动习近平新时代中国特色社会主义思想和中央及省、市、区会议精神的深入学习和贯彻落实。围绕“五个基本建设”，推进基层组织建设转型升级。新建明瞳等“两新”党组织5个，选派党建指导员11名，实现“两个全覆盖”。投入90万余元用于省级社工站、2个党群服务中心市级达标、街道党校等阵地建设，6个村（社区）完成阵地亲民化改造。举办庆祝中国共产党成立100周年文艺展演，创新“银发宣讲”“党史连环画”“红色能量包”等党史学习教育特色举措，探索“长明荟”“连心桥”等基层民主协商议事品牌，推进基层治理。深入推进城郊接合部新型社区省级挂牌治理、两项改革“后半篇”文章市级示范争创、市区党代表推选等重点工作，红色物业、商圈党建和基层治理等示范引领工作取得新成效。

【廉政建设】 2021年紧紧围绕“两个责任”落实，制定《2021年度全面从严治党和党风廉政建设及反腐败工作安排意见》，签订党风廉政建设主体责任清单35份，层层压实主体责任；严格落实“四个亲自”要求，组织召开党工委会议专题研究党风廉政工作6次，召开季度联席会4次，听取班子成员履责汇报4次48人次，做到常抓常议常管；常态化开展廉政教育活动，党工委会前讲纪学法11次，通过话廉讲纪微课堂等形式组织党员干部学习典型警示案例7次，开展廉洁拆迁、廉洁征兵、廉洁过节等集体廉政谈话4次，班子成员讲廉政党课13堂；持续深化正风肃纪，“双听双问”走访完成全年目标的103.1%，“院坝问廉”活动覆盖率100%，开展财经纪律执行内审2次，完善机关干部作风建设等13项内部管理制度，全年党纪立案查处6人，运用“第一种形态”处理9人次，回复省委巡察组交办件2件，扎实做好2个村（社区）机动巡察及整改工作；严明换届纪律，健全“信、访、电、箱、网”五位一体举报平台和专办、快查快结机制，确保村委会换届和市区“两代表一委员”推选工作风清气正；支持街道纪检监察工作，调整充实街道监察室干部1名，以街道阵地搬迁为契机优先保证街道纪检监察信访“两室”阵地规范化建设。（袁磊）

涪江街道

【概况】 涪江街道位于绵阳城区东北部，坐落在龟山之下、涪江之畔的古涪县遗址之上，驻地位于游仙区剑南路东段148号，是游仙区的西南门户，区委、区政府的驻地。涪江街道东邻富乐街道，北靠游仙经济试验区、绵阳科学城，西面、南面与涪城区隔涪江而望。辖区面积8.25平方千米，辖区人口14万人。下设8个社区。有7个党委和1个党总支，党员1300余名。有93个小区，普通高中、初级中学、小学及幼儿园等各类学校6所，社区卫生服务中心（站）4个，企事业单位98个，市场主体603个。国家三级甲等医院绵阳市第三人民医院，国家AAAA级旅游景区越王楼和省级文物保护单位碧水寺位于涪江街道辖区。

【经济工作】 2021年，辖区经济发展克服新冠肺炎疫情影响，保持持续增长的良好态势。完成固定资产投资2.4亿元，限上社消零交易额75亿元，稳居全区首位。全年入库投资额2.78亿元，超额完成年度目标任务。街道限上社消零企业和规上服务业达25家。绵阳市第三人民医院精神病医技楼、智慧停车场、开元中学及五里路小学教学楼等项目有序建设。持续开展“营商环境提升行动”，制定正反清单，推行上门服务、延时服务，举办“商企嘉年华”，开展“十大群众最喜爱美食”等评选活动，营商环境得到进一步优化。历时13年的开塑房产项目拆迁全部签订协议；东材社区439亩土地开发项目招商取得进展。

【党的建设】 2021年，将党史学习教育和庆祝中国共产党成立100周年系列活动有机结合，创新开展以“重温来路迎华诞、凝心聚力谱新篇”为主题的“筑梦涪江·十篇章”奏响中国共产党成立100周年盛世华章系列活动，深化党史学习教育成果。依托涪江街道党建大联盟平台，坚持资源整合在街道，落实共建资金134万元，协调项目11个，帮助解决疑难杂症25个。在韩家脊、开元路中街社区建成集党建形象化展示、社区民生服务、集体经济发展等于一体的1921爱心列车两列，以免租开店、微偿出租、门面入股合营等方式，构建居民“十分钟生活圈”。在全省率先开展小区党组织建设工作，建立小区党支部35个，延伸党建工作链条和服务“触角”，三汇绿岛、三江首座2个小区党支部获评全市AAA级示范党组织。

【作风建设】 2021年，持续开展干部“作风+能力”大提升行动，坚持在基层治理、经济发展、新冠肺炎疫情防控、文明城市建设等一线工作中动态考核、识别干部，选派2名科级领导参加市、区党校主体班培训，选派8名科级领导、6名中层干部参加专题培训，持续提升机关干部履职能力；对社区“两委”换届后班子运行情况进行专题研判，调整社区书记2名，新选拔社区书记1名（任职副书记主持工作），交流2名机关、社区干部上下互派挂职，推动形成“干部作风持续向好、干事创业你追我赶”的良好工作氛围。

【民生服务】 2021年，运用四级新冠肺炎疫情防控体系，落实落细“外防输入、内防反弹”措施，宣传形式多元化。组织群众性爱国卫生运动30余次，开展控烟宣传讲座30场，现场咨询义诊200人，开展助残活动20场，新增残疾人持证人数20人，按时按要求将所有民生指标准确录入“量服”数据库，录入率100%。城乡居民养老保险参保1809人。发放白内障复明手术补贴2800元。扩大就业培训范围，帮扶近百名失业人员发展生产，举办就业招聘活动10场，推送提供就业岗

2021年涪江街道各社区基本情况表

表8

社区名称	面积（平方千米）	户数（户）	人口（人）	集体经济收入（万元）
东材社区	0.45	683	1366	0
韩家脊社区	1.2	4183	15059	5
剑南路东段社区	1	4332	12244	0
开元路社区	0.5	1358	6732	2.2
开元路中街社区	1	2131	6417	0
绵山路社区	0.9	3992	9878	1.5
五里堆路社区	0.8	3764	8657	1
治平路社区	2	3094	12150	2

位2000多个，达成就业意向500余人。结合辖区实际情况，申请新增公益性岗位人员13名，发放各类补贴救助金70.3万元。

【社会稳定】 2021年，主动提高政治站位，直面问题不回避，从维护区委、区政府驻地和谐稳定的高度出发，坚持“班子成员横向包案、工作专班纵向负责到底”的原则，久久为功，全力处置。巧妙地以居民自治方式对开塑小区进行房屋拆除，全面完成所有住户签订拆迁协议并注销“两证”。持续开展由街道牵头的东兴路8号棚改项目560户疏导劝解及意见征求工作，超95%的住户签订同意拆迁意见书。完成历时4年无结果的香榭里大道小区业委会换届选举，为全市大型小区业委会换届提供经验。

【基层治理】 2021年，建成“爱·社区”大学堂、社区夜市，满足居民群众多样化生活需求。美舍宜居实业有限公司获得全市首家社区社会企业营业执照。在全市率先探索“红色物业”建设，推行“支部、业委会、物业公司”工作情况“三公开”，为全市“红色物业”提供经验。完成全省城乡社区治理试点项目，形成“党建引领、精准问需、多元参与、项目运作”的社区服务项目化运作联动机制。搭建居民“圈层+社团”模式，成立民族舞团、乐队、合唱团等各类群众“草根”社团46个，举办小区音乐会、器乐展演等文化活动80余场次，打通城市社会治理“最后一千米”。引进、培育社会组织18个，推行社区与驻区单位和社会组织双向认领，促进组织服务与群众需求“无缝对接”。建立小区业委会31个、其他自治组织12个，小区自治共治体系逐步完善、治理水平逐步提高。打造“信服理”微协商品牌，市、区职能部门，社区，小区与居民“联合会诊”，一年来协商解决养老服务、物业管理等各类民生问题8件。 （何媛）

富乐街道

【概况】 2021年，富乐街道辖区面积5.6平方千米。地理坐标为北纬31°27′—31°28′、东经104°45′—104°47′。辖区已成为游仙区政治、经济和文化的中心。辖区内有李杜祠、桃园三结义广场、中华科学家公园、富乐山景区等休闲场所。辖区户籍人口3万余人，辖5个城市社区居委会，分别为李杜祠社区居委会、沈家坝东街社区居委会、沈家坝北街社区居委会、仙人路社区居委会、五八社区居委会，共计38个居民小组。

【主要经济指标】 2021年，完成固定资产投资1.94亿元，完成目标任务的107.59%；对上争取中央、省、市资金累计2620万元，完成目标任务的504%；新增科技型中小企业任务数1户，完成率100%。限上社消零企业总额完成数67400万元；电子商务交易规模任务数3亿元，实际完成3亿元，完成率100%；网络零售任务数2.2亿元，实际完成2.2亿元，完成率100%。社消零限上企业入库5家，服务业规上企业入库2家，资质类建筑业入库5家，完成率100%。

【庆祝中国共产党成立100周年活动】 2021年，开展“书映百年伟业——庆祝中国共产党成立100周年好书荐读”活动，各社区党委（党总支）、机关支部、“两新”组织代表等通过舞蹈、快板、书法、情景剧等方式，向街道、社区干部、辖区居民推荐《论中国共产党历史》《共产党员应知的党史小故事》《三线建设在四川》等书籍，共评出一等奖1名、二等奖2名、三等奖5名，该活动被绵阳新闻网宣传报道。

【一社一品】 2021年，以基层党建为引领，以居民需求为导向，以社会组织、社工人才为载体，以全周期管理为路径，形成“诗意李

2021年富乐街道各社区基本情况表

表9

社区名称	面积（平方千米）	户数（户）	人口（人）	农村经济收入（万元）	农村经济总费用（万元）	农村经济净收入（万元）
仙人路社区	1.7	1613	4232	0	0	0
李杜祠社区	1.3	5360	12569	0	0	0
沈家坝东街社区	0.9	5704	12548	2.8	28	0
沈家坝北街社区	0.6	1256	3086	65	8.12	56.87
五八社区	1.1	526	871	0	0	0

2021年5月28日，游仙区富乐街道开展庆祝中国共产党成立100周年好书荐读活动

杜”“心似朝阳”“智联北街”“社融东街”“兵工五八”特色社区治理格局。

【社会工作服务体系】 2021年，建立全市首个社会工作服务站（室），率先完成5个社区社会工作服务室建设并投入运营，引进、培育专业社会组织14家、培育社区社会组织30家，培育专业社工人才130余人，实施社会项目，提升政府购买服务质量，不断完善社会工作服务体系。街道获得“2020年全省基层治理示范街道”，并在全省加强和创新城乡社区治理工作会上作经验交流发言。

【党史学习教育】 2021年，通过“一校一场两微三活动”创新开展党史学习教育，开展“我为群众办实事”活动，解决沈紫路地质灾害点整治、17路公交老年卡免费乘车等民生实事16件。仙人路社区通过“一学一讲两坚持”学习法，深入推进党史学习教育。深入挖掘社区红色文化资源，打造“军工魂·忆朝阳”为主题的“军工记忆”文化墙，创新党史学习教育新窗口，其经验做法被市委办《每日要情》刊发。

【创新“四会五事”微协商】 2021年，创新开展议题征询会、大家提事，议题确定会、按需议事，议题协商会，约请参事和民主评事，议题评议会、跟踪监事。共征集议题30余条，确定重点协商议题15个，解决北街社区长达26年30余万元征地补偿费和棚改长达10余年30幢房屋分房等历史遗留问题，新设置安全警示牌、减速带等装置4处。

【第三届微公益创投大赛】 2021年，坚持“七步工作法”，即走访摸底、项目征集、初审培训、路演答辩、项目追踪、走访评估、总结表彰等举办富乐街道第三届微公益创投大赛。围绕文明城市建设、公共空间营造、公共服务、党史学习教育等共立项20个项目，为居民提供精细化的服务、满足居民多元化需求，“暖心学堂”“金牌阅读推广人”“小候鸟积极心理学课程”等微项目在社区落地开展，直接服务辖区居民6000余人。

【文化建设】 2021年，设置社区书屋、阅览室、舞蹈室、培训室等功能室，社区书屋藏书1.2万余册，免费供群众借阅；免费开放培训室、多功能排练室等，开办合唱、葫芦丝、吉他、书法等多种培训班，开展免费培训40余场次。建成文体队伍40余支，举办文艺演出20余场，参与人数达1.5万余人次。

【基层立法联系点】 2021年，被省人大确定为基层立法联系点，开展《绵阳市养犬条例（初稿）》征求意见工作，开展民意调查，形成调研报告，为条例制定完善建言献策。

【智联北街·网络综合服务平台】 2021年，针对沈家坝北街社区流动人员管理难、居民房屋出租难、环境治安整治难等突出问题，在“楼

2021年，富乐街道朝阳社区“军工记忆”文化墙

2021 年 4 月 12 日，富乐街道在李杜祠社区关于引进 2 个社会组织服务居民事项小微协商会召开

栋长 + 房东”治理模式上，依托微信小程序信息化手段建立智联北街 · 网络综合服务平台，平台设置党建引领、志愿者服务、房屋租赁等系统，解决房屋不好租、流动人口管理难、商家宣传渠道狭窄等问题，开启网络综合服务社区治理的新模式，有 1 万余人关注该平台。

【社会心理体系建设】 2021 年，依托四川省中医药高等专科学校、绵阳市三医院、富乐社区卫生服务中心，邀请 4 名医生教授心理咨询专家，组建仙人路社区心理咨询团队，成立仙人路社区“心理咨询室”，通过“三化三聚焦”（聚焦心理咨询，服务常态化；聚焦宣教活动，服务专业化；聚焦重点人群，服务精准化）工作模式，开展社区健康教育和心理咨询服务，重点对精神病人、孤寡老人、留守儿童等人群进行走访慰问、帮助关怀，开展心理咨询“一对一”服务。共举办 6 次“心理健康知识讲座”，社区居民 400 余人次参加。

【扶贫救困】 2021 年，为辖区 95 户 123 人发放低保金 70.48 万元，为困难群众办理大病医疗救助 26 人，发放救助金 5.06 万元，为临时生活困难群众 14 人发放救助金 1.83 万元，为 4 名特困分散供养人员发放救助金 3.25 万元。为 189 名重度残疾人发放护理补贴 14.01 万元，为 59 名困难残疾人发放生活补贴 7.48 万元。为 940 名 80 周岁以上高龄老人发放津贴 39.31 万元。对孤儿、事实孤儿、困难儿童分类进行扶助和救助，清查梳理困境儿童 28 名、孤儿 2 名、事实无人抚养孤儿 1 名，发放孤儿生活补贴 2.61 万元。为 110 名残疾人提供残疾人辅助器具和康复训练器材。为 46 名残疾人申报发放居家灵活就业（创业）补贴、重度残疾人护理补贴、困难残疾人生活补贴等 1.15 万元。为 22 名残疾人办理居家托养、日间照料、无障碍改造、子女助学等需求服务。

【法治政府建设】 2021 年，组织街道、社区干部开展《中华人民共和国民法典》《中华人民共和国安全生产法》等法律法规学习和相关培训。联合游仙区法学会在富乐街道仙人路社区成立社区法律服务站，围绕区域人群特点、化解矛盾纠纷类型、法律需求等内容，采取不定期坐班、走访、电话服务等方式，为群众免费提供各类法律援助、咨询 260 余次。培训人民调解员队伍，增强一线工作人员和基层群众的法治理念。

【网格化服务】 2021 年，按照“社中有网、网中有格、格中有人”要求，严格对辖区 27 个网格进行管理。坚持所有信访隐患在一线发现、一线解决，深化细化网格管理，认真分析排查社区各种不稳定因素，及时掌握苗头性、倾向性问题。网格员化解矛盾纠纷录入随手调 180 条，上报事件 2.3 万余件。到辖区 9 个快递物流点进行安全、物流寄递、实名登记等检查 100 余次。组织网格员开展业务培训 11 次，网格员集中走访特殊人群 3000 余人次。

【新时代文明实践】 2021 年，制定年度文明实践活动计划、每季度文明实践活动要点，以街道、社区、小区新时代文明实践所、站、点为阵地，开展理论学习、志愿服务、重大节日主题活动。开展普法宣传进社区活动，发放各类法律宣传单、宣传手册 1 万余份；开展义诊、义剪及心理咨询等志愿服务进小区活动，200 余名老人直接受益，间接服务近一万人；开展文明家庭、文明商铺等评选工作，宣传好做法，树立新典型；组织社区干部、志愿者治理辖区卫生死角 10 余处，整治涪翁路周边等废旧家具、固体废物等 5 车，对疗养院家属区开展为期半个多月的环境综合整治（包含车位），共拆除违建 37 处，清理垃圾 20 多车。

【退役人员管理】 2021 年，发放优抚对象定期补助、优抚对象医疗补助、困难退役军人关爱帮扶基金；完成军队退役人员和其他优抚对象信息采集，采集数在全区名列前茅；为立功受奖的现役军人发放奖励金，并发放义务兵家属优待金。

【自然灾害防治】2021年，建立应急抢险指挥部，成立85人的基干民兵队伍，组建100人的防汛抢险队伍，组织应急排30人参加防洪抢险演习。编制《防汛突发地质灾害应急预案》，建立“一案两卡”（地质灾害防灾预案、明白卡、避险卡），建立隐患整治台账，确定7个隐患点的防灾监测人，隐患点设置公示牌，张贴撤离路线图。开展应急演练2次，消防安全知识、森林防火知识培训4次，消防救援等演练3次。完成沈家坝北街7栋、163户居民楼后隐患点及仙人路社区朝阳生活区元宝山29幢、疗养院生活区38幢等地质滑坡点整治。

【应急管理】2021年，开展安全隐患常态化排查整治行动，实行周周排查、周周整治、定期协调整治，确保各类安全隐患的及时清除和规范防范；成立30人以上的富乐街道应急队和10人以上的各社区应急分队，组织拉练和授牌授旗活动；储存67种、8748件应急物资设备；完成5个社区级微型消防站、4处应急避难场所、5处应急避险点的规范建设；开展各类应急演练5次，确保突发事件面前有准备、有能力解决处置。

【朝阳棚户区改造】2021年，成立项目专班，牵头制定2021年棚改拆迁项目作战图，明确任务，建立攻坚阶段每周例会制度，全力推进朝阳棚改拆迁安置，完成二期安置房建筑方案设计公示、征求收集整理被征收人书面意见，累计签约1685户，水、电、气销户1271户，整栋腾退10栋并倒房3栋。

【老旧小区改造】2021年，申报2021年7个老旧小区改造项目，申报资金3374万元。截至2021年年底该项目已开始设计。完成2022年11个老旧小区项目申报工作，指导符合条件小区增设电梯，全年共增设完成42部。

【社会保障】2021年，城乡居民基本医疗保险参保11946人，城乡居民基本养老保险参保2625人，做好72名公益性岗位人员的日常督查、考核、考勤、公示和资金申报发放工作，申报“4050”灵活就业困难人员社保补贴126人。办理生育服务证131本，出具独生子女证明40份，发放特扶资金60.96万元，发放独生子女父母奖励金703人共计4.21万元。

【新冠肺炎疫情防控】2021年，抓实新冠肺炎疫情防控政策宣传，细化工作措施、划定网格、网格管理，全面排查境外返回和有中高风险所在地区旅居史、时空伴随、红黄码人员等重点人员，按照居住地管理和分级管控原则实施集中隔离、居家隔离、居家健康检测、3天2次核酸检测等管理措施。联合市场监督、文广新旅和城市管理等部门对辖区内农贸市场、商超、公园等场所落实戴口罩、防聚集、测温扫码进行重点督促检查。完善街道、社区新冠肺炎疫情应急处置预案和全员核酸检测预案，分社区、小区开展应急演练6次。动员辖区居民开展新冠肺炎免疫，完成新冠疫苗第一针接种34090剂、第二针接种34424剂、加强针（第三针）接种18837剂。（纪凤仙）

石马镇

【概况】石马地处绵阳城北，涪江东岸，东靠新桥镇、游仙街道，南接科学城，北邻江油龙凤镇，西隔涪江与西南科技大学相望，是绵阳科技城新区重要组团、科技城集中发展区“一体两翼”之北翼、全国重点镇。镇政府位于游仙区石马镇甘泉街38号，交通便利，便于服务群众。辖区交通十分便利，是绵广、绵遂、绵九高速的交会点，拥有2个高速路出口（绵广高速科学城出口、绵九高速游仙出口），城际铁路、宝成复线贯穿全境，距绵阳市中心9千米，距绵阳南郊机场15千米，已形成“铁、公、机”综合交通网，具有辐射西部各省、市的区位优势。

2021年，石马镇面积56.33平方千米，辖9个行政村，6个社区居委会。总户数10207户，其中农业户5797户；户籍人口3.11万余人，其中农业人口15790人。林地面积1673公顷；耕地面积2153.8公顷。石马镇坚持稳中求进工作总基调，突出高质量发展总导向，应对困难挑战，统筹推进新冠肺炎疫情防控和经济社会发展，坚持走产业融合和科技创新发展道路，以智能制造、精密加工等新型工业为引领，强化产业重镇的实体支撑。

【经济运行】2021年，有工业企业130余家，其中规模以上工业企业32家，完成工业总产值104.9亿元，同比增长17.4%；完成固定投资20.6亿元、工业投资3.5亿元；完成招商引资到位资金8.85亿元，完成升规企业3家，完成招引科技型企业3家。全镇共有高新技术企业12家。财政总收入24987.22万元。其中地方财政收入4061万元；上缴税收13100元，同比增长5%。

【城镇规划建设】2021年，以规划为引领，统筹空间布局和基础设

2021 年石马镇各行政村（社区）基本情况表

表 10

村（社）名	面积（平方千米）	户数（户）	人口（人）	农村经济收入（万元）	农村经济总费用（万元）	农村经济净收入（万元）
中科社区	2.2	1026	2886	4313	912	3401
涪江社区	1.89	366	1025	3582	730	2852
横山社区	1.489	392	1107	2191	161	2030
翠屏社区	1.21	770	2608	281	111	140
解放社区	4.12	1893	5014	2511	180	2331
东林社区	5.78	792	2602	2075	182	1901
紫府村	5.18	716	2600	1208	650	568
文峰村	3.84	425	1335	1918	653	1199
百胜村	3.77	571	1733	3101	90	3021
天林村	2.99	687	2319	2985	91	2924
石锣村	2.90	415	1223	3493	203	3290
飞凤村	2.38	322	965	359	211	3390
狮院村	5.52	480	1471	6786	300	6289
张家坪村	6.66	766	2399	6450	414	5959
金树村	5.15	586	1804	6550	452	6088

施优化，锚定七姓坝片区“山水融城、活力水岸、生态住区”的定位和滨江片区“生态智城、乐居标地”的定位，腾出、盘活更多的商住、服务业用地，加快推动城市开发建设。2021 年 6 月，获批省级特色小镇——游仙电梯智造特色小镇。完成特色小镇复审工作，实施一期建设工程，已完成项目投资约 2 亿元，场镇建筑功能改造工程完工约 10 万平方米，全镇实施农村道路建设项目 6 个，总长度约 10 千米。4 个项目已竣工，长度为 8 千米，2 个项目进行施工前准备工作。完成全区的“四好农村路”创建工作各项任务，对辖区道路环境进行有效整治。3.6 千米的天星堰综合整治工程主体部分完成，加速实施占地 80 亩的智慧科技公园、滨江片区景观建设。开展各类房屋安全风险隐患排查 3 次，排查房屋 2349 栋，排查面积 45373934 平方米；全国第一次房屋建筑和市政设施承灾体自然灾害综合风险普查工作，组织培训全镇 79 名普查员，共计完成 11402 处房屋图斑排查及信息录入。

2021 年，科莱电梯立体停车库

（区融媒体中心供图）

【安全生产】 2021 年，推进安全生产专项整治三年行动，推动安全生产“清单制管理”，提高各生产单位安全生产标准化建设，投资 600 余万元，占地 2000 余平方米的专职救援站于 7 月正式驻勤。12 月 8 日，通过省安全社区复评验收。出台全区首个镇级《森林火灾事故处理办法》，将全镇林地分为 124 个网格区，确保每个网格区至少有 5 个责任人，形成一级抓一级、一级对一级负责的森林草原防火网格化管理新格局。

【社会事业】 2021 年，强化风险防范意识，抓好“慧眼”工程建设和“雪亮工程”的运行保障；筑牢国家安全人民防线，自觉抓好中物院周边环境整治。发放“光荣在党50年”纪念章171枚，完成农业生产补贴发放238.4万元，完成各类农业政策保险任务，其中生态公益林补偿2061.46亩4.82万元。发放城镇低保金共计21.6万元，农村低保金62.4万元。发放五保金78.2万元，临时救助资金6.2万元，为723名高龄老人发放高龄补贴28.7万元，组织各村（居）向河南特大暴雨灾害捐款18.9万元，发放离职干部一次性生活补助19人34.4万元，发放中华人民共和国成立以来离职干部生活补助75人5.4万元。城乡困难群众医疗救助47户，发放救助金额8.3万元。发放残疾人困难生活补贴10.7万元。完成全镇14户区级认定脱贫户的“回头看”工作。

【环境治理】 2021年，推进农村环境整治，加强保洁队伍建设，确保一社一保洁员。在涉及自然水体的河、沟、塘等周边发动群众开展小微水体保洁、整治，沿河群众河道保护意识逐步增强。坚决落实重污染天气预警各项措施，确保辖区空气质量稳步提升。出动巡查车辆50余台次对场镇主要交通道路大型渣土运输车辆进行管控，全年不间断巡查辖区秸秆禁烧情况，强化环境监管主体责任，创新环境监管体制机制，建立网格化环境监管体系，派出各级网格员120人次，发现问题，排除大气风险。针对全区环境保护督察工作领导小组会议印制移交清单和游仙区生态环境问题信访台账等10个问题进行逐一对标，解决问题。（周雯文）

魏城镇

【概况】 魏城镇地处游仙区东部，距中国科技城（绵阳）市区28千米，距梓潼城区17千米，与仙海区、梓潼县2个区（县）和信义、仙鹤、忠兴、新桥4个镇接壤，辖区面积180.8平方千米，下辖徐家场、东宣场2个场，22个行政村，4个社区居委会，291个村（居）民小组。全镇总人口近8万人，党员2500人。截至2021年年末，魏城镇已获得“全国重点镇”“全国文明村镇”“全国小城镇建设示范镇”“全国村镇建设先进集体”等荣誉称号。2021年9月，中国共产党绵阳市游仙区第七次代表大会明确提出把魏城镇打造为绵阳市县域副中心城镇和游仙区域副中心。

【党的建设】 2021年，深入学习贯彻习近平新时代中国特色社会主义思想和中共十九届五中、六中全会精神，认真贯彻省委十一届九次、十次全会、市第八次党代会、市委八届二次全会、区第七次党代会精神，结合多种形式开展集中学习30余次。开展庆祝中国共产党成立100周年系列活动15场次、党史学习教育专题学习10次，引导党

2021年魏城镇各行政村基本情况表

表11

村名	面积（平方千米）	户数（户）	人口（人）	农村经济收入（万元）	农村经济总费用（元）	农村经济净收入（元）
红岩村	4.17	852	2306	5820	—	—
绣山村	7.74	966	2937	6752	—	—
青云村	8.12	1142	3479	7707	—	—
牌坊村	6.1	1185	3285	7517	—	—
铁炉村	7.45	847	2676	6438	—	—
七里村	8.94	957	3095	7484	—	—
关帝村	7.14	1165	3294	7167	—	—
青陆村	7.63	697	1962	4301	—	—
莲花村	6.51	1325	3610	7813	—	—
群益村	7.93	1165	3727	8646	—	—
文圣村	6.89	831	2533	5780	—	—
金华村	5.27	486	1359	3237	—	—

续表 11

村名	面积（平方千米）	户数（户）	人口（人）	农村经济收入（万元）	农村经济总费用（元）	农村经济净收入（元）
宣化村	7.74	910	2746	6411	—	—
白鹤村	10	1158	3385	8433	—	—
安乐村	10.63	1182	3489	7286	—	—
和阳村	11.44	1147	3549	7761	—	—
竹柳村	5.69	719	2166	4518	—	—
星光村	6.2	600	1682	4051	—	—
栖凤村	7.31	716	2013	4422	—	—
飞龙村	6.6	570	1703	3692	—	—
永乐村	6.6	628	1910	4499	—	—
鱼泉村	9.55	876	2588	5817	—	—

员干部学出坚强党性、学出信仰担当。扎实开展乡镇领导班子换届，严格按照换届纪律和工作程序选举出193名镇党代表、90名镇人大代表，召开魏城镇第二次党代会、第二届人代会。持续完善提升飞龙山红军纪念馆、张勇精神文化展示基地等主流意识形态阵地建设，不断传承弘扬优秀文化，凝聚民心增进共识。2021年4月，张勇精神文化展示基地被命名为全市中共党史教育示范点。推进“双听双问”活动，截至2021年年底，走访7471户，收集各类意见建议914条，处理726条，188条正在按程序处理。加强案件查办工作，精准运用“四种形态”，2021年，党纪监察立案审查调查12件13人。其中，免于党纪处分1人，党内警告处分7人，开除党籍处分5人。采用批评教育、谈话诫勉、书面诫勉等“第一种形态”处置9人。

【工业园区】 2021年，魏城工业园以PPP模式开展建设，项目位于绵阳市游仙区魏城镇莲花村，规划用地1431.5亩。其中，一类工业用地472亩，二类工业用地576亩，剩余383.5亩土地正在报征。项目计划总投资7.57亿元。园区涉迁农户194户，企业6家，坟墓4000余座。完成农户签约128户、企业签约1家，签约率66%，完成倒房98户，迁坟2747座，已支付拆迁款3800余万元，拆迁交地面积690亩（含倒青）。园区已签约待落地项目2个，分别为重庆鹏弘垚建材有限公司天然石材精加工基地项目、山东腾远建材科技股份有限公司高密度聚乙烯材料生产研发配套基地项目。项目共占地约257亩，签约资金8亿元。

【农业产业】 2021年，农业现代化水平不断提升，建成“果满山川”现代农业产业园1万余亩、“川菜硅谷”现代农业产业园6000余亩、仙特米业优质水稻种植基地5000亩、金华村优质粮油基地3000亩，建成以科旺为龙头的规模养殖企业，年出栏生猪4.5万头。农旅融合产业欣欣向荣，红色飞龙山、东方田园、金炉谷山湾农庄等项目协同发力，年接待游客30余万人次。农业科技赋能持续深化，不断健全全市首家一站式农机服务中心，整合农机、农技、农资、农能、农机驾驶培训、农机检测等职能，立足魏城，覆盖全区，服务全市。农村集体经济活力迸发，以铁炉村为代表的农村产权制度改革深入推进，村集体流转土地2600余亩，建成以“九湾桃花、十里梅廊”为特色的种养殖循环产业园，年产值近1000万元。以全省农房建设试点为契机，依托百年土屋建筑群，利用新夯土技术，改造盘活闲置农房75栋，发展乡村旅游。2021年5月，全省宜居农房建设现场会在铁炉村召开。

【乡村旅游】 2021年，发挥乡村旅游资源优势，依托飞龙山、东方田园、金炉谷、鹤林绿洲、枫清湾等乡村旅游景点，不断健全“飞龙山＋东方田园—鹤林绿洲—铁炉村”为节点的文旅发展“大三角”和“铁炉村金炉谷山湾农庄—宣化村良栖农场—书房村柚子基地”为节点的农旅融合“小三角”格局，不断挖掘红色游、乡村游、康养游、红叶游等优质旅游资源，持续打造“魏城一日游”精品旅游线路，年均吸引游客30余万人次。

【交通优势】2021年，魏城镇境内有在建重点交通项目3个，其中绵苍高速、G5成绵高速扩容项目已开工建设。绵广高速复线项目部已入驻。三条高速在魏城镇境内设置出口2个。其中，绵苍高速建设项目约8.5千米，征地面积约807亩，涉及5个村85户农户和1家企业，完成全部拆迁、倒房和交地任务。G5成绵高速扩容项目约2.45千米，征地面积约380亩，涉及3个村33户农户和2家企业，完成全部拆迁、倒房和交地任务。G5京昆高速扩容绵广项目约11.6千米，征地面积约1102亩，涉及七里、青云、白鹤、安乐4个村，涉迁农户103户。

【公共服务】2021年，辖区内有游仙区人民医院、魏城镇中心卫生院等4家医疗卫生机构，医护人员395人，服务魏城及周边镇20余万人；投资8000余万元的老年医学中心正在建设中，将惠及老龄人口4万余人。有中小学校5所、幼儿园6所，在校学生4410人。有自来水厂3个、200千伏变电站1个、污水处理厂3个、垃圾压缩转运站1个，城镇功能完善。建成魏城镇社会工作服务站和未成年人保护工作站，提升全镇公共服务和民生服务工作能力。

2021年，魏城镇东方田园

2021年，绵苍高速魏城段项目施工现场

【生态环境】2021年，聚焦魏城河治理，筹措资金200余万元，开展河道清淤，整治排污点30处，魏城河水由过去的劣5类水质转变为枯水期稳定保持4类水质、丰水期达3类水质标准，水体质量明显改善。开展美丽庭院示范创建工作，构建4个方面17个子项评价指标体系，评选出首批20户美丽庭院，为建设美丽乡村起好示范带头作用。扎实推行农村物业化管理，深化农村人居环境治理，相关工作经验被市委办《每日要情》刊载。常态化开展秸秆禁烧宣传和巡逻检查，秸秆焚烧现象得到遏制。坚决取缔禁养区畜禽养殖场，禁止肥水养鱼；常态开展魏城河、徐家沟河等河道清漂行动，辖区水环境得到优化。加强农业面源综合治理，减少农药化肥使用量，鼓励发展有机绿色农业，不断改善土壤环境。

【社会治理】2021年，坚持党建引领，全力推动“自治、法治、德治”融合，组织修订完善《村规民约》等制度，定期召开村民议事会、村规民约履约评议会，引导村民自治，实现自我管理，铁炉村先后被评为“全国民主法治示范村”“全国乡村治理示范村”。弘扬优秀文化，用优秀传统文化涵养文明乡风淳朴民风，先后获“全省首届乡村文化振兴魅力乡镇”“绵阳市文化魅力乡镇”“绵阳市文化振兴样板镇”“绵阳市最美乡镇”，铁炉村获“四川省首批省级乡村文化振兴样板村”。开展先进典型评选活动，用身边的好人好事，感染浸润群众崇德向善，青云村村民杨群芳被评为“四川好人”。（李鑫）

新桥镇

【概况】 2021年，新桥镇辖区面积89.75平方千米，辖14个村（双河、同福、玉泉、铜华、胜利、新民、王家坝、石庙、高意、红星、柏龙、胜旗、兴泉、新龙村）、4个社区（桩子社区、新桥社区、复兴社区、云凤社会）、135个村民小组。总户数15131户，人口4.43万人，其中农业户12720户、农业人口37501人。山林面积1613.37公顷，耕地面积4348.07公顷，其中水田2702.34公顷。

【农村经济】 2021年，实现税收8500万元，同比增长19.45%；完成固定资产投资16.55亿元，其中工业投资10.5亿元，同比增长18.21%；农村人均可支配收入2.33万元，同比增长10.43%；招商引资到位资金7.1亿元；向上争取5908.68万元，完成率居全区乡镇第一。新增规上服务企业2家，商贸流通企业3家，社消零总额完成6.5亿元，电子商务交易规模达2.58亿元，网络零售2.18亿元。组建乡村旅游发展大联盟，推进农旅综合体连片提升；农业生产总值9.1亿元，乡村旅游经营收入11.2亿元；成立新桥镇集体股份经济合作联合总社，盘活闲置村部5处，年可实现第二、三产业产值3500余万元，为集体经济组织增加收益达22万元。

2021年，新桥镇胜利村万亩田蔬菜产业园

【项目建设】 2021年，新增规上工业企业3家，新增科技型中小企业2家、全镇达36家，完成工业总产值65.3亿元。先进材料中小微企业产业园、旅游环线、众福二期等项

2021年新桥镇各行政村基本情况表

表12

村名	面积（平方千米）	户数（户）	人口（人）	农村经济收入（万元）	农村经济总费用（万元）	农村经济净收入（万元）
双河村	5.605	972	2418	5258.07	1873.15	3384.92
同福村	5.998	788	2054	5077.71	1875.26	3202.45
玉泉村	4.031	702	1732	3420.35	1262.45	2157.90
铜华村	4.831	697	2199	4795.65	1812.45	2983.20
胜利村	7.119	1380	4320	8748.09	3605.56	5142.53
新民村	8.624	1321	3922	8492.25	2994.25	5498.00
王家坝村	4.343	927	3067	8532.56	3142.56	5390.00
石庙村	3.685	518	1699	4238.79	1865.26	2373.53
高意村	7.632	745	2345	6454.90	2465.45	3989.45
红星村	5.928	719	2090	4938.38	1800.64	3137.74
柏龙村	7.582	810	2764	4966.49	1812.20	3154.29
胜旗村	4.786	668	1869	4510.11	1685.35	2824.76
兴泉村	6.866	820	2285	4813.22	1731.25	3081.97
新龙村	9.513	1303	3684	6262.29	2260.93	4001.36

目工作有序推进。

【优势工业企业】 雅化集团绵阳实业有限公司是国家定点专业民爆器材生产企业，是雅化集团的全资子公司，始建于1958年，位于绵阳市游仙区新桥镇，占地1000余亩，注册资金17710万元。该公司是集科研、生产、配送及爆破服务为一体的综合性企业，拥有“国家级企业技术中心”下设的起爆器材研究所和装备自动化研究所，拥有全国生产企业唯一一家“国家认可实验室”，是国家高新技术企业、省级专利实施与优势培育企业、省级安全文化示范企业，是ISO 9001、OHSAS 18001、ISO 14001三体系认证企业。绵阳市桑达机械加工有限公司成立于2002年12月，占地面积20余亩，注册资金1000万元。是专业从事机械制造及汽车发动机用零部件的开发、制造和销售，产品远销欧美。四川金太阳畜牧饲料集团有限公司成立于1994年年底，以研发、生产和销售畜禽添加剂预混合饲料、浓缩饲料、配合饲料、水产饲料为主的大型企业，是四川省农业产业化经营重点龙头企业，ISO 9001国际质量管理体系认证企业，集团连续14年荣获省级重合同守信用企业，省级质量信誉AAA级企业。该集团占地160余亩，现有资产1.8亿元，销售网点遍布全国20多个省、市、自治区，年销售收入10多亿元，金太阳品牌价值3.02亿元。集团公司下辖7家子公司。绵阳众福食品有限公司前身是1992年始创的天成米粉厂，经过近20年发展成长，于2012年2月注册为绵阳众福食品有限公司。公司占地70亩；公司旗下拥有的“众服”“天存”“绵韧”三大不同占位粉丝品牌，日可生产粉丝达60吨，占据素有米粉之乡美誉的绵阳市近七成的市场份额，创下良好的市场口碑及行业地位，深受食客喜爱，并远销新疆和福州、北京、南京等70多个国内大中城市。公司所拥有的“绵阳米粉丝”制作技艺已正式被列入“非物质文化遗产”名录。绵阳杨肥肠食品科技有限公司位于新桥镇川陕路西段47号，创建于2015年，占地面积8062.43平方米，总投资3000万元，集科研、生产、销售、电子商务平台、餐饮为一体的多元化公司。拥有现代化的生产设备和一支高技术、高素质的生产管理队伍。该公司先后获得“绵阳名火锅”“食品卫生先进单位”“四川省著名商标”“消费者满意单位”“食品安全示范店”等省市级荣誉。是绵阳同行业中率先通过ISO 9001 : 2000国际质量认证的火锅底料生产厂家之一。

【基础设施建设】 2021年，持续开展场镇乱停乱放专项整治，新增禁停标识标牌16处，建成新桥入场口标志性建筑，整体形象得到进一步提升。完成新桥场镇和街子场污水管网改造提升，新建污水管网13千米，完成1100户入户污水管网接入工作。实施“一村一实事”项目16个，解决7172名群众出行难、用水难等问题，基础设施进一步完善。

【社会治理】 2021年，实施镇便民服务中心“亮化”升级、村便民服务室“亲民”改造，进一步深化“一窗受理”模式，全面推广省一体化政务服务平台和四川政务服务网。实施“七员管家”服务，将农村“要素”服务阵地搬到群众家门口；农村公共文化服务提质增效经验被市《党史学习教育简报》刊发。继续推行群众“线上点单”、干部“线下跑腿”的“智治”模式，入选《四川省数字乡村建设典型案例选编（2021）》，获第二批省级乡村治理示范镇称号。购买服务对17家规上企业进行安全环保隐患专项排查，汛期24小时监测全区唯一河心洲岛等重点点位，全年无重大安全事故发生。持续推进污染防治攻坚，中央环保督察期间实现零投诉。

【民生工作】 2021年，发放低保、特困、临时救助、计生奖扶等民生资金926.28万元。新增动态监测户6户14人，不存在返（致）贫现象。建成“心之桥”社会工作站和“新芽”未成年人保护工作站，

2021年3月31日，四川省两项改革“后半篇”文章现场会参会人员到新桥镇调研

孵化本土社会组织8个，构建“平台+服务+老人”养老服务新模式，定制服务菜单“6类14项”，服务老人967名。通过“国家级卫生乡镇”验收，获评“市级食品安全示范镇”。坚持群众主体，开展“四大行动”，齐心协力筑牢横向到边、纵向到底的防控网。“四向发力”推进疫苗接种工作，在全区率先完成疫苗接种任务，累计接种疫苗62820人次，全力构筑全民免疫坚固屏障；开展全省2021年冬春季应对新冠肺炎疫情应急演练。

【全省两项改革“后半篇”文章绵阳现场会】 2021年3月31日，全省两项改革“后半篇”文章绵阳现场会到新桥镇调研。“村规划引领高质量发展”“村网共建、多网合一”“信息赋能微治理”等改革经验在全省现场会推广，省委副书记邓小刚，省委常委、组织部部长于立军等领导参加现场会。（姚佳）

忠兴镇

【概况】 2021年，忠兴镇辖区面积140.1平方千米，辖15个行政村、3个居委会，222个村民小组，12个居民小组。

【主要经济指标】 2021年，实现固定资产投资7.8亿元，工业投资2.6亿元，工业技改投资1.2亿元，规模工业企业生产总产值1.66亿元，招商引资3.8亿元，电子商务交易规模2.18亿元，网络零售1.67亿元。土地托管5.3万亩，农民人均可支配收入达2.01万元。

【项目建设】 2021年，招引项目资金1.2亿元，实施4000多亩低效林改造项目，完成实施危桥改造项目11个，完成芙蓉溪生态河道治理工程、芦家桥水毁点、灵官楼水毁点治理工程施工，完成水土保湿项目选点、病险水库除险加固项目，实施畅通工程、高标准农田建设、金土地项目、乡村振兴项目等10余个基础项目，实施“第二批百镇建设”示范项目，增加环场镇太阳能路灯200余盏，辐射3个社区2个村，进一步改善忠兴镇基础条件。投资100余万元完成18个村（社区）党群服务中心阵地提升，改造改善率100%。完成道路扩宽7千米，道路硬化22千米，塘堰精修27口，硬化沟渠16千米，新修提灌站6座，技改4座。忠兴镇佛祖村循环农业生态园项目被市政府评为绵阳市第三季度“骏马项目”。

【城乡环境治理】 2021年，扎实推进环境整治工作，落实专人工作经费，实行垃圾“定时清扫、定时保洁、定点投放、定时清运”和“户分类、村收集、镇转运、区处理”。

2021年忠兴镇各行政村基本情况表

表13

村名	面积（平方千米）	户数（户）	人口（人）	农村经济收入（万元）	农村经济总费用（万元）	农村经济净收入（万元）
永佛村	12.3	1119	3120	8578.15	2400.55	6177.6
凤凰村	9.94	937	3227	3128.53	965.59	2162.94
五兴村	14.86	1246	3912	6500	2999.4	3534.5
明龙村	6.39	970	3065	3277.08	880.26	6196.82
双鱼村	8.2	774	2566	4501.6	1089.6	3412.1
福林村	7.32	643	2007	2649.89	1600	1049.89
龙安村	7.52	760	2396	2900	1200	1700
乜家村	5.22	560	1627	1467.2	978.5	1336.4
兴合村	9.7	1413	4103	2584.89	1292.44	1292.45
鑫龙村	9.25	1004	2857	2786.78	1171.98	1614.8
南桥村	10.66	1215	3354	5628.6	2580.6	3048
木龙村	7.63	798	2424	5012.11	1080.63	3931.48
酒店村	8.77	689	2225	2040	800	1240
龙泉村	8.1	1005	3198	4030.98	921.44	3109.54
紫气村	5.32	702	2060	4131.67	2319.19	1812.47

建有垃圾压缩站2座，有集中垃圾清运车辆41台、垃圾转运车辆2台，安装垃圾分类亭150座，发放经费40余万元，无公害垃圾处理率达100%。持续做好河（湖）长制工作，全年开展各级巡河800余次，安装河（湖）长制公示牌18个，清理河道20余起、打捞漂浮物1500余吨，处理非法捕捞2起，发布预警信息200余条，迎接省工作组检查3次，开展芙蓉溪、小芙蓉溪、杜家河等10余条河流巡查工作，坚决杜绝面源污染，有效提升农村人居环境。

2021年，忠兴镇仙溯农庄旗舰店

【村镇建设管理】2021年，完成第一次全国自然灾害综合风险普查录入工作，录入22311个作业图斑。完善2020年农村危房改造后续工作，规划指导农村居民住房改（扩）建88户。开展农村房屋安全隐患排查整治工作，对全镇11834户农村房屋进行安全隐患排查，并对初判存在安全隐患的632户农村房屋进行安全鉴定，491户被鉴定为C、D级。重视燃气安全工作，组织开展宣传8次，发放宣传资料5500余份，开展入户检查300余次。

【社会事务】2021年，发放低保资金270万余元，发放特困人员生活保障金165.7万元，发放高龄津贴52.7万余元，发放“两残补贴”72.5万余元，发放困难群众临时生活救助金24.3万元，累计为辖区特困、低保对象、困难群众申请医疗救助资金28.6万余元。全年共计办理生育服务证162张，申报发放计生奖扶资金458.3万余元、独生子女父母奖励金6.5万余元、计生特扶资金137.3万余元；对计生特扶家庭143人发放慰问金2.8万元，为特扶家庭办理住院保险补贴16户，办理计生奖扶新申报881人，办理特扶新申报18人。

【基层治理新格局】2021年，链接多方社会资源，助力协调发展，形成社会治理新格局。形成“一支队伍管执法”治理体系，涵盖环保、安全、场镇秩序、环境卫生等领域，召开联席会12场，专项整治15次。培育本地社会组织，备案成立8家，链接资金30余万元，实施“益老益小”服务项目5个，开展活动260余场，提供志愿服务6000余人次。推进基层群众自治，探索“一线协商”工作方法建立协商平台18个，确定4个“有事来协商”示范点，兴合村被民政部认定为“全国村级议事协商创新实验试点单位”。完善镇、村、社三级应急减灾体系，形成“多员合一”格局，与相邻的新桥、仙鹤建立领域联防联动救援机制，实现20分钟应急资源共享。地质灾害防治“四重四强”主要做法被省地质灾害指挥部作为先进经验在全省推广。

【村集体经济】2021年，探索“组团进城”壮大村集体经济，创新“联合社+农户+公司”模式，线上线下在城区开设“仙溯农庄”特色农副产品直营店，推动镇内37种名优特产组团进城。4个月累计销售额达48万余元，增加试点村集体经济利润分红8.5万元，为壮大村级集体经济提供新模式，经验做法被“学习强国”学习平台、《四川日报》宣传报道，酒店村被省委、省农业农村厅评定为“四川省级乡村振兴示范村”，2名村级党组织负责人获“四川省首批农村致富带头人”荣誉称号。2021年，镇集体经济收入达100万元以上的村1个，50万元以上的村4个，20万元以上的村7个。全镇村集体经济总收入322.28万元，村均收入7.4万元，平均增长20.21%。

【土地大托管】2021年，为破解“土地碎片化、农村富余劳动力不足导致的土地闲置撂荒及效益低下”等问题，探索推行土地大托管，把一家一户单打独斗式生产转变为农业规模化、集约化、机械化生产，以镇域集体经济联合总社为平台，通过国有平台公司引入金融资本实施土地精细整理，现签订托管协议1.1万余户，托管土地5.3万余亩，金融机构计划融资3.3亿元。结合土地托管全程服务，构建粮食安全生产全产业体系，打造游仙“粮油”“粮仓”，实现农民稳定增

2021 年，忠兴镇土地大托管工作展板

收、集体经济收入多元、助推乡村全面振兴。经验模式先后入选 2020 年全国第二批农业社会化服务典型案例、2021 年全省农业生产社会化服务工作典型案例。（张小娇）

盐泉镇

【概况】 盐泉镇位于游仙区东南部，东依三台县，北临梓潼县，全镇面积 109.88 平方千米，距离绵阳市区 53 千米，属于丘陵地貌，辖区生态优美、民风淳朴，魏城河自北向南穿境而过。盐泉历史底蕴深厚，从西魏到元朝年间，先后为魏城县和盐泉县的县治所在地。在北宋时期培养出科举时代以来的绵州第一状元——苏易简，官至参知政事（副宰相）。因此，盐泉镇也素有“状元故里、古县治所”之称。同时，镇内地下盐卤资源丰富，是绵州古盐场及古盐道所在地。2019 年 12 月，原梓棉镇、白蝉镇和玉河镇重新组建为盐泉镇，同时设立梓棉场、白蝉场。2021 年，全镇下辖 14 个行政村和 3 个社区居委会、177 个村（居民）小组。

全镇总户数 15120 户，其中农业户 14075 户；总人口 40630 人，其中农业人口 38020 人。山林面积 3606.88 公顷；耕地面积 4222 公顷，其中水田 1731.17 公顷。

【镇域经济】 2021 年，完成社会固定资产投资 4.5 亿元，向上争取 2300 余万元。财政总收入 2535.06 万元，同比下降 16.25%，其中地方财政收入 2535.06 万元；上缴国税 11680.02 元，增长 200%。实现农业产值 8.96 亿元，农民人均可支配收入达 21600.05 元。

【基础设施】 2021 年，新建道路、窄路加宽累计约 19.2 千米、沟渠维修约 3 千米、技改提灌站 2 处，塘堰整治 3 口，基础设施全面改善。总投资 3200 余万元的中玉路、总投资 3000 余万元的盐泉状元大桥已完成验收并投入使用。总投资近 2 亿元的玉白路、场镇污水设施、河堤改造等项目均已协调争取落地。全镇 17 个行政村（社区）光纤全通达，农村宽带接入能力达千兆，已建基站 4 个。争取到国家传统村落保护、全省百镇建设等 520 万元财政奖补资金改善辖区基础设施建设。

【社会治理】 2021 年，紧密结合镇域实际制订工作方案，分解任务，完善制度，加强队伍，加大依法治镇治村力度。围绕“打防控”一体化建设，以提升群众满意度和安全感为工作目标，扎实开展治安防范，加大摸排调处矛盾纠纷力度，加强青少年和刑释解教人员教育管理，重视重点场所管理，狠抓反邪教工作，打造“盐泉镇和谐平安联创中心”，实施“天网”“雪亮工程”，使全镇社会治安保持和谐稳定的良好局面，有力地推动两个文明建设健康、协调发展。截至 2021 年年末，共调处各类民事纠纷 16 起，为民办实事 30 余件，无重大事故发生。

【生态环境】 2021 年，深入推进农村生活污水、垃圾及畜禽养殖污染治理，加大秸秆禁烧巡查环保检查，加强饮用水源地监护力度，持续提升社区生活污水处理能力，现污水处理厂日处理 900 吨。在打包购买社会服务完成垃圾清运的基础上，建立常态化清扫保洁队伍，落实环境整治包干责任制，实行网格化管理，“定人、定责、定岗、定效”。完成“厕所革命”工程，全省百镇建设试点镇通过验收。常态化开展“小手拉大手”常态化志愿服务活动，营造“人人参与、家家行动、户户整洁”的人居环境治理良好氛围。全镇农村清洁治理五清行动每月清理 550 余处，共计 110 余吨垃圾。

【产业规划】 2021 年，打造“两园两带”产业，确立优质农业种植、生态畜禽养殖、特色文化旅游和优质蚕桑为主导的产业发展定位。辖区蚕桑产业园区被纳入区级七大产业园之一，形成连片种植、规模化养殖的发展格局，全力助推产业发展。年产 150 万公斤的优质蚕茧现代蚕桑产业园、年产生猪 10 万头的现代种养循环产业园已初具规模；以 28 千米清溪河畔为依托的清溪河文化旅游产业带和玉中路有

2021 年盐泉镇各行政村（社区）基本情况表

表 14

村（社）名	面积（亩）	户数（户）	人口（人）	村集体经济收入（万元）	村集体经济总支出（万元）
新和村	6972	678	1822	6.76	4.44
清溪村	8229	604	1637	18.58	7.51
圣谕村	9409.5	706	1919	8.32	8.85
金蝉村	14118	1294	3508	17.93	51.52
玉溪村	15300	1128	3012	15.45	6.54
宝山村	25029	1537	4238	43.71	11.82
长林村	15039	1080	2928	35.39	30
上方寺村	12550.5	1180	3174	18.63	5.18
雨台村	15604.5	1488	4170	32.46	3.02
广兴村	7623	793	2040	24.19	5.84
通远村	7816.5	815	2250	27.90	5.35
黎红村	7524	716	1994	10.60	5.40
光明村	11743.5	1184	3206	8.68	1.22
盐井村	8214	872	2161	38.71	13.15
白蝉社区	181.65	272	790	—	—
玉河社区	179.1	545	1329	—	—
梓棉社区	162.3	228	452	—	—
合计	165695.55	15120	40630	30.71	159.93

机果蔬产业带已完成规划，全镇招商引资签约总额达 9.8 亿元。

【特色产业】 2021 年，新和村以蚕桑产业为主，引进种养循环生态养殖技术，全村超 1000 人参加环保酵素培训，将农业有机废弃物及厨余垃圾进行资源化利用，做到全村“零污染”，创新发展富硒酵素优质粮油产业，使村民每亩每年增收 1000 元左右；清溪村、金蝉村依托传统蚕桑业，全面建设现代蚕桑产业园；圣谕村建成青年鸡养殖场及蛋鸡养殖场，年产出青年鸡 30 万只、蛋鸡 20 万只，日产鸡蛋 18 万枚，集体经济年收入 13 万元；上方寺村共建 4 个养猪场，年产值 3000 万元，村集体经济组织引入资金进行牧草合作种植 113 亩，年产值 60 万元，租赁土地进行中药材种植 210 亩，村民每人每年增收超 2000 元。

2021 年，游仙区优质蚕桑现代农业园

【山湾农庄】 2021 年，探索将返乡能人、社会精英、传统蚕桑产业业主、本土大户和农场主整合起来，动员其参与乡村振兴，推进山湾农

2021 年 5 月 14 日，盐泉镇苏易简纪念馆开馆

庄建设。在老盐井家庭农场、福寿（佛手）山庄等农业大户试点，动员其引进葡萄避雨栽培技术、核桃林粮、林菌混种技术、林养结合技术、鱼鸭精确套养技术，大幅度提高土地利用率和产出率，综合效益显著；探索农事休闲项目建设，初步形成葡萄采摘、垂钓、露营、亲子农时体验等乡村休闲体验项目，利用空闲农房开展共享小院、乡村小憩活动，初步具备吃、住、玩、体验为一体的游客接待能力。

【特色文化】 2021 年，依托苏易简状元文化、鹤鸣书院耕读文化、蚕桑文化、盐井文化打造苏易简纪念馆、乡村博物馆、蚕桑博物馆开展相关传统文化活动。其中苏易简纪念馆被授予“绵阳市新时代公民道德建设教育基地”“游仙区廉政教育基地”“游仙区党员干部教育培训基地”“游仙区社会科学文房四宝文化普及基地”“游仙区状元文化研学基地”“游仙区新时代青少年文化活动中心”6 块标牌，乡村博物馆被绵阳市社科联确定为“民俗文化普及基地”。盐泉镇三馆已成为游仙区传播传统文化的重要载体，对弘扬社会主义核心价值观，传播苏易简清正廉洁风范及其家族优良家风家教文化，传承地域农耕文化，展现生产生活历史，促进精神文明建设。

2021 年 9 月 2 日，盐泉镇推出“盐事通办”小程序

【志愿服务】 2021 年，共打造新时代文明实践所 1 处、新时代文明实践站 17 处，400 余名党员志愿者及 200 余名群众志愿者参与服务。全镇每周平均举办 10 余次志愿服务活动，每月超 50 次志愿服务。涉及法治政策宣传宣讲、村居环境整治、交通安全劝导、科普卫生知识宣讲、环保宣传、安全教育宣传、居家养老服务、公益关爱、精神文明宣讲等共 10 余个方面，采用“线上 + 线下”结合、“集中 + 分散”结合、“定点 + 入户”结合等组合形式，深入全面推行志愿服务，参与志愿服务人数达 5400 余人次，服务村居民达 1.2 万余人次。

【民生事务】 2021 年，发放低保资金 393.346 万元、特困资金 145.6484 万元、优抚金 540 万元、80 岁以上老人高龄补贴 47.65 万元、残疾补助 85.031 万元、临时救助资金 9.723 万元。发放计划生育家庭扶助资金 90.48 万元，特别扶助和其他特别扶助资金 41.676 万元，独生子女奖励资金 9.576 万元。整合辖区内敬老院、日间照料中心等公有和社会民政服务设施，结合盐泉镇医合体、各村（社区）卫生室，构建“1 中心 +N 站（点）”的综合养老服务体系，优化民政从业人员队伍结构。配合做好教育试点改革，在盐泉镇 3 所学校设立联席会议制度，统筹辖区内教育资源，对辖区学校实行一体化管理。成立盐泉镇社会工作站，组织开展未成年人保护、居家养老等社会公益活动。 （权秋鸣）

信义镇

【概况】 2021 年，信义镇辖区总面积 136.30 平方千米，镇域内设

2021年信义镇各行政村基本情况表

表 15

村名	面积（平方千米）	户数（户）	人口（人）	农村经济收入（万元）	农村经济总费用（万元）	农村经济净收入（万元）
红广村	6.847	827	2318	4329	1465	2864.57
白马村	5.831	799	2158	3507	1150	2357.68
龙园村	8.230	853	2472	4675	2453	2222
曾家垭村	5.617	475	1360	2466	865	1601.41
家合村	8.157	985	2831	4719	1571	3148.96
凤鸣村	6.953	974	2673	4904	1915	2989.64
金桥村	7.21	1095	3084	4220	1613	2607
莲水村	6.066	916	2628	4661	1698	2963
双兴村	8.066	1194	3609	5777	2229	3548.98
卢家坪村	6.607	1081	3046	3904	928	2976
群丰村	8.218	1025	2756	6061	2321	3740.09
李花村	8.846	708	1818	4112	1927	2185.31
段家桥村	6.071	633	1775	3484	1256	2228.72
福星村	5.318	793	2358	3718	1242	2476.57
铧柏村	6.773	832	2345	4957	1253	3704.44
仙山村	8.86	791	2120	5478	1896	3582.84
柳垭村	7.281	1001	2975	4129	1315	2814
信义村	10.332	1241	3461	5712	2544	3168

观太场、刘家场。村级建制调整改革后，辖区共有18个行政村3个社区、251个村民小组。全镇总户数18307户，其中农业户16656户；总人口49942人，其中农业人口46729人。山林面积44257.6公顷；耕地面积5373公顷，其中水田2286.7公顷，属游仙区第二大乡镇。2021年，实现工农业总产值11亿元；财政总收入6493.75万元，同比增长4.5%；农村经济总收入82376.62万元，同比增长8.9%；村级集体经济总收入123.14万元；农民人均收入21916元，同比增长9.6%。年末银行存款余额0.5亿元，同比增长374.68%。

【农业产业】 2021年，持续实施好“菜篮子”工程，打造“川菜硅谷—信义镇蔬菜产业带”1万亩，除蔬菜制种和常规商品蔬菜，信义镇还大力发展花椒、莲藕、羊肚菌等特色产业。种植花椒1800亩、莲藕1500亩、羊肚菌1000亩，其中利用群丰村旧村小连片发展羊肚菌200亩，形成初具规模冷链物流7

2021年，魏城河刘家段防洪堤改造工程

处、粮油及蚕桑等烘干企业 3 处，有农业企业 28 家、合作社 50 家、家庭农场 123 家。分别以马鞍寺、李花村、福星村为核心辐射带动打造传统村落观光线、生态采摘观光线、农业蔬菜产业观光线，发展集观光、采摘、体验、休闲为一体的信义乡村文化旅游。

【工业产业】 2021 年，完成固定资产投资任务 8.6 亿元，超额完成 4.8%；有工业企业 16 家，其中规上企业 8 家，全年实现规模工业总产值 3 亿元；招引中小企业 3 家（四川鑫旺兴农业科技有限公司、绵阳市力明辉建材有限公司、四川桑梓禅缘文旅科技有限公司），总投资 2.15 亿元；申报规上服务业入库 2 个（四川罗盘文化传播有限公司、四川省向天歌文化传播有限公司），完成线下服务业入库项目 2 个（美美乐购超市、绵阳理想家电经营部）。

【基础建设】 2021 年，修建农村道路 3.44 千米，扩宽农村道路 8.08 千米，修建沟渠 23768 米，新建蓄水池 18 口，整治山平塘 36 口，新建涵管 615 米，完成土地整理项目 20064.86 亩，修建田间道路 27349 米，修建错车道 49 处，修建道路接口 50 处。其中，完成仙山村、铧柏村产业道建设，完成广济后街、油坊街、西街街道改道及污水管网整治，魏城河刘家段防洪堤改造工程建设进入尾期阶段，广济堰防洪堤治理工程有序开展施工。

2022 年 1 月 26 日，信义镇福星村被评为 2021 年度四川省乡村振兴示范村

【社会民生】 2021 年，开展临时救助 205 人次，发放救助资金 24.4410 万元；发放农村低保资金 213.1 万元，城市低保资金 364.308 万元；为 572 名重度残疾人发放护理补贴 44.375 万元，为 235 名困难残疾人发放生活补贴 28.74 万元，扶持农村贫困残疾人发展生产 120 人；为 1100 名居家养老人员建立档案资料；全年发放生育服务证 60 人次，新增独生子女父母奖扶家庭 145 户；代扣城乡养老保险 14246 人，缴费率 72%，全镇 60 岁以上已享受并领取养老金的 10038 人；农村小额保险参保 13821 人；开展食品药品培训工作 1 次，发放宣传资料 700 余份；完成巩固脱贫攻坚“回头看”和第二次致贫返贫动态监测集中排查并录入检测系统；常态化开展新冠肺炎疫情防控，排查川外务工返乡人员 1526 人，接种疫苗 36025 剂，信义镇被评为绵阳市抗击新冠肺炎疫情先进集体；成立信义镇社会工作服务站，“信乡邻 · 义同行”邻里互助积分兑换项目被《绵阳日报》刊登。

2021 年 11 月，信义镇开展“信乡邻 · 义同行”邻里互助积分兑换项目

【乡村振兴】 2021 年，立足自身农业发展实际，激活土地承包经营权流转机制，在凤鸣村试点探索出土地股份改革之路，有效促进农业高质高效、乡村宜居宜业、农民富裕富足，村集体经济突破 10 万元；强化应急联动，率先实现微型消防站村级全覆盖，推行的“林长制”工作举措被省委办公厅信息刊载。整合 16 处闲置资产，引进服装公司入驻刘家场闲置办公楼，创税增收的同时解决 700 人富余劳动力。探索发展乡村旅游产业园，投资

2021 年 9 月，信义镇开展全覆盖疫苗接种服务

1000 余万元的桑梓禅缘山湾农庄初见成效，结庐仙山山湾农庄由四川卯榫公司开展乡村建设人才研学，培训人员 800 余人次，桑梓禅缘山湾农庄和结庐仙山山湾农庄争创为游仙区十大山湾农庄；福星村、刘家社区入选创建全市两项改革“后半篇”文章先进村（社区）名单；福星村创建为省级乡村振兴战略示范村。

【新冠肺炎疫情防控】 2021 年，辖区 3 个卫生院采取固定新冠疫苗接种与流动疫苗接种（新冠疫苗接种直通车到村、到企业为广大群众提供“上门接种”）服务的模式，力争在疫苗接种体系上做到动静结合，在服务人群上做到全覆盖，努力实现辖区常住人群应接尽接、能种尽种。通过组织分时分段接种，提升疫苗接种效率，基本实现“即来即种”的高效接种模式。疫苗接种流动车（直通车）在为居住分散村民、上班人员、中高风险地区返乡人员提供便利的同时，还缓解集中接种点的接种压力，避免特殊人群疫苗接种的不便，提升辖区常住人口的疫苗接种率，最大限度构建辖区群体免疫安全屏障。

【拆迁工作】 2021 年，创新“阳光拆迁工作法”，开展 G5 成绵高速扩容信义段拆迁，完成 15 家企业、172 户住房、1582 座坟、1813 亩土地拆迁。双向 8 车道的 G5 成绵高速扩容项目正在全面铺开实施建设，在镇域内穿过 5 个村，在柳垭村、群丰村设置 2 个出口，G5 高速的贯通势必成为信义镇发展加速器，让“信义品牌”更快速便捷地“走出去”。 （江岚）

小枧镇

【概况】 2021 年，小枧镇辖区面积 54 平方千米，辖 7 个行政村、9 个城市社区，1 个农村社区，75 个村民小组、81 个居民小组，户籍总人口 16925 人，农业户 10099 户；总人口 46149 人，其中农业人口 20092 人，有外来人口 13358 人。山林面积 2424.44 公顷；耕地面积 2200.7475 公顷，其中水田 595.54 公顷。全年，全镇地方财政收入（不含税收）3512.87 万元，农村集体经济总收入 669.45 万元，招商引资完成 9.34 亿元。

【党的建设】 2021 年，深入学习贯彻习近平新时代中国特色社会主义思想，认真落实习近平总书记“七一”重要讲话、中共十九届六中全会精神和省市区委党代会重要精神，召开专题会议 23 次，开展专项督查 39 次，开展各类宣讲 21 次。认真开展党史学习教育，全年组织开展中国共产党成立 100 周年系列庆祝活动 21 场次。深化巩固“不忘初心、牢记使命”主题教育成果，在新冠肺炎疫情防控、抗洪抢险等急难险重任务中，始终带头与班子成员冲在一线。优化提升干部队伍，全年开展“头雁提能”培训工作，严格落实村社干部工作、村级组织运转经费，创造性开展“会议述职 + 现场述职”相结合的年度评优活动。做优“枧·爱”党建品牌，建立一站式党群服务中心，下设基层治理党建联盟、新时代文明实践所、社会工作服务站，开展系列活动 50 余场，服务辖区群众 3 万余人次。

【乡村振兴】 2021 年，启动乡村规划编制工作，遇仙村、洪垭村规划通过市级专家评审会。农村宅基地“三权分置”改革推进，预计腾挪建设用地指标 500 亩。推进“红雨龙溪”“天池源”“大林湾”山湾农庄建设，“大林湾”山湾农庄冷链仓储设施、园区基础设施进一步完善，带动周边群众就业 800 余人。遇仙村获 2021 年度省级乡村振兴示范村。川西北野生动物园加快推进，川菜种业现代农业园区建设稳步推进，正全力筹备全省蔬菜品种展示会。

【项目建设】 2021 年，以科技健康小镇建设为目标，努力建设宜居宜商宜业新城区。一是完成建小路、南路大桥、安国寺支路建设工作。二是完成太极集团地块拆迁交地工作。三是全力推进城南新区扫尾拆迁，全面完成城南新区 A、D、E、

2021 年小枧镇各行政村基本情况表

表 16

村名	面积（平方千米）	户数（户）	人口（人）	农村集体经济收入（万元）	农村经济总费用（万元）	农村经济净收入（元）
遇仙村	8.27	984	2376	55.1	—	—
高乐村	8.94	853	2530	98.5	—	—
天池村	10.36	889	2246	106.21	—	—
雨风村	6.6	673	1542	7.03	—	—
洪垭村	10.89	1093	2744	137.67	—	—
五星村	3.7	545	1326	114.94	—	—
八龙村	4.8	610	1416	150	—	—

J 地块的交地任务。四是启动国道 108 线拆迁工作，并协调农商银行，通过“富乐贷”的方式，为前期拆迁款支付寻找有效渠道。五是推进油坊河、惠泽堰的景观提升打造。五是朗诗、中金龙翔、阳光城、华宇、金科等在建项目加快推进。

【社会民生】 2021 年，探索推行“社保贷”，妥善解决省道 205 绕城改线拆迁征地群众的社保安置问题。开展脱贫攻坚“回头看”，不断巩固脱贫实效。坚持日常救助与节日帮困相结合，不断完善社会救助机制。对因病因灾生活困难的群众发放临时救济金 10 万元、城乡医疗救助金 14 万元。慰问老党员、困难党员、低保、五保、孤儿等困难群众 200 余人。城乡居民医疗保险参保人数 2.8 万人，参保率 100%。劳动就业工作在上级部门的业务指导下，新开发并使用公益性岗位 18 人，新增就业 800 人，办理失业登记 70 人，全镇失业率控制在规定范围内。

【依法行政】 2021 年，健全全面依法治镇委员会，开展法治示范镇、示范村（社区）创建。落实“谁执法谁普法”“谁主管谁普法”“谁服务谁普法”责任制。扎实开展“枫桥式司法所”创建等活动。严格管理政府法律顾问，探索法律顾问参与政府重大行政决策合法性审查、规范性文件合法性审查工作，以镇党委、政府“三重一大”法律意见“双征求”为抓手，参与镇、村（社区）依法决策合法性论证，为镇、村（社区）重大事务决策提供法律意见 32 份，为村（社区）集体经济进行“法治体检”17 次。打造集人民调解、法律咨询、法律援助于一体的公共法律服务站，设专职人民调解员、法律顾问值班窗口，提供法律咨询、法律援助、调解等服务。以村（社区）为单位，实行公共法律服务工作微信群全覆盖，线上线下齐服务。建立 144 人的普法志愿者队伍，在农民工返乡、国庆、“6·26”国际禁毒日等重要时间节点开展普法宣传活动 32 场。由各村（社区）推荐、群众参与，组建一支 119 人组成的法治文艺表演队，演出法治文艺节目 12 场，播放法治电影、短片 17 场。以群众法治需求为导向，在群众中培养一批服务群众的“法律明白人”队伍，2021 年有乡村“法律明白人”108 名，全年开展培训 12 场，公共法律服务站（室）接待群众 1200 余人次，办理法律援助初审 19 人次；法律顾问累计值班超 800 次、接受咨询约 1000 人次。辖区群众获得感日益增强、满意度日益提升。（毛静）

2021 年，小枧镇遇仙村展馆　（区融媒体中心供图）

2021 年仙鹤镇各行政村社区基本情况表

表 17

村（社）名	面积（平方千米）	户数（户）	人口（人）	农村经济收入（万元）	农村经济总费用（万元）	农村经济净收入（万元）
柏林社区（含原柏林村）	4.9	1214	3197	64.48	41.33	—
崇林村	6.3	625	2065	14.33	12.45	—
朝真村	7.3	725	2052	54.93	43.27	—
金柏村	8	615	1756	27.76	29.63	—
金龙村	10	957	2884	101.24	65.19	—
洛水村	8.5	1080	3154	210.15	205.11	—
孟津村	8	860	2510	66.14	44.44	—
青龙村	8.5	718	2246	212.51	203.75	—
石龙村	9.7	845	2810	77.8	63.07	—
云水村	8.5	907	2473	63.56	59.47	—
朝真场社区	0.5	125	286	—	—	—

仙鹤镇

【概况】 2021 年，仙鹤镇辖区面积 79.8 平方千米，辖 9 个行政村、106 个村民小组、2 个社区居委会、14 个居民小组。全镇总户数 8671 户，其中农业户 8032 户；总人口 25433 人，其中农业人口 23947 人。山林面积 2255.8 公顷；耕地面积 3520.3 公顷，其中，水田 2227.9 公顷。村级集体经济总收入 410 万元，同比增长 200 %；农民人均收入 22732 元，同比增长 9%。仙鹤镇有国家级农民专业合作社 2 家，市级以上龙头企业 3 家，一般农民专业合作社 25 家，家庭农场 50 家，是游仙区名副其实的“粮袋子”“果园子”。被评为市级文明乡镇，市级实施乡村振兴战略先进镇，有省级“四好村”3 个、市级“四好村”2 个、区级“四好村”10 个，2 个村获评省级实施乡村振兴战略示范村。

2020 年，“8・11”洪灾后重建农房新旧对比

【农业产业发展】2021年，投资2亿元的九惠公社现代化蛋鸡养殖基地在石龙村落地建设，康丰源公司投资1.8亿元建设智能化畜禽养殖基地实施。完成粮食生产21032吨，占全年目标任务的100.2%；规划优质粮油现代农业示范基地面积1.8万亩，先后争取产油大县、水稻制种等项目资金3600万元，新建道路9200米、渠道3300米，整治河道3100米，整理土地1.3万亩。启动游仙区“果满山川”现代农业园区建设项目，争取2.1亿元农发行贷款，由区属国资平台公司绵阳耀东农业投资开发有限公司实施，项目包括建成1509亩葡萄避雨设施、高标准农田1.6万亩、冷链物流中心1座，新建桥梁4座，道路修补、扩宽及黑化21千米。

【基础设施建设】2021年，争取950万元资金实施石龙村、青龙村高标准农田建设项目；实施道路加宽改造工程，投入303.5万元加宽石龙村、金龙村、金柏村、朝真村、崇林村等22千米道路；推进撤并建制村畅通工程，投入183.2万元改造提升朝真村、崇林村、柏林社区等5.07千米道路；完成石龙村潘家桥、洛水村石墩子桥2座桥梁改造加固；争取资金80万元修复水毁道路3处，争取财政资金800万元硬化社道、产业化道路17千米，整合乡村振兴项目资金，新建产业化道路2.3千米。

【新农村建设】2021年，持续开展“两大一好”环境整治，成立新时代文明实践志愿服务队，发动全镇党员干部、志愿者600余人次，动用机械、车辆800余次，安装完善垃圾分类亭200个，摆放和更换分类垃圾桶1500余个。开展“清洁乡村”行动，“厕所革命”项目完成户厕所改造及安装三格化粪池40户。新安装太阳能路灯484盏，森林防火、安防监控24处。

【新时代文明实践】2021年，仙鹤镇新时代文明实践所调动各方力量，整合各种资源，创新方式方法，开展各类志愿服务活动195次。系列志愿者活动，被四川文明网、绵阳文明网采用和推广，使仙鹤志愿服务观念更加深入人心，有效推进社会主义精神文明建设，带动更多群众投身志愿服务事业。全镇志愿者从年初的112人增长到年底的256人，全镇新时代文明实践积分排名从倒数第二名跃至全区第二名。

【社会民生】2021年，全面落实“两免一补”政策，坚持控辍保学。有序足额发放高龄老人补助、低保资金、计生奖特扶、重点优抚资金、离职村（居）干部一次性补助等各类救助补助资金944.9万元。认真落实“两不愁三保障”措施，对全镇贫困户实行返贫动态监测。

【换届选举】2021年1月20日，仙鹤镇11个村（居）换届选举工作完成。全镇19612名选民在11个村（居）选举投票点参加选举投票，依法行使权利。

【园区建设】2021年，游仙区“果满山川”现代农业园区建设项目正式启动，项目涉及葡萄避雨设施搭建，高标准农田建设，冷链物流中心建设，桥梁新建，道路修补、扩宽及黑化，农产品烘干房、气调库等设施。（胡世祥）

附　录

2021年绵阳市游仙区国民经济和社会发展统计公报

2021年，面对严峻复杂的外部形势及新冠肺炎疫情的影响，全区上下坚定以习近平新时代中国特色社会主义思想为指导，按照市第八次党代会、市委八届二次全会、区第七次党代会决策部署，统筹推进疫情防控和经济社会发展，扎实做好“六稳”工作，全面落实“六保”任务，经济运行稳定恢复、好于预期，较好完成了区六届人大七次会议确定的目标，实现“十四五”良好开局。

一、综　合

国民经济。2021年区属实现地区生产总值（GDP）417.4亿元，增长8.4%。其中，第一产业增加值37.25亿元，增长7.2%，贡献率为8.3%；第二产业增加值152.86亿元，增长7.9%，贡献率为34.0%；第三产业增加值227.29亿元，增长9.0%，贡献率为57.7%。三次产业结构为8.9∶36.6∶54.5。民营经济实现增加值250.50亿元，增长6.5%，占全区GDP的比重为60%，比上年降低0.6个百分点。

基本单位。2021年末全区共有基本单位6428个，比上年增加223个，增长3.6%。其中，法人单位5746个，比上年增加470个，增长8.2%。“四上”企业法人单位455个，分专业看，规模以上工业企业143个，资质内建筑业企业103个，限额以上商贸企业96个，房地产企业51个，规模以上服务业企业62个。

二、农　业

农产品产量。全年农作物总播种面积96.56万亩，增长0.2%。其中，粮食播种面积58.03万亩，增长0.3%；经济作物播种面积38.53万亩，增长0.1%。全年粮食总产量24.4万吨，增长1.7%，单产420.45公斤/亩，增长1.2%。其中，大春粮食产量19.02万吨，增长1.7%；小春粮食产量5.38万吨，下降1.5%。水稻产量12.77万吨，增长1.3%；小麦产量4.86万吨，增长1.3%；油料作物产量5.03万吨，增长2.9%；蔬菜及食用菌产量20.61万吨，增长3.3%。

畜牧业。全年生猪出栏190159头，增长5.6%。生猪存栏126200头，增长2.3%。全年猪牛羊禽肉类总产量25878吨，增长2.7%。其中，猪肉产量13185吨，增长6.0%；禽蛋产量12135吨，增长18.2%；牛奶产量379吨，下降77.1%。

林业。年末实有森林管护面积达6231公顷；森林覆盖率为31.29%；区内有自然保护区1个，自然保护区面积777公顷；全年零星植树50万株；2021年全区合计森林蓄积采伐量15082.03立方米（包括限额指标内采伐11092.02立方米、工程征占等不占限额指标采伐3990.01立方米）、折合木材出材量5166.44立方米；竹材产量143吨。

渔业。全区淡水养殖面积达3005公顷，全年水产品产量为14039吨，比上年增长6.5%。

三、工业和建筑业

工业生产。全年工业增加值120.06亿元，比上年增长8.9%，对经济的贡献率为30.3%。年末规模以上工业企业130个，全年区属规模以上工业增加值同比增长8.7%。全年规模以上工业企业实现主营业务收入336.73亿元，下降11.6%。利润总额26.04亿元，增长20.6%。其中，国有企业0.19亿元，增长435.1%；股份制企业19.33亿元，增长20.3%；外商及港澳台商投资企业5.93亿元，增长17.3%。

建筑业。全年建筑业增加值32.89亿元，比上年增长4.2%。区属资质以上总承包和专业承包建筑企业103家，其中有工作量的100家。房屋建筑施工面积1146.7416万平方米，下降1.5%；房屋建筑竣工面积142.0532万平方米，下降10.75%，其中住宅竣工面积87.4203万平方米，增长8.5%。

四、固定资产投资

固定资产投资。全年区属全社会固定资产投资同比增长17.7%。其中，建安工程投资增长22.0%；设备工器具购置投资下降48.6%；其他费用投资增长38.5%。分产业看：第一产业投资增长81.2%；第二产业投资增长2.5%；第三产业投资增长21.1%。

房地产。全年房地产开发投资增长16.3%。商品房施工面积增长14.7%；商品房竣工面积下降72.7%；商品房销售面积增长29.7%。

五、国内贸易

消费品市场。全年社会消费品零售总额152.71亿元，增长18.4%。按经营地分：城镇市场实现零售额99.05亿元，增长18.1%；乡村市场实现零售额53.66亿元，增长18.9%。按行业分：批发业实现零售额56.09亿元，增长18.2%；零售业实现零售额66.29亿元，增长18.4%；住宿业实现零售额13.61亿元，增长18.4%；餐饮业实现零售额16.72亿元，增长18.9%。在限额以上企业（单位）中，通过互联网实现的商品零售额1.68亿元，增长18.2%。

六、招商引资和对外贸易

招商引资。2021年国内省外招商引资履约项目30个，协议引资179.18亿元，国内省外到位资金110.29亿元。2021年全区直接利用外资1064万美元。

对外贸易。全年完成外贸进出口总额3.76亿元，同比增长21.37%。其中，出口2.19亿元，进口1.57亿元。

七、交通和电信

交通。年末全区公路总里程为1903.53公里。其中，高速公路43.14公里，一级公路52.66公里，三级公路87.08公里，四级公路1717.41公里。

邮电业务。全年完成电信业务总量5.97亿元，比上年增长26.1%。固定电话用户11.82万户，移动电话用户76.02万户，互联网宽带用户22.82万户。

八、财政、金融和保险业

财政。全年完成地方一般公共预算收入11.92亿元。其中，税收收入完成9.49亿元，非税收入2.43亿元。

金融。年末金融机构人民币各项存款余额370.86亿元，比上年增加27.36亿元，增长8.1%。人民币各项贷款余额290.2亿元，比上年增加3亿元，增长1.0%。

保险。年末全区共有保险公司10家。其中，产险公司7家，寿险公司3家。全年各类保险保费收入6.11亿元，增长1.2%。其中，财产险2.94亿元，下降2.3%；人身险3.17亿元，增长4.6%。

九、教育和科学技术

教育。年末全区有普通高中4所，在校学生数5083人，专任教师数333人；职业高中5所，在校学生数7362人，专任教师数445人；初中15所，在校学生数28895人，专任教师数1881人；小学29所，在校学生数34563人，专任教师数2013人；幼儿园98所，在校学生数16606人，专任教师数1211人。

科学技术。全年科技部门共组织企业成功申报立项省、市级科技项目34个，立项资金1294万元。全区已通过国家高新技术企业认定9家、总数达50家，有国家级工程技术研究中心4家，省级工程技术研究中心8家。全年专利授权1691件，其中发明专利授权468件，有效发明专利拥有量达2351件。

十、文化、卫生

文化事业。年末全区共有图书馆1个、文化馆1个、博物馆1个，镇（场）综合文化站21个、街道综合文化站3个、村（社区）综合文化服务中心（文化广场）172个。全区广播覆盖率100%，电视覆盖率100%，城区数字电视转换率100%。

卫生。年末全区共有各级各类医疗卫生机构404个。其中，区级公立医疗机构4个；其他公立医院2个，4个社区卫生服务中心、8家中心卫生院，卫生院分院13家，社区卫生服务站14个，公立医疗机构门诊部2个，200个村卫生室；

学校及事业单位医务室（卫生所）7个，民营医疗机构150个包括：民营综合医院3个，民营综合门诊部7个，中医门诊部1个，口腔门诊部2个，诊所134个。

十一、环境保护和安全生产

环境保护。全年$PM_{2.5}$平均浓度27.1微克/立方米，PM_{10}平均浓度42.1微克/立方米，空气质量优良天数320天，较去年同期增加4天，优良率达92.0%，空气质量综合指数3.04。芙蓉溪仙鱼桥市考断面水质优良率100%，城市集中式饮用水（仙鹤湖水库）水源达标率100%。

安全生产。全年共发生各类生产安全事故9起，所有事故共造成7人死亡、受伤4人，共造成可估算直接经济损失858.94万元，全区未发生较大及以上安全生产事故。（其中，建筑施工类事故5起，造成5人死亡、2人受伤；道路交通运输类事故3起，造成1人死亡、2人受伤；国防科研其他类事故1起，造成1人死亡）。

十二、人口

年末游仙辖区常住人口56.61万人，比上年末增加0.41万人。其中，城镇人口34.66万人，乡村人口21.95万人。常住人口城镇化率61.23%，比上年末提高0.27个百分点。年末全区户籍人口55.60万人，比上年末增加0.17万人。2021年全区出生人口2010人，出生率为4.7‰；死亡人数2555人，死亡率为5.98‰；自然增长率–1.28‰。

十三、人民生活和社会保障

城乡居民收支。全区城镇居民人均可支配收入50674元，增长8.8%。城镇居民人均消费支出32048元，增长7.7%。其中，食品烟酒支出10255元。农村居民人均可支配收入22805元，增长10.6%。农村居民人均消费支出17719元，增长10.6%。其中食品烟酒支出6039元。

就业和再就业。全区城镇新增就业人员7035人，失业保险参保人数28097人。年末城镇登记失业人员2599人，城镇登记失业率为3.33%。全区有1128名失业人员实现再就业。失业保险金标准为1320元/月，最低工资标准1650元/月。

社会保障。2021年末，游仙区参加基本医疗保险人数399274人，比上年减少5750人。其中，参加职工基本医疗保险人数47470人，增加3080人，职工医保基金收入26323万元；参加城乡居民基本医疗保险人数351804人，比上年减少8830人，城乡居民基本医疗保险个人缴费（含代缴）9851万元。

2021年末游仙区参加城镇职工基本养老保险人数109125人，比上年末增长7336人；参加城乡居民养老保险人数188120人，减少4074人。参加失业保险人数28097人，增加2992人。参加工伤保险人数36285人，增加237人。参加生育保险人数31898人，增加2985人。

2021年度城镇最低生活保障标准为610元/月，享受最低生活保障补助的城镇居民累计12250人次；农村最低生活保障标准为410元/月，享受最低生活保障补助的农村居民累计59592人次。

2021年度游仙区干部职工获市级以上表彰奖励个人统计表

表18

序号	获奖名称	获奖者	授奖单位
1	全国普法工作先进个人	李　昶	中宣传部、司法部、全国普法办
2	全国农村留守儿童关爱保护和困境儿童保障工作先进个人	刘雪梅	民政部
3	全国司法所模范个人	李　茜	司法部
4	“小个专”党建工作表现突出个人	王　欢	国家市场监督管理总局
5	2021年红十字应急救护知识竞赛活动荣获个人组织奖三等奖	王冬砚	中国红十字会总会办公室
6	全国县级融媒体中心优秀作品三等奖	严光涛	“学习强国”学习平台
7	四川省优秀共产党员	汪玉辉	省委
8	四川省优秀党务工作者	杨鹏	省委

续表 18

序号	获奖名称	获奖者	授奖单位
9	省内对口帮扶涉藏地区和彝区贫困县先进个人	张海波	省委、省政府
10	2020 年脱贫攻坚“五个一”帮扶先进个人	赵紫键	省委、省政府
11	四川省中小学特级教师	龚仙彦、陈兴贵、王碧友、滕敏	省政府
12	人武部建设优秀个人	邓海涛	四川省军区
13	全省法院 2021 年度优秀庭审	赵　倩	省高级人民法院
14	全省法院 2021 年度庭审标兵	郑金蓉	省高级人民法院
15	全省法院系统第二十三届学术讨论会论文特别奖	杨小平、冯茜	省高级人民法院
16	全省法院系统第二十三届学术讨论会论文三等奖	田应强、魏东、谢秘秘、阳力、李圆圆、冯茜、郑金蓉	省高级人民法院
17	全省法院基层党组织组织力提升党建工作先进个人	叶佩林	省高级人民法院
18	“四川政法先锋”	王浩峰	省委政法委、省人社厅
19	“全省市场监管卫士”先进个人	李万银	省市场监管局
20	扫黑除恶专项斗争工作成绩突出个人	董芷萌	省市场监管局
21	2021 年省级重大活动食品安全保障工作先进个人	杨春蓉	省市场监管局
22	“春雷行动 2021”暨冷链物流疫情防控执法行动先进个人	谢　伟	省市场监管局
23	四川省法治政府建设工作先进集体	司法局	省司法厅
24	2020 年度市场运行监测工作先进个人	郭春梅	省商务厅
25	全省公安机关成绩突出个人	程维星	省公安厅
26	全警实战大练兵第一批省级标兵	严　军	省公安厅
27	2020 年度全省户政管理工作成绩突出个人	何晓莉	省公安厅
28	全省“网安能手”	牟旭亮	省公安厅
29	全国“红蓝对抗”毒品查缉大比武四川公安机关成绩突出个人	周钟一	省公安厅
30	全省公安机关信访突出问题攻坚化解专项工作成绩突出个人	贾宗富	省公安厅
31	2021 年度全省公安出入境“三优”星级窗口三星民警	李姿锌	省公安厅
32	2020 年度四川省优质学校对口帮扶深度贫困县中小学校工作先进个人	张澍、宋永强	省教育厅
33	最美家庭·爱岗敬业类	沈福玉	省妇联、省精神文明建设办公室
34	团省委 100 名优秀“童伴妈妈”	白琼政	团省委维护青少年权益部

续表 18

序号	获奖名称	获奖者	授奖单位
35	四川省卫生健康系统先进个人	陈耀辉	省卫健委、省人社厅
36	农村危房改造工作先进个人	唐容云、胡晓明	省农村农房建设统筹管理联席会议办公室
37	退役军人服务中心“百名优秀主任（站长）”	卢远萍	省退役军人事务厅
38	退役军人主题演讲比赛优秀选手	卢远萍	省退役军人事务厅
39	2021 年度全省生产力促进中心先进个人	母建红	省生产力促进中心协会
40	2020 年度铁路护路防汛抗灾先进个人	贾东	省铁路护路联防工作领导小组
41	四川省交通运输系统先进个人	邹绍波	省交通运输厅、省人社厅
42	绵阳市优秀共产党员	马宝全、刘世清、李汶容、邓长清、王令、陈涛、杨琳	市委
43	拥军优属先进个人	但崇国	市委
44	绵阳市抗击新冠肺炎疫情优秀共产党员	杨仕荣、戴思宇	市委
45	绵阳市优秀党务工作者	毛光明、范刚、谢锟强	市委
46	第八届中国（绵阳）科技城国际科技博览会先进个人	冯雯、陈杰、邓欢、邓文杰	市委、市政府
47	绵阳市扫黑除恶专项斗争先进个人	任焱、王威、陈伟华、赵倩	市委、市政府
48	绵阳市 2020 年度建设全国文明城市先进个人	文再宁、胡洋、吴清江、廖永彬、周贵、金国强、冯小平、王刚、王千	市委、市政府
49	全省乡镇行政区划和村级建制调整改革“后半篇”文章绵阳现场推进会议先进个人	刘新生	市委、市政府
50	中共绵阳市委、绵阳市政府关于表扬 2020 年度服务业发展工作先进集体和先进个人的通报	王　波	市委、市政府
51	绵阳市抗击新冠肺炎疫情先进个人	勾东、杨仕荣、陈涛、蒲斌、杨玲、王刚、戴思宇	市委、市政府
52	2020 年度服务业发展工作先进个人	杨　沙	市委、市政府
53	绵阳市交通建设攻坚大会战先进个人	孟林、张杰	市委、市政府
54	征兵工作先进个人	胡　洋	市政府
55	2020 年度绵阳市优化营商环境工作先进个人	李万银、莫正轩、龙娜	市政府
56	绵阳市民族团结进步模范个人	沈福玉	市政府
57	2020 年全市招商引资工作先进个人	邓文杰	市政府
58	绵阳市“一网通办”能力提升工作先进个人	莫正轩、龙娜	市政府
59	市项目投资工作先进个人	魏爱军	市政府
60	2020 年度征兵工作先进个人	任化军	市政府、市军分区

续表 18

序号	获奖名称	获奖者	授奖单位
61	嘉奖	廖泽燕、吕志力	绵阳军分区
62	军事训练先进个人	胡　洋	绵阳军分区
63	优秀职工	杨艳平	绵阳军分区
64	优秀共产党员	吕志力	绵阳军分区
65	“坚定理想信念 争做忠诚卫士”主题演讲先进个人	魏　东	市中级人民法院
66	“为天平增辉 为党旗添彩”主题演讲活动先进个人	奂思宇	市中级人民法院
67	绵阳法院“实战化训练推进年”活动先进个人	李立邦	市中级人民法院
68	个人三等功	冯茜、郑金蓉	市中级人民法院
69	2020 年度涉诉信访工作先进个人	颜　硕	市中级人民法院
70	第二届全市法院“十佳裁判文书”	汪江、冯茜	市中级人民法院
71	第五届全市法院“十佳庭审”	赵倩、梁梅、蹇红、江春秀、李奎	市中级人民法院
72	2021 年度优秀消防网格管理员	赵玉春、欧阳波、张德会、代蕾	市委政法委、市消防救援大队
73	2020 年度全市检察机关先进个人	王　敏	市检察院
74	2020 年度全市矛盾纠纷多元化化解工作先进个人	谌春元	市委政法委
75	2020 年度全市关爱保护未成年人专项行动先进个人	张山水	市委政法委
76	中共绵阳市委政法委员会关于表扬部署“QNS202119”专案工作教育转化能手	曾韦、严芳	市委政法委
77	中共绵阳市委政法委员会关于表扬部署“QNS202119”专案工作先进个人	梁毅、彭颖、谢春帆	市委政法委
78	2021 年度铁路护路联防工作先进个人	贾东	市委政法委
79	2020 年全市矛盾纠纷多元化解先进个人	林小红	市委政法委
80	绵阳市未成年人思想道德建设工作先进工作者	赵　倩	市文明委
81	口述史征集活动退役军人工作者优胜奖	卢远萍	市退役军人事务局
82	退役军人主题演讲比赛第一名	卢远萍	市退役军人事务局
83	2021 年度政务信息工作先进个人	严　越	市政府办
84	绵阳市第三届“十佳环保卫士”	王胜凯	市委办、市府办
85	绵阳市医保信息化标准化建设先进个人	曾可佳、张晓琼、周静、韩丽	市医保局
86	全市生态环境系统 2020 年度工作先进个人	秦超琦、李晏、张鑫、许锘	绵阳市生态环境局

续表 18

序号	获奖名称	获奖者	授奖单位
87	“春雷行动 2021”暨冷链物流疫情防控执法行动成绩突出先进个人	杨春蓉、王辽、王勇、李选鲲	市市场监管局
88	2021 年度先进个人	王冬砚	市红十字会
89	优秀志愿者	胡辉、赵秀琼	市红十字会
90	退役军人事务工作先进个人	池祥富、王刚	市退役军人事务局
91	绵阳市优秀共青团员	肖　笛	共青团市委
92	2021 年度绵阳市“扫黄打非”工作先进个人	杨婧、蒲颖	市“扫黄打非”工作领导小组
93	十大见义勇为先进个人	曾永川	平安绵阳建设领导小组
94	绵阳市工会工作先进个人	赵登坤、邱浩、龙奕翰	市总工会
95	绵阳市五一巾帼标兵	陈　丹	市总工会
96	2020 年度普惠服务工作先进个人	沈　欣	市总工会
97	2020 年度宣教工作先进个人	王　颖	市总工会
98	2020 年度网社工作先进个人	李要启	市总工会

游仙区主要机构及负责人名录

（2021年1月至12月）

中共绵阳市游仙区第六届委员会

书 记 陈华斌

副书记 韩晓清

（2021年6月至12月）

杨守贵

（2021年1月至9月）

姚 军

（2021年9月至12月）

常 委 冯科敏

唐兴万

（2021年1月至9月）

肖龙明

（2021年1月至9月）

姚 军

（2021年1月至9月）

陈 政

李 静

（2021年9月至12月）

邓海涛

熊华明（挂职）

（2021年1月至4月）

杨新铭（挂职）

（2021年1月至8月）

林 檬

李 响

（2021年9月至12月）

朱兴安

（2021年9月至12月）

张明东

（2021年9月至12月）

郑联盛（挂职）

（2021年11月至12月）

绵阳市游仙区第六届人民代表大会常务委员会

主 任 何守君

副主任 陈 勇

（2021年1月至9月）

冯忠卫

（2021年1月至9月）

刘 辉

（2021年9月至12月）

徐丽娟

王 政

魏 威

（2021年9月至12月）

绵阳市游仙区第六届人民政府

区 长 陈华斌

（2021年1月至6月）

韩晓清

（2021年6月至9月副区长、代理区长；2021年9月至12月区长）

副区长 姚 军

（2021年1月至9月）

陈 政

（2021年9月至12月）

李 静

（2021年9月至12月）

熊华明（挂职）

（2021年1月至4月）

杨新铭（挂职）

（2021年1月至8月）

郑联盛（挂职）

（2021年11月至12月）

李彦君

（2021年1月至9月）

张明东

（2021年1月至9月）

李万庆

（2021年1月至9月）

刘 辉

（2021年1月至9月）

陈 琴

（2021年9月至12月）

杨 彬

（2021年9月至12月）

薛清泉

李 韦

（2021年9月至12月）

姚永强

（2021年9月至12月）

政协第六届绵阳市游仙区委员会

主　席　姜　曦（2021年1月至9月）
杨守贵（2021年9月至12月）
副主席　赵长兴（2021年1月至9月）
代锦芳（2021年1月至9月）
高红梅（2021年1月至9月）
岿金玲（2021年1月至9月）
赵　林（2021年9月至12月）
沈勇明（2021年9月至12月）
秦顺英（2021年9月至12月）
张　梁（2021年9月至12月）

绵阳市游仙区人民法院

院　长　杨小平（2021年1月至9月）
于欢欢（2021年9月至12月）

绵阳市游仙区人民检察院

检察长　张　涛
王智君（2021年8月至10月检察长提名人选；2021年10月至12月检察长）

绵阳市游仙区高新技术产业园区

书　记　蔡顺利
主　任　罗鉴明
副书记　李晓升
益西降措（挂职）（2021年1月至11月）
纪工委书记　安明洪

区纪委

书　记　冯科敏
副书记　魏　威（2021年1月至9月）
廖中建（2021年9月至12月）
田　容
纪委常委　王丹帆（2021年1月至9月）
左　兵
张忠琴
魏　巍
赵智强（2021年9月至12月）

区监委

主　任　冯科敏（2021年1月至4月代理主任；2021年4月至12月主任）
副主任　魏　威（2021年1月至2020年9月）
廖中建（2021年11月至12月）
田　容
监委委员　王丹帆
左　兵
赵智强
罗云峰

区委办公室

主　任　姚永强（2021年1月至10月）
任　伟（2021年10月至12月）

区委组织部

部　长　唐兴万（2021年1月至9月）
李　响（2021年9月至12月）
常务副部长　杨　鹏

区委宣传部

部　长　朱兴安（2021年9月至12月）
常务副部长　廖中建（2021年1月至5月）
蒋　睿（2021年5月至12月）

区委统战部

部　长　陈　政（2021年1月至9月）
张明东（2021年9月至12月）
常务副部长　王　科（2021年1月至5月）
吴　强（2021年5月至7月）
龙　梅（2021年7月至12月）

区委政法委

书　记　肖龙明（2021年1月至9月）
林　檬（2021年9月至12月）
常务副书记　刘庆甫（2021年1月至5月）
廖中建（2021年5月至7月）
王　庆（2021年7月至12月）

区委编办

主　任　岳　灿（2021年1月至5月）
杨先斌（2021年5月至12月）

区军民融合发展委员会办公室

主　任　刘明宇

区委目标绩效管理办公室

主 任 王子勇（2021年1月至5月）
何 峰（2021年5月至12月）

区委巡察办

主 任 杜树林（2021年1月至5月）
王 科（2021年5月至12月）

区人大常委会机关

办公室主任 邓文太（2021年1月至2月）
于术强（2021年2月至4月主任提名；2021年4月至12月主任）
财政经济委员会主任 黄宇翔（2021年1月至4月）
王云海（2021年4月至12月）
预算委员会主任 黄宇翔（2021年4月至12月）
社会建设委员会主任 刘正西（2021年1月至9月）
敬 艳（2021年11月至12月主任提名）
监察和法制委员会主任 邱 欣
农业与农村工委主任 邓兴伟（2021年1月至2月）
夏全松（2021年2月至4月主任提名；2021年4月至12月主任）
城建环资工委主任 邓 蓉（2021年1月至2月）
刘 建（2021年2月至4月主任提名；2021年4月至12月主任）
人事代表工委主任 肖 丹（2021年1月至2月）
徐 晓（2021年4月至12月）
教科文卫工委主任 李 婷（2021年1月至5月）
周 洪（2021年5月至6月主任提名；2021年6月至12月主任）
研究室主任 白 剑（2021年1月至5月）
向勇军（2021年5月至6月主任提名；2021年6月至12月主任）

区政协机关

秘书长 胡宗文（2021年1月至2月）
陈 瑛（2021年2月至4月秘书长提名；2021年4月至12月秘书长）
办公室主任 陈 瑛（2021年1月至2月）
蒋 辉（2021年2月至4月主任提名；2021年4月至12月主任）
提案委主任 何 洲（2021年1月至11月）
王洪斌（2021年11月主任提名；2021年12月主任）
经济委主任 张桂林（2021年1月至2月）
彭小兵（2021年2月至4月主任提名；2021年4月至12月主任）
文化文史和学习委主任 严显勇
教科卫体委主任 秦顺英（2021年1月至9月）
何 洲（2021年11月主任提名；2021年12月主任）
农业委主任 蒋明国
委员工作委主任 董清华
社会法制委主任 龚晓蓉

区政府办

主 任 任 伟（2021年1月至10月）
董 勇（2021年10月至11月主任提名；2021年11月至12月主任）

区发改局

局 长 刘家军（2021年1月至7月）
张礼兴（2021年10月至11月局长提名；2021年11月至12月局长）

区工信局

局 长 赖庆松（2021年1月至2月）
陈胡立（2021年2月至4月局长提名；2021年4月至11月局长）
邹 良（2021年11月至12月）

区教体局

局 长 蒋世界（2021年1月至5月）
王子勇（2021年5月至6月局长提名；2021年6月至12月局长）

区科技局

党组书记　常代兵

局　长　常代兵

（2021 年 1 月至 11 月）

向文杰

（2021 年 11 月至 12 月）

区公安分局

局　长　李彦君

（2021 年 1 月至 9 月）

杨　彬

（2021 年 9 月至 12 月）

政　委　樊远平

（2021 年 1 月至 7 月）

贺　淼

（2021 年 7 月至 12 月）

区民政局

局　长　刘新生

区司法局

局　长　李　昶

区财政局

局　长　赵　林

（2021 年 1 月至 9 月）

贾　东

（2021 年 11 月至 12 月）

区人力资源社会保障局

局　长　陈治信

（2021 年 1 月至 5 月）

钱　钧

（2021 年 5 月至 6 月局长提名；2021 年 6 月至 12 月局长）

区自然资源局

局　长　肖　天

区住建局

局　长　胡晓明

区交通运输局

局　长　孟　林

区农业农村局

局　长　吴先强

区商务局

党组书记　金国强

（2021 年 1 月至 5 月）

殷成品

（2021 年 5 月至 11 月）

卢　云

（2021 年 11 月至 12 月）

局　长　张　静

（2021 年 1 月至 10 月）

卢　云

（2021 年 11 月至 12 月）

区文广旅局

局　长　王　庆

（2021 年 1 月至 7 月）

袁宗聪

（2021 年 7 月至 8 月局长提名；2021 年 8 月至 12 月局长）

区卫生健康局

局　长　樊远兵

区退役军人事务局

局　长　池祥富

区应急管理局

局　长　唐永川

区审计局

局　长　王　荣

（2021 年 1 月至 5 月）

敖顺利

（2021 年 5 月至 6 月局长提名；2021 年 6 月至 12 月局长）

区市场监督管理局

局　长　倪永贵

区统计局

局　长　杨先斌

（2021 年 1 月至 5 月）

张礼兴

（2021 年 5 月至 6 月局长提名；2021 年 6 月至 10 月局长）

鲍鸿飞

（2021 年 11 月至 12 月）

区信访局

局　长　袁　飞

区经济合作局

局　长　邓文杰

（2021 年 1 月至 5 月）

马宝全

（2021 年 5 月至 6 月局长提名；2021 年 6 月至 12 月局长）

区医疗保障局

局　长　严　蓉

区行政审批局

局　长　周　贵

（2021 年 1 月至 5 月）

邓文杰

（2021 年 5 月至 6 月局长提名；2021 年 6 月至 12 月局长）

区综合行政执法局

局　长　董　勇

（2021 年 1 月至 10 月）

陈胡立

（2021 年 11 月至 12 月）

区委党校

校 长 唐兴万

（2021年1月至9月）

李 响

（2021年9月至12月）

常务副校长 龙 梅

（2021年1月至7月）

易成利

（2021年7月至12月）

区档案馆

馆 长 刘 建

（2021年1月至2月）

陈 丹

（2021年2月至12月）

区公务服务中心

主 任 陈 丹

（2021年1月至2月）

区融媒体中心

主 任 朱万生

（2021年4月至12月）

区供销合作社联合社

主 任 于术强

（2021年1月至2月）

陈 勇

（2021年2月至3月

主任提名；

2021年3月至12月主任）

机关后勤保障服务中心

主 任 董 勤

（2021年1月至2月）

何 俊

（2021年5月至6月

主任提名；

2021年6月至12月主任）

区农民工服务中心

主 任 夏全松

（2021年1月至2月）

汪 德

（2021年5月至6月

主任提名；

2021年6月至12月主任）

区水利建设发展中心

主 任 张礼兴

（2021年1月至2月）

张 梁

（2021年5月至6月

主任提名；

2021年6月至12月主任）

区武都引水工程管理局

局 长 张礼兴

（2021年1月至2月）

陈 枫

（2021年5月至6月

局长提名；

2021年6月至12月局长）

区移民和扶贫开发服务中心

（2021年9月撤销）

主 任 张 梁

（2021年1月至5月）

邓德胜

（2021年5月至6月

提名主任；

2021年6月至9月主任）

区乡村振兴服务中心

（2021年9月组建）

主 任 邓德胜

（2021年9月至12月）

区总工会

主 席 陈 政

（2021年1月至9月）

张明东

（2021年9月至11月主席提名；

2021年11月至12月主席）

常务副主席 唐 春

团区委

书 记 李立国

区妇联

主 席 邓 艳

（2021年1月至5月）

董 勤

（2021年5月至6月

主席提名；

2021年6月至12月主席）

区工商联

副会长 刘子江

区残联

主 席 李万庆

（2021年1月至11月）

陈 琴

（2021年11月主席提名；

2021年12月主席）

理事长 郜雪岚

区科学技术协会机关

主 席 殷成品

（2021年1月至2月）

喻希东

（2021年2月至6月

主席提名；

2021年6月至12月主席）

区红十字会机关

会 长 李万庆

（2021年1月至11月）

陈 琴

（2021年11月会长提名；

2021年12月会长）

常务副会长 王冬砚

区社科联

主 席 蒋 辉

（2021年1月至2月）
白　剑
（2021年5月至8月
主席提名；
2021年8月至12月主席）

区文联

主　席　白金花
（2021年1月至5月）

经济试验区

书　记　王定富
主　任　龙浩宇
（2021年1月至5月）
张万兵
（2021年5月至6月
主任提名；
2021年6月至12月主任）

涪江街道

书　记　袁宗聪
（2021年1月至5月）
王　波
（2021年5月至12月）
主　任　王　波
（2021年1月至5月）
吴　雪
（2021年5月至6月
主任提名；
2021年6月至12月主任）

富乐街道

书　记　陈　静
主　任　何昇林
（2021年1月至5月）
文再宁
（2021年5月至6月
主任提名；
2021年6月至12月主任）

游仙街道

书　记　钱　钧
（2021年1月至5月）
何　广
（2021年5月至12月）
主　任　邱　浩

石马镇

书　记　贾　东
镇　长　魏爱军

小枧镇

书　记　张　金
镇　长　何　广
（2021年1月至5月）
唐　杰
（2021年5月至8月
镇长提名；
2021年8月至12月镇长）

新桥镇

书　记　吴鸿飞
（2021年1月至5月）
任俊洁
（2021年5月至12月）
镇　长　董光明
（2021年1月至5月）
黄　充
（2021年5月至8月
镇长提名；
2021年8月至12月镇长）

忠兴镇

书　记　蒋　睿
（2021年1月至5月）
梁红梅
（2021年5月至12月）
镇　长　骆　涛

仙鹤镇

书　记　任俊洁
（2021年1月至5月）
何昇林
（2021年5月至12月）
镇　长　魏　甦
（2021年1月至5月）
商俊成
（2021年5月至8月
镇长提名；
2021年8月至12月镇长）

魏城镇

书　记　张　剑
（2021年1月至5月）
龙浩宇
（2021年5月至12月）
镇　长　陈　洁
（2021年1月至5月）
王庆培
（2021年5月至8月
镇长提名；
2021年8月至12月镇长）

信义镇

书　记　唐容云
镇　长　向　玉

盐泉镇

书　记　吴　强
（2021年1月至5月）
魏　甦
（2021年5月至12月）
镇　长　龚士杰
（2021年1月至5月）
李　柯
（2021年5月至8月
镇长提名；
2021年8月至12月镇长）

索 引

说明：

一、本索引采用内容分析索引法，按索引数字 / 字母、汉语拼音字母顺序排列。

二、索引词条后的数字表示内容所在的页码。

数字 / 字母

A

B

C

D

E

F

M

N

P

Q

X